Curso de Direito Tributário Brasileiro

Curso de DireitoTributário Brasileiro

2016 • Volume I

Coordenadores:
Marcus Lívio Gomes
Leonardo Pietro Antonelli

CURSO DE DIREITO TRIBUTÁRIO BRASILEIRO

Volume I

COORDENADORES: Marcus Lívio Gomes, Leonardo Pietro Antonelli
DIAGRAMAÇÃO: Almedina
DESIGN DE CAPA: FBA
ISBN: 978-858-49-3122-4

Dados Internacionais de Catalogação na Publicação (CIP)
(Câmara Brasileira do Livro, SP, Brasil)

Curso de direito tributário brasileiro, volume I /
coordenadores Marcus Lívio Gomes, Leonardo
Pietro Antonelli. -- São Paulo : Almedina, 2016.
Vários autores.
Bibliografia.
ISBN 978-85-8493-122-4
1. Brasil - Constituição 2. Direito tributário
3. Direito tributário - Legislação - Brasil
I. Gomes, Marcus Lívio. II. Antonelli, Leonardo
Pietro.

16-02906 CDU-34:336.2

Índices para catálogo sistemático:
1. Direito tributário 34:336.2

Este livro segue as regras do novo Acordo Ortográfico da Língua Portuguesa (1990).

Julho, 2016

EDITORA: Almedina Brasil
Rua José Maria Lisboa, 860, Conj.131 e 132, Jardim Paulista | 01423-001 São Paulo | Brasil
editora@almedina.com.br
www.almedina.com.br

NOTA DOS COORDENADORES

A origem da primeira edição desta obra se deu nas salas de aula da Escola da Magistratura do Estado do Rio de Janeiro, no curso preparatório para o ingresso na magistratura de carreira. Os coordenadores, Marcus Lívio Gomes e Leonardo Pietro Antonelli, dedicavam-se ao magistério naquela instituição e sentiam a necessidade de organizar, numa só obra, todo o abrangente programa da EMERJ. Foi com a assunção da coordenação do departamento de direito tributário daquela prestigiosa instituição, que o Projeto veio a ser editado.

Naquela oportunidade, foram convidados juízes, procuradores da república, professores universitários e advogados que vinham se desenvolvendo na academia. Foi um sucesso a primeira edição, o que levou a necessidade de iniciar os estudos para o lançamento da segunda edição.

E assim foi feito. Ela foi revisada, atualizada e ampliada, para incluir novos temas, abarcar novas legislações e novas discussões que estão sendo travadas na doutrina e jurisprudência, em especial dos tribunais superiores. Naquela oportunidade, graças aos apoios das diversas associações de magistrados (AMB, AJUFE, IMB, AMAERJ) fizeram-se duas tiragens distintas: uma ao público em geral e uma segunda visando o desenvolvimento acadêmico dos operadores do direito filiados às mesmas, os quais receberam uma coleção da obra.

Nessa terceira edição, o espírito do Projeto não mudou, pois continua focado em propiciar um material didático que consolidasse jurisprudência e doutrina objetivas e atualizadas aos estudiosos e interessados no Direito Tributário. Contudo, a ampliação, que ora se faz, propiciará um leque de matérias com uma abrangência inigualável, tratando, inclusive, do Direito Internacional Tributário.

Para esta nova edição, não podemos deixar de reiterar a inestimável ajuda recebida pela Renata Macedo Gama Arangurem, no apoio geral à coordenação administrativa de todos os trabalhos, e do acadêmico Alberto Lucas Albuquerque da Costa Trigo, na atualização em notas de rodapé de alguns dos textos.

Por fim, queríamos registrar os nossos agradecimentos à Editora Almedina que acreditou no Projeto, investindo na sua publicação.

PREFÁCIO

Foi com imensa alegria e satisfação que uma vez mais recebi o convite para prefaciar o presente Curso de Direito Tributário Brasileiro, relançando pela tradicional editora Almedina, com a percuciente organização de *Marcus Lívio Gomes* e *Leonardo Pietro Antonelli*, cuja singularidade afirmei ser oferecer ao mundo jurídico tributário obra densa e atual, profunda, que a um só tempo faz as vezes de um manual, em face da clareza de sua linguagem, e de um curso, em face das detalhadas informações de cada um dos institutos, sem descuidar da mais recente jurisprudência.

A obra segue a mesma linha anterior de abordagem dos institutos do Direito Tributário, ao utilizar a moderna técnica da escrita coletiva, amadurecida pela atualização dos textos, a acompanhar a fúria legislativa que caracteriza este ramo do direito, consolidada pela formação acadêmica multifária dos colaboradores.

O projeto brinda a comunidade jurídica com densas monografias de expoentes do Direito Tributário pátrio, dentre os quais juízes, procuradores da república, professores universitários e advogados. São analisados, sob a perspectiva da interpretação constitucional e legal, o Sistema Constitucional Tributário e o Código Tributário Nacional, assim como a legislação tributária de âmbito nacional e federativa, da forma mais abrangente possível.

O trabalho tem a perspectiva de analisar as balizas constitucionais e legais à luz da jurisprudência dos tribunais superiores, considerando a ascensão da jurisprudência como fonte do Direito, tendo em consideração o novo Código de Processo Civil decorrente da Lei nº 13.105/2015, centrado num *novel* conceito de jurisprudência, não mais considerada como mera fonte secundária do Direito, passando-se a conferir-lhe uma nova e nobre posição dentro da teoria das fontes do Direito.

Nestes tempos de crise econômica, o Direito Tributário ganha relevância, na medida em que os entes federativos buscam novas fontes de receitas tributárias, através das mais diversas espécies de tributos. Por esta razão, o Poder Judiciário deve estar atento para que garantias fundamentais dos contribuintes não sejam solapadas sobre a ótica do consequencialismo econômico. Cabe a este poder exercer o papel de fiel da balança, assegurando direitos constitucionais e governabilidade, árdua tarefa que vem sendo desempenhada com muita responsabilidade pela Corte Suprema.

Nesta senda, o Direito Tributário cresceu em relevância, assumindo a jurisprudência um protagonismo nunca antes visto na história da República, alçando o Poder Judiciário a condição de instituição indispensável ao Estado Democrático de Direito. Não por outra razão a obra que ora se prefacia tem o escopo de analisar a doutrina sempre com a proximidade necessária da análise jurisprudêncial, de forma a tornar-se mais realista do ponto de vista de sua aplicação prática.

Com efeito, em abono à importância da jurisprudência, este ano de 2016 marca um importante julgamento da Suprema Corte (RE 601 e ADIs 2390, 2386, 2397 e 2859), em guinada jurisprudencial, amadurecida pelo placar dos votos proferidos (9 x2) quanto à possibilidade de transferência do sigilo bancário dos contribuintes à Receita Federal, no bojo da Lei Complementar nº 105/2001, mediante salvaguardas estabelecidas pela legislação infraconstitucional.

Referido julgamento demonstra que o Direito Tributário não trata tão somente da relação jurídico-tributária, posto que vital ao ordenamento das finanças públicas pela via da receita pública derivada. Relevante, portanto, uma adequada ponderação entre Capacidade Contributiva *versus* Confisco, Justiça *versus* Segurança Jurídica, Intimidade *versus* Poderes de Investigação, eis que todas as sociedades que não alcançaram uma boa equação entre o que se paga de tributos e o que se espera do Estado como retorno dos tributos pagos perderam o caminho do crescimento sustentável.

O primado a nortear qualquer sistema tributário é a potencialização da segurança jurídica sob a égide da justiça tributária, garantindo-se a certeza do Direito, funcionando como instrumento de proteção do cidadão diante do Estado. Não obstante, não se podem mais admitir direitos absolutos, a supedanear práticas lesivas ao Estado. O sigilo bancário, quando utilizado para encobrir operações em paraísos fiscais através do planejamento tributário duvidoso, erode a base tributária dos Estados soberanos.

Sem dúvida o grande desafio dos Estados será a manutenção das suas bases tributárias num mundo em que as nações competem por investimentos e recurso financeiros limitados. A realidade econômica das tecnologias digitais e dos intangíveis levará a um novo ordenamento da ordem econômica mundial, o que demandará um grande esforço das Administrações Tributárias e, em especial, dos operadores do direito no sentido de adaptar e reinterpretar o arcabouço legal aos novos paradigmas.

Tais preocupações são observadas na obra que ora se prefacia, atualização, amplitude e um seleto grupo de articulistas reunidos para brindar a comunidade jurídica com mais uma edição do projeto iniciado em 2005, quando de seu lançamento a colmatar lacuna no mercado editorial.

Com efeito, a densidade cultural da obra aliada à sua dogmática pouco tradicional permite-nos, uma vez mais, entrever vida longa e renovada a essa festejada iniciativa tributária que nos lega a editora, através da genialidade de seus coordenadores, com um denso e incomparável Curso de Direito Tributário Brasileiro. Tenho absoluta certeza que esta edição alcançará mais êxito que as anteriores!

LUIZ FUX
Ministro do STF

SUMÁRIO

Sistema Tributário Nacional

FRANA ELIZABETH

1. Características. Rigidez. Inflexibilidade. Histórico

Entende-se por sistema todo conjunto harmônico, ordenado e unitário de elementos reunidos em torno de um conceito fundamental ou aglutinante. O sistema jurídico compõe-se de um conjunto de princípios e regras em torno de um conceito fundamental. Inserido no mesmo, gravitam subsistemas erigidos a partir de seus próprios conceitos aglutinantes, interessando-nos o subsistema constitucional tributário brasileiro.

Tércio Sampaio Ferraz Junior nos ensina que:

> "...O conceito de ordenamento é operacionalmente importante para a dogmática; nele se incluem elementos normativos (as normas) que são os principais, e não-normativos (definições, critérios classificatórios, preâmbulos etc); sua estrutura revela regras de vários tipos; no direito contemporâneo, a dogmática tende a vê-lo como um conjunto sistemático: quem fala em ordenamento pensa logo em sistema. Tal sistema tem caráter dinâmico (Kelsen) e, em oposição ao estático, capta as normas dentro de um processo de contínua transformação.
>
> O sistema é apenas uma forma técnica de conceber os ordenamentos, que são um dado social. A dogmática capta o ordenamento, este complexo de elementos normativos e não-normativos e de relações entre eles, de forma sistemática para atender às exigências da decidibilidade de conflitos.
>
> A concepção do ordenamento como sistema é consentânea com o aparecimento do Estado moderno e o desenvolvimento do capitalismo. Esta dinâ-

mica tem a ver com o fenômeno da positivação, ou seja, a institucionalização da mutabilidade do direito."[1]

Tal noção, no entanto, não é estreme de dúvidas. Norberto Bobbio[2] outorga várias acepções, como conjunto das normas derivadas de certos princípios gerais; ordenamento, por processo indutivo, de conceitos e classificações gerais sacados a partir do conteúdo das normas; e como princípio de relacionamento de compatibilidade entre as normas.

Tem-se, ainda, a definição de Terán[3], onde sistema aparece como um conjunto ordenado de elementos conforme um ponto de vista unitário. E tal noção é extremamente importante, na medida em que a solução de controvérsias somente será possível a partir da consideração sistemática dos elementos normativos aplicáveis à questão. Toda e qualquer norma legal deve ser interpretada e aplicada em harmonia com o sistema como um todo, subordinando seu alcance e eficácia aos princípios vetores desse próprio sistema, não se podendo considerar um comando legal de modo isolado do contexto sistemático em que se encontra.

Para a composição de um sistema deve-se hierarquizar seus elementos, separando-se as diferentes espécies de normas (princípios e regras, segundo ensinamento de Canotilho[4]), para nelas reconhecer adequadamente suas funções sistemáticas.

À tentativa do reconhecimento coerente e harmônico da composição de diversos elementos em um todo unitário, integrado em uma realidade maior, se denomina sistema.

Sob tal prisma, torna-se indiscutível que a constituição brasileira é um sistema, ou seja, conjunto ordenado e sistemático de normas, construído em torno de princípios coerentes e harmônicos, em função de objetivos socialmente consagrados, como advertiu o jurista José Artur Lima Gonçalves[5].

[1] *In* Introdução ao Estudo do Direito – Técnica, Decisão, Dominação, 2ª edição, editora Atlas, São Paulo, 1994, pp. 173/179.

[2] *In Teoria dell'Ordinamento Giuridico,* Torino, Gianpichelli, 1960, p. 76. Também v. José Artur Lima Gonçalves, *Imposto sobre a renda – pressupostos constitucionais,* São Paulo, Malheiros Editores, 1997, p. 41.

[3] *Apud* ATALIBA, Geraldo, *Sistema Constitucional Tributário Brasileiro,* São Paulo, Editora Revista dos Tribunais, 1968.

[4] Neste sentido, v. *Direito Constitucional,* Coimbra, Ed. Almedina, 6ª edição revista, 1995, pp. 165/170.

[5] *Imposto sobre a Renda – pressupostos constitucionais,* pp. 40/45.

Especificamente quanto ao subsistema constitucional tributário, vê-se que o mesmo é formado pelos princípios e regras constitucionais que regem o exercício da tributação, ou seja, a função estatal arrecadatória a título de tributo, que com o todo se conjuga, dele extraindo seus fundamentos e condições de existência. É o conjunto ordenado das normas constitucionais que tratam da matéria tributária.

Deve-se conhecer o sistema tributário constitucional brasileiro, ressaltando que os elementos integrantes de um sistema não lhe constituem o todo mediante sua soma, mas, desempenham funções coordenadas, uns em função dos outros e todos harmonicamente, em função do todo.

Portanto, não é correto pretender conhecer o subsistema tributário, ou qualquer outro, por partes, sem a devida compreensão de sua matriz constitucional, de sua unicidade, sistemática, princípios gerais, caracteres essenciais etc. Cada subsistema é uma individualidade e o sistema normativo parcial aparece sempre profundamente comprometido com o sistema fundamental, com a totalidade.

Ainda, impende relevar que não há, necessariamente, identidade entre sistema constitucional tributário e sistema tributário, sendo este somente o conjunto de tributos existentes em um estado.

O sistema constitucional tributário oferece o quadro geral informador das atividades tributárias, ao mesmo tempo que a colocação essencial das posições, demarcações e limites dentro dos quais e segundo os quais se desenvolve o exercício da tributação, explicitando os direitos e deveres tanto do poder tributante como os do contribuinte, sendo de basilar importância a delimitação do consentimento outorgado pelo segundo ao primeiro.

A propósito, cumpre asseverar que o direito comparado também consagra a teoria do consentimento como forma de outorgar legitimidade à atuação tributária estatal. Transcrevo, a título de elucidação, doutrina contemporânea no original de André Barilari[6], abaixo traduzida:

> "Payer l'impôt c'est acquitter un prélèvement pécuniaire obligatoire, à titre définitif et sans contrepartie directe. Les deux points essentiels de cette définition – l'aspect obligatoire, qui implique un rapport d'autorité, et l'absence de liaison avec un service ou un bien précisément identifiable, qui l'oppose aux relations commerciales – donnent à l'impôt son caractère exorbitant.

[6] *Le consentement à l'impôt*, Paris, La bibliothèque du citoyan, Presses de Sciences Po., 2000, pp. 11/12.

Le premier visage de l'impôt reste pour l'individu, quel que soit le contexte, celui de la restriction et de la contrainte. Accepter de rétrocéder une partie de ses biens, c'est faire violence à ses désirs et à ses passions. Même si l'individu a conscience que l'impôt n'est pas sans contrepartie et qu'il peut participer à leur détermination par les mécanismes de décision politique, il ressent l'importance de ces prélèvements collectifis comme une atteinte à ses impulsions personnelles. L'impôt est ainsi un indicateur de l'équilibre entre la société et ses membres. Lorsque son poids par rapport un produit intérieur brut s'accroît, la marge des choix individuels diminue et celle des choix collectifs augmente.

Mais, dans la mesure où il sert à financer des dépenses d'intérêt général, dont la prise en charge par le marché est impossible ou inopportune, l'impôt retrouve une légitimité. Permettant l'existence d'un État qui assure la sécurité des biens et des personnes et qui protège l'exercice de leurs droits, il garantit les conditions de la liberté. C'est ainsi que l'impôt n'est pas seulement le témoin de la présence d'un État, il est aussi l'indicateur d'un système social qui permet à l'individu d'exister. En effet, l'impôt matérialise la séparation entre l'individu et l'État. Il n'existe que parce que les sphères publiques et privées sont séparées. Objectivement, l'existence de l'impôt est le signe le plus clair de la préservation d'un espace de libertés individuelles.

Dans un contexte d'État totalitaire qui a avalé la société civile, il n'y a point besoin d'impôts: l'appareil étatique, maître de la production, prélève directement ce qui est nécessaire à son usage.(...)[7]

[7] Tradução livre, elaborada pela própria autora: "*Pagar o imposto é cumprir antecipadamente com uma obrigação pecuniária, a título definitivo e sem contrapartida direta. Os dois pontos essenciais desta definição – o aspecto obrigatório, que implica uma declaração de autoridade e a ausência de liame com um serviço ou um bem precisamente identificável, que se opõe às relações comerciais – outorgam ao imposto sua característica exorbitante, excepcional.*
A primeira idéia do imposto é para o indivíduo, qualquer que seja o contexto, a da restrição e a da sujeição. Aceitar entregar parte de seus bens significa violentar os próprios desejos e paixões. Mesmo que o indivíduo tenha a consciência de que o imposto não prescinde uma contrapartida e que ele pode participar de sua determinação mediante os mecanismos de decisão política, ele se ressente da importância destas parcelas coletivas, como um atentado a seus desejos pessoais. O imposto é, desta forma, um indicador do equilíbrio entre a sociedade e seus membros. No momento em que sua carga em relação ao produto interno bruto se eleva, a margem de escolhas individuais diminui e a das escolhas coletivas aumenta.
Mas, na medida em que o imposto serve para financiar despesas de interesse geral, e a tomada deste encargo pelo mercado se revela impossível ou inoportuna, o imposto reencontra uma legitimidade. Permitindo a existência de um Estado que preserva a segurança dos bens e das pessoas e que protege o exercício de seus direitos, garante-se as condições da liberdade. É assim que o imposto não é somente a testemunha da

Também da leitura dos diplomas constitucionais de ordenações comparadas, vê-se que característica comum a quase todas é a elasticidade. Nesses sistemas, o legislador ordinário pode agir em ampla esfera de liberdade, dispondo dos instrumentos tributários da forma como melhor lhe aprouver. Adapta-se às necessidades circunstanciais ou às solicitações de mutações sociais e econômicas de forma mais ampla e livre. Conhece, quando muito alguns reduzidos e tênues limites à sua competência tributária, daí advindo a aduzida elasticidade. Também, em alguns casos, outorga-se maior liberdade de atuação ao administrador e ao Judiciário na solução dos casos concretos, denotando uma espécie de poder criativo nestas esferas de Poder.

Configura-se como o oposto da rigidez. Enquanto aquela é peculiar à maioria dos sistemas constitucionais tributários, esta é típica do sistema brasileiro. A Carta Magna foi detalhista, particularizada e abundante, não deixando margem jurídica para grandes desenvolvimentos e integração pelo legislador infraconstitucional e, menos ainda, por costumes ou outras formas como o poder regulamentar.

Aqueles diplomas constitucionais que simplesmente façam ligeiras afirmações de alguns princípios fundamentais referentes à tributação ou às garantias individuais em matéria tributária, na razão inversa de sua intensidade e extensão, estarão outorgando à lei a competência para delinear o sistema tributário.

De modo inverso, a matéria tributária é exaustivamente tratada pela nossa Constituição, sendo o sistema tributário todo moldado pelo próprio constituinte.

Assim, os sistemas constitucionais tributários podem ser classificados, de modo geral, em simples e complexos, caso delimitem um ou dois princípios fundamentais a orientar a ação legislativa dos tributos, ou se desdobrem na colocação de múltiplos e variados princípios, contendo diretrizes vinculantes para o legislador ordinário, além de impor medidas de garantia

presença de um Estado, mas, também, um indicador de um sistema social que permite ao indivíduo existir. Com efeito, o imposto materializa a separação entre o indivíduo e o Estado. Ele não existe senão porque as esferas públicas e privadas são separadas. Objetivamente, a existência de um imposto é o indício mais claro da preservação de um espaço de liberdades individuais.
Em um contexto de Estado totalitário que engoliu a sociedade civil, não existe um grau necessário de impostos: o aparelho estatal, detentor da produção, levanta antecipadamente tudo aquilo que é necessário a seu uso."

e proteção aos contribuintes, como é o nosso caso, na formação do estatuto do contribuinte.

E ter esta consciência é de fundamental importância tanto para a elaboração da lei como para sua aplicação aos casos concretos, seja pelo administrador, seja pelo Judiciário.

1.2. Princípios relativos ao subsistema constitucional tributário

Princípio jurídico é um enunciado lógico, implícito ou explícito, que ocupa posição de preeminência nos vastos quadrantes do Direito, vinculando o entendimento e a aplicação das normas jurídicas que com ele se conectam.[8]

No escólio de Celso Antônio Bandeira de Mello, princípio é mandamento nuclear de um sistema, verdadeiro alicerce dele, disposição fundamental que se irradia sobre diferentes normas compondo-lhes o espírito e servindo de critério para sua exata compreensão e inteligência.

Para Canotilho[9], são princípios jurídicos fundamentais aqueles historicamente objetivados e progressivamente introduzidos na consciência jurídica e que encontram uma recepção expressa ou implícita no texto constitucional.

Embora reconheçamos que o vocábulo *princípio* é polissêmico, haja vista a multivariedade de significados que possui[10], devemos reconhecer que os princípios jurídicos constituem a base da ordenação jurídica, atuando como vetores para soluções interpretativas e, os constitucionais, compelem o jurista a direcionar seu trabalho para as idéias-matrizes contidas na Lei Suprema.

O jurista deve ordenar as normas constitucionais em grupos de fundamentação unitária, formando sistemas e subsistemas, como o tributário, preconizando o emprego preferencial do método exegético sistemático, com o que o intérprete é conduzido aos patamares dos princípios jurídico-constitucionais, que, mais do que simples regras de comando, são vetores de todo o conjunto mandamental, de modo a operar como verdadeiro critério do estreito significado do sistema como um todo e de cada qual das suas partes. E também as próprias normas constitucionais, toda vez que

[8] Nesta linha de raciocínio, vide Paulo de Barros Carvalho, *Curso de Direito Tributário*, São Paulo, editora Saraiva, 4ª edição, 1991, pp. 141 e ss.

[9] *In* ob. cit. p. 171.

[10] Para maiores esclarecimentos, v. Francisco Pinto Rabello Filho, *O Princípio da Anterioridade da Lei Tributária*, , São Paulo, editora Revista dos Tribunais, 2002, pp. 17/47.

denotem pluralidade de sentidos, devem ser interpretadas e aplicadas de modo consonante aos princípios da Lei Maior.

O princípio constitucional funciona como diretriz do sistema jurídico.

Nossa Constituição, reitero, é da categoria das rígidas, o que significa dizer que para sua alteração há um procedimento mais solene e complexo do que o exigido para a elaboração das leis ordinárias. O sistema nacional, o sistema federal, os sistemas estaduais e os sistemas municipais estão racionalmente determinados na Carta Magna brasileira, que consagra a Federação; o voto direto, secreto, universal e periódico; a separação dos Poderes e os direitos e garantias individuais (art. 60, § 4º, incisos I a IV), como cláusulas pétreas, intangíveis pelo constituinte derivado, pelo legislador infraconstitucional ou pelo poder regulamentar do administrador, prática infelizmente reiterada em nossa realidade jurídica.

E qual a razão desta rigidez?

Penso não se tratar de mera vontade, intenção do constituinte originário, embora comumente encontremos afirmativas no sentido de que este é totalmente livre para elaborar novo texto constitucional.[11]

A atuação do mandatário é vinculada, ao menos sob o ponto de vista moral, em relação aos anseios daqueles que lhe outorgaram parcela de Poder, a fim de que agisse em nome de e em representatividade ao cidadão. Além da vontade de todos, leva-se em conta a vontade geral, ou seja, há a idéia de razão política com respeito às minorias incorporando-se tanto os anseios majoritários como os minoritários, na exata lição de Jean Jacques Rousseau.[12]

Ademais, uma nova Constituição não nasce do nada, sendo levados em conta aspectos históricos, sociais, políticos, econômicos, culturais etc.

Se fizermos um apanhado histórico, por mais perfunctório que seja, chegaremos à conclusão de que o sistema erigido a partir de 1988, somente poderia ser rígido, inflexível, fechado, a fim de se manter um mínimo de coerência com os suscitados aspectos vivenciados por nossa sociedade.

[11] V. Manoel Gonçalves Ferreira Filho, *O Poder Constituinte*, São Paulo, ed. Saraira, 3ª edição, 1999, pp. 75/77. Vide também Hans Kelsen, *Teoria Geral do Direito e do Estado*, São Paulo, Martins Fontes, São Paulo, 1988, pp. 181 e ss.

[12] *Do contrato social e Discurso sobre a Economia Política*, (do original *Du contrat social et discours sur l'économie politique)*, São Paulo, Hemus editora limitada, p. 38. E para maiores esclarecimentos, v. tb. Tércio Sampaio Ferraz Jr., *Constituinte, Assembléia, Processo, Poder*, São Paulo, Editora Revista dos Tribunais, 2ª edição, 1986, pp. 60/61.

Tais características são também corroboradas ao analisarmos o perfil da grande maioria dos que exerceram função constituinte. Pessoas que sofreram diretamente o impacto de um regime autoritário, em que a atuação exacerbada do Executivo atingiu um nível até então nunca observado, comparável apenas à era Vargas. A seu turno, constatou-se uma mitigação do Poder Legislativo, gerando como conseqüência uma atuação jurisdicional atada e, por pior que isto possa soar, enfraquecida.

É infalível chegarmos à conclusão de que as ordenações esparsas e os sistemas que tivemos foram marcados pela instabilidade de regramentos, de princípios e falta de atuação interativa das três esferas de Poder.

Tomemos como exemplo os 40 anos que se passaram desde a Constituição promulgada em julho de 1934. Com o advento desta, que teve clara influência da Constituição da República de Weimar, uma tentativa maior de organicidade foi observada, procurando-se dar maior efetividade à Federação com atribuição de competências aos Estados. Ao lado de uma ampliação das competências tributárias da União Federal (Imposto de Consumo e Imposto sobre a Renda), os Estados foram contemplados com o Imposto de Vendas e Consignações e, pela primeira vez, os Municípios tiveram impostos privativos definidos, como bem salientado por Bernardo Ribeiro de Moraes.[13] Também uma ampla reforma estrutural foi realizada pelo então Ministro da Fazenda Oswaldo Aranha, substituindo o Tesouro Nacional pela Direção Geral da Fazenda Nacional, dando pela primeira vez uma direção especializada para as alfândegas.[14]Logo a seguir, com o Estado-Novo, a Carta de 1937 volta a centralizar poder na esfera federal, abrindo brechas a uma ampla atuação do Poder Executivo. O reflexo na esfera tributária é imediato, com a supressão de alguns direitos e garantias do contribuinte, em nome de uma maior arrecadação e controle, além de uma diminuição do peso político dos Estados.

Nove anos se passam e surge a mais democrática das Constituições até então criadas no contexto político brasileiro, promulgada em 18 de setembro de 1946.

Na seara tributária aparecem inovações constitucionalizadas como o princípio da anualidade, além de um amplo rol de direitos e garantias

[13] *Compêndio de Direito Tributário*, Rio de Janeiro, editora Forense, 5ª edição atualizada, 1996, pp. 67/68.

[14] Fernando José Amed e Plínio José Labriola de Campos Negreiros, *História dos Tributos no Brasil*, São Paulo, Edições SINAFRESP, Nobel, 2000, pp. 310/313.

que visavam à proteção do cidadão-contribuinte. Volta-se a descentralizar Poder tributário para Estados e Municípios e a se limitar a atuação do Administrador. Mas esta realidade não persiste.

O golpe de 31 de março de 1964 refletiu-se na tributação, gerando uma Emenda Constitucional, a de número 18, logo a seguir, no ano de 1965 que, embora tenha nos brindado com um sistema tributário orgânico, detalhado e complexo, retrocedeu em relação à descentralização de Poder e possibilitou uma atuação exacerbada do Executivo. Como bem assevera Bernardo Ribeiro de Moraes[15], *in verbis:*

> "a política tributária estava estruturada sob um programa de ação econômica do governo, com um planejamento global. Estava intimamente ligada a um conjunto maior, ao lado da política econômica, da política de produtividade social, da política financeira, da política bancária, da política habitacional, da política do pleno emprego, etc. A legislação fiscal constituía um dos instrumentos de ação do governo utilizado para atingir sua política econômica definida nos meses que se seguiram ao golpe militar de 31 de março de 1964.
>
> Obedecia a três objetivos fundamentais simultâneos, a saber: financeiro, procurando arrecadar recursos para o governo; social, tendo em mira a redução das desigualdades individuais de renda e riqueza; e econômico, com escopo de orientar as atividades do país de melhor forma que o faria o livre jogo das forças de mercado, compreendendo aqui, o estímulo à formação de poupanças e a melhoria da orientação dos investimentos."

Logo a seguir, tivemos o advento da Carta de 1967, amplamente modificada pelo Ato Institucional n. 05, de 13 de dezembro de 1968, principalmente no que tange à supressão de direitos e garantias individuais, situação esta em grande parte formalizada pela Emenda Constitucional n. 1, de 17 de outubro de 1969.

Ora, em meio a tamanha instabilidade, que por sua vez gera insegurança, quais critérios poderiam permear o pensamento do constituinte de 1986? Ainda mais, se levarmos em conta, conforme já mencionado, que muitas das pessoas que ali estavam, sofreram direta e pessoalmente pela resistência que opuseram aos regimes de 1964 e de 1937 (que se estendeu até 1945).

[15] Ob. cit., p. 91.

Por óbvio, que o texto constitucional só poderia ser extremamente detalhista, expresso no que concerne ao estabelecimento de garantias e direitos individuais e coletivos, outorgando pequeníssima margem de conduta ao legislador infraconstitucional e limitando a atuação do administrador. A seu turno, cuidou de garantir a mesma hierarquia à função judiciária do Poder, a fim de que a Constituição fosse amplamente respeitada.

Alie-se à questão histórica, as peculiaridades econômicas, sociais e culturais de nosso país.

A característica da rigidez do sistema constitucional tributário brasileiro, portanto, não é gratuita e se erige em princípio constitucional implícito, que deve se inscrever ao lado dos demais princípios constitucionais tributários. Já existia sob a égide das constituições passadas e persistiu sobre a atual.

Rigidez esta, resultante da preocupação do constituinte em assegurar a autonomia das entidades federadas e municípios, além de garantir a harmonia entre as esferas de Poder, fatores que certamente o conduziram a cuidados extremos, ao disciplinar, de modo quase exaustivo, a atividade tributária.

Retornando especificamente à análise dos princípios, observa-se que o implícito não difere senão formalmente do expresso. Têm ambos o mesmo grau de positividade. Princípios implícitos são aqueles que não estão traduzidos em construções literais expressas do texto normativo. Na verdade, como nos ensina Paulo de Barros Carvalho[16], toda norma jurídica encontra-se implícita, resultando de processo intelectual de apreensão do significado dos símbolos lingüísticos utilizados pelo veículo de comunicação normativa (lei, decreto etc). A norma não se confunde em símbolos lingüísticos. Ela é sempre implícita.

Pode-se cogitar, ainda, que embora o texto de lei seja expresso, o princípio pode ser explícito ou implícito. Para facilitar a compreensão do aduzido, tome-se como exemplo a palavra "manga" e suponha-se que a mesma tenha sido redigida expressamente. Ausente uma contextualização, seu significado só pode gerar uma significação implícita. Para uns será fruta que é alimento para os seres humanos, para outros parte de uma camisa que se destina ao vestuário e para outros um terreno, espaço físico, além de "n" significações possíveis, dependendo de cada linguagem utilizada.

[16] *In* ob. cit., cap. "Princípios".

Mas se a redação fosse "a manga estava adocicada e suculenta", em um contexto que se fala sobre alimentos, dificilmente algum intérprete apreenderá significação diversa de manga=fruta, atingindo um significado comum.

Transportando estas considerações à análise dos princípios constitucionais tributários, nota-se que tais premissas são relevantes para se atingir o significado e a significação do que venha a ser anterioridade, irretroatividade etc, conforme ensinamentos de semiótica trazidos por Edmund Husserl e Charles Peirce.[17]

Não obstante, não há que se cogitar em hierarquia entre princípios explícitos e implícitos, à exceção do posicionamento do supracitado jurista, que entende que os princípios da justiça e o da certeza do direito se sobrepõem aos demais, para o qual trabalham todos os outros, almejando realizá-los[18].

Conforme já afirmado, os princípios são as linhas mestras, as diretrizes magnas do sistema jurídico.

No Brasil, os princípios mais importantes são os da Federação (forma de Estado) e da República (forma de Governo), estampados no artigo 1º da Lei Maior.

Exsurge a Federação como a associação de Estados para formação de novo Estado (o federal) com repartição rígida de atributos da soberania entre eles.

Caracteriza-se modernamente o regime republicano pela tripartição do exercício do poder e pela periodicidade dos mandatos políticos, escolhidos mediante voto popular, com conseqüentes responsabilidades dos mandatários. Atualmente tal disposição encontra-se prevista no artigo 60, § 4º, I, II e III da Constituição Federal, configurando as chamadas cláusulas pétreas, vedando que os mesmos sejam objeto de deliberação por proposta de emenda tendente a abolir a Federação ou a República.

No que toca a tais princípios, volto a afirmar, nossa Constituição é extremamente rígida. Não há possibilidade de ser ela alterada quanto a essas matérias, nem mesmo por meio de emendas. Só o poder constituinte originário pode minimizá-las ou aboli-las.

[17] Para maiores detalhamentos sobre o tema, consultar Ricardo Guibourg, Alejandro Guigliani e Ricardo Guarinoni, *"Introducción al Conocimiento Cientifico"*, Buenos Aires , EUDEBA, 1985; Charles S. Peirce, *"Semiótica"*, trad. de José Teixeira Coelho Neto, São Paulo, Ed. Perspectiva, 1990; e Lúcia Santaella , *"Teoria Geral dos Signos"*, São Paulo, Cortez, 1994.

[18] *In Curso de Direito Tributário,* ed. Saraiva, 13ª edição, 2000, pp. 145/147.

A autonomia dos Municípios também está na base do sistema e comparece como um dos mais importante princípios do nosso direito público (na hierarquia valorativa-positiva dos princípios, tal como proposta pelo jusfilósofo Manuel Terán[19] imediatamente abaixo dos basilares princípios discutidos).

Preconizada por Hipodâmio de Mileto (séc. V a.C.), Políbio (168 a.C.), criticada por Aristóteles, rediscutida por Oliver Cromwell, Jean Jacques Rousseau, John Locke e consagrada doutrinariamente por Montesquieu[20], há também o ditame da tripartição de funções do Poder, uno e indissolúvel, afirmando que a atividade administrativa há de ser precedida pela legislativa e nesta encontra o próprio guia, o próprio fundamento e o próprio limite. Por variadas razões podem ocorrer na aplicação do direito dissídios, contendas, litígios entre as pessoas, ou entre órgãos do estado e elas; daí outra atividade do estado destinada a resolver as controvérsias que surgem no tocante à aplicação das normas gerais e que se denomina atividade jurisdicional. À teoria da separação das funções do poder acrescenta que também para esta atividade hão de ser instituídos órgãos distintos seja dos

[19] V. nota 21.

[20] Para um melhor apanhado histórico, v. Manoel Gonçalves Ferreira Filho, *"Do processo Legislativo"*, São Paulo, ed. Saraiva, 3ª edição, 1995, pp. 106/128, itens 68/76.

Também é relevante consultar de Paulo Bonavides, *"Do Estado Liberal ao Estado Social"*, São Paulo, Malheiros editores, 6ª edição, 1996, especialmente pp. 63/88, onde o autor analisa os posicionamentos de **Aristóteles** que em seu *"Política"* enunciou que em todo governo há três setores encarregados de funções distintas: a administrativa, a deliberativa e a judicial; **Oliver Cromwell** que em seu *"Instrument of Government"* afirmou que os poderes são distribuídos ao Protetor, ao Conselho de Estado e ao Parlamento; **John Locke** que em seu ensaio sobre o Poder Civil, entendia existir o Executivo, o Legislativo e o Federativo que compreendia o direito de celebrar a paz e de declarar a guerra, de estabelecer alianças e de conduzir todos os negócios e assuntos referentes à esfera internacional; **Montesquieu** que consagrou a separação entre Poder Legislativo, Poder Executivo dos assuntos referentes ao Direito das Gentes e Poder Executivo dos assuntos que dependem do Direito Civil; **Romagnosi** que dividia o poder entre: Poder Determinante (Legislativo), Poder Operante (Executivo), Poder Moderador ou de coordenação, Poder Postulante (fiscal dos interesses públicos), Poder Judicante (Judiciário), Poder constringente (força pública), Poder certificante (exercido por notários públicos) e Poder Predominante (opinião pública); **Luigi Palma** que considera seis os poderes do Estado, a saber: Poder Eleitoral (comícios), Poder Representativo (Câmara de Deputados), Poder Moderador (Senado), Poder Governante (Ministério), Poder Judiciário e Poder Real; **Benjamin Constant** que considerava cinco poderes estatais, ou seja, Poder Executivo, Poder Legislativo, Poder Judiciário, Poder Real, Moderador ou Neutro e Poder representativo da assembléia hereditária; além de **Jellinek, Anhaia Mello** e **Bluntschli**.

legislativos, seja dos administrativos. Assim, há três grupos de órgãos: os que editam somente normas gerais, os que apenas tomam medidas concretas nos limites traçados pelos primeiros e os que, no caso de controvérsia, decidem da conformidade ou não dos atos praticados pelos particulares ou por autoridades públicas em relação às normas gerais.

Quem faz a lei não a aplica. Os que a aplicam não a fazem, afirmava Monstesquieu[21]. Da mesma forma, não existe identidade com os julgadores de situações concretas efetivadas por diversas interpretações e utilizações legais.

Geraldo Ataliba[22] nos ensinou que todas as atribuições do Presidente da República podem ser classificadas em políticas e administrativas, juridicamente discerníveis pela circunstância das primeiras serem funções imediatamente infraconstitucionais e as segundas funções infralegais.

Não há prerrogativas majestáticas e absolutistas. O chefe do Executivo não manda no povo. É, pelo contrário, seu mandatário, para fazer cumprir e obedecer as leis.

As atribuições administrativas também devem ser exercidas na forma ou conforme a lei, não podendo, o Chefe do Executivo, adentrar seara de competência alheia à sua.

Quanto aos mandatários investidos de função legislativa, a responsabilidade será política e disciplinar.

O Presidente tem a direção política do Poder Executivo. Na direção administrativa, tem auxilio dos Ministros de Estado, que respondem pelos seus próprios atos e pelos crimes conexos como os do Presidente. Exerce, ainda, controle financeiro público, ou seja, o conjunto de medidas de natureza fiscalizatória, exercidas sobre o movimento de dinheiros e bens valiosos, de natureza econômica, manejados por administradores públicos, debaixo da relação de administração.

Na administração o dever e a finalidade são predominantes, preponderando a função administrativa, caracterizada pelo "dever-poder"[23], onde há a indisponibilidade do patrimônio público pelo exercente de Poder.

[21] *In O Espírito das Leis*. Tradução de Pedro Vieira Mota, Editora Saraiva, 1994, São Paulo.

[22] *In República e Constituição*, São Paulo, Editora Revista dos Tribunais, 1995, pp. 27 e ss.

[23] Saliente-se que o termo "dever-poder" utilizado por Celso Antônio Bandeira de Mello apresenta sentido semelhante à expressão "poder-dever" comumente empregada pela doutrina. Particularmente, pensamos que as razões explanadas pelo eminente mestre afiguram-se mais adequadas do ponto de vista técnico, razão pela qual a adotamos na presente dissertação.

A proteção dos bens e dinheiros públicos é estabelecida, em primeiro lugar, contra o próprio administrador público, nos termos da equação da relação de administração.

Corolário, também, do princípio republicano, exsurge a isonomia, como princípio fundamental, imediatamente daquele decorrente; é a igualdade diante da lei, diante dos atos infralegais, diante de todas as manifestações do poder, quer traduzidas em normas, quer expressas em atos concretos. É verdadeiro direito público subjetivo a tratamento igual, de todos os cidadãos, pelo Estado.

A lei deve ser impessoal; geral quando apanha uma classe de sujeitos. Há íntima e indissociável relação entre legalidade e isonomia. Esta se assegura por meio daquela. A lei é instrumento de isonomia.

A igualdade é diante do Estado, em todas as suas manifestações. Igualdade perante a Constituição, perante a lei e perante todos os demais atos estatais. É a primeira base de todos os princípios constitucionais e condiciona a própria função legislativa, que é a mais nobre, alta e ampla de quantas funções o povo, republicanamente, decidiu criar.

Onde há lei escrita, não pode haver arbítrio. A igualdade surge como afirmação do cidadão contra o estado.

A titularidade da *res publica* pertence ao povo, no regime republicano representativo, por nós adotado. A cidadania corresponde a um feixe de privilégios, decorrentes da condição da titularidade da coisa pública. Assim, a plenitude de tal princípio, em matéria de direito público, assume radical universalidade quando se trata de matéria constitucional (definição das liberdades públicas e organização do poder à vista de sua promoção e proteção, mediante organização estatal).

Ressalte-se que o fim e não a vontade domina todas as formas de administração. Esse é o contexto no qual se há de entender as condições que estabelecem o clima que permite falar-se em segurança jurídica.

O quadro constitucional que adota os padrões do constitucionalismo e principalmente a adoção de instituições republicanas, em inúmeros estados, cria um sistema absolutamente incompatível com a surpresa. Heinz Paulick[24],

Para maiores esclarecimentos, consultar Mello, Celso Antônio Bandeira de – *Curso de Direito Administrativo.* 12ª edição, Malheiros Editores, São Paulo, 2000.

[24] Carrazza, Roque Antonio – *Curso de Direito Constitucional Tributário.* 4ª edição, Malheiros Editores, São Paulo, 1993, *passim.*

mostra como a previsibilidade da ação estatal é conseqüência do prestígio da segurança jurídica.

Os direitos fundamentais dirigem-se contra o estado e como seus limites, só serão verdadeiros quando se apliquem contra a vontade do estado.

Por força do princípio republicano, o consentimento dos governados é a base da legitimidade da ação estatal.

O direito é por excelência instrumento de segurança. Ele é que assegura a governantes e governados os recíprocos direitos e deveres, tornando viável a vida em sociedade, apta ao alcance do desenvolvimento.

Os demais princípios surgem como um modo de se dar efetividade a todas estas considerações. Resumidamente, dentre os princípios gerais aplicáveis à matéria tributária, temos:

Princípio da certeza do direito: Trata-se, na verdade, de um sobreprincípio que está acima de todos os primados e rege toda e qualquer porção da ordem jurídica. A certeza do direito é algo que se situa na própria raiz do dever-ser, é ínsita ao deôntico, sendo incompatível imaginá-lo sem determinação específica, conforme nos ensina Paulo de Barros Carvalho[25].

O princípio da certeza jurídica é implícito, mas todas as magnas diretrizes do ordenamento operam no sentido de realizá-lo.

Princípio da segurança jurídica: Não se confunde com o cânone da certeza do direito, atributo essencial, sem o que não se produz enunciado normativo com sentido deôntico; a segurança jurídica é decorrente de fatores sistêmicos que utilizam o primeiro de modo racional e objetivo, mas dirigido à implantação de um valor específico, qual seja o de coordenar o fluxo das interações inter-humanas, no sentido de propagar no seio da comunidade social o sentimento de previsibilidade quanto aos efeitos jurídicos da regulação da conduta.

Princípio da igualdade: Está contido na formulação expressa do art. 5º, I, da Constituição Federal. Seu destinatário é o legislador, ou seja, os órgãos da atividade legislativa e todos aqueles que expedirem normas dotadas de juridicidade.

Princípio da legalidade: Também explícito em nosso sistema constitucional (artigo 5º, inciso II), dita que ninguém será obrigado a fazer ou deixar de fazer alguma coisa senão em virtude de lei. Efunde sua influência por

[25] *In* ob. cit.

todas as províncias do direito positivo brasileiro, não sendo possível pensar no surgimento de direitos subjetivos e de deveres correlatos sem que a lei os estipule.

Princípio da irretroatividade das leis: As leis não podem retroagir, alcançando o direito adquirido, o ato jurídico perfeito e a coisa julgada. É o comando do artigo 5º, inciso XXXVI da Lei Básica. Visa à realização do primado da segurança jurídica e, conseqüentemente, à certeza do direito.

Princípio da universalidade de jurisdição: está gravado na redação do artigo 5º, XXXV da Constituição, pelo qual a lei não excluirá da apreciação do Poder Judiciário lesão ou ameaça a direito. Significa que a função jurisdicional, no Brasil, é primazia absoluta do Poder Judiciário, que é o único que tem aptidão para fazer coisa julgada, ou seja, outorgar a definitividade.

Princípio que consagra o direito de ampla defesa e o devido processo legal: O devido processo legal é instrumento básico para preservar direitos e assegurar garantias, tornando concreta a busca da tutela jurisdicional ou a manifestação derradeira do Poder Público, em problemas de cunho administrativo.

Está previsto no artigo 5º, inciso LV da Lei Maior.

Princípio da isonomia das pessoas constitucionais: Deflui do princípio da Federação e da autonomia dos Municípios. Federação é autonomia recíproca da União e dos Estados sob a égide da Constituição. Não há superioridade entre as unidades federadas, assim como entre elas e a pessoa União. Cada qual desfruta de autonomia legislativa, administrativa e judiciária, rigorosamente certificadas no texto constitucional.

Assim, nutrido pela conjugação do princípio federativo e do que consagra a autonomia municipal, deriva o reconhecimento da isonomia das pessoas constitucionais como corolário inevitável que se afirma com indestrutível certeza no contexto jurídico brasileiro.

Princípio que afirma o direito de propriedade: Inscrito no artigo 5º, XXII e XXIV da Constituição da República, assegura o direito de propriedade, salvo o caso de desapropriação por necessidade ou utilidade pública ou por interesse social, mediante prévia e justa indenização em dinheiro.

Princípio da liberdade de trabalho: Artigo 5º, inciso XIII da Lei Maior: É livre o exercício de qualquer trabalho, ofício ou profissão, atendidas as qualificações profissionais que a lei estabelecer.

Princípio que prestigia o direito de petição: Previsto no artigo 5º, inciso XXXIV da Carta Constitucional, é das mais lídimas prerrogativas de um Estado de Direito, podendo ser exercido por qualquer do povo.

Princípio da supremacia do interesse público ao do particular: Diretriz implícita, exalta a superioridade dos interesses coletivos sobre os do indivíduo, sendo um dos postulados essenciais para a compreensão do regime jurídico-administrativo.

Princípio da indisponibilidade dos interesses públicos: Também implícito, forma com ele as duas grandes colunas do Direito Administrativo, significa que o titular do órgão administrativo incumbido de representar os interesses públicos não tem poder de disposição, havendo de geri-los na mais estreita conformidade do que preceitua a lei.

Princípio da Justiça: significa que a tributação deve almejar o alcance de Justiça Social.

Além dos princípios gerais, o exercício do poder tributário no Brasil, se acha jungido por uma série de outros princípios, especialmente dirigidos a este setor. São na maioria explícitos e têm acatamento obrigatório pela legislação infraconstitucional. Elucidativamente, temos os seguintes:

Princípio da estrita legalidade: Para o direito tributário o imperativo da legalidade ganha feição mais severa pela expressa dicção do artigo 150, I da Constituição Federal. Significa que qualquer das pessoas políticas de direito constitucional interno somente poderá instituir tributos mediante a expedição de lei em sentido estrito e emanada do poder competente, estabelecendo a necessidade de que a lei adventícia traga no seu bojo os elementos descritores do fato jurídico e os dados prescritores da relação obrigacional (tipologia ou tipicidade tributária).

A Constituição outorgou com exclusividade ao legislador, em toda e qualquer matéria, competência para criar, modificar e extinguir direitos.

Norma inaugural editada pelo Executivo, fora das exceções constitucionalmente previstas, é inexistente.

O mesmo ocorre com a matéria tributária, onde somente o legislativo pode produzir leis.

Restrições à legalidade não se compadecem com nosso sistema constitucional cuja diretriz é o amplo enunciado do artigo 1º da CF. Exceções às exigências do sistema não podem decorrer de interpretação administrativa, e nem mesmo legal.

Não há competência tributária à margem da legalidade, sob pena de ofensa ao magno princípio da chamada separação de Poderes.

No exercício da função regulamentar, o Executivo não pode inovar de forma inaugural a ordem jurídica. Atua no plano infralegal não tendo competência para criar, modificar ou extinguir direitos. Não é possível na nossa ordenação, os chamados regulamentos autônomos.

Regulamentos são o exercício de atividade administrativa e não legislativa. O mesmo ocorre com as portarias, instruções ministeriais, ordens de serviço, instruções normativas e demais instrumentos infralegais.

Também penso que não devem ser utilizadas medidas provisórias para dispor sobre exercício positivo ou negativo de matéria concernente à competência tributária (criação e/ou majoração de tributos, bem como concessão de isenções), mesmo após a Emenda Constitucional n. 32, de 11 de setembro de 2001, sob pena de afronta ao princípio da tripartição das funções do poder, verdadeiro cânone do Princípio Republicano.

Apesar de já ter o Supremo Tribunal Federal, por ocasião do julgamento do Recurso Extraordinário nº 146.733-SP, se pronunciado no sentido da possibilidade de criação ou majoração de tributos mediante medida provisória, desde que convertida em lei na forma e prazo previstos no artigo 62 da originária Constituição Federal (de 05/10/88), ouso, com a devida vênia, discordar de tal posicionamento.

Como cediço, de acordo com a ordenação constitucional vigente, os tributos, de modo geral, somente podem ser criados ou alterados mediante lei complementar (nas hipóteses dos artigos 148, 154, I e 195, § 4º da Constituição da República); lei ordinária; decreto-legislativo que ratifica tratado internacional, a teor do artigo 49, inciso I da Lei Maior ou, ainda, decreto-legislativo que ratifica convênio celebrado entre os Estados, além das situações peculiares previstas na própria Carta Magna originária, acerca da alteração de alíquotas referentes a tributos determinados, mormente nos casos de extrafiscalidade.

Demais instrumentos infralegais são precários e inaptos à modificação da ordem jurídica tributária.

Vivenciamos um período em que, infelizmente, o "Estado Democrático de Direito" cingiu-se a uma expressão estampada no artigo 1º. da Lei Maior e caminhamos a passos lentos, embora reconheça a dificuldade, para modificar tal situação. A instabilidade imperava, através de uma legislação, se é que assim pode ser chamada, cuja base repousou nas indigitadas medidas provisórias.

Em uma tentativa de solução, veio a lume a Emenda Constitucional n. 32/2001 que parece-nos, em termos práticos, não elidir a problemática, até porque se trata de atuação do legislador derivado, portanto, limitada aos critérios estabelecidos pelo constituinte originário.

Princípio da anterioridade: Ab initio, não se confunde com o princípio da anualidade que previa a específica autorização orçamentária para que a lei instituidora ou majoradora de tributos pudesse ser aplicada no ano seguinte ao de sua instituição (parte da doutrina entende que na atual ordenação ainda vige o princípio da anualidade, mas de modo implícito, diante do atrelamento rígido do orçamento, previsto nos artigos 165/169 da Constituição Federal). Pela anterioridade (artigo 150, inciso III, alínea "b" da Lei Maior) o diploma legislativo deve estar em vigor antes do exercício financeiro em que se pretenda efetuar a cobrança da exação criada ou aumentada.

Mais adiante, o referido princípio será detalhadamente analisado.

Princípio da irretroatividade da lei tributária: Previsto no artigo 150, III, "a" da Constituição Federal, protege o direito adquirido, o ato jurídico perfeito e a coisa julgada, impossibilitando as entidades tributantes atinjam fatos passados, já consumados no tempo, objetivando preservar, assim, a segurança jurídica.

No escólio de Roque Antonio Carrazza[26], tem-se que:

> "(...) em síntese, a lei deve ser anterior ao fato imponível e não o fato imponível anterior à lei.
>
> Lei retroativa, é oportuno assertoar, é aquela que rege fato ocorrido antes de sua vigência.
>
> A regra geral, pois, é no sentido de que as leis tributárias, como de resto, todas as leis, devem sempre dispor para o futuro. Não lhes é dado abarcar o passado, ou seja, alcançar acontecimentos pretéritos. Tal garantia confere estabilidade e segurança às relações jurídicas entre Fisco e contribuinte.
>
> A lei tributária, pois, deve ser irretroativa. Em se tratando de lei que cria ou aumenta tributo, esta regra é absoluta, isto é, não admite exceções.
>
> É certo que, por razões ideológicas que nosso Direito encampou, aceita-se que algumas leis tributárias retroajam, desde que elas assim o estipulem.

[26] *Curso de Direito Constitucional Tributário*, São Paulo, Malheiros editores, 4ª edição, 1993, pp. 192/195.

São as que, de alguma forma, beneficiam o contribuinte (lex mitior), como as que lhe concedem uma isenção, um prazo mais lato para o recolhimento do tributo etc.(...)

Temos por indisputável, pois, que é, por todos os títulos, inconstitucional a lei tributária ex post facto (Araújo Castro). Outra inteligência justificaria a instalação do império da incerteza, nas relações entre o Fisco e o contribuinte, o que contrariaria o regime de direito público e o próprio princípio republicano.

Demais disso, a ação do Fisco deve ser previsível. Em nome desta previsibilidade, a lei que cria ou aumenta um tributo não pode alcançar fatos ocorridos em época anterior à de sua entrada em vigor. Sem este penhor de confiança, toda a vida jurídica do contribuinte perigaria."

Retornaremos ao mesmo, com maiores esmiuçamentos.

Princípio da igualdade: Também expressamente previsto no artigo 150, inciso II da Constituição Federal, consagra a isonomia material, ou seja, todos aqueles que se encontrem em situação idêntica, receberão tratamento igualitário.

Princípio da tipologia ou tipicidade tributária: No direito positivo brasileiro o tipo tributário é definido pela integração lógica de dois fatores: hipótese de incidência e base de cálculo. O vulto constitucional desse princípio advém da linguagem empregada no artigo 154, inciso I, figurando, desse modo, entre os implícitos. A lei tributária deve conter em seu bojo todos os elementos da hipótese de incidência tributária, denotando os aspectos material, espacial, temporal e pessoal, tanto no antecedente como no conseqüente da norma, utilizando a expressiva linguagem de Paulo de Barros Carvalho[27].

Traduz-se o mandamento pela necessidade da lei tributária conter em seu bojo todos os elementos da hipótese de incidência tributária, de modo expresso ou implícito, traduzidos por aspecto material (fato gerador, base de cálculo e alíquota), aspecto espacial (local da ocorrência do fato gerador e local onde deve ser cumprida a obrigação tributária), aspecto pessoal (sujeitos ativo e passivo) e aspecto temporal (momento da ocorrência do fato gerador e momento em que deve ser cumprida a obrigação tributária,

[27] *In* ob. cit., capítulo *"princípios tributários."*

lembrando-se que quanto a este último desmembramento do critério temporal, o Supremo Tribunal Federal, já se posicionou no sentido de que não ofende à estrita legalidade o fato de instrumento normativo infralegal alterar o prazo para recolhimento do tributo).

Princípio da proibição de tributo com efeito de confisco: Não constava expressamente da Constituição anterior e é de difícil configuração. Atualmente está previsto no artigo 150, inciso IV da Lei Maior. A idéia de confisco não traz dificuldade. O problema reside na definição do conceito, na delimitação da idéia, como limite a partir do qual incide a vedação constitucional.

Intrincado e embaraçoso, o objeto da regulação do referido artigo 150, IV, da Constituição da República, acaba por oferecer unicamente um rumo axiológico, tênue e confuso, cuja nota principal repousa na simples advertência ao legislador dos tributos, no sentido de comunicar-lhes que existe limite para a carga tributária.

Na realidade, deve ser analisado sistematicamente e em conjunto com as situações de extrafiscalidade autorizadas pelo texto constitucional.

Princípio da vinculabilidade da tributação: O magistério dominante inclina-se por entender que, no que tange à tributação, hão de existir somente atos vinculados, fundamento sobre o qual exalta o chamado princípio da vinculabilidade da tributação. Há apenas uma ressalva, onde podemos isolar um catálogo extenso de atos administrativos, no terreno da fiscalização dos tributos, que respondem, diretamente, à categoria dos discricionários, em que o agente atua sob critérios de conveniência e oportunidade, para realizar os objetivos da política administrativa planejada e executada pelo Estado.

Princípio da uniformidade geográfica: Surge explícito pelo artigo 151, inciso I, da Constituição Federal e se traduz na determinação imperativa de que os tributos instituídos pela União sejam uniformes em todo o território nacional. É uma confirmação do postulado federativo e da autonomia dos Municípios.

Princípio da não-discriminação tributária, em razão da procedência ou do destino dos bens: Significa que pessoas tributantes estão impedidas de graduar seus tributos, levando em conta a região de origem dos bens ou o local para onde de destinem. Está expressamente previsto no artigo 152 da Carta Magna.

Princípio da territorialidade da tributação: Não se manifesta ostensivamente, mas aparece como decorrência imediata de importantes diretrizes do sistema. O poder vinculante de uma lei ensejará os efeitos jurídicos de estilo até os limites geográficos da pessoa política que a editou.

Princípio da indelegabilidade da competência tributária: A faculdade legislativa de instituir tributos e sobre eles dispor, inaugurando a ordem jurídica, não pode ser delegada, devendo permanecer no corpo das prerrogativas constitucionais da pessoa que a recolher do Texto Superior. Tal regra vedatória não encontra registro expresso na Constituição, mas tem aí seu fundamento, pela concepção orgânica do direito positivo brasileiro.

É expressamente previsto no artigo 7º, do Código Tributário Nacional. Ressalte-se que a proibição não atinge a transferência da titularidade para ser sujeito ativo de obrigações tributárias e, mesmo previsto no diploma tributário, não perde ele sua magnitude de princípio constitucional tributário, e o faz integrando o subconjunto dos implícitos.

Princípio da pessoalidade e da capacidade contributiva: na realidade, pessoalidade se confunde com capacidade contributiva subjetiva, sendo também visualizada a capacidade contributiva objetiva. Ao falar em pessoalidade, o constituinte rendeu-se à classificação das ciências das finanças. Há classificação que divide os impostos em diretos e indiretos e em pessoais (incidentes sobre as pessoas como é o caso do Imposto sobre a Renda) e reais (incidentes sobre as coisas, como ocorre com o Imposto sobre a Propriedade Territorial Urbana, o Imposto sobre a Propriedade de Veículo Automotor etc). Na verdade, o tributo sempre é pago por um sujeito.

O caráter pessoal a que alude o constituinte significa o desejo de que a pessoa tributada venha a sê-lo por suas características pessoais (capacidade contributiva), sem possibilidade de repassar o encargo a terceiros (tributos indiretos). Capacidade contributiva nem precisaria estar expressa no texto constitucional. Significa a possibilidade econômica de pagar tributos. É subjetiva, quando leva em conta a pessoa (capacidade econômica real) e objetiva quando toma em consideração manifestações objetivas da pessoa (ter casa, carro, etc). Se efetiva pelas tabelas progressivas e deduções pessoais.

Nas taxas e contribuições de melhoria costuma-se dizer que o princípio realiza-se negativamente, pela incapacidade contributiva, fato que tecnicamente gera remissões e reduções subjetivas do montante a pagar imputado ao sujeito passivo sem capacidade econômica real.[28]

[28] Para maiores detalhes v. Edilson Pereira Nobre Jr., *Princípio constitucional da capacidade contributiva*, Porto Alegre, Sergio Antonio Fabris Editor, 2001.

Princípio da retributividade: aplicável às taxas, traduz-se pela retribuição devida pelo particular em virtude de prestação de serviço público específico e divisível por parte do Estado ou de quem lhe faça as vezes, mas no exercício de prerrogativas públicas[29].

Princípio da progressividade: consubstancia-se em uma maneira de dar efetividade à capacidade contributiva, verificável especialmente no Imposto sobre a Propriedade Territorial Urbana, no artigo 156, § 1º, da Constituição Federal, com caráter extrafiscal (função social da propriedade), onde não esbarra no princípio do não confisco, desde que corretamente aplicado e somente aceita esta função social por questões de política urbana[30], aliada à capacidade contributiva; no Imposto sobre a Propriedade Territorial Rural também com função de extrafiscalidade e, ainda, no Imposto sobre a Renda e Proventos de qualquer natureza, podendo ser auferido em relação aos demais tributos e não se confundindo com proporcionalidade.

Seletividade em função da essencialidade do produto: Aplicável especialmente ao Imposto sobre Produtos Industrializados e ao Imposto sobre a Circulação de Mercadorias e Serviços, também é uma das formas de se atingir capacidade contributiva objetiva.

1.3. Doutrina de Leitura Obrigatória

ATALIBA, Geraldo – *República e Constituição.* Atualizado por FOLGOSI, Rosoléa. Editora Malheiros, São Paulo, 2001.

— *Sistema Constitucional Tributário Brasileiro.* Editora Revista dos Tribunais, São Paulo, 1968.

CARRAZZA, Roque Antonio – *Curso de Direito Constitucional Tributário.* 19ª edição, Malheiros Editores, São Paulo, 2003.

[29] A respeito, releva considerar a controvérsia há muito estabelecida na doutrina acerca da efetiva natureza jurídica da chamada "tarifa" ou "preço público".
Para maiores esclarecimentos, v. artigo sobre o tema, de autoria de Geraldo Ataliba, *in Revista de Direito Tributário* n. 47, São Paulo, editora Revista dos Tribunais, 1989, pp. 142 e ss.

[30] Para maiores esclarecimentos, v. Elizabeth Nazar Carrazza, *IPTU e Progressividade – Igualdade e.*

Limitações Constitucionais ao Poder de Tributar

FRANA ELIZABETH

1. Competência Tributária e Capacidade Tributária Ativa

Competência legislativa é aptidão de que são dotadas as pessoas políticas para expedir regras jurídicas, *inovando* o ordenamento positivo. Por força do princípio da estrita legalidade, a colocação de normas jurídicas inaugurais no sistema há de sempre ser efetivada por intermédio de lei, ou seja, o instrumento legislativo apto e emanado do poder competente, hábil a introduzir os preceitos jurídicos que criam direitos e deveres correlatos.

A competência tributária é uma das parcelas entre as prerrogativas legiferantes de que são portadoras as pessoas políticas, consubstanciada na aptidão de legislar para a produção de normas jurídicas sobre tributos.

No escólio de Roque Antonio Carrazza[1], trata-se da *aptidão para criar, in abstracto, tributos, descrevendo legislativamente, suas hipóteses de incidência, seus sujeitos ativos, seus sujeitos passivos, suas bases de cálculo e suas alíquotas. Exercitar a competência tributária é dar nascimento a tributos, no plano abstrato.*

O mesmo autor ainda nos ensina que a competência tributária caracteriza-se pela privatividade, indelegabilidade, incaducabilidade, inalterabilidade, irrenunciabilidade e facultatividade do exercício.

Dessume-se, por conseguinte, ser a mesma **privativa,** na medida em que a Constituição denota a competência tributária de cada pessoa política (lembrando que Paulo de Barros Carvalho defendeu que impostos priva-

[1] *In* Curso de Direito Constitucional Tributário – 4ª edição – editora Malheiros – São Paulo, 1991.

tivos são somente os da União, os federais, pelo disposto no artigo 154 da CF); **incaducável,** posto que o seu não-exercício, mesmo que protraído no tempo, não tem o condão de impedir que a pessoa política, a qualquer momento, crie os tributos que lhe foram constitucionalmente deferidos (como exceção a tal característica, podemos citar o Imposto Provisório sobre Movimentação Financeira advindo da Emenda Constitucional n. 3/93, cuja competência deveria ser exercitada em determinado prazo); **inalterável** pela própria pessoa política que a detém; **irrenunciável,** ou seja, não pode ser abdicada no todo ou em parte; **facultativa** quanto ao seu exercício, lembrando-se que a não-utilização por uma pessoa política não autoriza as demais a abarcá-la (também há que se mencionar o posicionamento de parte da doutrina que excepciona o ICMS da facultatividade, já que os Estados e o Distrito Federal estão obrigados a instituir e arrecadar o tributo, a teor do artigo 155, § 2º, XII, 'g' CF; só podendo deixar de fazê-lo caso celebrem convênio); e, **indelegável**, ou seja, o titular de uma competência, seja qual for, inclusive a tributária, não a pode transferir, quer no todo, quer em parte, ainda que por meio de lei. Noutros termos, o titular de uma competência, seja qual for, inclusive a tributária, não a pode transferir, quer no todo, quer em parte, ainda que por meio de lei.

É importante frisar que a competência não se confunde com a capacidade tributária ativa, que engloba unicamente a possibilidade de arrecadação e/ou administração dos tributos.

Pode-se afirmar, inclusive, ser a competência tributária emanada do poder constituinte originário, denotando atividade discricionária da pessoa política que a detém, para o fim de introduzir tributos quando entender conveniente e oportuno. Se esgota no exato momento em que finda a atividade legislativa. Já a capacidade tributária ativa se consubstancia em atividade plenamente vinculada à lei (que surgiu pelo exercício da competência), e resultado de poder constituído (derivado ou não).

Quem recebeu poderes para legislar pode exercê-los, não estando, porém, compelido a fazê-lo. Todavia, em caso de não-aproveitamento da faculdade legislativa, a pessoa competente estará impedida de transferi-la a qualquer outra. Trata-se do princípio da indelegabilidade da competência tributária (art. 7º CTN), sob pena de ofensa ao magno princípio da separação de funções do Poder (art. 2º, CF).

Normalmente, o mesmo ente que cria o tributo, também o arrecada e o administra. Quando esta identidade ocorre, está-se diante da chamada sujeição ativa direta. Não obstante, é perfeitamente possível que a pessoa habilitada para legislar sobre tributos edite a lei, mas que outra seja indicada para compor o liame obrigacional, na condição de sujeito titular de direitos, o que força reconhecer que a capacidade tributária ativa é delegável.

E isto se dá pela sujeição ativa indireta, que pode ser evidenciada tanto pela parafiscalidade como pela sujeição ativa auxiliar.

Sempre que a lei apontar um sujeito ativo diverso do portador da competência impositiva, estará o estudioso habilitado a reconhecer duas situações juridicamente distintas: a) o sujeito ativo, que não é titular da competência, recebe atribuições de arrecadar e fiscalizar o tributo, executando as normas legais correspondentes, mas não fica com o produto arrecadado, isto é, transfere os recursos ao ente político; ou b) o sujeito ativo indicado recebe as mesmas atribuições do item a, acrescidas da disponibilidade sobre os valores arrecadados, para que os aplique no desempenho de suas atividades específicas.

Parafiscalidade é, por conseguinte, o fenômeno jurídico que consiste na circunstância de a lei tributária nomear sujeito ativo diverso da pessoa que a expediu, atribuindo-lhe a disponibilidade dos recursos auferidos, para o implemento de seus objetivos peculiares. O sujeito ativo, que não é titular da competência, recebe atribuições de arrecadar e fiscalizar o tributo, tendo disponibilidade sobre os valores arrecadados para que os aplique no desempenho de suas atividades específicas.

Dois aspectos a caracterizam: o sujeito ativo indicado expressamente na lei instituidora da exação é diferente da pessoa política que exerceu a competência e há atribuição, também expressa, do produto arrecadatório, à pessoa apontada para figurar como sujeito ativo.

Poderão ser sujeitos ativos de tributos parafiscais as pessoas jurídicas de direito público e as entidades paraestatais, já que desenvolvem atividades de interesse público. Hodiernamente também se discute a inserção de pessoas jurídicas de direito privado como entidade paraestatais, haja vista a mudança de natureza jurídica de algumas categorias como é o caso dos conselhos, das prestadoras de serviços públicos (concessionárias, para os que defendem que a contraprestação devida é, em verdade, taxa e não tarifa, como é o caso do saudoso Geraldo Ataliba) etc.

Também há que se fazer menção à sujeição ativa auxiliar – substituto *ex lege* do sujeito ativo –, onde terceiro arrecada o tributo em nome e por conta da entidade tributante. Ex.: ICMS sobre energia elétrica recolhido no próprio pagamento pela empresa fornecedora de energia, CPMF recolhida pelas entidades bancárias etc.

Não há que se confundir a parafiscalidade com a extrafiscalidade. Esta é a forma de manejar elementos jurídicos usados na configuração dos tributos, perseguindo objetivos alheios aos meramente arrecadatórios. É o emprego de fórmulas jurídico-tributárias para a obtenção de metas que prevalecem sobre os fins simplesmente arrecadatórios de recursos monetários, ou seja, a utilização de meios tributários para fins não fiscais.

Ao construir suas pretensões extrafiscais, deverá o legislador pautar-se, inteiramente, dentro dos parâmetros constitucionais, observando as limitações de sua competência impositiva e os princípios superiores que regem a matéria, assim os expressos que os implícitos.

1.2. Não incidência, Imunidades, Isenções e Alíquota Zero

Não é objetivo do presente trabalho trazer um conceito único e definitivo aos institutos supramencionados. Até porque as concepções dos diversos autores são coerentes de acordo com as premissas estabelecidas por cada um.

Particularmente, considero a não incidência pura e simples, ou seja, a não subsunção de uma norma tributária a um fato, gênero, onde as espécies se dividem entre as imunidades (hipóteses de não incidência tributária constitucionalmente determinadas) e isenções (hipóteses de não incidência tributária legalmente determinadas).

Não obstante, com o intuito de trazer maiores subsídios aos leitores, gostaria de esboçar o pensamento de alguns doutrinadores, em especial o de Paulo de Barros Carvalho e Roque Antônio Carrazza, sobre o tema, haja vista suas peculiares considerações.

O primeiro[2] elabora exacerbada crítica à noção corrente de imunidade tributária, ao asseverar:

> *Os diversos doutrinadores salientam a condição de verdadeiras limitações constitucionais às competências tributárias, consubstanciando hipóteses de não-incidência juridicamente qualificadas no Texto Supremo; aludem a uma exclusão do próprio poder de tributar; ou supressão da competência impositiva. Todos a vêem como aplicável unicamente aos impostos.*

[2] CARVALHO, Paulo de Barros – Curso de Direito Tributário, editora Saraiva, 4ª edição, 1991, São Paulo, pp. 105/124)

Alguns entendem, ainda, que a imunidade é sempre ampla e indivisível, não comportando fracionamentos.

Imunidade é um obstáculo posto pelo legislador constituinte, limitador da competência outorgada às pessoas políticas de direito constitucional interno, excludente do respectivo poder tributário, na medida em que impede a incidência da norma impositiva, aplicável aos tributos não vinculados (impostos), e que não comportaria fracionamentos.

Avaliação crítica.

a) A imunidade é uma limitação constitucional às competências tributárias.

O raciocínio não procede. Na verdade, a regra que imuniza é uma das muitas formas de demarcação de competência, expostas, todavia, por meio de esquemas sintáticos proibitivos ou vedatórios. Congrega-se às demais para produzir o campo dentro do qual as pessoas políticas haverão de operar, legislando sobre matéria tributária. O que limita a competência vem em sentido contrário a ela, buscando amputá-la ou suprimi-la, enquanto a norma que firma a hipótese de imunidade colabora no desenho constitucional da faixa de competência adjudicada às entidades tributantes.

b) Imunidade como exclusão ou supressão do poder tributário.

A imunidade não exclui nem suprime competências tributárias, uma vez que estas representam o resultado de uma conjunção de normas constitucionais, entre elas as de imunidade tributária. A competência para legislar, quando surge, já vem com as demarcações que os preceitos da Constituição fixaram.

c) Imunidade como providência constitucional que impede a incidência tributária – hipótese de não-incidência constitucionalmente qualificada.

As regras de imunidade são normas de estrutura, enquanto as de incidência são preceitos de conduta.

Na verdade, a norma constitucional deve incidir. A norma constitucional que imuniza deve incidir; não deve ocorrer é a incidência tributária.

d) A imunidade é aplicável tão-somente aos tributos não-vinculados (impostos).

A proposição afirmativa de que a imunidade é instituto que só se refere aos impostos carece de consistência veritativa. Traduz exacerbada extensão de uma particularidade constitucional que pode ser facilmente enunciada mediante a ponderação de outros fatores, também extraídos da disciplina do Texto Superior. Não sobeja repetir que, mesmo em termos literais, a Constituição brasileira abriga regras de competência da natureza daquelas que se conhece pelo nome de imunidades tributárias, e que trazem alusão explícita às taxas e à contribuição de melhoria, o que basta para exibir a falsidade da proposição descritiva.

e) A imunidade é sempre ampla e indivisível, não comportando fracionamentos.

É evidente que todo fato social que ingressa para o mundo jurídico pela porta aberta dos supostos normativos, uma vez realizado, provoca a incidência e é colhido em cheio, irradiando os efeitos jurídicos que lhe são imputados. Se a isso querem os autores denominar amplitude e indivisibilidade, operam com engano, pois o fenômeno não é atributo das imunidades, mas de todas as disposições prescritivas do direito posto. Exista uma regra que qualifique um fato, associando-lhe determinados efeitos, e a conseqüência propagar-se-á de modo absoluto, direto e contundente, toda vez que o evento acontecer. A incidência se dá, invariavelmente, de maneira automática e infalível. O cumprimento do dever que satisfaz o direito subjetivo correlato pode ou não verificar-se, momento em que se cogitará de outro antecedente normativo – o da regra sancionatória. A aplicação de ambas ao caso concreto, porém, no que toca à obediência e respeitabilidade dos respectivos destinatários, é algo que há de ser estudado em outra matéria, também cognoscitiva em relação ao direito – a Sociologia Jurídica.

CONCEITO E DEFINIÇÃO DO INSTITUTO – SUA NATUREZA JURÍDICA:

A imunidade é uma regra de estrutura, ou seja, dispõe acerca da construção de outras regras.

Imunidade é a classe finita e determinável de normas jurídicas, contidas no texto da Constituição Federal, e que estabelecem, de modo expresso, a incompetência das pessoas políticas de direito constitucional interno para expedir regras instituidoras de tributos que alcancem situações específicas e suficientemente caracterizadas.

PARALELO ENTRE IMUNIDADE E ISENÇÃO:

A isenção se dá no plano da legislação ordinária. Sua dinâmica pressupõe um encontro normativo, em que ela, regra de isenção, opera como expediente redutor do campo de abrangência dos critérios da hipótese ou da conseqüência da regra-matriz do tributo.

Cabe agora, elaborar elenco das imunidades previstas em nosso texto constitucional.

De início, a imunidade recíproca, prevista no artigo 150, VI, *a*, da CF, como decorrência pronta e imediata do postulado da isonomia dos entes constitucionais, sustentado pela estrutura federativa do Estado brasileiro e pela autonomia dos Municípios.

A imunidade recíproca é extensiva às autarquias federais, estaduais e municipais, por obra da disposição contida no art. 150, § 2º, no que concerne ao patrimônio, renda e serviços vinculados às suas finalidades essenciais, mas não se aplica aos serviços públicos concedidos, lembrando-se, não obstante, o posicionamento doutrinário no sentido de que há que se levar em conta a finalidade propriamente dita e não a formalidade da natureza jurídica da entidade para a outorga do benefício[3], e também jurisprudencial[4].

A seguir, estão imunes os templos de qualquer culto. Trata-se de reafirmação do princípio da liberdade de crença e prática religiosa, que a Constituição prestigia no art. 5º, VI a VIII. Nenhum óbice há de ser criado para impedir ou dificultar esse direito de todo cidadão. Há sustentáculo no sentido de que deve prevalecer uma exegese bem larga, atentando-se, apenas, para os fins específicos de sua utilização. Observe-se que a doutrina e jurisprudência pátrias têm – a meu sentir de modo equivocado d.m.v. – interpretado a matéria com primazia da entidade religiosa e não somente do local onde se realiza o culto, por conta do disposto no parágrafo 4º do artigo 150.

Se o intuito do constituinte fosse o de prevalecer a instituição religiosa, o teria feito na própria alínea "b" do artigo 150, VI CF. Quis, em minha opinião, outorgar apenas uma espécie de subsídio à livre crença, institucionalizada no texto de 1988, mas não criar entidades que competem, sob o ponto de vista econômico e financeiro, em total desnível de condições em setores que escapam dos meramente religiosos.

Também as pessoas tributantes são incompetentes para atingir com seus impostos, o patrimônio, a renda e os serviços dos partidos políticos e das instituições de educação e de assistência social, observados os requisitos da lei (art. 150, VI, *c*).

Em que pese ao entendimento contrário de alguns autores, parece-nos de hialina evidência que a lei a que se reporta o comando constitucional é a complementar, conforme artigo 146 da Lei Maior. Vide art. 14 do CTN.

Como a regra constitucional é de eficácia contida, ficando seus efeitos diferidos para o momento da efetiva comprovação das exigências firmadas no Código Tributário, deve haver requerimento do interessado à autoridade administrativa competente, que apreciará a situação objetiva, conferindo seu quadramento às exigências da Lei n. 5.172/66, após o que reconhecerá a imunidade do partido político ou da instituição educacional ou assistencial.

[3] *In* COELHO, Sacha Calmon Navarro, Curso de Direito Tributário, editora Forense, 2004.

[4] Supremo Tribunal Federal – Recurso Extraordinário n. 40-7099/RS – relator Ministro Carlos Velloso.

Ainda, tem-se que qualquer livro ou periódico, e bem assim o papel utilizado para sua impressão, sem restrições ou reservas, estarão à margem dos anseios tributários do Estado, no que concerne aos impostos. De nada vale argüir que a freqüência da edição seja pequena, que o livro tenha características especiais, ou, ainda, que o papel não seja o mais indicado para a impressão. Provado o destino que se lhe dê, haverá a imunidade. Para essa hipótese, sendo uma disposição de eficácia plena e aplicabilidade imediata, nada tem a lei que complementar.

A imunidade dos livros, periódicos e do papel destinado à sua impressão é classificada, por muitos, como do tipo objetivo, pouco importando as qualificações pessoais da entidade que opera com esses bens.

Na hipótese em análise, o objetivo desta regra constitucional de imunidade foi o de amparar e estimular a cultura, educação, disseminação de informação e facilitar o acesso a livros como forma de dar efetividade a tais intuitos.

O saudoso Aliomar Baleeiro, ao discorrer acerca da regra de não incidência em comento, sob a égide da Lei Maior anterior, asseverou que: "*...A Constituição alveja duplo objetivo, ao estatuir essa imunidade: amparar e estimular a cultura através dos livros, periódicos e jornais; garantir a liberdade de manifestação do pensamento, o direito de crítica e a propaganda partidária. Em ambos os aspectos do objetivo se refletem os mesmos princípios dos arts. 153, § 8º e 36; 176, 179, 180 e outros do Estatuto Supremo.*" [5]

Sacha Calmon Navarro Coêlho[6] dita que "*a imunidade, seu fundamento é político e cultural. Procura-se retirar impostos dos veículos de educação, cultura e saber para livrá-los de sobremodo das influências políticas, para que através do livro, da imprensa, das revistas, se possa criticar livremente os governos sem interferências fiscais. Por isso mesmo o insumo básico, o papel de impressão, está imune. Não por ser custo, senão porque, através dos impostos de barreira e do contingenciamento, poderia o Fisco embaraçar a liberdade de imprensa.*

A imunidade filia-se aos dispositivos constitucionais que asseguram a liberdade de expressão e opinião e patejam o debate das idéias, em prol da cidadania, além de simpatizar com o desenvolvimento da cultura, da educação e da informação".

[5] BALEEIRO, Aliomar – *Limitações Constitucionais ao Poder de Tributar*, 4ª edição, 1974, editora Forense, Rio de Janeiro, p. 195.

[6] *In Comentários à Constituição de 1988 – Sistema Tributário*, 6ª edição, 1994, editora Forense, Rio de Janeiro, pp. 378 e ss.

De posse de tais subsídios, há autores que consideram que a imunidade em apreço não é restrita ao papel de imprensa, mas abrange demais insumos, sob pena de desvirtuar-se o real objetivo da ordenação jurídica. A exegese deve ser abrangente, de modo a afastar a incidência de impostos que, de alguma maneira, possam onerar o preço do bem.[7]

Inclusive a jurisprudência pátria, de forma minoritária, chegou a amparar tal posicionamento, conforme se depreende dos seguintes arestos:

"TRIBUTÁRIO - IMUNIDADE - JORNAL - TINTA PARA IMPRESSÃO.

I - A jurisprudência dos nossos tribunais, sob o comando do Supremo Tribunal Federal, vem entendendo que a imunidade constitucional concedida aos livros, jornais e periódicos, assim como ao papel destinado à sua impressão, não compreende só o produto acabado, pois visou a proteger e incentivar a educação, a cultura, a liberdade de comunicação e de pensamento, sendo ampla e abrangendo inclusive as atividades que circundam a produção a produção. O entendimento da Supremo Corte é no sentido de que a imunidade conferida ao jornal é amplíssima, apanhando também as operações necessárias à sua feitura.

II - Apelação e remessa improvidas"[8]

"CONSTITUCIONAL E TRIBUTÁRIO. IMUNIDADE. ART. 150, INC.-6, LET.-D, DA CF-88. TINTA ESPECIAL PARA JORNAL.

1. A importação de tinta especial para ser utilizada na elaboração de jornal está abrangida pela imunidade tributária prevista no art. 150, inc. 6, let.d, da CF/88.

2. Tendo sido admitida pela jurisprudência a interpretação extensiva da imunidade constitucional referente a livros, jornais, periódicos e o papel destinado à sua impressão, para alcançar, além dos produtos expressamente mencionados em seu texto, todos aqueles que, de fato, englobam seu processo produtivo."[9]

"IMUNIDADE TRIBUTÁRIA. ICMS. ART. 150 DA CONSTITUIÇÃO FEDERAL. INSUMOS DESTINADOS À IMPRESSÃO DE JORNAIS.

O Supremo Tribunal Federal, no julgamento dos Recursos Extraordinários nºs 190.761 e 174.476, reconheceu que a imunidade consagrada no art. 150, VI, d, da Cons-

[7] Mais recentemente, passou-se a discutir a possibilidade de extensão da imunidade a livros eletrônicos. Em decisão monocrática de 2010, no RE 330.817/RJ, o Ministro Dias Toffoli afastou a imunidade do livro eletrônico. Foi posteriormente reconhecida a repercussão geral, de forma que o Recurso Extraordinário ainda aguarda julgamento pelo STF.

[8] Tribunal Regional Federal da 2ª Região - AMS n. 96.02.18156, 2ª Turma, Relator Juiz Paulo Espírito Santo, j. em 18/03/97, por maioria, DJ 17/06/97.

[9] Tribunal Regional Federal da 4ª Região - AMS n. 95.04.27557, Turma de Férias, Relatora Juíza Tânia Terezinha Cardoso Escobar, j. em 25/07/96, v.u., DJ 21/08/96.

tituição Federal, para os livros, jornais e periódicos, é de ser entendida como abrangente de qualquer material suscetível de ser assimilado ao papel utilizado no processo de impressão.

Ausência de demonstração no sentido de que o material importado pela recorrente constituía produto que pudesse ser considerado papel de impressão. Questão, ademais, insuscetível de apreciação em sede de recurso extraordinário, por encontrar deslinde por via de reexame da prova produzida nos autos (Súmula 279).

Recurso extraordinário não conhecido"[10]

(RE n. 193883/SP, STF, 1ª Turma, Relator Ministro Ilmar Galvão, votação unânime julgado em 22/04/97, DJ 01/08/97).

Mas, como bem salientado por Roque Antonio Carrazza[11]:

a expressa alusão ao papel de imprensa deve-se a razões puramente históricas: o Governo, durante o Estado Novo, impedia que os jornais de oposição recebessem papel de imprensa. Esta prática arbitrária teria inspirado o Constituinte de 1946 a proibir que as pessoas políticas tributassem, por via de imposto, o "papel destinado exclusivamente à impressão de jornais, periódicos e livros" (art. 41, V, "c"). A salutar norma foi reproduzida – embora com outras palavras – na Constituição de 1967/1969 e na atual. É muito fácil notarmos que, declarando o papel de imprensa imune à tributação por via de impostos, a Lei Maior teve em mira facilitar a difusão da cultura, barateando os livros, jornais e periódicos. Ora, pela mesma razão, entendemos perfeitamente sustentável que o benefício se estenda a outros insumos, *que também viabilizam o atingimento deste louvável objetivo.*

Por outro lado, somos inclinados a aceitar – apesar de já termos sustentado o contrário, na edição anterior – ***que esta imunidade é*** **objetiva** ***e, por isso, não alcança a empresa jornalística, a empresa editorial, o livreiro, o autor etc., que, p. ex., deverão pagar o imposto sobre os rendimentos que obtiverem, com o livro, o jornal, o periódico e o papel destinado à sua impressão. O próprio princípio da igualdade – e seu consectário, o da*** **capacidade contributiva** ***– reforça esta posição, que, aliás, é pacífica, em nossos Tribunais.****"*(grifei)

Diante de tais digressões e de acordo com a sistemática constitucional vigente, é mister concluir-se que a imunidade em apreço não engloba todos

[10] Supremo Tribunal Federal – RE n. 193883/SP, 1ª Turma, Relator Ministro Ilmar Galvão, votação unânime julgado em 22/04/97, DJ 01/08/97.

[11] *In Curso de Direito Constitucional Tributário*, editora Malheiros, 1991, São Paulo, *passim*.

os impostos incidentes sobre a empresa jornalística, somente abrange os materiais e insumos necessários à confecção do jornal, bem como o maquinário utilizado para tal fim. O seu fundamento é político e cultural, buscando fomentar a informação, a divulgação de notícias e a liberdade de pensamento, mas não a situação peculiar do empresário jornalístico, da empresa editora, do livreiro, do autor, etc.

Por conseguinte, a imunidade é objetiva, alcança os bens destinados a fomentar cultura, educação, informação, mas não a pessoa do editor, autor etc, fato que ensejaria a conclusão de se tratar de imunidade subjetiva (da pessoa), desonerando-a dos encargos de tributos pessoais, como por exemplo Imposto sobre a Renda, contribuições etc, que não é o caso.[12]

1.3. Outras Hipóteses de Imunidade

Outras normas há, no Texto Supremo, que definem a incompetência do legislador infraconstitucional para colher, com impostos, pessoas, coisas ou estados de coisas.

Era regra imunizante aquela que refere o art. 153, § 2º, II, da Constituição Federal, estatuindo que o imposto sobre a renda não incidirá, nos termos e limites fixados em lei, sobre rendimentos provenientes de aposentadoria e pensão, pagos pela previdência social da União, dos Estados, do Distrito Federal e dos Municípios, a pessoa com idade superior a 65 anos, cuja renda total seja constituída, exclusivamente, de rendimentos do trabalho. Volta-se para as pessoas físicas e diz respeito ao imposto sobre a renda e proventos de qualquer natureza.

Tal imunidade foi revogada pela EC n. 20/98. E isto nos leva à indagação se é possível suprimir-se imunidades.

Matéria árdua, tormentosa, que tem encontrado solução jurisprudencial muito mais por aspectos sócio-econômicos do que por técnico-jurídicos.

A grande problemática é inserir as imunidades ou não no rol das cláusulas pétreas (artigo 60, § 4º da CF), seja como regra de competência negativa, portanto relacionada à autonomia das entidades federadas (artigo 60, § 4º, I), seja como direito e garantia individual (artigo 60, § 4º, IV).

[12] A EC 75/2013 inseriu a imunidade sobre fonogramas e videofonogramas musicais produzidos no Brasil contendo obras musicais ou literomusicais de autores brasileiros e/ou obras em geral interpretadas por artistas brasileiros bem como os suportes materiais ou arquivos digitais que os contenham, salvo na etapa de replicação industrial de mídias ópticas de leitura a laser.

Outrossim, é de imunidade a previsão do art. 153, § 4º, ao proclamar que o imposto territorial rural não incide sobre pequenas glebas rurais, definidas em lei, quando as explore, só ou com sua família, o proprietário que não possua outro imóvel.

Preceito imunizante também é aquele gravado no art. 153, § 3º, III, da CF: não incidirá sobre produtos industrializados destinados ao exterior. Trata-se do imposto sobre produtos industrializados, de competência exclusiva da União, uma vez que sobre o ICMS é o preceito do art. 155, X, *a*, que dispõe: não incidirá sobre operações que destinem ao exterior produtos industrializados, excluídos os semi-elaborados definidos em lei complementar.

Entretanto, não serão casos de imunidade os estipulados no art. 156, § 4º, II, porquanto neles não esgota a Constituição o desenho típico do evento, remetendo a tarefa ao legislador complementar. Como a tipificação não advém da Lei Maior, seu *status* não pode ser de imunidade, e sim de isenção.

No que tange às isenções, tomemos os ensinamentos de Roque Antonio Carrazza[13], ao asseverar que:

> *Merecem pleno apoio os precisos ensinamentos de José Souto Maior Borges, contidos no prólogo de seu clássico Isenções Tributárias: o pode de isentar apresenta certa simetria com o poder de tributar. Tal circunstância fornece a explicação do fato de que praticamente todos os problemas que convergem para a área do tributo podem ser estudados sob ângulo oposto: o da isenção. Assim como existem limitações constitucionais ao poder de tributar, há limites que não podem ser transpostos pelo poder de isentar, porquanto ambos não passam de verso e reverso da mesma medalha.*
>
> *Por integrarem o sistema constitucional tributário brasileiro, elas precisam também submeter-se aos seus princípios diretores.*
>
> *Não devemos confundir os incentivos fiscais (também chamados benefícios fiscais ou estímulos fiscais) com as isenções tributárias. Estas são, apenas, um dos meios de concedê-los.*
>
> *Os incentivos fiscais estão no campo da extrafiscalidade que é o emprego dos instrumentos tributários para fins não fiscais, mas ordinatórios. Por meio de incentivos fiscais, a pessoa política tributante estimula os contribuintes a fazerem algo que a ordem jurídica considera conveniente, interessante ou oportuno. Este objetivo é alcançado por intermédio da diminuição ou, até, da supressão da carga tributária.*

[13] *In* Curso de Direito Constitucional Tributário, editora Malheiros, 4ª edição, 1993, São Paulo, pp. 351/381.

Os incentivos fiscais manifestam-se sob a forma quer de imunidade, quer de isenções tributárias.

Frisamos que, exceção feita aos casos de imunidade, os incentivos fiscais que se traduzem em mitigações ou supressões da carga tributária só são válidos se, observados os limites constitucionais, surgirem do exercício ou do não exercício da competência tributária da pessoa política que os concede. Já que aqui estamos, a extrafiscalidade também se manifesta por meio de desestímulos fiscais, que induzem os contribuintes a não assumirem condutas que, embora lícitas, são havidas por impróprias, sob os aspectos político, econômico ou social. Este objetivo é alcançado por meio da exacerbação da carga tributária, respeitado, evidentemente, o estatuto do contribuinte.

O conceito de isenção tributária não é estreme de dúvidas. Existem várias teorias que procuram explicar este fenômeno jurídico.

Isenção como dispensa legal do pagamento do tributo: A doutrina mais tradicional, representada, dentre outros, por Rubens Gomes de Sousa e Amílcar de Araújo Falcão, tem feito empenho em afirmar que a isenção é a dispensa legal do pagamento do tributo.

Na verdade, a idéia de dispensa legal do pagamento do tributo devido não se aplica à isenção tributária, mas à remissão tributária.

Isenção como hipótese de não-incidência tributária, legalmente qualificada: Insurgindo-se contra esta posição, Souto Maior Borges, estribado nas ensinanças de Alfredo Augusto Becker, demonstrou, com bons argumentos que, na isenção, não há incidência da norma jurídica tributária e, portanto, não ocorre o nascimento do tributo. Para este autor, a norma isentiva incide justamente para que a norma tributária não possa incidir. Daí ter definido a isenção como sendo uma hipótese de não-incidência tributária, legalmente qualificada.

A lei de isenção é logicamente anterior à ocorrência do fato, que, se ela não existisse, aí sim, seria imponível.

O efeito principal da isenção é o de impedir o nascimento da obrigação tributária.

Posição de Paulo de Barros Carvalho: isenção é a limitação do âmbito de abrangência de critério do antecedente ou do conseqüente da norma jurídica tributária, que impede que o tributo nasça (naquele caso abrangido pela norma jurídica isentiva).

Não-incidência, nas hipóteses de isenção, é só da norma tributária geral e abstrata.

Competência para isentar, no Brasil: As isenções tributárias podem ser concedidas por lei ordinária, por lei complementar, por decreto legislativo do Congresso Nacional e por decreto legislativo estadual ou distrital, que são os instrumentos normativos hábeis ao exercício da competência tributária no Brasil.

Isenções concedidas por meio de decreto, embora freqüentes, são descabidas e injurídicas. As isenções tributárias concedidas por omeio de lei ordinária podem alcançar não só os impostos, como, também, as taxas e a contribuição de melhoria.

É a lei complementar, e só ela, que vai conceder isenções de empréstimos compulsórios e de impostos da competência residual da União.

A revogação de uma isenção equivale à criação do tributo. De conseguinte, quando isto ocorre, deve ser observado o princípio da anterioridade.

Modalidades de isenções tributárias: As isenções tributárias podem ser transitórias ou permanentes, estas e aquelas concedidas de modo condicional ou incondicional.

As isenções com prazo certo, também conhecidas como transitórias, têm seu termo final de existência prefixado na lei que as cria; as com prazo indeterminado – que alguns preferem chamar de permanentes – não.

Sendo com prazo indeterminado a isenção, a pessoa política que a concede pode revogá-la, total ou parcialmente, a qualquer tempo, desde que faça por meio de lei e respeite a anterioridade. Poderá ser expressa (a pessoa política declara que o benefício deixou de existir), ou tácita (quando recria tributo idêntico ao que fora objeto da isenção). Tal isenção, ainda que onerosa (condicional), não gera para o contribuinte nem o direito de ser indenizado, nem o de continuar fruindo do benefício.

Novamente o mestre Roque pensa que também a isenção com prazo certo (por tempo determinado) pode ser revogada ou modificada livremente, antes de expirado o tempo de duração da medida, mas atente-se que se trata de posicionamento minoritário em doutrina.

A revogação prematura, de isenção com prazo certo, *desde que esta seja gratuita (incondicional)*, além de inindenizável, não faz nascer qualquer direito adquirido de continuar gozando da vantagem que a lei isentiva lhe dava. O contribuinte tinha apenas uma expectativa de direito de ser beneficiado pela isenção, durante um certo lapso de tempo.

É evidente que a lei revocatória nunca alcançará as isenções (seja com prazo certo, seja as com prazo indeterminado) que se perfizerem juridicamente, produzindo os efeitos que lhes eram próprios. Deveras, ela, em razão da norma constitucional que protege o ato jurídico perfeito, não poderá alterar ou destruir os benefícios fiscais auferidos sob o império da antiga lei isentiva.

Também há que se falar em isenções condicionais e incondicionais. As isenções primeiras, também são chamadas bilaterais ou onerosas, porque, para serem fruídas, exigem uma contraprestação do beneficiário.

Já as isenções incondicionais são aquelas que, para serem fruídas, não impõem qualquer ônus aos beneficiários, isto é, independem do preenchimento de qualquer requisito. Nela, os isentos não assumem qualquer obrigação em troca da outorga do benefício.

Normalmente, as isenções tributárias são incondicionais, com prazo indeterminado. Nada impede, porém, que sejam condicionais, com prazo certo. Estas últimas, se revogadas prematuramente, geram, para os contribuintes prejudicados, isto é, para os que implementaram a condição, o direito subjetivo de continuarem desfrutando do benefício fiscal, até o final do prazo assinalado na lei isentiva.

A revogação de isenção com prazo certo, condicional, só vale para os casos futuros. Os pendentes continuam sob a égide da lei isentiva.

As vantagens da isenção transitória condicional incorporam-se ao patrimônio de seu destinatário (quem cumpriu a condição), que passa a ter o direito adquirido de continuar desfrutando do benefício, até a expiração do prazo fixado na lei isentiva. O patrimônio da pessoa beneficiada por esta modalidade de isenção não pode ser prejudicado, sob pena de burla ao inciso XXXVI, do art. 5º da CF.

Portanto, as leis que, prematuramente, revogam isenções, com prazo certo, condicionais, devem respeitar os direitos adquiridos sob a vigência das leis anteriores (que outorgam tais benefícios).

A lei que revoga a isenção condicional, com prazo certo, regulará as situações futuras. As alcançadas pela lei isentiva incorporam-se ao patrimônio de seu titular que, pelo prazo nela assinalado, fica a salvo da tributação.

Finalmente, há que se diferençar os institutos da isenção com a remissão e anistia tributárias, além da alíquota zero.

Isenção é uma limitação legal do âmbito de validade da norma jurídica tributária, que impede que o tributo nasça. É hipótese de exclusão do crédito tributário (ou seja, há exclusão de crédito, este não chega a ser formado).

Remissão – do verbo remitir (# remir – pagamento) é o perdão legal do débito tributário. É uma causa extintiva do crédito tributário (já que o crédito existe, é passível de ser extinto), prevista no art. 156, IV, do CTN, que faz desaparecer o tributo já nascido (portanto que já gerou crédito) e só pode ser concedida por lei da pessoa política tributante.

A isenção impede que o tributo nasça e a remissão faz desaparecer o tributo já nascido. Os efeitos são os mesmos: a não arrecadação do tributo.

Anistia é a exclusão do crédito tributário relativo a penalidades pecuniárias, bem como à dispensa do cumprimento de deveres instrumentais (artigo 113, § 2º CTN), equivocadamente chamada de obrigação acessória.

O diferencial em relação à alíquota zero é que neste caso há plena incidência tributária, constituição e formalização do crédito, mas que em virtude do quantificador (alíquota) da base imponível ser "0" (zero), não gera resultado arrecadatório ao Erário.

1.4. Doutrina de Leitura Obrigatória

CARRAZZA, Roque Antonio, *Curso de Direito Constitucional Tributário*, Ed. Malheiros, São Paulo, 19ª edição.

COÊLHO, Sacha Calmon Navarro, *Curso de Direito Tributário Brasileiro*, Ed. Forense, Rio de Janeiro, 8ª edição.

CARVALHO, Paulo de Barros, *Curso de Direito Tributário*, Ed. Saraiva, São Paulo, 13ª edição.

Princípio da Legalidade. Conceito e Noções Gerais. Histórico

Pedro Barretto

1. Direito Comparado. Aspecto Formal e Ideológico

O princípio da legalidade é consagrado no mundo inteiro como um dos pilares de sustentação e equilíbrio de qualquer Estado de Direito, essencialmente aqueles que adotam a forma democrática como Regime a ser seguido. Dentro de um Estado democrático, não há dúvidas que mister se faz a presença de certos dogmas, certos paradigmas, certos princípios, que atuem como garantidores da manutenção e sustentação da democracia. É inegável que para que se preserve o que ilíbrio e se permita alcançar o fim ideologicamente buscado por um regime democrático, fundamental é que existam mecanismos de controle e de proteção à esses ideais, para que eles possam ser realmente efetivados e executados no campo da vida prática, não ficando restritos apenas ao campo teórico, hipotético. São normas e princípios de segurança jurídica, que positivados no ordenamento jurídico de determinado Estado e impostos aos cidadãos daquela coletividade de forma coercitiva, permitem o zelo e a proteção à implementação e manutenção da democracia.

Esses princípios de segurança jurídica são, sem dúvidas, das mais fortes e mais importantes fontes de limitação ao poder centralizado, ao poder estatal, e mais do que isso, a um eventual arbítrio na utilização desse poder. Sempre assim o foi, desde as épocas mais antigas, desde a Idade Média, passando pelo feudalismo, pelo absolutismo, pela Europa revolucionária do Século das Luzes, pela Declaração Universal dos Direitos do Homem, pela Constituição Americana, pelas Constituições brasileiras sem exceção, e assim por diante.

Tais princípios são, como constata-se, vitais, elementares, para que realmente se possa preservar a finalidade democrática, o equilíbrio, a equidade, a igualdade. Traduzem, na sua mais pura essência, uma proteção ao cidadão, uma proteção e uma garantia ao particular, uma segurança jurídica *lato sensu* ao próprio Estado Democrático de Direito.

Ensina o Prof. Ricardo Lobo Torres[1]:

> *"Segurança jurídica, portanto, é uma das idéias fundamentais do direito. Abstrata como qualquer valor, a segurança jurídica não aparece diretamente no discurso normativo, eis que vai ganhar positividade através de inúmeros princípios constitucionais. A segurança jurídica é a própria paz social. Não se confunde com a segurança nacional (do Estado) nem com a segurança social (seguridade social). Visa à garantia dos direitos fundamentais do cidadão e do contribuinte".*

Portanto, evidenciando-se esse papel fundamental dos princípios jurídicos como agentes equilibradores e limitadores do exercício do poder por parte do Estado, importante se faz reconhecer qual o mais importante desses princípios: o *PRINCÍPIO DA LEGALIDADE*. Não desmerecendo o digno valor de todo e qualquer princípio constitucional, inegável ser o referido princípio o de maior importância no ordenamento jurídico, como comprovar-se-á ao analisar o seu significado, a sua essência, comprovando-se assim a sua importância e evidenciando-se o porquê de afirmar-se que este princípio sobrepõe-se aos demais, em praticamente todos os ramos do Direito e principalmente em matéria de Direito Tributário, Direito Penal e Direito Constitucional.

Antes de analisar-se a origem histórica do princípio da legalidade, e, é claro, especificamente, da legalidade tributária, que é o tema aqui enfocado, observando assim a sua origem não apenas no ordenamento brasileiro, mas também à luz do direito comparado, acredita-se aqui, que até para melhores efeitos de didática e para obter o leitor uma melhor e mais eficiente compreensão, de grande valia é tecer breves comentários a respeito do significado essencial deste princípio, o que ele realmente traduz e qual a sua finalidade primordial. Ao tomar tal medida, permitir-se-á ao

[1] TORRES, Ricardo Lobo. *Curso de Direito Financeiro e Tributário*. 9ª ed. Rio de Janeiro: Renovar, 2003. p. 94

leitor perceber que, na verdade, o citado princípio tem embutido na sua essência uma dupla significação, e isso será de suma importância para compreender logo mais a frente a sua origem histórica, quando afirmar-se-á que o *princípio da legalidade tributária* já preexistia até mesmo à sua primeira positivação, à sua primeira previsão objetiva como texto legal, sendo reconhecido e aplicado pelas vias consuetudinárias de determinadas sociedades do Século XI. E constatar-se-á então que o argumento jurídico para defender tal entendimento, é exatamente o de se admitir esse duplo significado do *princípio da legalidade tributária*, qual seja, não apenas o de determinar a exigência de *lei formal* para se impor uma exação tributária ao contribuinte, mas também aquele que expressa a idéia de consentimento do contribuinte para que possa ser tributado, a idéia de *autorização à tributação.* E é dessa comunhão de idéias, da soma desses dois valores, que resulta a mais completa tradução significativa do que vem a ser o *princípio da legalidade tributária*, conforme conceituam diversos autores, dentre eles o professor italiano Victor Uckmar[2], de quem citaremos algumas sábias palavras a respeito do tema adiante.

> *"O princípio da legalidade tem origem muito anterior ao que muitos pensam, e para a surpresa daqueles que não se destinam a um estudo mais aprofundado do instituto, a sua origem vem de fora do Brasil, tendo sido consagradas as suas primeiras aparições na Europa, a muitos séculos atrás".*

Atualmente, há quem possa pensar que a origem do *princípio da legalidade* é a Constituição Federal, o que de certo, é entendimento por longe e por muito errado. A Constituição da República é, sem dúvidas, a sede legal do referido instituto no ordenamento pátrio, porém, é apenas a positivação de um princípio já preexistente, muito anterior à Lei Maior, anterior à primeira Constituição do Brasil, anterior mesmo ao próprio descobrimento do Brasil.

Como definir então a existência do *princípio da legalidade* no Direito Brasileiro? Como definir a sua origem, a sua procedência e de que forma ele foi positivado no nosso ordenamento?

Bem, há uma idéia predominante em todo o mundo, de que a sede histórica que consagrou o surgimento do citado princípio é a ***Magna Carta,*** escrita na Inglaterra em 1215, outorgada por João Sem Terra, ou, como ficou

[2] UCKMAR, Victor. *Princípios Comuns de Direto Constitucional Tributário.* São Paulo: RT, 1976.

conhecida, simplesmente ***A Carta de João Sem Terra.*** Essa é a idéia que reflete o majoritário entendimento para apontar o nascimento do princípio da legalidade, sendo inclusive tal marco apontado em diversas obras doutrinárias do mundo inteiro.

Há, porém, alguns pesquisadores extremamente respeitados e consagrados como juristas do mais elevado nível de conhecimento, como, por exemplo, o professor italiano Victor Uckmar, que vêm sustentando que a origem do princípio da legalidade é anterior mesmo à ***Magna Carta***, e enumeram uma série de situações exemplificativas que comprovam tal assertiva, narrando fatos históricos aonde se caracteriza a presença, ainda que não positivada, do referido princípio.

O Prof. Américo Lourenço Masset Lacombe[3], na sua obra que trata dos princípios constitucionais tributários cita os argumentos do supra citado mestre italiano, e com suas palavras traz os vários exemplos narrados por Uckmar quando este defende o entendimento de que a origem do *princípio da legalidade* é anterior à ***Magna Carta***, e diz o seguinte:

> *"Destaca Uckmar que a origem é anterior. Salienta que na Inglaterra, onde o Rei já percebia impostos e obtinha subsídios pelo direito consuetudinário, era exigido dos vassalos, para fazer frente às despesas extraordinárias, pagamentos em dinheiro, e estes poderiam – embora fosse praticamente impossível – impugná-los.*
>
> *Narra ainda Uckmar que em 1188, para enfrentar as despesas da cruzada contra Saladino, foi decidida a aplicação de um tributo de 10% da renda, tanto dos leigos como do clero. A deliberação foi tomada por corpos colegiais, e com base na opinião dos barões foi decidida a aplicação do tributo.*
>
> *Uckmar cita ainda outros exemplos, anteriores à Magna Carta, em que o Rei convocou assembléias para autorizar a cobrança de tributos. Mas não há dúvida de que a Magna Carta foi o primeiro texto escrito que exigiu a autorização dos representantes dos contribuintes para legitimar a cobrança de tributos. Até o reinado de Henrique VI a Magna Carta foi alterada 37 vezes, mas sempre foi repetida a cláusula que exigia prévia autorização para a cobrança de qualquer exação".*

Pode-se perceber portanto, após analisar a citação do *Professor Américo Lourenço Masset Lacombe*, narrando a lição de *Victor Uckmar*, que realmente o *princípio da legalidade* tem origem histórica antes mesmo da *Carta de João*

[3] LACOMBE, Américo Lourenço Masset. *Princípios constitucionais tributários.* 2ª ed. São Paulo: Malheiros, 2000. p. 44.

Sem Terra, em meados do Século XII, como constatou-se nos exemplos citados, porém, há de se concluir, acompanhando o mesmo entendimento, que o primeiro texto que positivou essa idéia foi a Magna Carta inglesa. Isso, sim, é inegável. A questão a se sobrepor é a de que o citado *princípio* pode e realmente preexiste ao texto positivado ora comentado, porém existia dentro de um sistema costumeiro, consuetudinário, não havendo uma previsão legal para sua aplicação, o que só veio a ocorrer mesmo com os dizeres do texto inglês de 1215. Pode-se então definir aqui como tal a origem histórica do *princípio da legalidade*, citando pois a *Magna Carta* como o primeiro texto legal a descrevê-lo, mas sempre lembrando que ele já existia nos costumes de certas comunidades.

1.2. O Direito Comparado. O Principio da Legalidade em Outros Ordenamentos e nas Constituições de Outros Países

O princípio da legalidade encontra representatividade nos principais ordenamentos do mundo moderno, sendo parte integrante das mais diversas constituições, seja em países do continente americano, como Brasil, Argentina e Estados Unidos, por exemplo, seja nos principais países europeus, como Alemanha, França, Inglaterra, Espanha e Itália.

Um primeiro e grande exemplo a ser citado no direito comparado, é o da consagrada *Petition of Rights*, editada no inicio do Século XVII, mais precisamente no ano de 1628, que no seu artigo primeiro expressava de forma nítida a idéia do auto consentimento para a tributação, ou seja, a idéia de que deveria haver uma previa autorização do povo, através dos seus representantes no parlamento, para que se autorizasse a tributação.

Encontramos na obra do Professor Victor Uckmar[4] a citação do artigo primeiro da referida carta, que diz: *"No man should be compelled to make or yied any gift, loan, benevolence ,or tax without common consent by act of parliament"*.

Percebe-se, diante de tal transcrição do texto legal, que se vedava ao Rei a possibilidade de impor exações de natureza tributária se não houvesse um prévio consentimento por parte dos representantes do povo. Exemplo interessante ocorreu com o Rei Carlos I, na Inglaterra, que por desrespeitar o disposto no artigo primeiro da *Petition of Rights* terminou por ser deposto, aprisionado e decapitado. Tal fato é citado na obra do Prof. Américo Lourenço Masset Lacombe[5] , que narra:

[4] UCKMAR, 1976, p. (?).
[5] LACOMBE, 2000 , p. (?)

Visto que o Rei não parecia querer respeitar o proclamado na Petition of Rights, no ano seguinte o Parlamento votou duas resoluções: uma declarava que seria considerado inimigo publico quem quer que tivesse sugerido a arrecadação de impostos sem o consentimento do parlamento; a outra advertia que seria tratado como traidor e inimigo publico quem quer que tivesse pago mais impostos arbitrários. E certo que o Rei Carlos I procurou exigir dinheiro por outras vias, independentemente do Parlamento, mas o povo rebelou-se e o monarca foi aprisionado e decapitado.

Constata-se assim, que desde aquela época a necessidade de autorização dada pelos representantes do povo para que fosse legitimada uma exação tributária já era admitida, e esse significado ainda se faz presente nos sistemas atuais, sendo inclusive um dos dois pilares de sustentação do *principio da legalidade* (o outro e´ a exigência de lei formal para a criação de um tributo). Esse exemplo citado da Inglaterra reflete uma realidade que se construiu desde a Idade Media em praticamente toda a Europa Ocidental, alcançando os sistemas americanos posteriormente.

As principais Constituições do mundo, desde as Revoluções Francesa e Inglesa, alem da Independência dos Estados Unidos, positivaram, como ensina o Professor Aliomar Baleeiro, definitivamente, o principio da legalidade tributaria, consagrando a idéia do *"no taxation without representation"*. Acompanhe-se a leitura das palavras do citado mestre Baleeiro[6]:

"O mais universal desses princípios, o da legalidade dos tributos, prende-se à própria razão de ser dos Parlamentos, desde a penosa e longa luta das Câmaras inglesas para a efetividade da aspiração contida na fórmula *no taxation without representation*, enfim, o direito de os contribuintes – e só eles – pelo voto de seus representantes eleitos, na decretação ou majoração de tributos. As Constituições, desde a Independência Americana e a Revolução Francesa, *o trazem expresso, firmando a regra secular de que o tributo só se pode decretar em lei, como ato de competência privativa dos parlamentos"*.

Ao analisar-se o ordenamento jurídico dos Estados Unidos, encontrar-se-á previsão da legalidade tributária desde o Século XVIII, quando redigiu-se a Constituição Americana (1787) bem como na posterior *Declaração dos Direitos* (1789). O artigo I, Sec.8 da constituição Americana atribui ao Congresso de forma expressa a competência para instituir e arrecadar

[6] Baleeiro, Aliomar. *Direito Tributário Brasileiro.* 11ª ed. Rio de Janeiro: Forense, 2002. p. 46

impostos, contribuições, direitos e insumos. No artigo 13 da *Declaração* cristaliza-se o entendimento não se pode votar o imposto de outra forma que não pelos representantes do povo.

Percebe-se desde então a presença no direito positivo americano do *principio da legalidade tributaria*, o que se fez ainda no Século XVIII e continua existindo atualmente, no Século XXI. No Brasil, não foi diferente, como ver-se-á no capitulo seguinte; o *principio da legalidade tributária* fez parte de todas as constituições, ate a atual, de 1988.

Sobre as Constituições européias, pode-se citar importante trecho retirado de um artigo do Professor Ricardo Lobo Torres, que com eximia perfeição ilustra a legalidade tributária na Alemanha, Espanha e Itália. São as palavras de Torres[7]:

> *"A Constituição da Alemanha contém também dois dispositivos: a) o art. 2º que cuida dos direitos da liberdade (Freiheitsrechte) prevê: 'nestes direitos só se pode tocar com fundamento em uma lei (In dieses Recht darf nur auf Grund eines Gesetzes eingegriffen werden);*
>
> *b) o art.105 que dispõe sobre a competência tributária legislativa (Gesetzgebungskompetenzen), estabelece: 'leis federais sobre impostos necessitam de aprovação no Conselho Federal' (Bundesgesetze uber Steuern (...) bedurfen der Zustimmung des Bundesrat).*
>
> *Na Espanha encontram-se também duas normas: art.131,3: 'solo podrán establecerse prestaciones personale o patrimoniales de carácter público com arreglo a la ley'; art.133,1: 'La potestad originaria para estabelecer los tributos corresponde exclusivamente al Estado mediante ley'.*
>
> *Na Itália o esquema é o mesmo: Constituição de 1948, art.13: ' não é admitida forma alguma de detenção, a não ser por determinação a autoridade judiciária e unicamente nos casos e formas previstos na lei'; art.23: ' nenhuma prestação pessoal ou patrimonial pode ser imposta a não ser com base na lei'".*

Conclui-se por fim, após a citação das palavras do professor Ricardo Lobo Torres, aquilo que anteriormente se afirmou nas linhas deste trabalho, que o *princípio da legalidade tributária* não é privilégio do ordenamento jurídico brasileiro, mas uma norma principiológica que se faz presente nos principais sistemas do mundo, desde épocas mais antigas até os dias atu-

[7] TORRES, Ricardo Lobo. A Legalidade Tributária e os seus Subprîncipios Constitucionais. *Revista FORUM de Direito Tributário – RFDT*, Belo Horizonte, v. 1, nº3, p.69-94, maio/jun. 2003.

ais. Constatou-se que as principais constituições vigentes trazem de forma expressa a referida norma, como nos exemplos citados da Itália, Espanha, Alemanha e Estados Unidos.

O mesmo ocorre com a história da *legalidade tributária* nas constituições brasileiras, como poder-se-á ver no capítulo que se segue.

1.3. O Principio da Legalidade nas Constituiçoes Brasileiras Anteriores

Ao analisar-se agora, de forma específica, a evolução do *princípio da legalidade* dentro das constituições brasileiras, constatar-se-á que a sua existência e previsão nas Cartas Maiores acompanham o próprio processo de constitucionalização do direito brasileiro.

Desde a Carta Imperial até o atual diploma de 1988, apresentou-se ao povo brasileiro o referido principio no texto positivado, fazendo, portanto, o principio da legalidade, parte da própria historia constitucional brasileira.

A primeira Constituição brasileira, a de 1824, escrita e publicada ainda quando o Brasil era *Império*, e por isso conhecida como *Constituição Imperial*, trouxe o principio genérico da legalidade. Como lembra Pontes de Miranda[8], o artigo 179-1º do texto imperial dizia: "nenhum cidadão pode ser obrigado a fazer ou deixar de fazer alguma coisa, senão em virtude de lei".

O referido dispositivo, que aludia de forma genérica o principio da legalidade, foi especificado para a matéria tributária quando por conta da expedição do Ato Adicional de 1834, que o estendeu às áreas provinciais e atribuiu às Assembléias Legislativas a competência para estabelecer os impostos locais, conforme bem salienta o Prof. Cláudio Pacheco[9] .

Posteriormente, a segunda Constituição a entrar em vigor, já no Regime Republicano, foi a Carta de 1891[10], que alem de repetir o *principio da legalidade* de forma genérica, o citou também de forma especifica em relação a aplicação da matéria tributaria, já de forma mais explicita que na Constituição Imperial. Pode-se comprovar ao fazer a leitura do art. 72,§1º *(legalidade genérica)* e o §30 do mesmo art.72 *(legalidade tributário)*:

[8] MIRANDA, Francisco Cavalcanti Pontes de. Comentários a Constituição de 1946. 2ª ed. São Paulo: Max Limonad, 1953. Vol. IV, p.70.

[9] PACHECO, Cláudio. Tratado das Constituições Brasileiras. Rio de Janeiro: Freitas Bastos, 1965. Vol. XI, p.267.

[10] *Ibidem*, p. 268.

"Art. 72,§1º: ninguém pode ser obrigado a fazer ou deixar de fazer alguma coisa, senão em virtude de lei (...)

Art.72,§30: nenhum imposto de qualquer natureza poderá ser cobrado, senão em virtude de uma lei que o autorize".

Aqui, importante colocação deve ser feita: o *§ 30* do art.72 traz, de forma explícita, a imposição de lei formal para se autorizar a cobrança de um tributo, no sentido como se encontra na Constituição atual de 1988, vigente no ano de 2003. Conforme falou-se anteriormente, no início deste capítulo, o princípio da legalidade tem duplo significado, sendo que um deles é o da exigência de lei formal para autorizar a criação de um tributo, e, conforme percebe-se do texto do §30, consagrou-se já na Constituição Imperial de 1891 esse significado da exigência de lei para autorizar a cobrança de tributo; automaticamente, consagra-se embutido o segundo significado do *principio da legalidade*, que é o do auto-consentimento para a tributação, já que a lei significa nada mais do que a expressão da vontade do povo, ainda que indiretamente, através dos seus representantes por ele mesmo legitimados.

Já na primeira Constituição do Século XX, a Carta de 1934, editada sob a vivência da *Era Vargas*, repetiu-se o princípio da legalidade genérica, conforme, inclusive, não mais deixaria de ocorrer nos diplomas seguintes e até o que está em vigência atual, o de 1988, conforme se constata na leitura do art.113,inc.II: "[...] ninguém será obrigado a fazer ou deixar de fazer alguma coisa, senão em virtude de lei"

Da mesma forma, o princípio da legalidade específico em matéria tributária também foi positivado, tendo sido incluído nas *"Disposições Preliminares"*, no art.17,inc.VII:

"(...) vedado à União, aos Estados, ao Distrito Federal e aos Municípios (...) cobrar quaisquer tributos sem lei especial que os autorize, ou fazê-los incidir sobre efeitos já produzidos por atos jurídicos perfeitos".

Aqui, percebe-se também uma importante constatação, que é uma abordagem mais ampla que engloba também a noção da retroatividade das leis, assemelhando-se do atual *princípio da irretroatividade da lei tributária*, que, conforme ensinam diversos autores, é derivado do próprio princípio da legalidade.

Chega-se então na Constituição de 1937, onde a ideologia do Estado Novo estava em pleno vigor, e a grande questão sobre a qual alguns autores divergem, que consiste em dizer se na Carta de 37 apareceu ou não o *principio da legalidade tributária.* A polêmica ocorre em virtude de não se ter explicitado positivamente o referido dispositivo. Porém, predomina que ele fez parte da Carta de 37, apenas não de forma explícita, entretanto podendo-se compreendê-lo implicitamente nas regras que tratavam da competência legislativa para tratar de impostos.

Cita-se aqui então as palavras do Professor Aliomar Baleeiro[11], que sobre essa questão se pronuncia da seguinte forma:

> *"(...) no regime ditatorial de 1937 a 1945 não houve leis, mas a própria Carta de 1937,que não chegou a ser posta em execução nem submetida ao plebiscito nela previsto; dispunha que os impostos não poderiam ser regulados por decretos-leis expedidos pelo Presidente no recesso do parlamento ou em caso de dissolução da Câmara (art.13). A matéria fiscal permaneceu sob regime de uma disposição transitória – art.180, que autorizava o Presidente da República a expedir decretos-leis enquanto não se reunisse o parlamento".*

Posteriormente, encerrando-se a Era Vargas, veio a Constituição de 1946[12], no período pós-guerra mundial, e mais uma vez consagrou-se o princípio da legalidade genérico e o específico da legalidade tributária. O *princípio geral* veio no art.141, §2º, repetindo integralmente o texto já estampado nas Cartas anteriores, sem qualquer modificação, citando a já conhecida disposição:

> *"Art. 141, §2º. Ninguém pode ser obrigado a fazer ou deixar de fazer alguma coisa, senão em virtude de lei."*

Em seguida, no mesmo artigo 141, o princípio específico da legalidade tributária veio concretizado no § 34, que dizia:

> *"Art.141, §34. Nenhum tributo será exigido ou aumentado sem que a lei o estabeleça; nenhum será cobrado em cada exercício sem prévia autorização orçamentária, ressalvada, porem, a tarifa aduaneira e o imposto lançado por motivo de guerra".*

[11] BALEEIRO, Aliomar. *Limitações Constitucionais ao Poder de Tributar.* 10ª ed. Rio de Janeiro: Forense, 1997 p.15

[12] BRASIL. *Constituição Federal do Brasil.* Rio de Janeiro: Forense, 1965.

Aqui, necessário de faz tecer importante comentário, pois este artigo 141 da Constituição de 1946, no seu citado § 34, traz, de forma clara, uma limitação muito mais ampla ao poder tributário estatal, pois alem de citar o principio da legalidade tributária, ele traz também a idéia do princípio da *anualidade*, pois como se percebe, na parte final do texto do referido dispositivo, o legislador afirma também que deve haver uma prévia autorização orçamentária para que se possa cobrar um tributo naquele determinado exercício financeiro. Logo, é de grande importância essa passagem da Carta de 1946, pois consagra-se não apenas o princípio da legalidade tributária, mas também, no mesmo dispositivo, o *princípio da anualidade.*

Importante citação sobre esse dispositivo, narrada pelo Professor Américo Lourenço Masset Lacombe, na sua obra já citada, é uma que é feita pelo Professor Aliomar Baleeiro[13]. Este, ao abordar o tema, referindo-se ao art.141, §34 da Carta de 1946, comentou o princípio da *anualidade*, e expôs a seguinte idéia:

> *"(...) o princípio da anualidade restituiu ao Congresso a velha arma da representação parlamentar na batalha de séculos idos contra a desenvoltura dos monarcas absolutos: as leis de impostos continuam válidas e em vigor, mas só se aplicam e só vinculam a competência dos funcionários do fisco, para criação dos atos administrativos do lançamento ou das arrecadações, se o orçamento mencionar a autorização naquele exercício. Esta, costuma ser dada por um dispositivo da lei orçamentária que faz remissão a todas as leis tributárias arroladas em quadro anexo – o chamado Ementário da Legislação da Receita".*

Mas adiante, ainda sobre o tema, o próprio Professor Américo Lourenço Masset Lacombe prossegue citando novamente Baleeiro, apresentando a sua conclusão a respeito da importância do *princípio da anualidade* como forte limitação ao arbítrio estatal na utilização do poder de tributar, e, da mesma forma, consagrando-se como um instrumento de proteção ao contribuinte. Entende-se aqui ser altamente útil reproduzir tais palavras de Lacombe[14]:

> *"Mas o primacial fundamento da anualidade – prossegue Baleeiro – é o princípio de que os representantes do povo concedem 'x' de receitas porque aprovam 'x' de despe-*

[13] BALEEIRO, Aliomar, 1997, p. 17.

[14] LACOMBE, 2000. p.48

sas para fins específicos e só estes. Limitam por esse meio o arbítrio do Executivo. Daí dizer-se que detêm o 'Poder de Bolsa'".

Esse ponto é realmente de extrema relevância no Direito Tributário, pois, como ver-se-á a seguir, com a Emenda Constitucional 18 de 1965 o *princípio da anualidade* foi substituído pelo *princípio da anterioridade.* Esse ponto ainda provoca divergências e discussões na doutrina moderna, pois discute-se largamente a semelhança e as diferenças entre os dois princípio, o da *anualidade e o da anterioridade.*

Atualmente, alguns autores defendem não haver diferença entre os dois institutos, posição que parece não ser cabível, por revelar precisa incoerência. Enquanto o *princípio da anualidade* refere-se a uma limitação ao poder estatal de natureza muito mais orçamentária do que propriamente tributária, o *princípio da anterioridade* tem natureza exclusivamente tributária. Além do mais, a essência de cada um desses institutos não se confunde, porquanto o cerne da *anterioridade* é o de vedar que uma nova exação ou a majoração de uma já existente seja repassada ao contribuinte no mesmo exercício financeiro em que foi instituída (ressalvadas as exceções legais), ou seja, a de não pegar de surpresa o contribuinte com uma nova obrigação de pagar algo que ele não havia se programado para fazer (por isso o princípio da anterioridade também ser chamado de *princípio da não surpresa*). O princípio da *anualidade,* entretanto, guarda uma idéia diversa, tal qual a de impor ao Estado o dever de uma antecipada previsão e autorização dentro do orçamento aprovado anualmente para a cobrança das exações tributárias. Conclui-se assim, que tais institutos não se confundem, apesar da sensível semelhança. Cita-se aqui, por fim, para ilustrar tal diferenciação, as palavras do Prof. Hugo de Brito Machado[15]:

"Os princípios da anualidade e da anterioridade realmente não se confundem. O princípio da anterioridade quer dizer que nenhum tributo pode ser cobrado, sem que a lei que o instituiu, ou aumentou, tenha sido publicada antes do exercício da cobrança. [...] O princípio da anualidade é diferente porque segundo ele, Além da lei da criação ou aumento do imposto, há necessidade de previsão da cobrança no orçamento de cada ano. A previsão de cobrança, na lei orçamentário anual, é indispensável.

[15] MACHADO, Hugo de Brito. *Curso de Direito Tributário* 21ª ed.Rio de Janeiro: Malheiros, 2001. p.43 e 86.

> *Assim entendido, o princípio da anualidade não existe atualmente no Brasil. [...] A Constituição Federal de 1988 não consagrou, no Capitulo do Sistema Tributário Nacional, o princípio da anualidade.[...] Adotou, simplesmente, o princípio da anterioridade da lei ao exercício financeiro, (art.150, III, 'b')".*

A importância de se saber tal divergência, no que se refere ao tema neste capítulo abordado (que é o *princípio da legalidade*), é a de que o *princípio da anualidade* ingressou no ordenamento constitucional, exatamente acoplado ao *princípio da legalidade* tributária, conforme se viu em linhas acima, na Segunda parte do texto do art.141,§34 da Constituição Federal de 1946.

Posteriormente, após o golpe militar de 1964, em plena época da ditadura militar, chega-se na Constituição de 1967,e esta também teve importância que deve ser destacada em matéria tributária, produzindo alguns efeitos que se propagaram até os dias atuais, e que ainda hoje são percebidos.

O primeiro grande fato a ser destacado é o de que a Carta de 1967 foi a primeira a tratar de forma destacada, em um capítulo próprio e específico, do *sistema tributário*. Foi a primeira a dedicar um capítulo exclusivo para a matéria. Tal estrutura repetir-se-ia nas seguintes Cartas, e mantém-se ainda na Constituição atual, de 1988.

Portanto, a sede para tal destinação exclusiva em um capítulo próprio na Constituição para o *sistema tributário*, é a Carta de 1967, que, como acima mencionado, foi a primeira a desenvolver tal estrutura.

Um segundo ponto a destacar-se em relação à Constituição de 1967 é o de que essa foi também a primeira a abordar as exceções ao *princípio da legalidade*. De forma positivada, foi a primeira vez que uma Constituição citou as ressalvas à *legalidade tributária*, e até os dias atuais isso se constata. Logo, pode-se evidenciar que realmente a Constituição de 1967 tem grande importância em matéria de *legalidade tributária*, pois apresentou novidades que se incorporaram definitivamente ao ordenamento jurídico tributário brasileiro, estando vigentes até os dias atuais. O *princípio da legalidade* dos tributos veio consagrado no *art.20*, que dizia que *"é vedado à União, aos Estados, ao Distrito Federal e aos Municípios instituir ou aumentar tributos sem que a lei o estabeleça, ressalvados os casos previstos nessa Constituição".*

Percebe-se aqui que realmente aparece de forma expressa, no final do dispositivo, a abertura para exceções à legalidade tributária. Tais ressalvas, como bem salienta o Prof. Américo Lourenço Masset Lacombe,[16]:

[16] LACOMBE, 2000, p. 49-50.

"Tais ressalvas estavam expressas no §2º do art.22, que facultava ao Poder Executivo, nas condições e nos limites estabelecidos em lei, alterar as alíquotas ou bases de cálculo dos impostos referidos nos incisos I (importação de produtos estrangeiros), II (exportação para o estrangeiro de produtos nacionais ou nacionalizados), e IV (operações de créditos, câmbio, seguro, seguro ou relativas a títulos ou valores mobiliários) do caput do mesmo artigo".

O que chamou a atenção na Constituição de 1967 foi que ela estranhamente reeditou o *princípio da anualidade*, relativo à prévia autorização orçamentária, que já era muito contestado, repetindo assim, no §29, o que era dito pelo §34 do art.141 da Carta de 1946.

Não há de se negar porém, que o a Constituição *pós ditadura* teve o mérito de delinear em passos largos o estereótipo do que hoje temos como *Sistema Tributário Nacional*, amparando-se em muito na *Emenda 18/65*.

Tivemos posteriormente a famosa *Emenda 1 de 1969*. Esta não alterou substancialmente o *princípio da legalidade tributária*, mantendo a sua previsão de forma específica, desvinculado do princípio genérico da legalidade. Porém uma substancial mudança foi no que tange às *exceções à legalidade*. Na *emenda 1/69* acrescentou-se como ressalva à *legalidade* o *IPI*, porém, inexplicavelmente deixou-se de abranger o *Imposto sobre Operações Financeiras*, o que também veio a ser muito criticado. Agora, as ressalvas À *legalidade*, em relação à impostos, abrangiam o II, IE e IPI, não mais o IOF. Porém, não parou o legislador por aí e foi mais além, abrangendo o campo das ressalvas, incluindo também algumas *contribuições sociais*. Observe-se aqui, em relação à essas novas ressalvas, mais uma vez as palavras do já citado Prof. Américo Lourenço Masset Lacombe[17] :

"Tal faculdade o poder executivo também teria nos casos das contribuições previdenciárias ou de categorias profissionais, bem como naquelas que tinham em vista a intervenção no domínio econômico, conforme disposto no inc.I do §2º do mesmo art. 21"[18]

[17] Lacombe, 2000. p.50.

[18] A redação original da Emenda 1 era a seguinte: "§2º. A União pode instituir: I – contribuições, nos termos do item I deste artigo, tendo em vista intervenção no domínio econômico e o interesse da previdência social ou das categorias profissionais". Tal redação foi modificada pela Emenda Constitucional 8 de 14.4.1977, ficando o seguinte: "I – contribuições, observada a faculdade prevista no item I deste artigo, tendo em vista intervenção no domínio econômico ou o interesse de categorias profissionais e para atender diretamente À parte da União, no custeio dos encargos da previdência social".

Outro importante ponto a ser destacado é que o *princípio da legalidade* específico dos tributos, aqui na *Emenda 1/69* veio acoplado ao *princípio da anterioridade*, ambos redigidos no mesmo §29 do art. 153. Aliás, no próprio art.153 encontrava-se também o *princípio genérico da legalidade*, no seu §2º. O §29, que trouxe juntos os princípios da *legalidade e anterioridade* afirmava o seguinte:

> *"§29. Nenhum tributo será exigido ou aumentado sem que a lei o estabeleça, nem cobrado, em cada exercício financeiro, sem que a lei que o houver instituído ou aumentado esteja em vigor antes do início do exercício financeiro, ressalvados a tarifa alfandegária e a de transporte, o imposto sobre produtos industrializados e o imposto lançado por motivo de guerra e os demais casos previstos nesta Constituição".*[19]

1.4. O Princípio da Legalidade na Constituição de 1988

Após percorrer-se no capítulo anterior, a evolução histórico-legislativa do *princípio da legalidade tributária* nas Constituições brasileiras, mister se faz, para definir este ponto, tecer alguns comentários a respeito do referido princípio na Carta Magna atual, a Carta de 1988, citando alguns pontos importantes e demonstrando de que forma ele foi tratado, recepcionado e expresso pelo legislador constituinte da nossa presente *Lex Mater*.

A *Constituição* promulgada a 5 de Outubro de 1988, trouxe no seu *art.5º, Inc.II*, como regra geral, o *princípio da legalidade*, pelo qual ninguém é obrigado a fazer ou deixar de fazer algo senão em virtude de lei. Em momento distinto, pouco mais a frente no seu texto, procurou cuidar, em capítulo próprio, das regras pertinentes aos tributos. Assim, destinou um capítulo específico que chamou de *Sistema Tributário Nacional*, e neste, que abrangeu os *arts. 145 a 162* do texto magno, dedicou linhas `as mais importantes normas tributárias que ainda hoje obedece-se, que são as *normas constitucionais tributárias*. Por fim, dentre estas normas, procurou cuidar, no *art. 150, I*, daquilo que entende-se como o *princípio da legalidade tributária*, ou, comparando com o *art.5º,inc.II (legalidade genérica)*, abordou aqui a *legali-*

[19] Após a entrada em vigor da Emenda 8/77, este texto foi alterado, passando a vigorar com as seguintes palavras: "§29. Nenhum tributo será exigido ou aumentado sem que a lei o estabeleça, nem cobrado, em cada exercício, sem que a lei que o houver instituído ou aumentado esteja em vigor antes do início do exercício financeiro, ressalvados a tarifa alfandegária e a de transporte, o imposto sobre produtos industrializados e outros especialmente indicados em lei complementar, além do imposto lançado por motivo de guerra e demais casos previstos nesta Constituição".

dade específica dos tributos. Este sim, o *art. 150, inc.I,* é o que propriamente chamamos de *legalidade tributária.*

Um importante ponto a ser comentado é em relação aos princípios da *legalidade e anterioridade,* que diferentemente de alguns diplomas anteriores, vieram, desta vez, citados expressamente pelo legislador constitucional em dispositivos independentes, ainda que dentro do mesmo artigo. O *art. 150* traz no seu *inc.I* a *legalidade tributária* e no seu *inc.III, alínea 'b'* traz a *anterioridade tributária.* Constata-se assim, com maior clareza, as duas vedações impostas aos entes federativos, como forma de limitar o seu exercício do poder de tributar.

Pelo *inc.I,* ficam os quatro entes federativos impedidos de *criar ou majorar tributos* por outra forma que não a *lei.* Ou seja, só se pode *criar* ou *majorar* tributos por *lei,* sendo esta, a única espécie legislativa admitida para tomar tais medidas. Assim sendo, ficam vedados os entes federativos da possibilidade de tentarem criar ou majorar um tributo por *portaria, resolução, etc.* Admitem-se algumas únicas exceções, nas quais podem alguns impostos serem *majorados* (apenas *majorados* e não criados) por *Decreto Executivo,* conforme comentar-se-á mais a frente.

Da mesma forma, pelo *inc.III, 'b',* ficam os entes federativos vedados de repassar ao contribuinte a majoração de um tributo ou o ônus da criação de um novo tributo, no mesmo exercício financeiro em que tenham sido criados ou majorados. Ou seja, se um ente federativo, ao exercer a sua competência tributária, criar um novo tributo ou majorar um existente, essa nova carga tributária só poderá ser repassada ao contribuinte no exercício financeiro seguinte ao da publicação da *lei* que o criou ou aumentou. Observe-se aqui, que ao se respeitar o *princípio da anterioridade,* aqui descrito pelo *150,III, 'b',* implicitamente já se tem de ter obedecido também o da *legalidade,* pois é evidente que quando se fala em só se repassar a criação ou a majoração de um tributo ao contribuinte no exercício seguinte, presume-se que esta foi feita mediante *lei,* pois se assim não o fosse, já estar-se-ia diante de um ato inconstitucional, por estar-se a desrespeitar o *150,inc.I,* e nem seria necessário avaliar o *150,inc.III, 'b',* pois já estaria deflagrada a inconstitucionalidade da medida por não ter sido feita a criação ou a majoração do tributo por *lei.* A *anterioridade* visa proteger, como já comentou-se em páginas anteriores, o direito do contribuinte não ser surpreendido por uma nova cobrança para a qual não estava preparado para o pagamento por isso, é chamado também de *princípio da não surpresa*. Assim como a *legalidade*, a *anterioridade* também admite exceções, sendo que alguns tributos podem ser *majorados* sem Ter que respeitar este mandamento constitucional, podendo ser repassados imediatamente ao contribuinte. Porém, perceba que, como bem se afirmou acima, esta é a exceção à regra, pois a regra é a da anterioridade. Portanto, excepciona-se a anterioridade apenas para alguns casos específicos, devidamente previstos na Constituição. São, como já comentou-se em páginas passadas, os chamados impostos *extra-fiscais*, aqueles que exercem função regulatória e interventiva, seja na economia, na indústria ou no comércio, atuando como instrumento de controle nas mãos do Executivo. Por terem caráter emergencial, dispensou o legislador a necessidade de estes impostos respeitarem o lapso temporal imposto pela *anterioridade*, ficando a sua majoração autorizada a ser repassada para o contribuinte imediatamente após a entrada em vigência da norma que os majorou. Um último e importante detalhe ainda a se frisar aqui, é o de que enquanto a *legalidade* admite exceção apenas para a *majoração* de impostos, jamais permitindo esta exceção estender-se para a *criação*, já que para se *instituir ou criar* um tributo não admite-se que seja de outra forma senão em virtude de *lei*, a *anterioridade* admite exceção para a *criação* de tributos. Existem tributos que, excepcionalmente, podem ser *criados* e repassados ao contribuinte imediatamente. São os chamados *Impostos Extraordinários de Guerra (previsão legal no art.154, inc.II, CF/88)* além dos *Empréstimos Compulsórios instituídos nos casos de Guerra Externa ou Calamidade Publica (art. 148,inc.I, CF/88)*. Estes dois tributos, devido ao seu caráter extremamente emergencial, podem ser criados e repassados imediatamente ao contribuinte, dispensando-se assim, o previsto no *150,III, 'b'*.

Outro ponto que foi importante quando da edição do texto de 1988 foi a fortalecimento ao princípio da legalidade pela vedação imposta pelo *art.68, §1º*,que proibiu a delegação de competência na matéria submetida `a reserva de lei complementar. Assim sendo, como bem salientou o Prof. Hugo de Brito Machado[20], a legalidade tributária ficou mais protegida e fortalecida, protegendo mais por conseguinte, o próprio contribuinte:

> *(...) também fortaleceram o principio da legalidade tributária o fato de haver sido proibida a delegação de competência na matéria reservada à lei complementar*

[20] MACHADO, Hugo de Brito, 2001, p. 23.

(art.68,§1º) e o fato de deixar de ser da competência privativa do Presidente da República a iniciativa das leis sobre matéria tributária".

Por fim, pode-se dizer ainda, baseando-se nos ensinamentos do sempre respeitado Prof. Alberto Xavier, que uma interpretação mais aprofundada do *princípio da legalidade* no contexto atual leva a uma perfeita noção do que vem a ser um Estado de Direito, tanto sob o ponto de vista do aspecto formal quanto pelo aspecto material. Observem então as palavras de Alberto Xavier[21]:

"(...) a noção de Estado de Direito reverte um duplo sentido, material e formal: o conteúdo material do Estado de Direito está na afirmação de que a finalidade essencial do Estado consiste na realização de justiça, concebida, sobretudo, como uma rigorosa delimitação da livre esfera dos cidadãos, de modo a prevenir o arbítrio do poder, com maior expressão `a segurança jurídica; o conteúdo formal do Estado de Direito envolve a idéia de que, na realização dos seus fins, o Estado deve exclusivamente utilizar formas jurídicas, de que sobressai a lei formal".

Por fim, pode-se encerrar afirmando que o *princípio da legalidade tributária* é um dos corolários do Estado Democrático de Direito, sedo previsto também em praticamente todas as Constituições do mundo atualmente, atuando como a principal fonte limitadora ao Poder estatal quando se valha da sua potestade tributária. É exatamente o *princípio da legalidade tributária* que servirá de base para que outros tantos princípios tributarias possam atuar, limitando mais ainda o poder estatal, garantido de forma mais eficaz o combate ao arbítrio, e zelando com maior amplitude pela garantia e proteção aos direitos dos contribuintes. Da *legalidade tributária* decorrem, por exemplo, os *princípios da anterioridade e irretroatividade*, visando de forma mais estruturada zelar pela *segurança jurídica*, essencial em um Estado politicamente organizado que apregoa a democracia como forma elementar de Regime.

1.5. Diferença entre o Aspecto Ideológico e o Aspecto Formal da Legalidade. O Alcance do Aspecto Formal

Importante diferenciar os dois sentidos da legalidade. O seu aspecto ideológico reflete a essência intrínseca que justifica a razão de ser do pró-

[21] XAVIER, Alberto *apud* LACOMBE, 2000, p.52.

prio princípio, refletindo-se na idéia de auto consentimento popular para autorizar a tributação. Buscar auferir o aspecto ideológico é se preocupar em identificar exatamente qual a mensagem passada por tal princípio, e a mensagem é exatamente essa, a que tanto já se comentou em linhas anteriores, a de fazer sustentar a democracia como regime de governo, dando ao povo o direito de, através dos seus representantes legais, permitir que se crie o instituto que representará uma perda ao seu patrimônio, o tributo. Seja para criar ou para majorar um tributo, só em virtude de *lei*, pois a *lei* é a palavra do povo juridicamente manifestada. A *lei* é o instituto jurídico que dá relevo perante a ciência do direito para a manifestação da vontade popular. Esse é o sentido que se busca ao determinar que só se crie ou majore tributo em virtude de *lei*, o de fazer impor o a autorização da tributação ao crivo popular. Esse é o verdadeiro aspecto ideológico da *legalidade tributária.*

Deve-se, entretanto, observar que o *princípio da legalidade* não pode deixar de ser analisado por um outro prisma, que é o prisma *formal.* Por esta linha de abordagem, busca-se identificar que *lei* é essa a que se refere este comando principiológico. Qual o seu alcance, é *lei lato sensu* ou *lei stricto sensu*? E qual espécie normativa legal? *Lei Ordinária, Complementar ou Delegada?*

De se constatar que na realidade a *lei* a que se refere o constituinte ao consagrar a determinação principiológica é a *lei em sentido estrito* e não a *lei em sentido amplo.* Há de se fazer uma prévia diferenciação entre as expressões *lei e legislação.* Quando se fala em *legislação,* se refere a um conjunto de espécies normativas que contém um preceito e muitas vezes podem prever também uma sanção. Poderia ser um *decreto,* uma *medida provisória,* uma *resolução,* um *tratado internacional,* e até mesmo a própria *lei.* Perceba-se que a expressão *legislação* engloba o conjunto de espécies normativas admitidas no nosso ordenamento jurídico, inclusive, dentre essas espécies, a espécie *lei, lei em sentido estrito, lei propriamente dita,* que passa por um processo legislativo próprio. Quando se refere à *legislação* se dá um contexto amplo e mais abrangente, englobando não só a *lei em sentido estrito* como as demais espécies normativas. É o que chama de *lei lato sensu.* Para uma pessoa leiga, qualquer ato normativo é uma *lei.* Seja uma mera portaria, ordem de serviço, instrução normativa, para o leigo, é sinônimo de *lei,* por conter um preceito que impõe norma de conduta a ser cumprida ou respeitada. Entretanto, sob a ótica jurídica, deve-se diferenciar a expressão *lei em sentido amplo* da expressão *lei em sentido estrito*, pois apenas esta última se refere necessariamente à espécie normativa *lei*. E é exatamente essa, que emana sempre do Poder Legislativo, que deve criar ou majorar tributo. Portanto, a *lei* a que se refere o *princípio da legalidade* é a *lei em sentido estrito*.

Analisando a *lei em sentido estrito*, que reflete o aspecto formal da *legalidade tributária*, de se constatar ainda que há três diferentes espécies de *leis* utilizados no ordenamento hodierno. As *Leis Ordinárias*, designadas a cumprir a função legislativa normalmente, sendo o instrumento habitual e preciso para se legislar; as *Leis Complementares*, designadas para situações especiais em que expressamente o Constituinte designa maior cuidado na abordagem das matérias Às quais se destinam, exigindo maior certeza do consentimento popular, determinando um quorum de aprovação maior do que o normal, e assim legislando com maior respaldo popular sobre essas matérias especiais; e por fim as chamadas *Leis Delegadas*, que representam a possibilidade de ,em certos casos específicos o Congresso Nacional, através de Resolução do Senado, delegar ao Presidente da República a prerrogativa de legislar; não são habitualmente utilizadas. Qual então dessas três espécies de *lei em sentido estrito* que deve representar a eficácia da *legalidade tributária*?

A resposta é simples. Para se criar tributo, assim como para se cumprir a função normal de se legislar, deve se usar a *lei simples*, a *lei habitual*, a *lei ordinária*, como o próprio nome indica. É através de simples *Lei Ordinária* que se cria tributo ou o majora. Essa é a regra da *legalidade*. Salvo em casos expressamente previstos é que excepcionalmente se condiciona a expressão da *legalidade tributária* por via de *Lei Complementar*. De se analisar então quais esses casos.

1.6. Da Reserva de Lei Complementar para Criar Tributos

Nunca é demais frisar, a criação de tributos por *lei complementar*, nas situações a seguir elencadas, representam caráter de excepcionalidade. A regra é tributo se criar por *lei ordinária*.

Quis o constituinte que certas matérias não ficassem sujeitas ao arbítrio do legislador ordinário. Quis que elas fossem submetidas a uma maior aprovação popular, por representarem conteúdo que ele, legislador, destacou como merecedor de maior apreço. Poderia ele mesmo cuidar e disciplinar tais matérias. Mas não faria sentido, deixaria a Carta demasiadamente *inchada*. Para tal objetivo, utiliza-se de uma lei especial, uma lei que não precisa ter uma aprovação de 60% dos representantes do povo, como no caso das Emendas à Constituição, mas que também não terá um quorum que possa representar menos da metade da vontade do povo. Essa lei então terá que ser aprovada com pelo menos metade mais um de todos os representantes do povo. Metade mais um de todos os membros da Casa Legislativa. Um quorum especial, qualificado. O constituinte valora as matérias. Algumas, ele determina que façam parte do próprio corpo da Constituição, e para tal medida, devido à sua importância, exige pelo menos 3/5 da aprovação popular; através deste quorum super qualificado, permite que se altere a própria Carta inserindo a nova vontade popular no seu texto; para outras, que não merecem tamanho cuidado especial, designa o quorum simples, determinando que metade mais um dos presentes naquela determinada votação, aprovem a matéria; uma lei simples, uma lei *ordinária*; mas, por fim, há um meio termo, em que há algumas matérias especiais, que não chegam ao ponto de fazer com que o constituinte se preocupe em inseri-las no texto maior, mas também não o deixam a vontade para designar o mero quorum de maioria simples para aprova-las; essas matérias, o constituinte quer um cuidado especial, sem a necessidade entretanto de encorpá-las na Carta; para tal, usa esse instrumento legal especial, que *complementa a sua vontade* sem precisar disciplinar a matéria no próprio texto (senão, seria uma Emenda Constitucional); logo, ainda que não tolere o quorum comum, não exige o especialíssimo de 3/5, determinando que em um meio termo, garanta-se um mínimo de 50% + 1 de todos os representantes. Logo, essa lei especial complementará a sua vontade, com hierarquia infraconstitucional, sendo instrumento autônomo. Uma *lei complementar.* Tome-se o exemplo: se houverem 300 representantes populares numa Casa Legislativa, só se aprova uma Emenda com pelo menos 180 votos (3/5); uma lei ordinária, se por exemplo, estiverem presentes na seção de votação, 200 parlamentares, com 101 (metade mais um dos presentes) ela é aprovada; já a *lei complementar* só se aprova com pelo menos 151 votos. De se concluir que uma *lei ordinária* aprovada pode não representar a certeza de maioria do consentimento popular, já que não se teve mais da metade de todos os representantes do povo aprovando. Na *lei complementar*, essa certeza existe. Logo, nessas matérias de importância considerável que o constituinte quer aprovação especial do povo, ele designa que a *lei complementar* seja o instrumento normativo hábil para legislar. E em direito tributário ocorre tal situação. Enumeremos então as hipóteses:

a) Para criar EMPRÉSTIMOS COMPULSÓRIOS (art.148, CR/88);
b) Para criar NOVOS IMPOSTOS NÃO PREVISTOS NA CARTA – a chamada Competência Residual da União para instituir novos impostos (art.154,I, CR/88);
c) Para criar NOVAS CONTRIBUIÇÕES DE SEGURIDADE SOCIAL NÃO PREVISTAS NA CARTA – também reflete Competência Residual da União (art. 195,§4º);

OBS: ATENÇÃO!!!

Existe uma discussão no plano doutrinário a respeito de uma potencial quarta situação para a qual a lei complementar seria necessária quando da criação do tributo. É o caso específico do *IMPOSTO SOBRE GRANDES FORTUNAS – IGF (art.153,VII, CR/88)*. Uma leitura fria e isolada do dispositivo em comento pode induzir a uma primeira impressão de que realmente estaria exigido pelo legislador maior o instrumento especial para o ato de criação do imposto em comento, o que, nos convencemos não ser o raciocínio ideal, não obstante o profundo respeito pelos que lhe sustentam e defendem. O art.153,VII afirma:

> *153. Compete a União instituir impostos sobre:*
> *(...)*
> *(VII) grandes fortunas, nos termos de lei complementar.*

Como dito, uma primeira análise até conduz ao raciocínio conclusivo pela certeza de que se estaria diante de mais uma hipótese de tributo criado por LC. Entretanto, uma reflexão superveniente sobre tal pensamento, fria, madura, pautada no critério lógico-sistemático, bem como no critério histórico, leva a uma percepção de que tal tese contrariaria não apenas a lógica do sistema mas também a sua história no constitucionalismo fiscal pátrio. Quando este autor percebeu o que aqui transcreve, sentiu-se profundamente incomodado em continuar afirmando que a nossa Constituição exige lei complementar para a criação do IGF. E por isso resolvemos pedir *vênia* ao nosso público leitor e à comunidade acadêmica como um todo para, após profunda reflexão e ampla convicção, mudarmos o entendimento sustentado na primeira edição desta obra e não mais sustentarmos ser o IGF um caso de tributo criável por lei complementar. Hoje, temo profunda e segura convicção que o papel reservado à LC para o ato jurídico em comento é outro.

Antes de apontar para a nossa conclusão e assim expormos o real papel esperado pelo Constituinte do legislador complementar na matéria do IGF, gostaríamos apenas de apontar a citada contradição em se defender que a LC foi destinada *criar* o IGF.

Na verdade, seria irrazoável sustentar que todo e qualquer imposto ordinário seja criável por simples lei ordinária e o IGF, somente ele, fosse por lei complementar. Todos, digo, *todos* os impostos ordinários previstos no atual sistema tributário são criáveis por lei ordinária. Assim é a nível municipal, no IPTU, ITBI e ISS. O mesmo a nível de competência estadual/distrital, no ITD, ICMS e IPVA. E também para os demais impostos federais, a lembrar, II, IE, IR, IPI, IOF e ITR. Até mesmo os impostos extraordinários que podem ser criados nos casos de guerra externa ou sua iminência, os famosos IEG's do art.154,II, independem de LC, podendo ser instituídos pela ordinária via legiferante. Qual seria a justificativa de o IGF ser por LC? Não feriria a lógica do sistema? Na mesma linha, de se perceber que as taxas e contribuições de melhoria também são tributos criáveis por simples lei ordinária. O mesmo com o imenso mundo das contribuições especiais, ressalvada apenas a situação isolada (e acima já destacada) das contribuições sociais de seguridade social ***residuais***. Afora estas, quaisquer outras contribuições (as demais contribuições sociais, as Cide's, as CIP's e as Profissionais) podem ser criadas por simples lei ordinária. E, vale ainda lembrar, quanto aos empréstimos compulsórios, que após a Carta de 1988 passam a ser reservados A LC, estes eram também matéria de LO no regime passado. Os tributos em regra se criam por lei ordinária. Não há razão para que um imposto ordinário num universo de treze, seja tratado diferentemente. Especialmente quando isso não está escrito com clareza. E não está mesmo. Vejamos.

Quando se faz uma leitura mais atenta do art.153,VII, observa-se o zelo na linguagem do legislador, em destacar com uma vírgula, o papel da LC para o IGF. Ele diz, em primeiro momento (antes da vírgula) que cabe a União instituir um imposto, sobre grandes fortunas. Até aqui, ok, aplique-se a regra geral, utilize-se simples lei ordinária. Entretanto, é natural que uma dúvida surja, quanto ao que possa ser uma *grande fortuna*...e a alguém caberá o papel de definir...é preciso que se esclareça *o que é uma grande fortuna*. Você, que está lendo agora, saberia me dizer? O que envolve uma *fortuna*? Dinheiro, imóveis, aplicações, frutos civis, dívida vincenda, o quê? Sendo isso que você julgue como fortuna, qual o critério paa dosar em pequena, média , grande ou imensa? Observe-se que há uma indefinição quanto ao alcance da matriz de incidência da norma, quanto ao fato típico abstratamente cogitado pelo constituinte. Daí que ele mesmo, o próprio constituinte, instituidor da competência, determina que a definição seja feita por uma lei complementar e não por simples lei ordinária. A leitura correta e mais adequada ao espírito lógico sistemático do sistema constitucional tributário leva à certeza de que o papel da LC não é o de criar o IGF mas sim o de definir o alcance do fato gerador, indicando assim sua base de cálculo e apontando por fim quem é o sujeito passivo. E essa crença mantém a lógica do sistema, respeita o critério histórico de que os tributos básicos já previstos na Carta são criáveis por simples lei ordinária restando a necessidade de lei complementar apenas para os tributos residuais. Tal assertiva leva ainda a uma harmonia de conclusões no avançar da análise sistemática do sistema tributário. Se fizermos atenta leitura no art.146, que cuida da especial reserva de lei complementar em matéria tributária, veremos que no inciso III, alínea 'a', é reservado a esse tipo de lei o papel de, quando dando normas gerais na legislação tributária, especificar exatamente o fato gerador, a base de cálculo e o contribuinte. Ou seja, esse já é um papel naturalmente reservado a LC. O art.153,VII apenas reforça tal função, deixando claro que caberá à LC definir o que seja uma grande fortuna, indicando sua base econômica e seu titular. Daí, qualquer lei ordinária pode fazer o ato simples de criar o imposto em concreto, introduzindo-o formalmente no mundo jurídico, como é co todo e qualquer outro do mesmo gênero. E que não se pense que foi, então, uma ressalva desnecessária, a de afirmar após a vírgula do inciso VII, que cabe a lei complementar definir o que seja uma grande fortuna. Não se olvide ser inútil o dispositivo em tela pelo fato de que o art.146,III, 'a' já determinaria o mesmo. Não. A utilidade é gigantesca e é necessário profundo domínio do direito constitucional puro para entender o papel genuíno desse finzinho de inciso. É que quando não existe a lei de normas gerais, a qual, por exemplo, trata o art.146,III,'a, não fica o ente obstado de legislar na sua matéria. A inexistência de um alei de normas gerais não impede a competência legislativa plena de cada ente da federação. A não ser que isso ficasse ressalvado expressamente. Logo, tome-se o exemplo do IPTU, do ITD ou do IPVA. Não existe leis complementares de normas gerais para cada um desses impostos, como existe por exemplo para o ICMS (LC 87/96) e para o ISS (LC 116/03). E nem por isso os impostos ficaram sem ser instituídos pelos entes competentes. Se legisla plenamente, independente da lei de normas gerais, a qual, se vier em momento futuro (e é sempre bem vinda!), apenas promoverá uma adequação das leis anteriores, suspendendo a eficácia do que for incompatível com ela. A conclusão é que o imposto pode ser criado independente da lei de normas gerais a que se refere o art.146,III, 'a', bastando a simples aprovação da lei ordinária no parlamento local. E seria exatamente isso que ocorreria também com o IGF, que já poderia ser tranquilamente instituído por qualquer lei ordinária, independente de existir a LC a que se refere o art.146, ***não fosse a ressalva final do inciso VII do art.153***. Portanto, enxergue-se com a devida parcimônia que o tem requer, que o papel da reserva feita no final do comentado inciso VII foi o de exigir a lei complementar primeiro, ou seja, como condição de procedibilidade à criação do tributo. Só será possível instituir o IGF (o que, reiteramos, por simples lei ordinária), após ser aprovada a lei complementar definidora do que seja uma grande fortuna. Essa foi a exigência do constituinte. E, por mais frustrante que seja, por mais atentatório aos cânones da justiça que realmente seja, o fundamento para que tal exigência se impusesse é de natureza política e não *jus filosófica*. Infelizmente, esse, o IGF, que seria o mais justo dos impostos, aquele que incide sobre a maior de todas as demonstrações de riqueza cogitadas pelo constituinte, logo ele, ficará dependendo de uma difícil LC (quorum qualificado de aprovação) para ser instituído. Lei essa que dependerá da boa vontade de parlamentares, pessoas que, questiono-me, talvez sejam exatamente as portadoras das tais grandes fortunas, ou, pelo menos, amigos de quem seja. Será que eles teriam interesse em aprovar essa lei, que tributaria a um apequena parcela elitizada da população na qual, muitos deles possivelmente se incluem? Portanto, a intenção de exigir lei complementar para definir o que seja uma grande fortuna e somente após a mesma se autorizar a criação do imposto, foi para fins de dificultar e boicotar ao to genético da exação em estudo, o que empobrece o sistema, tão bem projetado e tão mal executado.

Por fim e para encerrar o tema, observe-se também a diferença na linguagem, quando no art.148 dos empréstimos compulsórios e no 154,I dos impostos residuais o constituinte é claro para afirmar que os tributos citados serão ***instituídos MEDIANTE lei complementar***, tratamento diferente do art.153,VII, que fala em *"nos termos de lei complementar"* e exatamente após uma vírgula. Por mais insegura que possa ser a interpretação meramente gramatical na maioria das vezes, tal indicativo, nesse caso específico, nos parece adequado para apontar as diferentes intenções do constituinte, não merecendo ser desprezada.

Encerrando, enfatizo que a questão hoje é de cunho exclusivamente acadêmico, posto que, apesar de nosso entendimento pessoal está declarado, não há como afirmar qual seja a verdade real à luz dos tribunais, já que o imposto nunca foi criado para que se possa então ter enfrentamento prático ou manifestação jurisprudencial sobre a questão.

Passada a questão específica do IGF, nos demais casos supra narrados de tributos criáveis pela lei especial, simples a percepção da intenção do legislador em reservar a matéria ao âmbito a *lei complementar.* Quanto aos Empréstimos Compulsórios, são tributos indesejáveis; indesejáveis por representarem elevação da carga tributária, maior oneração à população, bem como por representar para o governo um indigesto dever de se capitalizar para restituir esse dinheiro *emprestado* pela população, dinheiro este que deve ser utilizado integralmente para situações especiais (guerra externa ou sua iminência, calamidade pública ou investimento público de caráter urgente e que atenda a um relevante interesse nacional); logo, a União aos instituir arrecada um valor que não utilizará para si mas integralmente para gastos não previstos e que não lhe dão retorno econômico, devendo entretanto, em prazo razoável, restituir ao povo todo o montante emprestado. Percebe-se que não há um real interesse na instituição desta exação, que só deve ser utilizada em casos de última solução; para tal, não se autoriza que o mero quorum de lei ordinária aprove a instituição de tais exações, submetendo ao quorum qualificado de lei complementar.

Quanto ao exercício da competência residual, ela reflete a possibilidade de a União criar outros impostos ou contribuições de seguridade social não previstos na Carta. Essa é uma situação excepcional, que representa nova tributação, elevação da carga, maior insuportabilidade pelo particular. O constituinte permitiu expressamente que se criassem os impostos e as contribuições sobre as pessoas ou situações que entendeu justas e suficientes. Logo, não é a regra a permissão para criação de novos. Apenas em situações realmente especiais e necessárias isso deve ser feito. Mas para ser feito tinha que ser autorizado. E por isso ele autorizou, nos citados artigos 154,I e 195,§4º. Mas tomou o devido cuidado de determinar que apenas por *lei complementar,* vedando ao mero legislador ordinário tal prerrogativa. De tal forma, tem a certeza que mais difícil será arranhar a estrutura que ele montou, bem como garante-se na certeza de que se for criado novo imposto ou nova contribuição de seguridade social que ele não previu, há a maioria da vontade do povo legitimando tal ato.

Essas são, portanto, as situações em que se utiliza a *lei complementar* para criar um tributo, excepcionando-se a regra da *lei ordinária*.

Interessante *lide in case* enfrentado no STF recentemente foi a questão da arguição de afronta ao princípio da legalidade, no que tange à reserva de *lei complementar*, para a chamada *Contribuição – SAT* (Seguro de Acidente do Trabalho). Questionou-se a necessidade de *lei complementar* para a sua instituição, o que não houve. Tentava-se que o *Pretório Excelso* incluísse a SAT na reserva do rt.195,§4º (competência residual ;reserva de lei complementar). O STF entendeu pela desnecessidade de *lei complementar*, entendimento hoje firmado na Corte[22]. A questão merece alguns comentários.

Muito se discutiu e ainda se discute sobre a aplicação da reserva de *lei complementar* para criar *novas contribuições de seguridade social*. Isto porque a Constituição não as enumera todas, mas apenas define, nos incisos do art.195, os sujeitos passivos sobre quem se pode se criar uma contribuição de seguridade social. Diz no caput que a seguridade social será financiada por toda a sociedade e nos incisos contextualiza a expressão *toda a sociedade* especificando quais situações são alvo específico da tributação. Refere-se ao *empregador, empregado, às receitas dos concursos de prognósticos e ao importador*[2323]. Nestes casos, a Carta Mãe autoriza a tributação e não determina que *lei complementar* seja o instrumento hábil a instituir tais exações, falando, no caput do 195, apenas em *lei*[24]. Logo, regra geral, basta *lei ordinária*. Entretanto, para se criar novas contribuições que não estas previstas e autori-

[22] RE 343.446, Relator Min. Carlos Veloso (Informativo 301 do STF); RE 380.381-6, Relatora Min. Ellen Gracie; RE 408.046-0, Relatora Min. Ellen Gracie.

[23] O importador não era sujeito passivo da seguridade social. Passou a ser após a EC 42/03,que acresceu o inciso IV no artigo 195, autorizando a instituição de contribuição para a seguridade social também sobre o importador. Essa lei já existe e é a Lei 10.865/04.

[24] *Art. 195. A seguridade social será financiada por toda a sociedade, de forma direta e indireta, nos termos de lei, mediante recursos provenientes de dos orçamentos da União, dos Estados, do Distrito Federal e dos Municípios, e das seguintes contribuições sociais:*
I – do empregador, da empresa e da entidade a ela equiparada na forma da lei, incidentes sobre;
a) a folha se salários e demais rendimentos de trabalho pagos ou creditados, a qualquer título, à pessoa física ou jurídica que lhe preste serviço, mesmo sem vínculo empregatício;
b) a receita ou faturamento;
c) o lucro;

zadas no caput e incisos do 195, aí sim, é o caso da competência residual, e apenas por *lei complementar conforme determina o art.195,§4º*, pode-se fazer. Portanto a regra é simples: para se criar contribuições já autorizadas e previstas na Carta, basta *lei ordinária*; para demais contribuições, até se pode criar, mas nestes casos, aplica-se o 195,§4º e apenas por *lei complementar.*

No caso da Contribuição para o Seguro de Acidente do Trabalho – SAT, o STF apreciou a matéria por ora do RE 333.446 e em brilhante voto o Relator Ministro Carlos Velloso obteve unanimidade em reconhecer a adequação da SAT ao inciso I do art.195 (contribuições sobre o empregador), ficando então legitimada a instituição por meio de *lei ordinária*. Observe-se a citação da Ministra Ellen Gracie, no RE. 408.046-0, tratando da mesma matéria, quando cita o voto do Ministro Veloso:

> *"(...) legítima a cobrança da contribuição para custeio do Seguro de Acidente do Trabalho – SAT. Esta posição restou acolhida pelo Plenário desta Corte, no julgamento do RE 343.446, rel. Min. Carlos Velloso, unânime, Sessão de 20/03/2003 (Informativo 301, STF), quando se decidiu pela desnecessidade de lei complementar para sua instituição, tendo em vista a previsão dos artigos 7º, XXVIII e 195,I da Carta Magna, que permitem a criação da SAT por meio de lei ordinária, afastando-se, dessa forma a hipótese de violação dos artigos 154,I e 195,§4º da Constituição".*

Boa questão também enfrentada pela Corte Maior foi no tocante à constitucionalidade da CPMF, instituída por *lei ordinária*[2525].O art.195 fala em contribuições sobre empregado, empregador, receitas dos concursos de prognósticos e agora também sobre o importador. Não é o caso da CPMF. Questionou-se então a inconstitucionalidade dela. Algumas vozes se manifestaram pela necessidade de Lei Complementar. A questão é que há expressa autorização constitucional para a CPMF, feita por ora da ADTC, no seu art.74. Entretanto, tal dispositivo só incorporou o texto constitucional após a EC 21/99, após a CPMF já ter sido criada anteriormente em 1996, três anos antes. De *jure*, de se admitir aqui que há plausibilidade na argumentação. Entretanto, não foi esta a posição adotada pelo

II – do trabalhador e dos demais segurados da previdência social, não incidindo contribuição sobre aposentadoria e pensão concedidas pelo regime geral de previdência social de que trata o art.201;
III – sobre a receita dos concursos de prognósticos;
IV – do importador de bens ou serviços do exterior, ou de quem a lei a ele equiparar.

[25] Lei 9.311/96

STF, que legitimou a CPMF como constitucional, afastando ainda a tese de bitributação com o IOF, reconhecendo expressa natureza constitucional para a exação *in casu*. Observe-se a ementa do RE 389.423 – AgR/SP, rel. Min. Celso de Mello e a seguir a ementa do AI 384.493-AgR/PR, rel. Min. Carlos Velloso:

> *"EMENTA: CONTRIBUIÇÃO PROVISÓRIA SOBRE MOVIMENTAÇÃO FINANCEIRA (CPMF) - ADCT, ART. 75 E PARÁGRAFOS (EC.21/99)* ***- RECONHECIMENTO DEFINITIVO DE SUA CONSTITUCIONALIDADE - RECURSO IMPROVIDO.***
>
> ***- O Plenário do Supremo Tribunal Federal reconheceu a plena legitimidade constitucional da CPMF, tal como prevista no art. 75 do ADCT, na redação que lhe deu a EC 21/99, vindo a rejeitar as alegações de confisco de rendimentos, de redução de salários, de bitributação e de ofensa aos postulados da isonomia e da legalidade em matéria tributária.*** *PRECEDENTE: ADI 2.031/DF,Rel. Min. Ellen Gracie (julgamento definitivo)".*
>
> *"CONSTITUCIONAL.TRIBUTÁRIO. CONTRIBUIÇÃO PROVISÓRIA SOBRE AMOVIMENTAÇÃO FINANCEIRA - CPMF. CONSTITUCIONALIDADE"*

Portanto, após o julgamento da ADI 2031/DF julgada pela Ministra Ellen Gracie não há mais que se questionar a constitucionalidade da CPMF, especialmente face ao princípio da legalidade, posto que esta é declarada pelo STF.

Outra boa questão pacificada pela Corte foi sobre a Contribuição do Salário Educação, que foi instituída pelo DL nº 1422/75, antes da Carta. Questionou-se a não recepção pela Carta face à legalidade tributária. Posteriormente à publicação da Lei Mãe, veio lei específica regular a matéria da Contribuição Salário Educação, a Lei 9.424/96. Questionou-se assim não apenas a natureza tributária da referida cobrança, antes e depois da Carta, bem como a manutenção da aplicação da alíquota fixada pelo decreto Lei antes da Constituição para o período de vigência da Carta até a regulação feita pela Lei 9424/96. Arguiu-se afronta ao princípio da legalidade. O STF entendeu que antes da Constituição realmente não tinha o Salário-Educação natureza tributária, que só passou a receber após a CR/88. Entendeu que o DL1422/75 não era inconstitucional, pois não se tratava de matéria tributária na Carta anterior. Entendeu que a CR/88 recepcionou-o com tributário e admitiu a aplicação da alíquota (de 2,5%) prevista anteriormente, fixada pelo Decreto 87.043/82. Inúmeros são os julgados que sedimentam esse entendimento[26]. Portanto, não há mais de se questionar violação ao princípio da legalidade quanto à instituição da Contribuição do Salário Educação. Observe-se parte da ementa do Agravo Regimental no RE 35.172-6/DF de Março de 2004 que teve como relator o Min. Carlos Brito:

> *"EMENTA. TRIBUTÁRIO. CONTRIBUIÇÃO DO SALÁRIO EDUCAÇÃO. CONSTITUCIONALIDADE ANTES E DEPOIS DA CARTA DE OUTUBRO."*

Por fim, trazemos para uma última reflexão, a questão pertinente à incidência do ITCMD, imposto de competência estadual, sobre transmissões originadas no exterior. É que por força na norma especial fincada no art.155,§1º, III da Constituição, torna-se possível ponderar que se poderia estar diante de mais um caso em que a "instituição" do tributo, nas situações ali descritas, dependeria de uma *lei complementar.* Não há dúvida alguma que, quanto às situações ali ventiladas, se torna necessária uma *lei complementar.* O ponto a ponderar é o de se analisar se essa *lei complementar* é realmente necessária para a *"instituição"* do imposto ou apenas para a regulamentação de um dos espectros do campo de incidência do mesmo. E a dúvida surge por força do uso feito pelo constituinte da expressão "instituição" quando da fixação do texto utilizado no aludido dispositivo. Pedimos vênia para que façamos sua transcrição:

> *Art. 155. Compete aos Estados e ao Distrito Federal instituir impostos sobre:*
> *I – transmissão causa mortis e doação, de quaisquer bens ou direitos;*
> *(...)*
> *§ 1º O imposto previsto no inciso I:*
> *(...)*
> *III – terá competência para sua instituição regulada por lei complementar:*
> *a) se o doador tiver domicilio ou residência no exterior;*
> *b) se o de cujus possuía bens, era residente ou domiciliado ou teve o seu inventário processado no exterior;*

[26] RE 359.181, Rel. Min. Carlos Velloso; RE 272.872, rel. Min. Ilmar Galvão; RE 290.079, Rel. Min. Ilmar Galvão; ADC 3, Rel. Min. Nelson Jobim; RE 395.172-AgR/DF, Rel. Min. Carlos Brito.

Antes de qualquer definição quanto à conclusão a ser apontada, frisemos, cautelosamente, que independente do ponto de vista a se formar após o processo interpretativo exercido, ***é necessária uma lei complementar*** para que se torne viável a incidência do ITCMD nas operações que se enquadrem nos perfis situacionais descritos nas alíneas 'a' e 'b', ambas acusando hipóteses em que a origem da transmissão dos bens tem relação com o exterior do país.

Quanto ao tema, somos de crer que a intenção do constituinte foi a de condicionar a possibilidade de incidência do imposto a uma prévia normatização fixada em *lei complementar*, no intento, especialmente, de definir a titularidade da competência para tributar tais transmissões, almejando, acima de tudo, evitar guerras fiscais entre os diferentes Estados membros da Federação (inclusive o Distrito Federal), numa eventual disputa pelo direito de tributar a aquisição dos bens transmitidos nas hipóteses em apreço, o que, de certo, não seria salutar ao propósito federativo.

Para fins teóricos, julgamos ser possível aceitar duas distintas definições quanto ao exato teor da norma fincada no mencionado comando constitucional, ainda que, repetimos, independente de qual seja a que se opte por seguir, pouca (ou nenhuma) diferença haverá para fins práticos, já que sem a exigida *lei complementar* não será possível exercer a competência tributária e promover a incidência do imposto, o que, caso ocorra ao arrepio da inexistência da clamada lei, revelará insuperável inconstitucionalidade, pautada na inexistência de competência tributária para a tributação, seja lá qual for o Estado que esteja tributando. É que, ao nosso pensar, a exigência firmada no art.155,§1º, III do texto magno consagra uma norma de ***eficácia limitada, com aplicabilidade diferida***, somente podendo produzir seus efeitos principais na prática após ser gerada a normatização infraconstitucional exigida. Portanto, ao nosso crivo exegético, tanto faz crer que a Constituição exigiu *lei complementar* para ***"instituir" o ITCMD "internacional"*** ou apenas para regulamentar o exercício da competência quanto ao "já instituído" ITCMD nas situações "internacionais". O fato incontroverso é: *para que se possa tributar tais transmissões, será necessária a lei complementar.*

E como desfecho, registre-se: o art.41 do CTN pode (e deve!) ser considerado, para hipóteses relativas a ***imóveis***, como o comando normativo exigido, autorizando portanto, a incidência do imposto; todavia, imperioso chamar a atenção, pedindo vênia para repetir: a tributação nas operações de origem no estrangeiro somente será cabível se o bem transmitido for

imóvel, já que o dispositivo não faz menção a coisas móveis. Por logo, a lei complementar que o art.155,§1º, III da Constituição exige para regulamentar a tributação nas situações de doações em que *o doador tiver domicilio ou residência no exterior* ou nas transmissões *causa mortis* em que *o de cujus possuía bens, era residente ou domiciliado ou teve o seu inventário processado no exterior*, é, ***quando o bem transmitido for um IMÓVEL***, não há dúvidas, o CTN no seu art.41, que define que a competência tributária para promover a incidência do imposto será a do Estado em que se situa o imóvel transmitido, afastando qualquer possibilidade de guerra fiscal na disputa pelo direito de tributação. Desse modo, imaginemos, a título de exemplo, situação em que um imóvel doado por um doador domiciliado em certo país que não o Brasil se situa no Estado do Rio de Janeiro, sendo, todavia, o donatário domiciliado no Estado de São Paulo. A competência para tributar a mencionada doação será do Estado do Rio de Janeiro, sendo irrelevante para tal definição o fato de o adquirente ter domicílio em São Paulo, aplicando-se a norma insculpida no art.41 do Código Tributário Nacional, a qual, aproveitamos para transcrever na íntegra:

CTN, Art. 41. O imposto compete ao Estado da situação do imóvel transmitido, ou sobre que versarem os direitos cedidos, mesmo que a mutação patrimonial decorra de sucessão aberta no estrangeiro.

Quanto à possibilidade de tributação nos casos em que os bens transmitidos sejam móveis, entendemos que atualmente, por inexistência de lei complementar regulamentadora, não é possível aplicar a incidência do imposto, inexistindo, ao nosso pensar, competência tributária validamente fixada para promover a tributação. Basta imaginarmos a situação em que certa pessoa faleça no estrangeiro, em país no qual era domiciliada, tendo lá sido processado seu inventário, e após, homologada a partilha de bens declarados no espólio, certos bens móveis situados no Brasil, tenham sido destinados a um dos herdeiros (seja brasileiro ou não, domiciliado no Brasil ou não). Imagine-se, por exemplo, que se trate de pedras e metais que o *de cujus* guardava em certo Estado 'a' da federação brasileira, animais que se situavam no Estado 'b', títulos pessoais do capital de uma sociedade no Estado 'c' e, ainda, veículos licenciados no Estado 'd'. Qual dos Estados tributaria a aquisição pelo herdeiro, novo titular dos bens, especialmente na hipótese em que ele fosse domiciliado no Estado 'e'? Cogitando que tenha sido corretamente homologada no Brasil a sentença estrangeira que no exaurimento do trâmite do inventário processado no exterior expediu declaração judicial reconhecendo a aquisição dos citados bens móveis situados no Brasil pelo novo titular (o herdeiro), o que ocorreria em relação à questão tributária atinente a essas aquisições? Caberia a incidência de imposto ou não? Se sim, qual seria a unidade federativa competente para tributar? Ao nosso pensar, como já supra frisado, *atualmente*, por força de *inexistência* da clamada *lei complementar*, não é viável a tributação em tais situações.

Portanto, face todo o exposto em relação a essa última temática, é possível considerar que existiria mais uma hipótese de ***necessidade de lei complementar para a instituição de tributo. Seria o caso do ITCMD "internacional".*** E a se aceitar tal tese a conclusão a que e chegaria é a de que existe na nossa Constituição uma previsão para que em pelo menos quatro hipóteses a instituição de tributos dependeria de uma lei complementar, e, no caso de se incluir o IGF, se chegaria a um quinteto de situações excepcionais em que não seria possível a instituição por mera lei ordinária (*Impostos Residuais*, do art.154, I; *Contribuições Residuais para a Seguridade Social* do art.195,§4º; *Empréstimos Compulsórios* do art.148; *Imposto sobre Grandes Fortunas* do art.153, VII; *ITCMD "internacional"* nas situações descritas no art.155,§1º, III).

1.7. Das Exceções a Legalidade. Situações em que por Simples Decreto Executivo pode se Alterar a Alíquota de um Tributo

Importante questão a ser abordada é a que diz respeito à uma prerrogativa excepcional que foi atribuída pelo constituinte ao Poder Executivo Federal de utilizar do meio de manejo de *DECRETOS EXECUTIVOS* para modificar as alíquotas de alguns impostos federais (II,IE, IPI e IOF), bem como de uma contribuição federal (a CIDE dos Combustíveis), sendo que, nesta última, a quebra de legalidade é bem restrita, sendo admitido o ato executivo ao invés da lei apenas em casos de *redução e restabelecimento* de alíquotas do referido tributo, não sendo possível *majorar* a CIDE em análise por ato executivo. Para ambos os casos, o de majoração e redução do II,IE,IPI e IOF, bem como para a redução e o restabelecimento de alíquotas reduzidas da CIDE dos Combustíveis, permitiu o constituinte que, diante da importância destacada destes tributos, comprovadas pela própria função de que se revestem (extrafiscal), desempenhando papel regulatório no domínio econômico, possam eles ter suas alíquotas manejadas por ato de iniciativa do Executivo, dispensando expressamente a necessidade de *lei formal*, afastando assim a regra da legalidade.

Não foi por acaso que o constituinte previu essa possibilidade, bem como não foi aleatoriamente que escolheu os tributos sobre os quais recairia essa possibilidade de autorização ao Executivo de, longe de dependendo da eventual morosidade do processo legislativo de edição até a vigência de uma lei, possa de forma mais rápida e eficaz alterar as alíquotas desses tributos. Não foi por acaso. Foi uma decisão estratégica, inteligente e necessária, que reflete a certeza de que os citados tributos foram premeditadamente idealizados para servirem como instrumentos interventivos, reguladores, verdadeiras armas que o governo federal utiliza para exercer controle e tentar manter o equilíbrio no domínio econômico, especialmente nos seus setores essenciais, indústria, comércio e sistema financeiro. Por isso permitir que se criem tributos para incidir sobre esses setores e se autorizar o Executivo federal a manusear esses tributos, elevando ou diminuindo as suas alíquotas, sem depender da vontade (e, repita-se, da morosidade) do Poder legislativo para tais práticas habituais, exercendo assim a variação corrente e imprescindível do quantum tributável imponível por estes tributos e por consequência lógica conseguindo atingir o fim maior que é o de regular o domínio econômico.

Incontestável a percepção que o II e o IE (incidem sobre o comércio externo e interno), o IPI (incide sobre a indústria), o IOF (incide sobre o sistema financeiro), bem como a CIDE dos Combustíveis (tributo que, como o próprio nome diz, destina-se a custear a *intervenção no domínio econômico*) são tributos que desempenham papel destacado dentro do contexto dos tributos. Desempenham função mais do que meramente arrecadatória. Não são tributos meramente fiscais. São tributos que, ao incidirem sobre essas situações elementares para o equilíbrio do Estado permitem uma regulação sobre os mesmos; ainda mais quando se permite que o Poder Executivo possa, de acordo com suas necessidades e interesses, com sua política governamental, modificar as alíquotas e alterar o quantum tributável. Neste caso, constata-se o que de há muito se sustenta, a *função extrafiscal* destes tributos; são exações que não foram idealizadas e que não atuam como meras fontes de arrecadação mas como verdadeiros instrumentos poderosos de controle, de freio e incentivo ao crescimento ou à retenção de certos setores, produtos, atividades, ligadas ao comércio, indústria e sistema financeiro. E é exatamente porque têm essa função interventiva e regulatória, função mais do que fiscal, função *extrafiscal*, que o constituinte expressamente autorizou que eles possas ser exceção à legalidade, dando-se ao Poder Executivo Federal a possibilidade de, com certa discricionariedade[27], de acordo com sua política de interesse e conveniência, estabelecer o valor da incidência tributária.

As autorizações constitucionais estão expressamente previstas. Para os quatro citados impostos *extrafiscais*[28], estão no **art.153,§1º, CR/88** e para a

[27] Há discricionariedade do Executivo ao diminuir ou aumentar as alíquotas por decreto, mas deve-se sempre frisar que todo decreto se vincula e se restringe aos limites impostos na lei à qual ele se fundamenta. Logo, essa discricionariedade existe, mas não pode extrapolar os limites, máximos e/ou mínimos fixados em lei.

[28] Os tributos são classificados pela sua *função* em FISCAIS, ESTRAFISCAIS ou PARAFISCAIS. Tributos *fiscais* ou *meramente fiscais* são aqueles destinados apenas à arrecadação pelos entes federativos. São tributos que se atêm à única função de angariar recursos para os cofres públicos, se destinando a qualquer outro fim. Outros tributos, entretanto, destinam-se a um fim muito mais importante, não resumindo-se a ser meros instrumentos de arrecadação. São mais do que *fiscais*, além de *fiscais*, são *extrafiscais*. São os tributos idealizados para atuarem sobre setores específicos que servem como base de governabilidade para o gestor maior, como o comércio a indústria e o sistema financeiro. Logo, esses tributos idealizados para incidirem sobre esses setores gozam de um tratamento diferenciado, sendo exceção aos dois mais importantes princípios tributários, como o da legalidade (podendo ter seus valores alterados por simples decreto, sem precisar de lei) e da anterioridade (tendo incidência imediata o novo valor, não se submetendo ao lapso temporal de não surpresa; o IPI e a CIDE dos Combustíveis, após a EC 42/023 passam a respeitar o prazo de 90m dias a que se refere o art.150,III, 'c', mas não precisam respeitar o prazo do exercício financeiro seguinte a que se refere o art.150, III, 'b'; já o II,IE e IOF gozam de incidência imediata, sendo exceção aos dois prazos de anterioridade). Esses tributos são o II e IE (impostos sobre comércio exterior e interior e interno), o IPI (imposto sobre produtos industrializados), o IOF (que incide sobre o sistema financeiro), bem como uma das CIDE's (a mais importante delas), a CIDE dos Combustíveis, criada pela Lei 10.336/01. A CIDE é tributo extrafiscal, mas a púnica que goza da exceção aos princípios da anterioridade e legalidade é a CIDE Combustíveis, por determinação expressa do art.177,§4º,I, 'b'.

Por fim, há ainda os chamados tributos *parafiscais*. Como o próprio nome diz, não são *extra* fiscais. Não são mais do que fiscais. São apenas *fiscais*, mas não para os entes e sim par *terceiros*. Representam uma situação especial em que a Carta autorizou que duas pessoas que não são entes federativos possam arrecadar tributos par si mesmas. Autorizou que duas pessoas da administração indireta, mesmo que não sendo entes federativos, mesmo que não tendo competência tributária, possam se beneficiar de arrecadação tributária. São as *entidades profissionais* e as *entidades de seguridade social*. Para protegê-las, devido à sua importância, permitiu que a União criasse tributo a ser por elas arrecadados. Deu-lhes a chance de terem autonomia orçamentária. Permitiu que se cobre dos profissionais uma *contribuição corporativa* a ser paga ao seu órgão de classe; e determinou que a sociedade custeará a seguridade social. Logo, nascem no nosso sistema as chamadas *contribuições profissionais e contribuições de seguridade social*. Esses tributos são meramente fiscais, arrecadatórios, mas arrecadados por terceiros; terceiros paralelos aos entes, que se postam na administração indireta; logo, *tributos fiscais para*

CIDE dos Combustíveis, está no **art.177,§4º,I, 'b'** (parágrafo criado pela EC 33/01).

Portanto, a regra é clara: *legalidade tributária*. Para criar ou majorar tributos, para aumentar ou diminuir suas alíquotas, só em virtude de lei, e em regra, lei ordinária. Entretanto, para os extrafiscais aqui citados, basta decreto executivo. E relembrando sempre que esse decreto que altere as alíquotas não pode extrapolar os limites fixados em lei, pois, como notório, um decreto atua sempre nas margens que lhe autoriza a lei à qual se vincula. Logo, se a lei do IPI disser que a alíquota mínima é 2% e a máxima é 15% para o produto *x*, o decreto só pode flutuar entre o mínimo e o máximo. Para aumentar além de 15% ou diminuir abaixo de 2%, só por nova lei.

Por fim, um derradeiro e essencial comentário a ser registrado: quando analisamos as normas do art.153,§1º e do art.177,§4º, I, 'b', normalmente pensamos na formalização do ato normativo mediante a expedição de um Decreto Executivo, de competência presidencial. Todavia, é fundamental perceber que, na verdade, a prática do ato não depende, necessariamente, de que se tenha o *decreto presidencial*, podendo sua materialização decorrer de outras fontes normativas editadas pelo Poder Executivo, proclamadas por autoridades distintas do Presidente, emanando de órgãos diferentes da Presidência da República. É que, perceba-se, em nenhum momento o constituinte exigiu que a prática das majorações ou reduções do II, IE, IPI e IOF, bem como que os atos de redução e restabelecimento de alíquotas, fossem praticados *pelo Presidente*, ou *por via de decreto executivo*. Não. Uma análise cuidadosa do texto constitucional deixa claro que se facultou ***"ao Poder Executivo"*** e não necessariamente "ao Presidente da República". Por isso acreditamos que não se trata de competência reservada privativamente ao Presidente, seja porque, como dito, não se fez essa determinação no art.153,§1º e 177§4º, I, 'b', seja porque também não se incluiu no vasto rol de incisos do art.84 da Constituição (que define as competências privativas do Presidente da República) tal atribuição.

A conclusão que queremos apontar é no sentido de que além de não ser necessária uma lei, também não é necessário um *decreto executivo presidencial* para a promoção das majorações ou reduções de alíquotas do II, IE, IPI e

terceiros, tributos parafiscais. Portanto, pode-se dizer que a regra é afirmar que as contribuições profissionais e de seguridade social são os tributos parafiscais; o IPI, II, IE e IOF, bem como a CIDE, são os extrafiscais; os demais, são meramente fiscais, ainda que eventualmente possam esses tributos meramente fiscais, em certos casos, exercer função extrafiscal.

IOF, bem como das reduções e restabelecimento de alíquotas da CIDE dos Combustíveis. Não que não se possa desenvolver tais práticas através do mencionado decreto de chefia, não é isso; é evidente que tal ato normativo do mais alto escalão será plenamente válido; o que se quer esclarecer é que *não é imprescindível* que o ato seja editado pelo líder do Executivo, podendo ser editado por outro órgão, bastando que se tenha validamente definido essa competência administrativa quando da organização e distribuição das competências administrativas dentro da estrutura do Poder Executivo federal. A título de exemplo, é válido o ato de modificação das alíquotas do Imposto de Exportação pela CAMEX, que atua ligada à Presidência da República e recebeu a atribuição de controlar as alíquotas do IE. Tudo isso porque, como bem colocado, a nossa Constituição, ao promover a exceção à reserva legal, dispensando a necessidade de lei, não quis engessar os atos em comento na necessidade de expedição de decreto presidencial, o qual, ainda que válido seja caso expedido, não é imprescindível para as modificações das alíquotas nos casos ora apreciados.

1.8. Legalidade e Medidas Provisórias. Princípio da Anterioridade nas Medidas Provisórias. Análise do Controle de Constitucionalidade sobre os Pressupostos da Relevância e Urgência. Questões Controvertidas. Posições do STF

Relevante tema a ser enfrentado é o de definir se a *lei* pode ser substituída pela *medida provisória* para efeitos de *princípio da legalidade*. Em outras palavras, se a *legalidade* abrange apenas a *lei em sentido estrito* ou se engloba também as *medidas provisórias* que podem ser adotadas em casos de relevância e urgência e que têm *força de lei*, mesmo *não sendo leis*.

O tema é controvertido na doutrina, posto que alguns doutrinadores admitem a instituição de medidas provisórias, opinião, aliás, atualmente majoritária, e outros que não as admitem. Há ainda os que sustentam, como este que aqui escreve, que apenas em remotíssimas situações, relativas à instituição ou majoração do Imposto Extraordinário de Guerra é que poderia uma medida provisória disciplinar criação ou instituição de tributos. O STF tem admitido a utilização de tal veículo normativo, especialmente quando para instituir *contribuições sociais*[29]. Alguns pontos devem

[29] STF, RE nº 359.044-8, Relator Min. Carlos Velloso; RE nº395.555-1, Relator Min. Sepúlveda Pertence.

ser abordados em relação ao tema, especialmente ao se analisar o **art.62 da CR/88**, com a redação que lhe foi dada pela **EC 32/01.**

É salutar tecer um breve comentário sobre a questão. Muitas vezes cabe ao escritor diante de um caso concreto controvertido que se propõe a analisar, externar seu ponto de vista, fundamentando-o. Mas cabe-lhe também a inescusável tarefa de externar a realidade com é encarada aquela situação, ainda que contrária ao seu entendimento, ainda que suas íntimas convicções sinalizem para norte oposto do que se tem aplicado no meio jurídico. E sobre as *medidas provisórias* como instrumento normativo hábil a criar tributos, englobada pela *legalidade tributária*, somos obrigados a reconhecer, ainda que discordemos frontalmente de tal posicionamento, que atualmente eles estão sendo utilizadas, e, especialmente no que tange à instituição de contribuições sociais, que tem sido seu campo principal de atuação, têm tido amparo e recepção pelo STF, conforme acima citado. Portanto, enfatiza-se aqui, desde logo, que atualmente tem se admitido a utilização das famigeradas MP's para instituir tributos, não obstante tal postura nos pareça inconstitucional, pelos motivos, juridicamente fundamentados, que a seguir relataremos enfrentando o tema.

O primeiro ponto sob o qual paira a controvérsia é: *medida provisória* não é *lei*. E para se criar tributo bem como para alterar suas alíquotas, somente se faz em virtude de *lei*. O princípio da legalidade está previsto no art.150,I da CR/88. Lá se afirma que só se pode instituir ou majorar tributo em virtude de *lei*. Não se diz *lei ou medida provisória*. O CTN também disciplina a *reserva de lei* no art.97, e determina que *apenas a lei* pode instituir, aumentar ou diminuir alíquotas de tributos. Também não fala *lei ou medida provisória*. Por fim, o mesmo CTN, no art.3º, define qual o conceito de *tributo*, e, reconhecendo ser uma prestação pecuniária e compulsória, afirma que é *instituída em lei*. Logo, para o CTN, *tributo* será sempre uma prestação criada pela *lei*. Não se falou *lei ou medida provisória*. Por este fundamento suficiente motivo existe para afirmar que a medida provisória pode até criar diversas coisas, mas nunca tributo, pois este, só em virtude de *lei*. Se não é criado por *lei*, à luz do conceito de tributo elaborado pelo CTN, não é *tributo*. A questão é saber se deve ser dada interpretação literal a esses dispositivos ou se é possível ampliar as palavras do legislador constitucional e do CTN para entender que aonde ele disse *lei*, possa-se ler também *ou medidas provisórias*. E ganha relevo a discussão especialmente após a EC 32/01 ter afirmado expressamente no **art.62,§2º** da Carta que a *medida provisória pode instituir ou majorar IMPOSTOS.* Agora, deve ser também inserido no rol de discussão esse dispositivo, que alude aos *impostos* como alvos de *medidas provisórias.* Apenas para se frisar: a citada Emenda não fala em *tributos*; fala apenas em *impostos.* De se enfrentar o tema então.

A *medida provisória* representa instrumento normativo idealizado apenas para situações extremamente excepcionais. Não nasce com o objetivo de ser instrumento de uso habitual. Não. Essa prática abusiva que tornou-se hábito no Brasil reflete uma contrariedade à própria essência do instituto. Medidas Provisórias foram autorizadas pelo Constituinte para que apenas em casos de *RELEVÂNCIA* e *URGÊNCIA*, apenas nestes casos, possa o *PRESIDENTE DA REPÚBLICA* expedi-las, dando a Constituição a essas medidas uma *força de lei*, mas determinando que estas devem sempre *ser convertidas em lei*, caso contrário serão banidas do ordenamento jurídico. Constate-se portanto que o legislador maior foi claro e preciso na sua determinação, afirmando que *medidas provisórias não são leis*, até porque se fossem, ele não precisaria determinar que elas se convertessem em lei, pois já seriam lei. E mais: deixou claro que apenas em casos realmente especiais, aonde se encontrem dois pressupostos típicos a legitimar essa possibilidade (relevância e urgência do objeto a ser alvo da MP) possam ser instituídas; e mais ainda: afirmou que apenas o Presidente da República pode utilizá-las. Esta portanto é a situação de permissão constitucional para uso de medidas provisórias no Brasil. Facilmente, por se observar o excessivo cuidado que teve o constituinte ao delimitar o campo de uso de tal instituto, pode-se perceber que a regra não é o uso de medidas provisórias, que representam realmente uma situação excepcional. MP não é instrumento feito para se legislar, mas apenas para, em situações realmente excepcionais (e por isso ele qualificou as situações exclusivas e legitimar o uso das MP's como *de relevância e* urgência) e somente nessas situações se antecipar a função legislativa (que deverá ser depois respeitada, tanto que a MP deve ser apreciada pelo Poder Legislativo e convertida em lei) nos casos que a eventual demora da lei ser votada, aprovada e publicada possa gerar conseqüências danosas. Apenas para isso ela existe. Ela não é instrumento que cumpre a função ordinária de legislar, que cabe apenas à lei, mas, repita-se, designa-se a apenas situações remotíssimas em que antecipa a função legislativa devido à gravidade de certas situações.

E por que afirmar com tamanha certeza que a MP não é o instrumento legislativo que se designa a cumprir a função habitual e ordinária de legislar? Por motivo óbvio e que não aceita argumentação em contrário: porque a função de legislar não é do Presidente da República e sim do Congresso Nacional. Admitir que o Presidente possa legislar por medidas provisórias significa abolir a tripartição de poderes, jogar às favas a lição de Montesquieu, e mais, passar por cima da representatividade popular para autorizar que se criem deveres, se imponham obrigações, se determine normas de conduta e comportamento, se imponham proibições, se determine dever de aceitar a compulsoriedade tributária que representa o dever de entregar parte do patrimônio particular ao Estado, etc. Isso, só se deve determinar por *lei*, que reflete a palavra do povo, e o poder exercido só é legitimado quando autorizado pelo povo, pois é deste que emana e para este que deve ser exercido. Isso, aliás, é democracia.

Admitir que a medida provisória seja regra e que ela possa realmente cuidar do que cabe à *lei* significa rasgar o próprio regime democrático de direito, apagar com um pincel brutal o artigo primeiro e seu parágrafo único da Constituição da República. Nos parece claro que o constituinte buscou escolher a democracia como Regime e Governo, ao afirmar que a República Federativa do Brasil constitui-se em *Estado DEMOCRÁTICO de Direito*. Democracia significa que o governante maior não pode impor as normas de conduta, sejam as permissivas ou proibitivas. Não pode impor aos seus governados, mas deve ao contrário, pedir-lhes permissão. E a *lei* é o ato jurídico que externa essa manifestação permissiva, posto que aprovada pelos representantes do povo que livremente deram-lhes este poder de falar em seu nome. É assim que funciona a democracia. Se você permite que normas de conduta sejam impostas não por lei, não com a permissão popular, mas apenas com a vontade do *Príncipe*, você admite que se afronte a democracia e o próprio Estado Democrático de Direito. Tudo bem, que em certos casos excepcionais, em que se flagre uma situação realmente *relevante* e de latente *urgência*, se abra eventual precedente à regra. Não que seja o desejável, mas sendo caso realmente urgente e relevante, que assim se permita que o gestor maior, o administrador maior, ele, o Chefe da República, possa *antecipar* a função legislativa para evitar o prejuízo e depois remeter a matéria aos representantes do povo que obrigatoriamente terão que aprovar para que a norma editada pelo Presidente possa prosseguir eficaz, sob pena de, diante da não aprovação, perder ela sua aplicabilidade dali em diante, cabendo ainda, a eles, representantes do povo, regularem eventuais situações ocorridas durante esse lapso temporal em que vigeu a medida *provisória*, como o próprio nome diz. Portanto, parece-nos que deve ser estabelecida essa premissa norteadora: *medidas provisórias* só devem ser utilizadas em caráter excepcional e de comprovada relevância e urgência, pois foi essa a verdadeira intenção do constituinte, sob pena de se afrontar os artigos iniciais da Constituição, atentando contra a tripartição de poderes e contra a democracia como regime de governo.

Feita então essa consideração, de se estabelecer mais uma premissa. O constituinte tomou mais um cuidado em delimitar quais matérias podem ser alvo de MP. Foi mais zeloso ainda, elencando uma série de matérias no **§1º, do art.62** determinando a impossibilidade de uso da *medida provisória*. Mostrou, mais uma vez, seu repúdio a esse instituto, que existe apenas para situações excepcionais. Dentre as matérias que vedou, foi coerente e pacificou antiga controvérsia, a que questionava a possibilidade de uso da MP em matéria de *lei complementar*. Proibiu expressamente, acatando o alento de maior parte dos estudiosos. O fez por conta da **EC 32/01**,pacificando a questão. Há previsão expressa no **§1º, III do art.62** em comento.. Alguns autores chegavam a sustentar que a MP poderia sim instituir tributos que submetiam-se ao regime das leis complementares, desde que na conversão da MP em *lei*, se fizesse pelo quorum próprio de lei complementar. Não concordamos com isso. Se o constituinte vetou que a lei ordinária possa cuidar de certas matérias, por serem especiais ao ponto de exigir uma lei diferenciada e de crivo popular diferenciado para versar sobre elas, não nos parece razoável admitir que estas matérias, alvo de lei complementar e que extrapolam o alcance das leis ordinárias, possam ser objeto de medida provisória, que nem lei é. Essa é e sempre foi a opinião de muitos, como por exemplo, o ilustre Prof. Roque Antônio Carrazza[30]. Restou vencida a tese que sustentava a possibilidade de uso da MP, defendida por autores igualmente renomados como Hugo de Brito Machado[31], Sacha Calmom Navarro Coelho e pelo ex-ministro Moreira Alves[32]. Observem-se as palavras do Prof. Hugo de Brito Machado:

> *"(...) é razoável entender que pode o Presidente da República adotar medida provisória em matéria privativa de lei complementar. Neste caso, o Congresso Nacional ao*

[30] CARRAZZA, Roque Antônio. Curso de Direito Constitucional Tributário, 2ª edição, ED. RT, São Pulo, 1991, p.161.

[31] MACHADO, Hugo de Brito. Os princípios..., *op.cit*, p.42

[32] COELHO, Sacha Calmon Navarro. Comentários à Constituição de 1988 – Sistema Tributário, Forense, Rio de Janeiro, 1990, p.317

apreciar tal medida provisória, tem que atentar para o estabelecido no art.69, segundo o qual as leis complementares serão aprovadas por maioria absoluta. Medida Provisória que trata de matéria privativa de lei complementar, se aprovada pelo Congresso Nacional, terá de ser convertida em lei complementar. Se convertida em lei ordinária, será inconstitucional(...)"

Portanto, após a EC 32/01, definiu-se também que não cabe o uso de MP em matéria de *lei complementar.* Portanto, tem-se hoje as seguintes premissas para se enfrentar a questão e então posicionar-se concordando ou discordando com a utilização de medidas provisórias para criar ou majorar tributos: só se poderá admitir a MP em matéria de lei ordinária (já que não cabe em matéria de lei complementar), deve se caracterizar a relevância e a urgência da situação e deve haver a posterior conversão em lei. Esse é a base inicial para a discussão.

Dois entendimentos opostos se manifestam. Aqueles que pacificamente acatam o uso das MP criando ou majorando tributos, alegando que desde que haja realmente uma situação de urgência e relevância bem como não seja matéria de lei complementar, possa ser sem grandes transtornos utilizado tal instrumento normativo. Ademais, afirmam que a Constituição expressamente afirma, após a nova redação do art.62 dada pela EC 32/01 que medida provisória pode instituir e majorar *tributos*. Na verdade, lembrem-se, ainda que assim sustentem estes autores, a Carta não fala em momento algum que a MP pode instituir ou majorar *tributos*; refere-se apenas a *impostos*. Entretanto, dando interpretação mais abrangente ao citado dispositivo, e especificamente, ao já comentado §2º, admitem que aonde o legislador disse *impostos* teria dito *tributos. Data Venia*, não nos parece a melhor tese. Aliás, situações excepcionais não devem ser interpretadas extensivamente, não deve o hermeneuta ampliar o que disse o legislador em normas que consubstanciam exceções; e, como já demonstrado, medidas provisórias representam normas de exceção. Não nos parece ser devida a interpretação extensiva. Mas, é uma tese que tem sido sustentada, e se não for, não tem cabimento se afirmar que a Constituição autoriza *criar ou majorar TRIBUTO por medida provisória*. Isso não está escrito na Carta.

Entretanto, essa tese pelo cabimento de MP podendo suprir a *lei em sentido estrito* para criar ou majorar tributos, que hoje goza de prestígio no STF, merece ser mitigada.

O primeiro questionamento que fazemos é sobre a literalidade do art.62,§2º, que foi editado com a finalidade de definir a partir de quando contar-se-á o prazo da *anterioridade*, se da edição da MP ou se da conversão em lei, matéria que também gerava ampla discórdia entre os tributaristas. O dispositivo afirma que a MP que crie ou majore impostos, deve se converter em lei e só a partir de então, da *conversão em lei*, é que deve se contar o prazo da *anterioridade*. Ou seja, só se pode cobrar esse novo valor (seja pela criação de um tributo que não existia ou pela majoração de um já existente) no *exercício financeiro seguinte ao do exercício em que houver a conversão em lei*. Exemplo: se um imposto for criado por MP no final do ano de 2004, para ser cobrado o valor em 2005 a MP deve ser convertida em lei ainda em 2004. Se a MP só se converter em lei em 2005, só se poderá cobrar em 2006. Aplica-se o exercício financeiro seguinte ao da conversão em lei, que pode ser o mesmo ou não da edição da MP. Não se conta a anterioridade a partir da publicação da MP, como ocorria antes da EC 32/01, mas sim após a conversão em lei. Essa é a regra.

Nesta regra, o constituinte fez exceção a alguns tributos que são exceção à anterioridade, como o II, IE, IPI, IOF e o IEG. Nestes tributos, a majoração tem incidência imediata. Logo, ele determinou que a regra é: para os *impostos*, aplica-se a anterioridade a partir da conversão em lei; mas para o II, IE, IPI e IOF, bem como o IEG, se criados ou majorados, não se aplica essa regra. Por conta disso, alguns tem interpretado que se a MP instituir ou majorar algum dos referidos tributos, por não se sujeitarem ao princípio da anterioridade e por conta da expressa ressalva feita no texto constitucional, teria ela efeito de incidência imediata. Vejamos alguns detalhes.

Primeiro lugar: a Carta fala em MP que implique em INSTITUIÇÃO de IMPOSTOS ou sua majoração. E aí faço alguns questionamentos para que enfrentemos: *INSTITUIÇÃO*??? Como??? Senão o IEG, qual imposto??? **Segundo questionamento**: como instituir o II, IE, IPI e IOF por MP se eles já foram instituídos, já existem? **Terceiro questionamento**: para que MP para alterar as alíquotas do II, IE, IPI e IOF, quando a Constituição autoriza que se faça por decreto executivo, também expedido pelo Chefe do Executivo, dispensando a exigência de lei, sabendo-se ainda que se utiliza a MP sempre com o dever de buscar a conversão em lei? Para que então uma MP para se converter em lei numa matéria que o constituinte dispensou a lei? Então pergunto: MP para II, IE, IPI e IOF? **Quarto questionamento**: será que se pode utilizar MP se não houver realmente *urgência*? Mas se para os demais tributos, respeitar-se-á o prazo da anterioridade, e sempre contando após a conversão em lei, o que impõe um prazo de no mínimo 90 dias (o novo prazo mínimo da anterioridade, previsto, no art.150,III, 'c'), portanto tendo que se esperar esse prazo mínimo, pergunto: cadê a *urgência*? **Quinto questionamento**: taxas e contribuições de melhoria, ainda que gravitem na órbita das leis ordinárias, não são exceção à anterioridade. Submeter-se-ão a esse prazo, contado sempre *após a conversão em lei*. Cadê a *urgência* para criar taxa ou contribuição de melhoria por MP em vez de respeitar a regra para criar tributo, que é utilizar a *lei*? Cadê a urgência para a MP? Ademais, aonde está previsto na Constituição que MP pode criar ou majorar taxas e contribuições de melhoria? **Sexto questionamento**: pelo mesmo raciocínio, já que as contribuições de seguridade social submetem-se a um prazo próprio de anterioridade, previsto no art.195,§6º, que é de 90 dias, pergunto: não ficando autorizada a cobrança antes dos 90 dias, será que é realmente caso de urgência? **Sétimo questionamento**: sabendo-se que para criar empréstimos compulsórios bem como para exercer a competência residual (criar novos impostos e novas contribuições de seguridade social) a União só o pode por *lei complementar*, pergunto: cabe MP para criar empréstimo compulsório, novos impostos ou novas contribuições de seguridade social não previstas na Carta? Não! **Oitavo questionamento**: a Constituição fala que deve haver sempre a *urgência* para se autorizar o Presidente a expedir MP. Isso deve ser levado a sério ou ser feito como letra morta? Porque se o STF disser que não compete a ele entender o que é urgência, a quem cabe? Quem exercerá o controle constitucional? A própria administração pública? Então a palavra *urgência* seria realmente *urgência* ou sinônimo de *conveniência*??? **Nono questionamento**: será que pode o intérprete dizer que o princípio da legalidade abrange também as medidas provisórias, quando o constituinte não disse e nem o CTN??? Será que pode o intérprete equiparar dois institutos jurídicos que o constituinte nitidamente diferenciou???

Essas questões são suficientes para permitir-nos fundamentar tese pela impossibilidade de utilização de medida provisória para criar ou majorar tributos, ressalvada a única hipótese para criação de tributo, que seria o IEG, conforme falaremos a seguir (que é uma hipótese remota e incerta, posto que se nunca houver a guerra, por essa tese que aqui sustentamos, MP jamais poderia criar um tributo) e uma única ressalva para a majoração, que seria a de tentar se alterar a alíquota do II, IE , IPI o IOF em um valor acima do máximo previsto em lei (posto que aí, extrapolando o limite legal, não caberia decreto). Afora essas duas remotas hipóteses, sustentamos que é inconstitucional medida provisória como instrumento normativo hábil para instituir ou majorar tributo, a despeito do acolhimento desta possibilidade pelo STF e pela doutrina majoritária. Vejamos.

Como pode a MP criar imposto? Dos sete impostos federais, seis já foram criados (II, IE, IR, IPI, IOF e ITR). NO caso do IGF, único a faltar, é reservado à *lei complementar*. E ainda para os que falam em lei ordinária para instituir o IGF, ele não é exceção à anterioridade, então cadê a urgência? Sobrariam os impostos estaduais e municipais. E antes de mais nada, sempre bom refrescar a memória sobre a controvérsia de caber ou não MP na esfera estadual e municipal, já que a Carta Mãe só fala em possibilidade de o *Presidente da República* expedir MP's. Mas, enfrentando essa questão preliminar, há entendimento firmado que na esfera estadual até pode o Governador expedir MP estadual, desde que EXPRESSAMENTE PREVISTA A POSSIBILIDADE NA CONSTITUIÇÃO ESTADUAL e, desde que, obedecendo o *princípio da simetria*, respeitem-se os mesmos requisitos impostos ao Presidente da República: *relevância, urgência e matéria de lei ordinária*. Já na esfera municipal, não há consenso pelo cabimento da extensão da norma, posto que Lei Orgânica Municipal não tem *status* de Constituição, não é reflexo do *poder constituinte*,; logo, não caberia jamais, MP na esfera municipal. Apesar, também para a esfera municipal o STF tem dado indícios de admitir o cabimento, respeitando obviamente os mesmos requisitos para a extensão da prerrogativa na esfera estadual: terá que ter também previsão expressa na Lei Orgânica do Município e deverá respeitar os pressupostos constitucionais da relevância, urgência e reserva de lei ordinária. Mas, admitindo-se então a possibilidade de MP na esfera estadual e municipal, passando por cia desta controvérsia, supondo-se que pacífico fosse o tema, pergunto: algum imposto municipal ou estadual (IPTU, ITBI, ISS, IPVA, ICMS e ITD) é exceção à anterioridade? Não. Então cadê a urgência, se esse recolhimento só será feito um autorizado tempo depois? E mais: qual imposto estadual seria criado? O ICMS IPVA e ITD? Em qual Estado não foi criado ainda? Como então criar imposto estadual se eles já foram criados? Percebe-se que a discussão já fica afastada para os impostos federais e estaduais. Só caberia a discussão para os municipais. E aí, para você sustentar o cabimento de MP para criar imposto municipal, você vai ter que superar todas as controvérsias ante expostas, fazendo de conta que o tema é pacífico. A lembrar: você terá que dizer que cabe MP na esfera municipal; você terá que supor que naquele município específico há expressa previsão na Lei Orgânica admitindo essa possibilidade; você terá que dizer que a anterioridade não influi na urgência I(desculpe, mas esse argumento é incabível; desmorona inteiramente a sua tese); terá que concordar que não cabe ao STF julgar o que é o conceito de *urgência*, devendo entender que é o próprio Executivo quem controle o alcance desse pressuposto constitucional (postura flagrantemente inconstitucional; dá ao Executivo o poder de exercer Controle de Constitucionalidade; postura que revoltantemente o STF, em decisão de profunda infelicidade, tem adotado, sendo político, omitindo-se do dever de controlar a Cata Mãe, de fazer cumprir a sua verdadeira mensagem, dando discricionariedade o executivo para determinar o que vem a ser urgente ou não; e aí, urgência vira sinônimo de conveniência); e mais: terá você que por fim trabalhar com a hipótese, óbvio de esse município não ter ainda criado o seu ISS, IPTU ou ITBI; não é impossível, mas com certeza não é a regra e sim uma exceção. Perceba, portanto, que não me parece razoável tentar sustentar o cabimento de MP criando imposto municipal.

Então, passamos a concluir que MP não pode criar imposto federal, nem estadual e nem municipal. Também não pode criar novos impostos, pois estes, só por lei complementar. Só resta o IEG. Este, tudo bem, somos forçados a aceitar. Temos de ser coerente. A guerra externa ou sua iminência pé situação por si só relevante e urgente. Não cabe argumentação contrária. E o IEG é matéria de Lei Ordinária. Neste caso, nos parece que caberia a MP. Ele, inclusive, é exceção à anterioridade. Caberia portanto a incidência imediata. Constate que ele *salva* a inconstitucionalidade flagrante do §2º do art. 62 que afirma que MP pode criar impostos. Não, não pode. Apenas o IEG. E não é por causa dessa exceção que podemos afirmar que a regra é a MP criar impostos. Não é. Até porque, relembre-se: se nunca ocorrer a guerra externa ou sua iminência, MP nunca será utilizada para criar impostos. Pelo menos de forma constitucional.

Assim, sendo, constatando que MP não pode criar impostos, pergunto? A CR/88 fala em algum outro tributo? Não. Só fala em impostos. Se não pode impostos (ressalvada a remota e talvez nunca concretizada hipótese do IEG), não pode criar tributo nenhum, pois não há autorização na Carta. E para os demais tributos, o prazo de *não surpresa* que condiciona o direito de arrecadação a um lapso temporal de no mínimo 90 dias, podendo ser de até 1 ano (supondo que uma MP se converta em lei em 1º de Janeiro; só poderá ser cobrada em 1º de Janeiro do outro ano), afasta, a nosso entender, o pressuposto da *urgência* que legitima utilizar a MP. O único tributo além dos impostos que é exceção à anterioridade é o Empréstimo Compulsório instituído por motivo de guerra ou calamidade pública (art.148,I, CR/88), mas este, como vimos, só por lei complementar. Não pode. Quanto Às contribuições de seguridade social, o prazo nonagesimal afastaria, para nós, também a urgência.

Somos portanto de concluir que não cabe *medida provisória para criar tributos*. É, a nosso ver, uma inconstitucionalidade admitida pelo STF, que, politicamente, no interesse de prestigiar o Poder executivo, especialmente o Presidente da República, engrossa o time dos que vêm na medida provisória instrumento essencial e salutar. Discordamos frontalmente disso. Não se pode fazer da medida provisória uma regra, ou algo comum e habitual. Não, já falamos sobre isso. O Presidente não foi eleito para legislar e sim para administrar. Para legislar o povo legitima seus representantes. E a Carta assegura que essa função é a estes designada e não àquele.

Mais um ponto interessante antes de concluirmos o tema. Majoração. Já que não pode criar, poderia majorar? Para os impostos que não são exceção à anterioridade (IPTU, ITBI, ISS, ICMS, IPVA, ITD, ITR, IR, e, eventualmente o IGF), pelo mesmo motivo da falta de urgência, entendemos que não. Isso sem querer enfrentar novamente a questão da MP na esfera estadual e municipal. Nos parece que para estes impostos, não cabe MP para majorá-los. Só em virtude de *lei*, como aliás, seguramente afirma o princípio da legalidade e o conceito de tributo elaborado no CTN. Já os outros quatro impostos, os extrafiscais (II, IE, IPI e IOF), que são exceção à anterioridade, vemos com ressalva essa prerrogativa. Pode existir para este ou aquele produto, mercadoria, ou operação financeira, um teto mínimo e máximo que pode atingir a alíquota. Para extrapolá-lo, somente por nova lei; lei ordinária. São impostos extrafiscais, e por isso a matéria é relevante e urgente. Até concordamos que neste caso caberia a MP. Seria a única exceção em que a MP poderia *majorar impostos*. Só nos extrafiscais e *somente se para extrapolar os limites legais*. Posto que dentro dos limites (como é o habitual de se fazer) basta *decreto executivo*. Ora, se basta decreto executivo (art.153,§1º) é porque não precisa lei; a Constituição dispensou lei para essas medidas; logo, se não precisa lei, não tem porque expedir MP, que é figura jurídica adotada em casos de relevância e urgência em que a eventual demora de uma lei pode acarretar danos, devendo a MP apenas antecipar a lei e posteriormente se converter em lei; logo, se não precisa lei e cabe decreto, e, este, não precisando se converter em lei, além de ser ilógico é antijurídico utilizar a medida provisória. Pode o Presidente expedir decreto e MP; para que MP, se cabe decreto? Para que a MP se a MP tem que ser convertida em lei e aqui o constituinte deixou claro que não precisa de lei? Portanto, não nos parece ser coerente admitir a MP para alterar os valores das alíquotas dentro dos limites legais. E, repetimos, é dentro desses limites que normalmente atuam essas variações. Extrapolá-los não é habitual. Até porque, na maioria dos casos, o limite mínimo já é a *alíquota zero*, o *zero por cento*. Logo, não tem como a lei extrapolar o limite mínimo. Basta então decreto. E no limite máximo, poder-se-ia ao extrapolá-lo tornar a cobrança confiscatória, agredindo-se o princípio do não confisco. Portanto, o habitual é alterar as alíquotas dos impostos citados dentro dos limites e assim se fazer por decreto e não medida provisória.

Concluímos assim que MP não pode criar tributos, ressalvada a possibilidade do IEG. Bem como não pode majorar tributos ou impostos, ressalvada a possibilidade eventual de determinar uma nova alíquota além ou aquém dos limites fixados em lei. Em ambas as duas exceções, a incidência seria imediata, pois são exceção à anterioridade e há expressa previsão para tal medida no combalido §2º do art. 62.

Duas questões precisam ainda ser tratadas com maior profundidade para encerrarmos o tema. A primeira, no que tange ao já comentado entendimento do STF de que não lhe cabe julgar o pressuposto da *urgência*. O segundo, no que tange ao reflexo da EC 32/01 nas contribuições de seguridade social, no que tange especialmente à fluência do prazo nonagesimal próprio delas para a anterioridade, principalmente devido à vedação de reedições das medidas, agora expressamente determinada (§§3º, 7º e 10º do art. 62).

Primeiramente de se abordar a questão da análise do pressuposto da *urgência*. O STF firmou entendimento, esposado em inúmeros julgados[33], que compete ao próprio Presidente da República decidir sobre os pressupostos de *relevância e urgência*. Esta era a orientação dada desde a Carta de 1967, quando ainda vigorava o regime dos Decretos Leis. Ressalvava

[33] STF, RE 62.739, Rel. Min. Aliomr Baleeiro; ADIMC 1.573, Relator Min. Sepúlveda Pertence; ADIn. 1.647-PA, Rel. Min. Carlos Velloso.

entretanto, o próprio Supremo Tribunal, que se a falta dos pressupostos fosse latente, podendo ser constatadas objetivamente, poderia sim a Corte decretar a inconstitucionalidade da MP pela falta dos pressupostos. Esse entendimento foi esposado na ADIMC 1.753, quando através de MP se tentou prorrogar o prazo de decadência para o ajuizamento de ação rescisória em favor do poder público, criando ainda novo motivo para permitir a rescindibilidade. O relator, Min Sepúlveda Pertence, acompanhado pelos Ministros Marco Aurélio e Carlos Velloso. Ou seja, firmou-se o entendimento que originariamente cabe ao Executivo exercer o juízo de valor, podendo, entretanto, o STF, discordar e declarar inconstitucional a MP pela falta de relevância e urgência. Se assim o é, consagra-se então a possibilidade de o STF controlar esses pressupostos. E assim é que deveria fazer. Sempre. Não nos parece razoável admitir que faculte-se ao Presidente decidir quando há a relevância e a urgência. Para ele, sempre haverá. Basta que seja interessante. O governo FHC comprovou isso.

A origem do *instituto* das *medidas provisórias* é italiana. É e lá que nós importamos as MP. São elas, semelhantes, aos antigos *decretos leis*, com sensíveis diferenças. E na Itália, país mãe das MP's, é dado ao Tribunal Constitucional exercer o controle de constitucionalidade sobre os pressupostos da relevância e urgência. O próprio Min. Velloso faz essa citação no seu voto quando sustenta o cabimento de declarar inconstitucional a MP que tentou alastrar o prazo decadencial acima comentado. Ou seja, quando foi conveniente ao STF, ele o fez. Porque não faz sempre, como, aliás, *data venia*, deveria? Observe-se o dizer do Min. Carlos Velloso na citada ADIMC 1.753:

> *"Registro que no que toca aos requisitos de relevância e urgência, o Supremo Tribunal Federal admite, em princípio, seu exame: ADIn, 1.397, Velloso; ADIn,1.647-PA. O que precisa ficar acertado é que, porque esses requisitos – urgência e relevância – constituem questões políticas, os seus exames correm por conta do Poder Executivo e Legislativo, em princípio. Todavia, se a urgência ou a relevância evidenciar-se improcedente, o Tribunal deve dar pela ilegitimidade constitucional da medida provisória.*
>
> *A medida provisória do art.62 da Constituição de 88 inspirou-se no Decreto--Legge da Constituição Italiana, art.77 que também exige o requisito da urgência. O Governo, por sua responsabilidade, pode tomar providências provisórias com força de lei – provvedimenti provvisori com forza di legge (art.77 da Constituição da Itália). Paolo Biscaretti de Ruffia, dissertando a respeito do tema, ensina que, se se evidenciar a falta de urgência, terá o legislador praticado o que os administrativistas chamam de*

excesso de poder de legislar, no caso. Registra Biscaretti de Ruffia que o Tribunal Constitucional dará, em tal caso, pela ilegitimidade da medida provisória"

O último ponto por fim, conforme citado anteriormente, é o de enfrentar a questão da edição de **MP's EM MATÉRIA DE *SEGURIDADE SOCIAL*.** Instituindo ou majorando as referidas *Contribuições Parafiscais*. Aliás, relembre-se, este é o habitat natural das *medidas provisórias tributárias*.

Para enfrentarmos essa questão que foi *lide in case* no STF por diversas vezes, necessário é relembrar que havia uma regulamentação precária antes da EC 32/01 e há uma outra bem mais sólida após a EC 32/01; especialmente lembrando que antes da EC 32/01 as medidas provisórias poderiam ser reeditadas se não convertidas em lei num prazo de 30 dias e após a EC 32/01 ficou vedada a reedição de MP's. Logo, de se analisar se a MP foi editada antes da EC 32/01 ou depois, pois o tratamento é diferenciado.

Ainda em preliminar é necessário lembrar que as *Contribuições de Seguridade Social* são regidas por uma regra própria em relação ao princípio da anterioridade, de 90 dias, chamada de *anterioridade mitigada*, prevista no art.195,§6º da Carta Magna. Portanto, para se impor o pagamento de nova contribuição de seguridade social ou a majoração de uma já existente, só após 90 dias. Em regra, da publicação da lei que a instituiu ou majorou A questão a enfrentarmos é a de saber a partir de qual momento se conta a anterioridade nonagesimal quando vier por MP e não por lei; de da publicação da MP; se da conversão em lei; ou se, nos casos anteriores à EC 32/01 em que se admitia a reedição das MP's, a partir da primeira ou da última MP.

O valor maior a ser respeitado e que serve de bússola norteadora da discussão é o de que, independente de qual seja o tremo *a quo*, dever-se-á sempre se respeitar o mínimo de 90 dias determinado pela *anterioridade mitigada*, caso contrário seria inconstitucional a cobrança.

Antes da EC 32/01, várias foram as situações em que uma MP criou ou majorou contribuição de seguridade social. E em diversos desses casos, houve reedição da MP. O STF ao enfrentar as questões uniformizou o entendimento de que o prazo de 90 dias contava-se a partir da edição da primeira MP. Mesmo que houvesse reedição, o prazo nonagesimal já estava fluindo após a edição da primeira. Este foi por exemplo o entendimento expresso no RE 395.555 – ED /AL, em que o Ministro Sepúlveda Pertence apreciava a MP 1212/95 que versava sobre o PIS. Observe-se parte do voto do relator:

"(...) No tocante ao prazo nonagesimal, é firme a orientação deste Tribunal no sentido de que prazo relativo ao princípio da anterioridade mitigada do art. 195,§6º, CF, começa a correr da data em que editada a medida provisória que haja primeiramente instituído ou majorado a contribuição social, e não da data da reedição em que haja logrado ser convertida em lei (...)"

Nesta linha de raciocínio sedimentou-se de forma inconteste o entendimento da Corte, acompanhado pelos demais Ministros em outros casos concretos[34]. Observe-se ainda a ementa do RE. 359.044-8/AgR, que teve como relator o Min. Carlos Velloso:

*"**EMENTA**: CONSTITUCIONAL. TRIBUTÁRIO. CONTRIBUIÇÃO SOCIAL. MEDIDA PROVISÓRIA:REEDIÇÃO. PRAZO NONAGESIMAL.: TERMO INICIAL.*

I – Não perde eficácia a medida provisória, com força de lei, não apreciada pelo Congresso nacional ,mas reeditada, por meio de nova medida provisória ,dentro do seu prazo de validade de trinta dias.

II – Princípio da Anterioridade Nonagesimal: CF, art. 195,§6º: contagem do prazo de 90 dias, medida provisória convertida em lei: conta-se o prazo de 90 dias a partir da veiculação da primeira medida provisória"

Este foi o entendimento antes da EC 32/01. Entretanto, com a EC 32/01 vedou-se, como já citado, a reedição da MP, admitindo-se, entretanto, que se não for apreciada pelo Congresso em 60 dias possa ser prorrogada por mais 60 dias, *uma única vez*. Ou seja, hoje, o que se tem, é a possibilidade de uma MP viger por no máximo 120 dias. Deve ser apreciada em até 60 dias (para ser convertida em lei ou rejeitada; se não o for, poderá ser prorrogada uma única vez por mais 60 dias; se, nesses próximos 60 dias, for apreciada, converter-se-á em lei ou será rejeitada; se não for apreciada, esgotar-se-á o prazo máximo de 120 dias, não mais podendo ser prorrogada e considera-se como tacitamente rejeitada. Portanto, frise-se: considerando que a MP seja aprovada e convertida em lei, isso pode ocorrer nos primeiros 60 dias ou, sendo prorrogada, entre o 61º até o 120º dia.; passando o 120º dia, não mais pode ser validada. Qual a importância disso? A importância é

[34] STF. RE 234.305, Rel. Min. Moreira Alves; RE 232.896, Rel. Min. Carlos Veloso; RE 237.705, Rel. Min. Néri as Silveira; RE 359.044-AgR , Min. Rel. Carlos Velloso; RE 232.896/PA; RE 222.719/PB; RE 269.428- AgR; RE 231.630 – AgR; ADI 1.135/DF; ADI 1.417/DF.

crucial! Crucial por causa do prazo da noventena! Agora, como não há mais que se falar em reedição, o prazo contar-se-á sempre a pós a edição da MP; começando a fluir o prazo dos primeiros sessenta dias, flui imediatamente também o prazo da noventena. Já se passa a contar a anterioridade. E só após 90 dias é que se pode fazer a nova cobrança.

A questão a se observar é: podem ocorrer diferentes situações dentro deste prazo de 60 dias prorrogáveis por mais 60; pode ser que haja a conversão em lei antes dos 60 dias; pode ser que haja a rejeição; pode ser que haja a prorrogação da MP; nestes casos de prorrogação, pode ser que haja a conversão em lei, a rejeição, ou a não apreciação esgotados os novos 60 dias; e, durante esses novos sessenta dias de prorrogação, pode haver a rejeição ou a conversão antes de completados os 90 dias da anterioridade nonagesimal (que já está fluindo desde a edição da MP, contados desde o primeiro dia do primeiro prazo de 60 dias), bem como pode haver a conversão ou rejeição após vencidos os 90 dias da anterioridade. De se perceber que quando passarem os 90 dias da anterioridade, fica autorizada a cobrança. E poderemos ter neste caso a própria MP ainda não apreciada como já a lei na qual a MP se converteu. E ainda poderemos ter a indesejável situação de passarem os 90 dias da anterioridade, a MP tendo sido prorrogada após esgotados os primeiros 60 dias, e aí, autorizada a cobrança, a MP pode passar a produzir efeitos; entretanto, restarão ainda 30 dias para ela ser convertida em lei, rejeitada ou rejeitada tacitamente (se não apreciada no final dos 120 dias). Portanto, de se analisar com detalhes cada uma dessas situações, pois só assim poder-se-á concluir quando a MP pode produzir efeitos em matéria de contribuição de seguridade social e quais as conseqüência possíveis desse feito.

Acredita-se aqui que deve ser analisada cada situação. Por conta disso, seguiremos a linha de raciocínio brilhantemente traçada pelos Professores *Marcelo Alexandrino e Vicente Paulo*, na sua obra de análise do Direito Tributário na Constituição e no STF[35], que observam as diversas possibilidades de ocorrência, traçando então nossas premissas conclusivas. Analisem-se as hipóteses:

[35] ALEXANDRINO, Marcelo e PAULO, Vicente. Direito Tributário na Constituição e no STF: Teoria, Jurisprudência e 400 questões. 6ª edição. Rio de Janeiro. Impetus. 2003. p. 94.

1ª HIPÓTESE: A MP ser rejeitada ou convertida em lei dentro dos 60 dias

Nestes casos, pode-se dizer com tranquilidade que a MP, enquanto MP, jamais produzirá efeitos, posto que deve respeitar a anterioridade mitigada, o prazo mínimo de 90 dias. Logo, se ela foi rejeitada antes dos 60 dias, ainda não tinham os 90 dias que autorizam a cobrança transcorridos, ela foi banida do mundo jurídico sem produzir qualquer efeito. Mas, se ele foi convertida em lei dentro dos 60 dias, só produzirá efeitos após completados os 90 dias da anterioridade; neste caso, já não será mais MP e sim *lei*, pois já houve a conversão. Daí podermos afirmar que sempre que houver a apreciação da MP no seu prazo inicial de 60 dias, sem haver necessidade de prorrogação, ela jamais produzirá efeitos. Havendo a conversão em lei, a lei deverá aguardar o final do prazo de 90 dias que já está correndo e só então poderá passar a produzir efeitos, respeitando-se assim o art.195,§6º. Caso contrário, será inconstitucional.

Questão entretanto que deve ser analisada é a seguinte: e se na *conversão em lei*, houver uma brusca modificação da MP? O que o STF chama de *alteração substancial* da MP? Neste caso, a lei na qual a MP se converte não reflete mais o texto editado pelo Presidente. É, na verdade, um texto *substancialmente* modificado. Será então que poder-se-ia continuar a aproveitar o prazo de 90 dias da anterioridade que já estava correndo após a edição da MP??? Nos parece que não. Essa é também a posição dos ilustres Professores Marcelo Alexandrino e Vicente Paulo[36], e, felizmente, a tese acolhida no STF[37]. Se ao ocorrer a conversão em lei, a MP for substancialmente modificada, *reinicia-se do zero* a contagem do prazo. Tem o efeito de uma *interrupção*. Então, só após a conversão em lei é que se conta o prazo de 90 dias e só a partir destes, produzirá efeito a nova lei n qual foi convertida a MP.

Assim, chegamos às seguintes conclusões:

a) se a MP for rejeitada nos 60 dias, jamais produzirá qualquer efeito;

b) se a MP for convertida em lei dentro dos 60 dias, e não houver alteração substancial ao seu texto, deve-se esperar completarem-se os 90 dias que já estão fluindo desde a sua edição, e só após completos os 90 dias é que a *lei* na qual a MP se converteu estará autorizada a

[36] *Op.cit*, pp.93/94.

[37] RE 169.740; RE 197.790; RE 181.664

produzir efeitos; pode-se afirmar assim que enquanto MP, jamais produz efeitos se apreciada dentro dos primeiros 60 dias;

c) se aprovada e convertida em lei dentro dos 60 dias, mas sofrendo alteração substancial, após a conversão em lei é que se passa a contar o prazo de 90 dias. É como se na verdade, ali, estivesse havendo nova criação. O prazo nonagesimal que estava correndo é desprezado, e os efeitos só serão produzidos 90 dias após a conversão em lei.

d) CONCLUSÃO FINAL: qualquer que seja a situação, se a MP for apreciada dentro dos primeiros 60 dias, ela, enquanto MP, jamais produzirá efeitos, pois sempre, em qualquer caso, deve se respeitar o prazo de 90 dias. Só haverá produção de efeitos se houver conversão em lei, e aí já não será mais a MP e sim a lei. E se na conversão houver alteração substancial ao texto original da MP, a partir dali contam-se 90 dias; se não houver, aproveitam-se os dias já transcorridos e a lei espera chegar o 90º dia para esta ficar autorizada a produzir efeitos.

2ª HIPÓTESE: não apreciação nos primeiros 60 dias. prorrogação por mais sessenta dias (só pode ocorrer a prorrogação uma única vez).

a) **CONVERSÃO DA MP EM LEI: ANTES E DEPOIS DE COMPLETADOS 90 DIAS e DENTRO DOS 120;**

b) **REJEIÇÃO EXPRESSA DA MP: ANTES E DEPOIS DE COMPLETADOS OS 90 DIAS e DENTRO DOS 120;**

c) **REJEIÇÃO TÁCITA DA MP APÓS OS 120 DIAS.**

Primeiro de se enfrentar a situação descrita na letra 'a'. Caso em que a MP se converte em lei, após prorrogado o prazo por mais 60 dias, e nas duas situações: antes de transcorrida a noventena e depois.

a.1) conversão antes de transcorrido o prazo nonagesimal: se a MP se converte em lei antes de completados os 90 dias (ou seja, havendo a prorrogação, até o 30º dia), não há problemas; manteremos a regra acima descrita. Se não houve qualquer alteração substancial, a *lei* na qual ela se converte passa a produzir efeitos a partir do 30º dia de prorrogação (90º dia da contagem geral, englobando os primeiros 60 dias). Se ela se converte em *lei* com *alteração substancial* dentro dos 90 dias, também não tem problemas; contar-se-á após a conversão em lei o novo prazo de 90 dias e só após é que a nova lei produzirá efeitos. Neste caso, não há conflitos, pois a MP ainda não havia produzido qualquer efeito posto que não havia sido ultrapassado o prazo nonagesimal que lhe autoriza a eficácia.

a.2) conversão depois de transcorrido o prazo nonagesimal: aqui o problema pode surgir. Seria quando a MP for prorrogada por mais 60 dias; vencem-se os 90 dias (ou seja, passa o 30º dia da prorrogação) e a MP ainda não foi convertida em lei; a MP só se converte em lei nos 30 dias finais dos 60 dias do prazo de prorrogação. Qual o problema neste caso? O problema é que quando vencidos 90 dias da anterioridade, a MP já estava autorizada a produzir efeitos, e realmente passaria a produzir, a ser aplicável; a conversão em lei só viria depois; e se essa conversão se der com alteração substancial da MP? Se não houver alteração substancial, tudo bem, não há problemas. A MP já estava produzindo efeitos e a lei na qual ela se converte continua a produzir efeitos normalmente, dando normal continuidade a aplicação que já era feita enquanto MP, já que não houve alteração significativa e já havia se passado o prazo impeditivo de cobrança, da noventena. Mas e se houver alteração substancial? Dever-se-ia contar 90 dias para a *nova lei*?

Nos parece razoável que, nesse caso, havendo alteração substancial, reinicie-se o prazo após a conversão em lei e a lei só produzirá efeitos 90 dias após a sua publicação. Quanto aos efeitos produzidos pela MP nesse intervalo de tempo (entre vencido o prazo de anterioridade e a conversão em lei com alteração substancial), que será no máximo de 30 dias (entre o 30º dia da prorrogação / 90º da noventena e o último dia para haver a conversão, que é o 60º da prorrogação / 120º geral), deve o Congresso Nacional regulamentar tais situações. Devem ser respeitados os atos ali praticados, os tributos ora recolhidos, por diversos motivos: ato jurídico perfeito; presunção de constitucionalidade; proteção à segurança jurídica, etc. Caberia então ao Congresso, através de decreto legislativo, regulamentar os fatos ali ocorridos, conforme aliás determina a própria redação dada pela EC 32/01 ao art. 62. E se não houver regulamentação num prazo razoável (de sessenta dias, aplicando-se o §3º c/c §11º do 62, por analogia), considerar-se-ão pela MP regidos os fatos ali ocorridos. Mas para a *lei* que sofreu alteração considerável, substancial, deve se contar novo prazo de 90 dias. Afinal, se houve sensível modificação, há uma *nova surpresa* à coletividade; há um novo texto criado; assim, deve-se dar novamente ao contribuinte o prazo de anterioridade, contando-se então, após a conversão em lei, a noventena da anterioridade mitigada, preservando os fatos regidos pela MP, cabendo ao Congresso regulamentá-los.

Conclusão:

I. havendo conversão em lei até o 30º da prorrogação, a MP não produz qualquer efeito; só a *lei* na qual a MP se converteu; se não houver alteração substancial, após o 31º dia da prorrogação inicia-se a produção dos efeitos pela *lei* na qual se converteu a MP; havendo alteração substancial, reinicia-se do zero o prazo nonagesimal, e a lei na qual se converteu a MP (MP que não produziu qualquer efeito) só produz efeitos depois de 90 dias;

II. havendo conversão em lei após decorrido o 30º dia da prorrogação (e aí já passados os 90 dias da anterioridade), a MP produzirá efeitos até a conversão em lei, que dar-se-á em no máximo mais 30 dias (quando esgotar-se-ão os 60 dias da prorrogação); se na conversão em lei não houver alteração substancial, a lei continua a ser aplicada normalmente como já vinha sendo a MP; havendo, entretanto, alteração substancial, para que a *nova lei* passe a produzir efeitos, contar-se-á novamente prazo nonagesimal, e quanto aos efeitos produzidos pela MP após o 30º dia da prorrogação e até a conversão em lei, estes efeitos devem ser respeitados e regulados pelo Congresso por decreto legislativo num prazo máximo de mais 60 dias, sob pena de ficarem sendo plenamente regidos pelo que realmente dispunha a MP.

Analise-se agora a hipótese 'b'. Caso em que a MP seja rejeitada expressamente durante o prazo dos 60dias da prorrogação, antes e após vencido os 90 dias da anterioridade.

b.1) MP rejeitada expressamente antes da noventena: agora ficou mais fácil. Basta aplicar o raciocínio da hipótese 'a'. Neste caso, se a MP foi rejeitada expressamente antes da noventena da anterioridade, ou seja, até o 30º dia da prorrogação, ela não produz qualquer efeito. Quando falamos em *rejeição expressa* estamos a afirmar que o Congresso cumpriu seu papel de apreciar a MP e a rejeitou, como pode e deve fazer sempre que correto for.

b.2) MP rejeitada expressamente após passados os 90 dias da anterioridade: mais uma vez, aplicaremos o mesmo raciocínio anteriormente ensinado. Após 30º dia da prorrogação já estaria a MP autorizada a produzir efeito, pois respeitado e esgotado o prazo impeditivo de eficácia, da anterioridade mitigada. Neste caso, ocorrendo a rejeição expressa nos 30 dias finais do prazo da prorrogação, a MP cessará a produzir efeitos e todos os efeitos ocorridos durante esse curto espaço de tempo (no máximo 30 dias; entre o 31º e o 60º) deverão ser regulados pelo Congresso Nacional, em no máximo mais 60 dias, através de decreto legislativo; se não for feito, os efeitos ali produzidos são mantidos integralmente regidos pela própria MP. É uma situação um pouco incongruente, pois ela seria rejeitada logo a seguir, mas enquanto era aplicada, tinha a presunção de poder ser. Logo, por proteção à segurança jurídica é acertada a decisão de permitir que os fatos ali praticados, naquele intervalo de tempo entre sua aplicação e a rejeição, sejam por ela regulados; salvo se o Congresso quiser regular de modo diferente, e tem o prazo de 60 dias para fazê-lo através do decreto legislativo.

Vamos portanto, para a derradeira hipótese da letra 'c', caso de a MP ser prorrogada, não ser apreciada e ser portanto rejeitada tacitamente após esgotados os 60 dias da prorrogação (120 dias gerais).

c) MP rejeitada tacitamente pela não apreciação após os 120 dias: mais uma vez, todo o raciocínio já está delineado. Após o 30º dia da prorrogação (vencido então o prazo impeditivo de eficácia da noventena), MP passa a produzir efeitos. Com a rejeição tácita pela não apreciação nos 30dias finais, todos esses efeitos produzidos durante esses 30 dias (após o 31º e até o 60º da prorrogação) serão protegidos, podendo ser regulados pelo Congresso por via de decreto legislativo (a ser expedido em no máximo 60 dias após a rejeição) ou então pela própria MP o precluir o prazo sexagenário para o Congresso se manifestar. Após os 120 dias entretanto, não há mais que se cogitar em produção de qualquer efeito, pois a MP não se converteu em lei no prazo máximo para tal admitido pelo ordenamento jurídico.

Conclusões finais sobre medida provisória em matéria tributária:

a) Apesar da discussão doutrinária por esta impossibilidade, o STF tem admitido o uso das MP em matéria tributária, especialmente par regular as contribuições de seguridade social, seja instituindo ou majorando e desde que não se trate de contribuição residual embasada na competência residual do art.195,§4º, já que para o exercício da competência residual é necessário lei complementar e aí fica totalmente incompatível o uso das medidas provisória por força da norma vedatória do art.62,§1º, III;

b) As medidas provisórias não são *leis*, tendo apenas força de lei e podendo ser utilizadas apenas em situações excepcionais;

c) Para utilizar a medida provisória, deve a situação ser relevante, urgente e não reservada à lei complementar; só cabe em matérias de para as quais basta lei ordinária;

d) Quanto à vedação de matéria de LC, já se afasta qualquer possibilidade de usar MP em caso de Empréstimo Compulsório e para exercer a Competência Residual da União (criar novos impostos e novas contribuições de seguridade social não autorizadas pela Carta); para alguns, com os quais concordamos, também não caberia para criar o IGF, por depender este imposto de lei complementar e nem para a hipótese de regulação do art.155,§1º, III, referente à incidência do ITCMD sobre as transmissões *causa mortis* e as doações nas hipóteses ventiladas nas alienas do referido inciso III;

e) O **STF**, em política postura tem se omitido-se de evitado exercer o controle sobre a caracterização dos pressupostos da *relevância* e da *urgência*, entendendo caber ao próprio Poder Executivo e/ou Legislativo avaliar tal situação. Admite, entretanto, que se quiser e achar *conveniente*, pode avaliar a questão. Fala que se for *objetivamente flagrante* a falta de urgência e relevância, pode a Corte declarar a inconstitucionalidade da MP. É uma postura extremamente política em que o Tribunal se omite do seu dever. Mas é a postura adotada.

f) Quanto ao verdadeiro significado da *urgência*, entende-se aqui que o fato de o princípio da anterioridade impor um prazo impeditivo para a cobrança, que será de no mínimo 90 dias (podendo se de até um ano para certos tributo e em certos casos), é motivo suficiente para se afirmar que *objetivamente* não há urgência. Por isso, nosso entender é de que para os tributos que não são exceção à anterioridade, jamais caberia falar em *medida provisória*, pela falta do pressuposto constitucional da urgência, ainda que esse nosso ponto de vista não seja o que condiz com o modo como a matéria é tratada na prática.

g) Dos tributos que são exceção à anterioridade, existem os de incidência imediata (II, IE e IOF, IEG e Empréstimo Compulsório de Guerra e Calamidade), o que se submete a uma regra própria de 90 dias, uma *anterioridade mitigada* (contribuições de seguridade social) e aqueles que tinham incidência imediata, mas por conta da Reforma Tributária (EC 42/03) perderam essa incidência imediata, submetendo-se à nova *noventena*, geral para todos os tributos, criadas pela **alínea 'c' do art. 150, III** (IPI e CIDE dos Combustíveis).

h) Nestes casos de exceção à anterioridade, para majorar o IPI e a CIDE dos Combustíveis (só se pode falar para estes, em *majorar*, pois MP não pode criar o que já existe), bem como para criar ou majorar Contribuições de Seguridade Social, só se terá efeitos após de 90 dias, o que, a nosso ver, já é motivo *objetivamente latente* para entender que não há urgência em expedir MP, podendo-se usar a *lei* sem qualquer prejuízo.

i) Nos casos dos demais tributos que teriam incidência imediata, não caberia à MP cria-los (o II, IE, IOF e o próprio IPI, já existem; Empréstimos, só por lei complementar, que não pode), ressalvada a hipótese do IEG. O IEG é reservado à *lei ordinária*, e é matéria em que objetivamente se constata relevância e urgência.

j) A nosso entender, portanto, a única hipótese de uma MP criar tributo no Brasil seria em relação ao IEG. Mas isso dependeria sempre de evento futuro e incerto, e, diga-se, remoto e indesejável; logo, não é a regra. Para qualquer outro tributo, não é constitucional uma MP instituí-lo. E se nunca tiver a guerra externa, da qual Brasil participe e precise criar o IEG, jamais será constitucional usar MP para criar tributo. Ainda que, fazemos questão de repetir, o STF entenda em contrário.

k) Para *majorar* tributos, os únicos que seriam exceção à anterioridade, tendo incidência imediata essa majoração, seriam o II, IE, IPI e IOF. Mas nesses casos o art.153,§1º autoriza que se faça por Decreto ato do Poder Executivo. A Constituição dispensou a lei. Se não precisa de *lei*, devido à natureza desses impostos, à urgência da sua função extrafiscal, e o legislador autorizou o decreto executivo que é mais célere e menos burocrático que as medidas provisórias e não precisa se converter em lei, é além de ilógico, ir contra a própria inteligência do legislador maior entender que cabe a medida provisória para modificar tais alíquotas. Nestes casos, fazemos ainda a ressalva de que se fosse para alterar a alíquota além do limite legal, não caberia decreto. Nesta remotíssima situação, por ser matéria relevante e urgente, por ser relevada a lei ordinária e por ser exceção absoluta à anterioridade, entendemos que até caberia a medida provisória. Mas isso dificilmente ocorreria, pois normalmente a alíquota mínima é zero e ela pode vir por decreto, não precisa de lei; e a máxima, normalmente se burlada, pode conduzir ao efeito de confisco, sendo inconstitucional perante o art.150,IV da Carta. Logo, parece-nos que dificilmente seria constitucional uma MP majorando qualquer tributo.

l) Percebe-se portanto que salvo o caso de instituir o IEG ou majorar (além dos limites legais) o II, IE, IPI e IOF, não cabe medida provisória para criar ou majorar tributos. Qualquer que seja, será, deveria ser, seguindo-se o nosso ponto de vista, eivada de inconstitucionalidade.

m) A EC 32/01 criou o §2º no art.62, que afirma que MP pode instituir ou majorar *impostos*. Fala apenas em *impostos*. Não fala em tributos. A não ser *impostos*, não há qualquer autorização constitucional para usar MP para outra espécie tributária.

n) Quanto a essa questão, não nos parece ser devida a interpretação extensiva, posto que é situação de *exceção*. As normas de *exceção* devem ser interpretadas *estritamente*, Se o legislador prevê uma hipótese excepcional, não deve o intérprete acreditar que tem o direito de afirmar que o legislador disse mais que realmente disse. Neste caso, estaria o intérprete dando uma exceção que o legislador não quis dar. Se quisesse, teria dado. Medida Provisória é situação excepcional e não regra.

o) Em diversos momentos é flagrante o dever de interpretar estritamente a norma excepcional. É aliás razoável e lógico. Observe-se por exemplo o CTN no seu art.111,III, que afirma que *a dispensa de obrigação acessória deve ser interpretada estritamente*. Por que? Pois se uma norma dispensa obrigação acessória, esta é uma exceção que se está fazendo, pois em regra isso não ocorre. Logo, que não se diga que o legislador deu exceção maior do que realmente deu.

p) A Cata então só fala em impostos. Mas os impostos federais e estaduais já foram criados. Faltaria o IGF, que é depende de lei complementar e não é exceção à anterioridade. Novos impostos também só por lei complementar. Só sobrariam os impostos municipais e o IEG. Os três impostos municipais (IPTU, ITBI e ISS) não são exceção à anterioridade; objetivamente, afastada a *urgência*. E mais: para ainda assim se tentar admitir, teria que se admitir que cabe medida provisória em matéria municipal. E apenas para os municípios em que a Lei Orgânica expressamente previsse; e sempre observando-se a relevância e urgência (princípio da simetria); e ainda assim admitindo que aquele Município não criou ainda seus impostos; é uma situação remotíssima; mas, se ocorrer, esbarrará sempre na anterioridade; falta de urgência. Logo, é inconstitucional MP tributária municipal. Assim, em relação ao §2º do art.62, sobra apenas o IEG, como dito antes para salvar-lhe quanto à criação de impostos.

q) De se lembrar ainda que o CTN definiu tributo como prestação instituída em lei. A CR/88 afirma que tributo só se cria por lei. Não a referência às medidas provisórias. Estrita legalidade. E a CR/88 claramente distinguiu MP de lei ao afirmar que MP precisa se converter em lei; logo, porque não é lei.

r) Ainda que, superadas todas as controvérsias e se resolvesse aceitar a tese do STF, admitindo que a MP crie tributo, há um último e derradeiro argumento: a MP deve se converter em lei: logo, por respeito ao princípio da legalidade estrita e ao conceito de tributo previsto no CTN, quem realmente cria o tributo é a *lei* na qual a MP se converte e não a própria MP. Esta, serviria apenas para iniciar o processo legislativo de criação, devido à relevância e *urgência* (???) da matéria, criação esta que só ocorreria, enfim, com a conversão em lei. Aliás, a regra é que a anterioridade se conta após a conversão em lei (a regra; está no 62,§2º);logo, em regra não se pode cobrar antes de converter em lei. Portanto, quem cria ou majora o tributo não é a MP e sim a lei.

s) Essa última conclusão reflete uma teoria ficcionista. Seria uma *ficção do direito*, nas autorizadas palavras do eminente Prof. Hugo de Brito Machado[38], afirmando que a MP apenas inicia o processo legislativo.

[38] MACHADO, Hugo de Brito, *Curso... op.cit. p.77*

Pois *instituir ou majorar* tributo, o princípio da legalidade é claro: só em virtude de *lei*.

t) Essa *fictio iuris* pode ser utilizada em último caso, para aqueles que quiserem aceitar que a MP verse realmente em matéria tributária, quando seja de lei ordinária, por ignorarem o princípio da anterioridade como óbice à caracterização da *urgência*. Para estes, ainda assim, se opõe essa *ficção jurídica* e se pode continuar a afirmar que a MP não institui nem majora tributos. Nestes casos, até para nós, que sustentamos ser cabível nos remotos casos acima citados (instituição do IEG ou majoração de II, IE,IPI e IOF além ou aquém dos limites legais),poder-se-ia dizer que, mesmo nesses casos, não foi a MP e sim a lei na qual ela se converteu.

u) Quanto às contribuições de seguridade social, tem entendido o STF ser plenamente possível usar a MP. E a anterioridade conta-se após 90 dias da edição da MP, ou, se houver considerável alteração no momento da conversão em lei, após a publicação da lei. Vejam-se novamente as conclusões que foram feita especificamente sobre o tema, nas páginas anteriores.

1.9. Legalidade e Simples Atualização Monetária do Tributo

Questão que já não suporta qualquer controvérsia, desde muito, quando em 1966 a Lei 5.172 (CTN) expressamente pacificou o tema, é a de saber se o ente tributante, para atualizar monetariamente o tributo precisaria obedecer a reserva de lei. Ou seja, se o princípio da legalidade, além de afirmar que tributo só se cria ou se majora em virtude de lei, englobaria também a questão da *atualização monetária do valor exigível*.

Entendimento unânime que não precisa de lei. Aliás, a regra da *legalidade* é clara: quando se *instituir* ou *majorar* tributos é preciso *lei*. Entretanto, o simples fato de buscar dar ao valor exigível o seu correto e justo preço não significa majorar. A atualização monetária nada mais é do que a conversão do valor nominal do tributo para o seu valor real, o valor econômico justo. Simples raciocinar: o valor de R$ 100,00 a dez anos atrás não corresponde mais ao valor econômico dos mesmos R$ 100,00 hoje. Os valores e preços da vida cotidiana variam e se modificam, atualizam-se, submetem-se a diversos índices, à inflação, etc. Nada mais justo que todo credor atualize o valor de suas cobranças para acompanhar as modificações que ocorrem na vida real. Caso contrário, seria prejudicado pela defasagem do seu crédito. O que se faz com *x reais* hoje, não se faz amanhã. Ainda que *x* nominalmente continue a ser sempre *x*, economicamente ele perde o seu poder de compra, de mercado, de valorização, com o simples passar do tempo, especialmente em países como o Brasil aonde a economia é flutuante e instável. Portanto, todo credor deve atualizar seus créditos. Seria o que os civilistas chamam de *teoria da dívida de valor.* Nada mais justo que o *fisco* também atualize seus créditos. E poderá fazer por simples decreto executivo, não dependendo de lei, pois no caso, não estará majorando e sim atualizando o valor. E essa dispensa da lei está expressamente autorizada no **CTN, art. 97,§2º[39].**

O grande problema é que muitas vezes os entes, sabendo dessa prerrogativa de poderem atualizar o valor do tributo sem depender de lei, ou seja, por simples decreto, tentam fazer camufladas majorações alegando serem simples correções monetárias. Evidentemente que não se pode aceitar tal conduta. Para majorar, repita-se, só em virtude de *lei.*

A maneira encontrada pelos entes é, muitas vezes, utilizar um índice não autorizado ou previsto para aquele tributo, que é, lógico, mais vantajoso para o ente, pois incide com percentual mais elevado. Entretanto, a jurisprudência tem sido coesa em vedar tais condutas impondo que se atualize o valor pelo índice devido, pois se assim não o for, considerar-se-á *majoração,* e aí terá sido inconstitucional se feita mediante simples decreto do Poder Executivo.

Normalmente essas situações ocorriam em relação ao IPTU, em que as Prefeituras por mero decreto *"atualizavam monetariamente"* os valores da cobrança para o ano seguinte a cada fim de ano... claro, usando índices superiores ao permitido. Tal postura foi fortemente combatida e o STJ chegou a editar uma súmula para externar tal vedação, a **Súmula 160, STJ**, que diz:

> *" **STJ. Súmula 160.** É defeso, ao Município, atualizar o IPTU, mediante decreto, em percentual ao índice oficial de correção monetária"*

Este entendimento esposado pela S.112 do STJ é também integralmente acompanhado pelo STF. Observe-se passagem da ementa do RE 234.605-6

[39] CTN. Art. 97.Somente a lei pode estabelecer: (...) II- a majoração de tributos ou sua redução (...); §2º. Não constitui majoração de tributo, para os fins do disposto no inciso II deste artigo, a atualização do valor monetário da respectiva base de cálculo.

interposto pelo Município do Rio de Janeiro tentando que o STF permitisse a atualização monetária da base de cálculo do IPTU do município fluminense por índice não autorizado, pedido que claro não foi aceito, tendo sido não conhecido o recurso extraordinário, que teve como relator o Min. Ilmar Galvão:

> *"EMENTA. TRIBUTÁRIO.ESTADO DO RIO DE JANEIRO. IPTU. AUMENTO DA RESPECTIVA BASE DE CÁLCULO, MEDIANTE APLICAÇÃO DE ÍNDICES GENÉRICOS DE VALORIZAÇÃO, POR LOGRADOUROS, DITADOS POR ATO NORMATIVO EDITADO NO MESMO ANO DO LANÇAMENTO.*
>
> *(...) Somente por via de lei, no sentido formal, publicada no exercício financeiro anterior, é permitido aumentar tributo, como tal havendo de ser considerada a iniciativa de modificar a base de cálculo do IPTU por tabelas genéricas de valorização de imóveis, relativamente a cada logradouro, que torna o tributo mais oneroso(...)"*

Neste julgado o que ocorreu foi exatamente a tentativa camuflada de majoração alegando-se simples atualização da base de cálculo, quando na verdade o que ocorreu foi verdadeira majoração do IPTU, e aí, só em virtude de lei.

1.10. Legalidade e Base de Cálculo do Tributo

O CTN ao cuidar do *princípio da legalidade,* determinando no art.97 que algumas matérias tributárias só podem ser tratada em virtude de lei, no que a doutrina batizou de *reserva legal,* posto que são matérias reservada ao âmbito de *lei em sentido estrito,* especificou um comando para a base de cálculo dos tributos[40].

Quando determinou que somente em virtude de lei se pode majorar tributo, quis proteger o contribuinte que somente através de ato emanado do Poder Legislativo poderia surgir novo valor a lhe ser exigido. Somente por *lei,* que reflete a sua permissão, juridicamente manifestada. A *lei,* como já se viu aqui, é a certeza do respeito a auto consentimento popular, posto que aprovada pelos representantes do povo. Esse, aliás, vimos, é o signifi-

[40] CTN. Art. 97. Somente a lei pode estabelecer: (...) II. a majoração de tributos ou sua redução (...) §1º.equipara-se à majoração de tributos a modificação de sua base de cálculo que implique em torná-los mais onerosos.

cado ideológico da *legalidade tributária*. Portanto, havendo uma alteração do valor do tributo que o torne mais oneroso, e não sendo simples atualização monetária, somente pode se fazer em virtude de lei. O que o CTN fez foi apenas explicitar e deixar maior clareza e amplitude de tal regra, quando determinou que se o ente modificar a base de cálculo e tornar por conta dessa mudança o tributo mais oneroso, somente poderá fazer em virtude de lei. E está certo o legislador.

Na realidade, no mais das vezes as majorações são feitas por modificações de alíquotas, e realmente aí somente em virtude de lei (ressalvados os impostos extrafiscais que podem ser por via de decreto). Entretanto, se essa exigência de lei não alcançasse também a base de cálculo, poderia o ente burlar a norma, e por via de simples decreto alterar a base de cálculo tornando o valor da cobrança maior do que era antes. Estará verdadeiramente *majorando* o tributo, não pela alíquota, mais pela base de cálculo. E aí, obviamente só pode fazer em virtude de lei. Acredita-se aqui que não chegava a ser necessária tal explicitação, pois é decorrência lógica da própria legalidade. Mas, para não deixar dúvidas, o legislador foi claro e especificou, afastando qualquer possibilidade de interpretação em contrário. Determinou a que apenas a lei pode alterar as bases de cálculos quando tal alteração implique em tornar o tributo mais oneroso. Outros autores compartilham desta mesma opinião de que a norma é meramente explicitante[41], como por exemplo o Prof. Hugo de Brito Machado, que precisamente afirma:

> *"Trata-se de norma meramente explicitante (...) Se realmente somente a lei pode aumentar o tributo ,como está dito no inciso II do art. 97, é evidente que somente ela pode tornar o tributo mais oneroso, seja qual for o meio, inclusive, portanto, pela alteração de sua base de cálculo[42]"*

Um cuidado que sempre deve ser tomado é o de não confundir *atualizar a base de cálculo do tributo monetariamente* com *modificar a base de cálculo do tributo para torná-lo mais oneroso*. No primeiro caso, como viu-se anteriormente, tem-se apenas uma adaptação do valor à realidade econômica, o que não constitui majoração; logo, pode ser feita por decreto; não está

[41] MACHADO, Hugo de Brito. Comentários ao Código Tributário Nacional, Volume II. São Paulo. Editora Atlas. 2004. P.65.
[42] MACHADO, Hugo de Brito. Comentários... *op. Cit.* p.65.

englobada na *reserva legal*. No segundo caso, tem-se verdadeiramente uma majoração, feita com a alteração da base de cálculo, que passa a ser outra, fazendo assim o tributo ficar mais caro. Neste caso, obedece-se a *reserva legal* e somente por lei e jamais por ato do Poder executivo poder-se-á tomar tal medida. Observe-se ainda que, na atualização monetária do valor, não se modifica a base de cálculo. Ela permanece a mesma, apenas sendo atualizada. Já na outra situação, o que se tem é verdadeiramente a modificação da base de cálculo, ou de pelo menos um de seus elementos.

1.11. Legalidade e Modificação do Prazo para Recolhimento do Tributo

Questão interessantíssima que provocava e até hoje provoca dissídios na doutrina e nas convicções pessoais de alguns Ministros do STF, é a de saber se a *fixação do prazo para pagamento* pode ser feita sem ser em virtude de lei, não estando abrangida na reserva legal. Ainda que o STF tenha uniformizado o entendimento pelo cabimento de tal medida sem ser por via de lei, reconhecendo não está abrangida na esfera da reserva de lei tal prerrogativa e facultando à Administração impor tais prazos, essa questão é enfrentada pela doutrina e alguns Ministros até hoje não concordam com a decisão firmada por maioria na Corte[43]

A questão é problemática pelo seguinte motivo: entendendo-se que tal prerrogativa não se enquadra na reserva de lei, faculta-se à administração amplos poderes para discricionariamente determinar o *quando* da arrecadação, o que interfere essencialmente na relação tributária ainda que não para fixar o *quantum*, mas ao estabelecer o *quando pagar o quantum*, submete o particular ao seu mero arbítrio. Por isso, dentro de uma ótica mais justa e buscando uma visão protetiva ao contribuinte, a doutrina tenta manter forte a tese de que apenas a lei poderia fixar os prazos para recolhimento de tributos, ainda que esta tese já tenha sido derrotada a alguns anos no STF e não tenha aplicação na prática, já que o Tribunal Maior firmou o entendimento pela deslegalização de tal matéria.

Fortes são os argumentos nos dois sentidos. Em favor da *legalização* da matéria, surge corrente liderada por *Geraldo Ataliba e Arthur Lima*

[43] STF.O Ministro Celso de Mello nunca aceitou a liberdade ao Executivo para fixar prazo de recolhimento de tributos, enfrentando a tese majoritária por tal cabimento, capitaneada pelo Ministro Ilmar Galvão.

Gonçalves[44], fortalecida por *Hugo de Brito Machado* e com a qual concordamos. Ainda que, reconheçamos ser também forte e jurídico o argumento do STF, delineado pelo Ministro Ilmar Galvão e seguido pela maioria dos Ministros da *Casa Suprema* para aplicar a deslegalização da matéria.

O grande problema é que ao disciplinar qual a matéria que somente por lei pode ser tratada, o legislador do CTN, no art.97, não incluiu o *prazo para recolhimento de tributos*. Não. Falou em fixação de alíquota e base de cálculo, em definição do fato gerador da obrigação principal, em instituição e extinção de tributos, majoração ou diminuição, mas não falou em *fixação de prazo para pagamento*. Na CR/88, quando definiu o que cabe à *lei complementar* em relação aos tributos, determinou que deve ela estabelecer normas gerais para a legislação tributária, e no que tange aos impostos, especificar especialmente o seu perfil, identificando o *sujeito passivo, base de cálculo* e *fato gerador*. Não se falou em *e também o prazo para fixação do pagamento*. Logo, não há previsão legal ou constitucional para que tal função seja reservada à lei. Mais aprofundado: não há qualquer restrição a que por simples ato normativo do Executivo possa-se fixar tal prazo. E ainda há mais um forte argumento para sustentar a possibilidade de utilização de ato da administração e não de lei para fixar prazo de recolhimento de tributo: além de não haver previsão na CR/88 e no CTN, o próprio CTN, no seu art. 160, permite interpretar-se facilmente que o legislador autorizou que se fixe prazo de recolhimento sem ser em virtude de lei. Observe-se então o disposto no citado artigo para que se possa esposar este último argumento:

> *"Art. 160. Quando a* ***legislação*** *tributária não fixar o tempo do pagamento, o vencimento do crédito ocorre trinta dias depois da data que se considera o sujeito passivo notificado do lançamento"*

O que o artigo 160 faz é determinar um prazo de exceção, para os casos em que a *legislação* tributária não o determine. Logo, para que não fique a obrigação sem prazo de pagamento, se não previsto, será este o de 30 dias. Mas observe-se o detalhe importante: o CTN falou claramente que o prazo será de 30 dias sempre que a LEGISLAÇÃO tributária não fixar o prazo. Falou a LEGISLAÇÃO e não a *lei* tributária. Ou seja, interpretando-se o art.160, pode-se perceber que não apenas a *lei* pode fixar prazo para

[44] ATALIBA, Geraldo e GONÇALVES, Arthur Lima. Carga Tributária e Prazo de Recolhimento de Tributos, em *Revista de Direito Tributário*. Ed. RT. São Paulo. Nº45, p.24-31. 1988.

recolhimento de tributo, mas a própria *legislação*, conceito mais amplo, que engloba os decretos por exemplo. E é assim que é feito, seja no Imposto de Renda, no IPI e ICMS muitas vezes. Portanto, muito forte e jurídica a tese pelo cabimento de fixação de prazo para pagamento sem ser por lei. Por isso o STF adotou tal possibilidade, afastando o a fixação do prazo para recolhimento da reserva legal.

Entretanto, tenta a doutrina construir tese para enfrentar tal entendimento, hoje aplicado inabalavelmente. O caminho é tentar demonstrar que essa prerrogativa interfere na relação tributária, impondo ao particular um total estado de submissão e insegurança em relação ao fisco, não tendo a certeza de que seu auto consentimento foi dado para se estabelecer o *quando* pagar o *quanto*. Por isso, tenta-se afirmar que no *aspecto quantitativo do tributo* (o valor a ser pago; os elementos *alíquota* e *base de cálculo*) estaria abrangido implicitamente o *prazo para pagar*. Não poderia a lei definir qual é o *quantum* sem determinar o *quando* pagá-lo. Ficaria incompleta tal definição e geraria, inevitavelmente, insegurança jurídica. Portanto, quando o legislador disse que cabe *à lei* definir *alíquota e base de cálculo*, tacitamente estaria também dizendo *"e inclusive e logicamente também a data para pagar este quantum determinado pela relação da alíquota e da base de cálculo"*.

Perceba-se que é uma boa tese, posto que indiscutivelmente a data para o pagamento é fato determinante e influente na vida do contribuinte, e é, claro, decorrência lógica de uma inseparável relação entre aspecto quantitativo e aspecto temporal. Não seria, por esse ponto de vista, racional, permitir que apenas a lei fixe o valor, respeitando-se assim a legalidade tributária e por via final o direito do particular de dar o auto consentimento para aquela exigência, mas autorizar que o Executivo fixe o prazo para pagar. Seria, por via oblíqua, burlar a legalidade. Nos seduz essa tese, jurídica, de visão mais humana e justa, que propicia proteção aos contribuintes e maior segurança jurídica. Pena que não é adotada pelo STF. Observe-se, na defesa deste entendimento, as palavras de *Ataliba e Arthur Lima Gonçalves*[45]:

> *"O prazo de recolhimento do quantum objeto da obrigação tributária integra o aspecto ou critério quantitativo da respectiva hipótese de incidência, possuindo a virtude de alterar-lhe a capacidade de afetar mais ou menos gravosamente a esfera patrimonial do cidadão."*

[45] ATALIBA, Geraldo e GONÇALVES, Arthur Lima. *Op. Cit.* p. 24 –31.

Na mesma linha de abordagem, Hugo de Brito Machado[46]:

> *"Em face ao princípio da legalidade, o prazo para recolhimento do tributo é, a nosso ver, um desses elementos essenciais. O mandamento legal teria de ser:* ***pague tanto, até tal data.*** *É que a inexistência na lei, do prazo para o pagamento, deixa a autoridade administrativa livre para fixar esse prazo, podendo exigir o tributo imediatamente após a ocorrência do respectivo fato gerador".*

Portanto, boa é a sustentação da escola que posta-se pela segurança jurídica protetiva ao contribuinte. Ainda que reconheçamos ser correta a tese do STF, preferimos concordar com a tese de Machado e Ataliba, mesmo sabendo que não é aplicada. Por motivos de buscar uma equidade e não arbitrariedade nas relações tributárias, ainda mais em tempos atuais, em que caminhamos para a era dos *direitos fundamentais dos contribuintes.*

Por fim, de se registrar que para o STF firmar este entendimento, dois *lide in cases* foram determinantes. O primeiro a respeito do ICMS paulista, quando em 1995 o Supremo Tribunal nas palavras do Ministro Ilmar Galvão, relator no famoso RE 172.394, julgou, no Pleno, o cabimento da fixação do prazo de recolhimento do ICMS em regulamento e não em lei. Neste RE foram vencidos os Ministros Celso Melo e Marco Aurélio. Entretanto, esse entendimento foi reafirmado em outro RE, que também ficou conhecido e até hoje é sempre citado nas decisões atuais sobre o tema, que foi o RE 140.669, que teve como relator novamente o Ministro Ilmar Galvão. Neste caso, o imposto *in case* foi o IPI. A decisão no RE 140.669, reafirmando a posição adotada no RE 172.394 foi veiculada no *Informativo nº 134, STF.* Depois disso, não se teve mais divergência de decisão e a posição pelo entendimento de que a *fixação de prazo para pagamento de tributo* não depende de lei já foi repetida em outros julgados, seja na 1ª Turma[47] assim como na 2ª Turma[48]. Por fim, citem-se as palavras conclusivas *Marciano Seabra de Godoi*[49], profundo pesquisador de jurisprudência da Corte Suprema:

[46] MACHADO, Hugo de Brito. Comentários... *op.cit.* p.62.

[47] STF, 1ª Turma, RREE 193.349 e 253.395, ambos no ano de 2000.

[48] STF, 2ª Turma, RE – AgR 193.531, Relator Min. Nelson Jobim

[49] GODOI, Marciano Seabra de. Sistema Tributário Nacional na Jurisprudência do STF. Editora Dialética. 2002. SãoPaulo. P.250.

"O Supremo Tribunal Federal firmou posição majoritária no sentido de que o prazo de vencimento da obrigação tributária ou da data de recolhimento do tributo não se compreendem no campo exclusivamente reservado à lei ordinária – art.150,I da CR/88 e 97 do CTN".

1.12. A Reserva de Lei no CTN. Estrita Legalidade. Reserva de Lei Complementar na Constituição

Já se falou muito na chamada *reserva de lei*. Deve-se então neste momento definir qual é exatamente essa matéria reservada à *lei*, conforme determinou o legislador ao redigir o **art.97 do CTN**.

Algumas dessas matérias já foram aqui comentadas, já tendo sido esclarecido, por exemplo que, a instituição ou extinção de tributos, a majoração ou diminuição, a simples atualização monetária da base de cálculo que torne o tributo mais oneroso, são matérias que competem exclusivamente à *lei*. São reservadas à *lei*, não podendo ser, jamais, alvo de decreto, resolução, portaria, etc.

O fundamento é claro e preciso: dar ao particular, contribuinte, a certeza que essas mais importantes matérias, para serem disciplinadas, passarão pelo seu crivo, pela sua autorização, pois esse é o significado jurídico ideológico da palavra lei.

Essa reserva de lei foi feita no CTN, no art. 97, e direciona-se para a *lei ordinária*. Não há qualquer determinação ou especificação que sejam matérias de lei complementar. O legislador somente falou em *lei*. Logo, seguindo a regra geral de hermenêutica legislativa, é lei ordinária. Há entretanto, na Constituição, uma *reserva de lei complementar*, feita no art. 146 e 146-A da Carta Magna. Lá, o constituinte determinou o que seria objeto de *lei complementar* e dela exclusivamente. Portanto, tem-se no sistema vigente uma série de matérias reservadas exclusivamente à *lei*, seja *lei ordinária (CTN,97)* ou *lei complementar (CR/88,146 e 146-A)*.

Observe-se então o disposto no art.97 do CTN, qualificando a reserva de lei ordinária:

"Art.97. Somente a lei pode estabelecer:

I – a instituição de tributos ou sua extinção;

II – a majoração de tributos ou sua redução, ressalvado o disposto nos arts. 21, 26, 39, 57 e 65;

III – a definição do fato gerador da obrigação principal, ressalvado o disposto no inciso I do §3º do art.52,e do seu sujeito passivo;

IV- a fixação de alíquota do tributo e sua base de cálculo, ressalvado o disposto nos arts. 21, 26, 39, 57 e 65;

V – a cominação de penalidades para as ações ou omissões contrárias a seus dispositivos, ou para outras infrações nela definidas;

VI – As hipóteses de exclusão, suspensão e extinção do crédito tributário, ou de dispensa ou redução de penalidades.

§1º Equipara-se à majoração do tributo a modificação de sua base de cálculo que importe em torná-lo mais oneroso;

§2º Não constitui majoração de tributo, para os fins do disposto no inciso II deste artigo, a atualização do valor monetário da base de cálculo."

Portanto, além das situações já antes analisadas, algumas novidades aqui aparecem. Quis o legislador determinar que apenas a lei possa disciplinar a estrutura básica das relações obrigacionais tributárias, quaisquer que sejam. Tomou o devido zelo de dizer que apenas a lei pode definir o *fato gerador da obrigação principal*, pois, como sabido, é a partir da sua ocorrência que tem nascimento a obrigação tributária. Perceba-se que, foi cuidadoso e meticuloso o legislador. Determinou que só haverá obrigação tributária, só instaurar-se-á relação jurídica obrigacional entre o Estado Fiscal e o particular devedor (contribuinte ou responsável), se ocorrer uma hipótese que será previamente definida em lei. O fato que, ocorrendo, permite nascer a obrigação tributária, que a *gera*, o *fato gerador*, deve ser definido em lei. É a *lei* e apenas a *lei* quem elege quais as hipóteses que, se ocorrendo, fazem nascer alguma obrigação de pagar tributo, alguma obrigação envolvendo contribuinte (ou o responsável) e fisco. Portanto, zeloso foi o legislador ao, no inciso III do citado art.97, estabelecer que cabe à reserva legal o delineamento da *hipótese de incidência tributária*, que, se ocorrida no mundo real, no plano concreto, deixará de ser hipótese e será fato, deixará de ser uma situação abstrata e hipotética e passará a ser uma situação concreta e real, um *fato*, fato que gerará a obrigação de pagar o tributo. E, esse *fato*, para gerar essa conseqüência de impor o dever compulsório de pagar o tributo, tem que ter sido anteriormente definido em *lei*. Nos autorizados dizeres dos grandes especialistas da matéria, *Geraldo Ataliba*[50] *e Dino Jarach*[51], a *lei*

[50] ATALIBA, Geraldo. Hipótese de Incidência Tributária. Editora Malheiros. São Paulo.6ª edição,5ª tiragem.

[51] JARACH, Dino. O Fato Imponível. Teoria Geral do Direito Tributário Substantivo. 2ª edição revista da tradução de Dejalma Campos. São Paulo. Editora RT. 2004.

define o *fato gerador em abstrato* (hipótese de incidência), que quando ocorrer em concreto (fato gerador) ensejará o nascimento da principal obrigação do sujeito passivo, a de pagar o tributo.

Porém, meticuloso que foi o legislador ao optar por submeter ao crivo da *reserva legal* a disciplina básica da relação obrigacional tributária, não se conteve em determinar que só a lei crie o tributo, que só a lei defina os elementos quantitativos (alíquota e base de cálculo), e que só a lei determine qual a hipótese de esse tributo incidir. Foi além o legislador. Procurou observar que se, eventualmente, o sujeito passivo dessa obrigação cometer atos infracionais e contrários aos preceitos de ordem pública, sejam eles comissivos ou omissivos, desrespeitando assim o Estado Fiscal e a própria lei, seja porque descumpriu a sua principal obrigação, a de pagar, ou por descumprir qualquer outra obrigação anexa à obrigação de pagar, obrigações por exemplo procedimentais, que servem como *acessórias* à obrigação principal de pagar, que esse particular seja *penalizado* por tal infração. E, para tal, para determinar quais serão essas penalidades, entendeu o legislador que deve a *lei* ser o veículo normativo correto. E foi mais uma vez correto. Quis afastar do administrador, do Chefe do executivo, a possibilidade de por ato próprio impor penalidades aos contribuintes. Seria dotar o *Príncipe* de poder demasiado, permitindo-lhe por vontade e critérios próprios impor penalidades aos cidadãos. Isso contrariaria a essência do princípio da legalidade, tanto tributária como penal, que dizem que só a lei pode impor ao cidadão o dever de abrir mão de parte de suas riquezas (legalidade tributária; só a lei pode criar tributo, que impões o dever de pagamento, ou seja, desapropria o patrimônio do particular) e só a lei pode impor restrições aos direitos e privações às liberdades (legalidade penal; define o que é crime e o que é infração; prevê o preceito, o fato típico, e determina a sanção, a penalidade, que pode ser privativa de liberdade, restritiva de direito ou pecuniária). Logo, percebe-se o cuidado do legislador em harmonizar-se com os valores constitucionais das relações entre Estado e cidadão. Percebeu ele que se o particular cometer uma infração, sofrerá uma penalidade. Essa penalidade pode ser uma penalidade meramente pecuniária (quando a conduta representa um ilícito administrativo) ou pode até ser, a depender da gravidade do ato praticado, uma penalidade mais grave (se o ato é entendido como crime tributário) que pode impor uma privação de liberdade ou restrição de direitos. Logo, entendeu rapidamente o contribuinte que apenas a *lei* pode estabelecer penalidades. Por isso determinou ficar inclusa na reserva de lei cominação de penalidades. Entendemos que essa norma é explicitante, posto que da própria base da Constituição emana esse valor. Apenas a lei pode impor a alguém o dever de abrir mão de seu patrimônio; apenas a lei pode privar liberdade ou restringir direitos. Isso é democracia. Esse poder, para prevê tais gravosas conseqüências, só pode ser exercido se o povo expressamente autorizar. Isso é regime democrático. Afinal, todo e qualquer poder, emana do povo. E o povo então autoriza que se imponha penalidade. E essa autorização se dá através de lei, pois a lei, como exaustivamente se falou aqui, reflete o auto consentimento popular, indiretamente manifestado através dos seus representantes diretamente escolhidos. Portanto, acertou o legislador ao repetir o que já emana do seio matriz do regime democrático, que apenas a lei pode prevê penalidades.

Poderia então parar por aí o legislador. Já havia disciplinado a criação do tributo, a determinação dos elementos quantitativos, a previsão da hipótese de incidência do tributo, a fixação de eventuais penalidades, determinando que apenas a lei pode fazer. Mas, foi além. Para aperfeiçoar sua vontade, cuidou ainda de dizer que, será também a lei, e apenas a lei, que regulará como que o crédito tributário, que se constitui a partir do nascimento da obrigação e torna-se exigível pelo procedimento administrativo de lançamento[52], poderá perder sua exigibilidade. OU seja, o legislador após determinar que apenas a lei discipline todos os importantes passos de estruturação da relação obrigacional tributária, cuidou ainda de determinar que só a lei regule as formas de essa obrigação, após tornar-se exigí-

[52] A doutrina majoritária afirma que o crédito nasce a partir do lançamento. Segue literalidade do art.142 do CTN que afirma que o lançamento é constitutivo do crédito. Não concordamos. Seguimos a lição de Ricardo Lobo Torres, que afirma que o lançamento não cria o crédito mas sim sua exigibilidade. Respeitamos a corrente majoritária que afirma que o lançamento faz nascer o crédito, mas, entendemos que crédito e obrigação nascem juntos, um não existe sem o outro. O lançamento é o procedimento administrativo que tem a finalidade de tornar esse crédito exigível, mas ele já existia. Vide, a *decadência,* que extingue o crédito, sem ele sequer ter sido lançado. Não se pode extinguir o que não existe. Se a decadência extingue o crédito, é porque ele já existe. E na decadência não opera-se o lançamento. Logo, na decadência o crédito já existe, é extinto e não houve lançamento. O crédito existia e não tinha lançamento. Portanto, não é o lançamento que cria o crédito; o crédito nasce junto com a obrigação. Não há relação jurídica sem sujeito ativo e passivo. Senão, não é relação. Não pode haver débito sem crédito. O que o lançamento faz é apenas, repita-se, tornar esse crédito exigível e não constitui-lo.

vel pelo lançamento, transmudando-se no crédito tributário, deixe de ser exigível. Apenas a lei ode determinar as formas de perda de exigibilidade do crédito. Total ou parcial. Parcial ou definitiva. Os artigos 151, 156 e 175 disciplinam as possibilidades de o crédito deixar de ser exigível. No 151, lista seis situações em que essa exigibilidade é apenas afastada temporariamente, ou seja, fica *suspensa*. Mas nos artigos 156 e 175, lista situações que impõem ao crédito uma perda de exigibilidade definitiva, seja por *excluir previamente* ou por *extinguir* essa exigibilidade já consubstanciada. Nestes casos, do 156 e 175, previu 11 situações no primeiro e 2 situações (isenção e anistia) no segundo, em que ter-se-á a extinção (nos primeiros 11 casos) e a exclusão (nos dois últimos) do crédito. Portanto, cuidou o legislador de incluir na reserva legal a disciplina de todas as formas de perda de exigibilidade do crédito, seja temporariamente (suspensão) ou em definitivo (extinção e exclusão).

Fica assim definida a chamada *reserva legal*, ou seja, o conjunto de matéria que compete apenas à lei regulamentar, previstas no CTN, art.97. Relembrando sempre que, no Sistema Tributário Nacional, elencado entre os arts. 145 a 162 da Constituição, o constituinte designou algumas matérias ao cunho da *lei complementar*, por serem matérias especiais e de relevante interesse. Por conta disso, fala-se em *reserva constitucional de lei complementar*. Essa reserva constitucional de lei complementar ganhou especial relevo com a nova redação dada ao artigo 146 pela EC 42/03 (Reforma Tributária), que praticamente dobrou o tamanho do dispositivo legal, além de criar o art.146-A. Observe-se então a nova redação dos artigos citados constatando-se assim a reserva constitucional de lei complementar:

"Art. 146. Cabe à lei complementar:

I – dispor sobre conflitos de competência, em matéria tributária, entre a União, os Estados, o Distrito Federal e os Municípios;

II – regular as limitações constitucionais ao poder de tributar;

III – estabelecer normas gerais em matéria de legislação tributária, especialmente sobre:

a) definição de tributos e de suas espécies, bem como, em relação aos impostos discriminados nesta Constituição, a dos respectivos fatos geradores, bases de cálculo e contribuintes;

b) obrigação, lançamento, crédito, prescrição e decadência tributários;

c) adequado tratamento tributário ao ato cooperativo praticado pelas sociedades cooperativas.

d) definição de tratamento diferenciado e favorecido para as microempresas e para as empresas de pequeno porte, inclusive regimes especiais ou simplificados no caso do imposto previsto no art. 155, II, das contribuições previstas no art. 195, I e §§ 12 e 13, e da contribuição a que se refere o art. 239.

Parágrafo único. A lei complementar de que trata o inciso III, d, também poderá instituir um regime único de arrecadação dos impostos e contribuições da União, dos Estados, do Distrito Federal e dos Municípios, observado que:

I – será opcional para o contribuinte;

II – poderão ser estabelecidas condições de enquadramento diferenciadas por Estado;

III – o recolhimento será unificado e centralizado e a distribuição da parcela de recursos pertencentes aos respectivos entes federados será imediata, vedada qualquer retenção ou condicionamento;

IV – a arrecadação, a fiscalização e a cobrança poderão ser compartilhadas pelos entes federados, adotado cadastro nacional único de contribuintes.

Art. 146-A. Lei complementar poderá estabelecer critérios especiais de tributação, com o objetivo de prevenir desequilíbrios da concorrência, sem prejuízo da competência de a União, por lei, estabelecer normas de igual objetivo.

1.13. Legalidade e o Princípio da Tipicidade Tributária

Importante agora, para tecer um último comentário sobre a legalidade tributária, seria definir o conceito do que a doutrina chama de *Princípio da Tipicidade Tributária*, bem como as noções de *Tipicidade Fechada e Tipicidade Aberta*. O princípio da Tipicidade, como perceber-se-á a seguir, é uma decorrência lógica do Princípio da Legalidade, estando direta e intimamente vinculado a ele.

Pela regra da *legalidade tributária*, a *lei* em sentido formal deve criar o tributo. Mas, ao criar o tributo, esta lei deve se preocupar em estabelecer alguns elementos que compõem a estrutura do tributo. Deve, esta lei, definir quais são os *aspectos do tributo.* Deve por exemplo, definir qual é a matéria tributável; qual a situação que será, se ocorrer, objeto da tributação; ou seja, deve definir o *aspecto material* do tributo. Mas deve também definir qual o valor que será exigível, ou seja, determinar qual a base de cálculo e qual a alíquota, para que possa o contribuinte saber o *quantum* lhe será exigido; ou seja, deve a lei definir o *aspecto quantitativo do tributo*; dentro desse aspecto quantitativo, deve prevê inclusive as eventuais penalidades pecuniárias aplicáveis. Deve ainda essa lei instituidora do tributo determinar quem será o sujeito passivo, quem será o devedor, ou seja, definir o *aspecto pessoal* do tributo. Deve ainda determinar aonde se deve pagar, deve disciplinar a relação do tributo no *espaço*; ou seja, definir o *aspecto espacial* do tributo; estará, em regra, ligado à própria idéia de competência tributária. E deve por fim, delinear também os efeitos do tributo no *tempo*, ou seja, determinar com qual intensidade ele incidirá, se instantaneamente, continuamente, periodicamente, etc, prevendo ainda quando deverá este tributo ser pago; deve, portanto, definir o *aspecto temporal* do tributo.

Percebe-se portanto que ao se analisar o *Princípio da Legalidade*, não se pode ater ao simples significado de acreditar que basta a lei instituir o tributo. Não. Ela deve definir todos os aspectos desse tributo para permitir que se viabilize a relação obrigacional. É preciso definir o perfil do tributo, definir qual o fato que permite a sua exigência, definir o quanto será exigível, de quem será exigível, sinalizar para o quando e quanta vezes pagar, bem como em que local e quem pagar. Deve, portanto, a norma *tipificar* o perfil do tributo, identificando todos os seus *aspectos*, sejam os *subjetivos ou objetivos*. Só assim dar-se-á ao mundo jurídico a possibilidade de saber que tributo é esse, sobre o que, sobre quem, com quanto e de que maneira ele incide. Essa obrigação que a lei instituidora tem de definir o perfil, o *tipo* do tributo, é o que se chama de *princípio da tipicidade tributária*. Decorre, claro, da própria *legalidade tributária*. Se a *lei* não criar o tributo, não há que se falar na *tipicidade* deste, pois não pode se *tipificar* o que não existe. E, ao reverso, não adianta criar o tributo sem definir seus aspectos típicos. Não faria qualquer sentido. Criar o tributo e não definir sobre o que, a quem, com quanto, cobrado por quem e de que maneira. Logo, não há que se falar em *legalidade* (criar o tributo) sem falar em *tipicidade* (definir os aspectos deste tributo criado), bem como não há que se falar em *tipicidade* sem falar em *legalidade*.

Na realidade, para que no plano concreto possa ocorrer realmente a tributação, é necessário que a lei instituidora determine todas as condições, todos os aspectos para isso. É preciso antes ser descrito (na lei) o que depois ocorrerá (na prática). É preciso ter uma descrição no *antecedente* (lei) para que se tenha a possibilidade de aplicação no *conseqüente* (relação material). Neste sentido, observe-se a lição de *Paulo de Barros Carvalho*[53]:

[53] CARVALHO, Paulo de Barros. Curso de Direito Tributário. 14ª edição. São Paulo. Saraiva. 2002. P.154/155.

"O veículo introdutor da regra tributária no ordenamento há de ser sempre a lei (sentido lato),porém o princípio da estrita legalidade diz mais do que isso, estabelecendo a necessidade de que a lei adventícia traga no seu bojo os elementos descritores do fato jurídico e os dados da relação obrigacional. Esse plus caracteriza a ***tipicidade tributária...****"*

Nesta mesma linha de raciocínio, são oportunas as palavras do eminente Professor *José Arthur Lima Gonçalves*[54]:

"... o princípio da tipicidade da tributação exige a fixação, no plano legislativo, de todos os critérios da regra matriz de incidência tributária. (...) exige-se a descrição exaustiva do antecedente (critérios material, espacial e temporal) e do conseqüente (critérios pessoal e quantitativo) da regra matriz de incidência tributária (...) a tipicidade no Direito tributário brasileiro é taxativa e alcança, repita-se, não só a descrição do fato--tipo, mas também a descrição do efeito."

A doutrina destaca ainda a importância previsão clara e expressa na norma dos aspectos típicos do tributo. Entretanto, alguns autores tem afastado a necessidade de se prevê expressamente todos os aspectos da tipicidade tributária, com fundamentos juridicamente sustentáveis para tal sustentação. Neste sentido, o inteligente ensinamento de *Leandro Paulsem*[55]:

"Nem todos os aspectos da hipótese de incidência demandam definição expressa. Os aspectos material, pessoal passivo e quantitativo têm de contar expressamente da lei tributária impositivo. Sem eles, não se tem como saber qual o fato ou situação que gera a obrigação tributária, quem deve pagar o tributo e quando deve ser pago. Os demais, aspectos, normalmente, podem ser presumidos. Assim é com o aspecto temporal nos fatos geradores instantâneos, o aspecto espacial que se confunde com o território do ente político e o aspecto pessoal no que diz respeito ao sujeito ativo, que na ausência de disposição em contrário, é o próprio ente político do qual a lei constitui manifestação."

Por fim, ainda a discussão sobre a chamada *tipicidade fechada* e *tipicidade aberta*. Parte da doutrina não admite que possa a *tipicidade do tributo* ser descrita de forma não coesa e taxativa, *fechada*, clara e precisa. Não aceitam que a ei defina genericamente o tipo, especialmente no que diz respeito

[54] GONÇALVES, J.A. Lima. Isonomia na Norma Tributária. Ed. Malheiros. São Paulo. 1993. P.36.

[55] PAULSEM, Leandro. Direito Tributário. Constituição e Código Tributário Nacional à luz da Doutrina e da Jurisprudência. Editora Livraria do Advogado. Porto Alegre. 5ª edição. P. 165.

ao aspecto material (fato gerador em abstrato), de forma que se possa tentar dar uma interpretação extensiva e diferenciada, adaptando o *fato* descrito *abertamente* na norma ao caso concreto. Para estes, tal prerrogativa dada ao administrador, ao intérprete, ao magistrado, seria uma forma de burlar a própria lei e geraria insegurança jurídica. A tipicidade tributária deveria ser descrita de forma precisa, taxativa e sem permitir dúvidas ou interpretações ampliativas. Daí o nome *tipicidade fechada*. É, sem dúvidas, uma posição positivista. Foi a que predominou largamente na doutrina durante muito tempo, liderada esta sustentação pelo renomado *Alberto Xavier*[56]. Entretanto, tal postura não é mais encarada como verdade absoluta, pelo contrário. Nas leituras dos compêndios jurídicos é fácil constatar que cresce a adesão dos doutrinadores, especialmente os mais modernos, à tese de se admitir uma *tipicidade aberta*, permitindo-se buscar uma flexibilidade do tipo legal, adaptando-o especialmente aos valores essenciais da capacidade contributiva e da isonomia, buscando assim uma relação tributária mais justa e equânime. O direito tributário moderno caminha, ainda que a demorados passos, para romper o ranço do positivismo exacerbado que ainda se flagra latente no nosso meio. E dentro dessas modernas concepções, exigidas pela sociedade, a tendência é admitir a *tipicidade aberta*. Nesse sentido, cresce cada vez mais o número de adeptos à doutrina capitaneada pelo admirável filósofo jurista *Ricardo Lobo Torres*[57].Registrem-se as inteligentes palavras de *sua excelência:*

> *"Os tipos jurídicos, inclusive no Direito Tributário (ex. empresa, empresário, indústria) são necessariamente elásticos e abertos, ao contrário do que defendem alguns positivistas".*

Nesta mesma linha de entendimento, as palavras de José Marcos Domingues de Oliveira[58] ensina que:

> *"a tipicidade aberta, através de conceitos indeterminados, é o caminho capaz de iluminar materialmente a conciliação ético-jurídica da liberdade humana com o dever*

[56] XAVIER, Alberto. Os princípios da legalidade e da tipicidade da tributação. São Paulo: Editora RT, 1978. p. 70.

[57] TORRES, Ricardo Lobo, *op. Cit., p.108.*

[58] OLIVEIRA, José Marcos Domingues de. "Legalidade tributária. O princípio da proporcionalidade e a tipicidade aberta" *in* "Estudos de Direito Tributário em homenagem à memória de Gilberto de Ulhôa Canto" (Cood) Maria Augusta Machado de Carvalho. Rio de Janeiro. Forense. 1998. p. 215.

social de prestar o tributo justo, justo porque conexo à capacidade contributiva dos cidadãos, sempre sob a reserva do controle de proporcionalidade das leis e dos atos administrativos de lançamento"

Apesar de concordar-se aqui com a necessidade de dar ao tipo tributária um caráter elástico como quer Lobo Torres, deve-se relembrar-se sempre que muitas são as manifestações no sentido de que a tipicidade deve ser sempre fechada, externadas por alguns dos maiores tributaristas da comunidade jurídica. Tome-se como exemplo a lição do grande Luiz Emygdio F. da Rosa Júnior[59]:

> *"O princípio da tipicidade enuncia que não basta simplesmente exigir-se lei formal e material para criação do tributo, pois é necessário que a lei que crie um tributo "defina tipo fechado, cerrado, todos os elementos da obrigação tributária, de modo a não deixar espaço algum que possa ser preenchido pela Administração em razão da prestação tributária corresponder a uma atividade administrativa plenamente vinculada (CTN, art. 3º)."*

O citado Professor Luiz Emygdio é mais um dos autores que seguem a escola liderada por *Alberto Xavier*, sustentado a *tipicidade fechada*. Observe-se as palavras do escritor Luso:

> *"a tipologia taxativa, como a tributária, opera, no seu âmbito, como uma plenitude lógica da ordem a que se refere, tornando-a, ao mesmo passo, completamente livre de lacunas"*[60].

2. Princípio da Anterioridade. Conceito, e Natureza Jurídica: a Segurança Jurídica. Valor Essencial: a Não Surpresa

O ordenamento jurídico oferece mais um princípio limitador ao poder de tributar estatal, que visa proteger a segurança jurídica e amparar a coletividade cidadã contra eventuais abusos estatais no exercício da sua potestade tributária. Corolário do *Princípio da Segurança Jurídica* e decorrente do próprio exercício da *legalidade tributária*, surge o *Princípio da Anterioridade*, para fortalecer e complementar o da *legalidade* e abraçar-se a ele na missão de garantir a *segurança jurídica*.. Posteriormente, em um terceiro momento,

[59] Rosa Júnior, Luiz Emydgio da, *op. cit*, p. 284.
[60] Xavier, Alberto, *op.cit.p.70.*

comentar-se-á sobre o terceiro *princípio* que e junta à legalidade e anterioridade para fechar o grupo dos chamados *princípio de segurança jurídica*, que é o *Princípio da Irretroatividade*.

O *princípio da anterioridade* está expressamente previsto na Constituição, no **art.150,III,'b' e 'c'**, que subordinam os efeitos dacriação de novo tributo ou da majoração de um já existente ao exercício financeiro seguinte ao da publicação da lei (alínea 'b'), bem como garantindo-se ainda um lapso temporal mínimo de 90 dias[61] (alínea 'c').

O *princípio da anterioridade* destina-se a proteger o contribuinte diante de uma eventual exigência imediata de se pagar um novo valor tributário que não era até então previsto. Procura garantir a todo cidadão que tenha um prazo mínimo de se preparar para pagar novas dívidas até então não existentes. Fundamenta-se na idéia de que não pode o Estado criar um novo valor a ser exigido (seja por instituir um tributo novo, ou por aumentar o valor de um que já existe) e impor essa exigência imediatamente, pegando o particular de surpresa e sem estar programado. Se pudesse ser assim, ninguém teria paz e tranqüilidade, pois ficaria sempre na incerteza de que se amanhã fosse criado um tributo novo, ou aumentado um que já existe, o contribuinte teria que encontrar novos recursos para o novo pagamento imediatamente. Ninguém poderia ter a certeza de fazer um planejamento para os seus gastos. Não haveria qualquer *segurança* no planejamento orçamentário do contribuinte. Não haveria *segurança jurídica*, pois a qualquer tempo poderia haver uma nova *surpresa* ao particular que teria abalado todo o seu planejamento antes feito.

Por isso surge o princípio que aqui se comenta, para dar um prazo aos contribuinte de pagar novos valores criados pelo Estado e exigidos a ele, contribuinte. Cria-se esse princípio da anterioridade (a seguir ver-se-á porque o correto nome "*anterioridade*") exatamente para impedir que essa

[61] Essa alínea 'c' do artigo 150,III, que garante o prazo mínimo de 90 dias, é um novo comando acrescido ao Princípio da Anterioridade, oriundo da EC 42;03, a Reforma Tributária. Até então o princípio da anterioridade sempre se resumiu à regra isolada do exercício financeiro seguinte, o sempre existente comando normativo previsto na alínea 'b'. Com o fito de proteger efetivamente o valor da *não surpresa*, especialmente diante de majorações e criações de tributos nos últimos dias do ano, o constituinte derivado tomou coragem de fazer o que de há muito a doutrina suplicava, que foi garantir um prazo razoável mínimo de impedimento da eficácia da nova cobrança. Em alusão à seguridade social, instituiu-se o prazo que lá se entendeu como razoável, de 90 dias.

surpresa da criação de um novo valor não previsto antes possa ser maléfica, prejudicial. O valor essencial desse princípio é evitar, ou pelo menos restringir os efeitos danosos dessa *surpresa*, permitindo a cada cidadão, após tomar ciência dessa mudança no ordenamento jurídico (pela publicação da lei que criou ou majorou o tributo, impondo o novo valor), ganhar um prazo para se preparar para o novo pagamento.

O *princípio da anterioridade* é exatamente esse princípio que diz que toda vez que o Estado criar um tributo novo ou aumentar um que já existe, deve respeitar um prazo razoável (que, veremos a seguir, é o prazo do *exercício financeiro seguinte,* fortalecido agora, após a recente EC 42/03, pelo prazo mínimo de 90 dias) para poder impor ao contribuinte os efeitos dessa nova quantificação. OU seja, em outras palavras, o *princípio da anterioridade* determina um *prazo impeditivo da eficácia* da lei nova que criou ou majorou o tributo. E exatamente com o objetivo de proteger o particular, garantindo-lhe ter um tempo hábil para se preparar para esse novo pagamento, o qual era antes inexigível.

Fácil perceber que a *natureza jurídica* do *princípio da anterioridade* é ser um *instituto de sede constitucional, limitador ao poder de tributar, fundado na idéia d proteção à segurança jurídica*. E, decorrência da própria natureza jurídica, o seu valor essencial, o valor de *não surpresa*, protegendo o cidadão contra uma surpreendente nova exigência tributária para a qual não estava preparado, até mesmo porque ela não existia.

De se tecer alguns comentários importantes. Primeiramente frisar que só se fala em *anterioridade tributária* se respeitada em preliminar a *legalidade tributária*. Aqui, na *anterioridade* o que se discute é o *quando* poder se cobrar, se exigir, o valor novo, seja porque houve *instituição de tributo novo* ou seja porque houve *majoração de tributo já existente*. Logo, de se lembrar que *somente a lei pode instituir ou majorar tributos* (legalidade tributária). Portanto, se a instituição ou majoração não foi em virtude de lei (ressalvados os casos que são exceção à legalidade), é inconstitucional tal medida, não tendo que sequer a discussão entrar na órbita do prazo para a cobrança, para a eficácia desta modificação, posto que a mesma, por não ter respeitado a *legalidade* ,é inconstitucional. De se perceber portanto que a *anterioridade tributária* é conseqüência lógica doe exercício da *legalidade tributária*. A *anterioridade* reforça e completa a *legalidade*. Na *legalidade* afirma-se que só a *lei* pode criar ou majorar tributos. Na *anterioridade* afirma-se que após esta *lei* ter criado ou majorado tributos, deve-se respeitar um *prazo mínimo* para que essa *lei* possa produzir efeitos, ou seja, para que a nova cobrança possa ser imposta ao contribuinte. Os dois princípios se harmonizam, sendo a anterioridade o complemento da legalidade, fortalecendo assim a segurança jurídica. Na *legalidade,* o valor essencial é o respeito ao auto consentimento popular para a tributação, aceitando-se que não há poder que não emane do povo e consagrando o regime democrático. Na anterioridade, o valor essencial é o de após respeitada a democracia pela auto permissão do povo para se criar o tributo ou majorá-lo, o valor é o de não surpreender o povo com um dever imediato de pagar o novo valor, dando-lhe tampo hábil e justo para encontrar recursos para o novo dever *solvendi.*

Uma segunda conclusão a se chegar é a de que o *princípio da anterioridade,* ao sinalizar para a proteção ao particular contra a *surpresa tributária* termina por representar, juridicamente, a imposição de um *prazo impeditivo de eficácia da lei instituidora ou majoradora de tributo.* Nesta linha conclusiva, os sempre oportunos ensinamentos do saudoso mestre *Geraldo Ataliba*[62]:

> *"A Constituição, em outras palavras, está dizendo o seguinte: o legislador pode criar ou aumentar tributos a qualquer instante, mas, a eficácia desta lei criadora ou aumentadora é que só se vai dar no próximo exercício financeiro. Fica com a eficácia suspensa a lei que cria ou aumenta tributo, até o ano que vem. Essa é a regra".*

Decorrência da própria lição transcrita de Ataliba, a certeza de que o *princípio da anterioridade* não limita o Estado na sua função instituidora e majoradora. Não. A limitação restringe-se tão somente apenas aos efeitos temporais da eficácia deste exercício. Observe-se que pelo princípio da anterioridade não se impede a criação nem majoração de tributo. Penas se preocupa em regular os efeitos de tal ato no tempo. E nem poderia deixar de ser. Como já comentado nesta obra, quando da diferenciação entre *princípios e imunidades,* constatou-se que apesar de ambos serem institutos jurídicos de natureza jurídica semelhante (são *limitações constitucionais ao poder de tributar*), um dos traços diferenciadores entre os dois institutos é que enquanto as imunidades impedem a tributação, gerando a não incidência tributária, os princípios não têm esse condão, servindo apenas para orientar como a tributação pode ser feita, regulando a incidência tributária e não determinando a não incidência dos tributos. E assim o é com a anterioridade. Por ser um princípio, ela não impede a tributação. Não

[62] ATALIBA, Geraldo. "Sistema Tributário na Constituição de 1988". *RDT* 51/153.

impede que se crie ou majore tributo. Mas apenas procura estabelecer um limite para a produção desses efeitos, determinando de que maneira poderá a tributação ser exercida. Regula, em relação ao tempo, a eficácia da nova incidência do tributo. Aliás, de se frisar que nem mesmo a *legalidade tributária* é instrumento capaz de impedir a criação e majoração de tributos. Não. Princípios, repita-se, não impedem o Estado de exercer o seu poder de tributar. Servem sim, como freios, como barreiras limitadoras que determinam até que limite pode chegar esse exercício do poder tributário. Na legalidade apenas se estabelece esse limite, dizendo que a criação e majoração deve ser feita por lei. Não se a impede, mas apenas se diz como deverá ser feita.

Por fim, de se concluir, neste tópico ainda, o porque da nomenclatura *anterioridade*. Pelo motivo de o comando normativo que emana deste princípio determinar que novo valor só se repassa no exercício seguinte. Exemplo: valor novo criado no exercício de 2004, só se repassa no exercício de 2005. Logo, pode-se concluir afirmar que o valor instituído em um ano só pode ser cobrado no ano posterior é o mesmo que dizer que para cobrar um novo valor em determinado ano ele deve ter sido instituído no *ano anterior*. Ou seja, para cobrar um valor em 2005, a lei que instituiu esse novo valor tem de ter sido *publicada* em 2004, no ano *anterior*. Por isso optou-se por chamar o princípio de *Princípio da Anterioridade*. Princípio que determina a publicação, no *exercício anterior*, da lei instituidora do novo valor a ser exigido neste exercício financeiro. Nada obsta que se quisesse, o doutrinador chamasse de *princípio da posterioridade*. Daria no mesmo. Seria afirmar que uma lei publicada no exercício financeiro tal instituindo ou majorando tributo, só produzirá efeitos no *exercício posterior*. Tanto faz, não haveria diferenças. Optou-se pela nomenclatura *anterioridade*. Como exemplo prático da real significação da *anterioridade* como princípio que impõe prazo impeditivo à nova cobrança, submetendo-a ao *exercício financeiro seguinte* (150, III, b) e a um prazo mínimo de 90 dias (150, III, c), tomemos a autorização de citar o exemplo preciso e objetivo de *Luciano Amaro* em seu recomendável compêndio sobre Direito Tributário[63]:

> *"A Constituição exige, como dizíamos, que a lei que crie ou aumente tributo seja anterior ao exercício financeiro em que o tributo será cobrado e, ademais, que se observe*

[63] AMARO, Luciano. Direito Tributário Brasileiro. 10ª edição. Editora Saraiva. São Paulo. 2004. P.121.

a antecedência mínima de 90 dias entre a data de publicação da lei que instituiu ou majorou e a data em que passa a aplicar-se. Isso significa que, se o fato 'a' é eleito como tributável por lei publicada em 10 de Novembro do exercício X, somente a partir de 9 de Fevereiro do ano X +1 é que a ocorrência de fatos do tipo 'a' irão gerar obrigação tributária; nesse dia, já terão decorridos 90 dias da publicação e já se estará no exercício seguinte ao da publicação. Se esta ocorrer entre Janeiro e 2 de Outubro do ano X, ela poderá aplicar-se já no início de Janeiro do ano X + 1".

2.1. O Porque de o Prazo Impeditivo de Eficácia ser de "Exercício Financeiro Seguinte" e de "90 Dias". A EC 42/03. Fundamentação Jurídica

O prazo que sempre existiu desde o surgimento do princípio da anterioridade foi o prazo do *exercício financeiro seguinte*. Protegia-se o particular com o direito de só pagar o novo valor no *próximo ano*. Atualmente, após a vigência da EC 42/03, inseriu-se na regra da *anterioridade tributária* um novo prazo, que coaduna-se com o primeiro devendo também ser respeitado, que é o prazo de 90 dias. De se buscar entender aqui, portanto, o porque de esse prazo ter sido discriminado para *exercício financeiro seguinte* e agora também *um mínimo de 90 dias*. Analisemos então as duas situações, começando pelo antigo e originário prazo do *exercício financeiro seguinte*.

Em preliminar de se observar que esse prazo *não é de um ano*, como poder-se-ia casualmente se confundir. O prazo, frise-se, é o do *ano seguinte*. Logo, nada obsta que a garantia não chegue a 1 ano, como de fato será a regra. O caso sem por exemplo, houver a instituição do novo tributo no último dia do sexto mês do ano, haverá um prazo de mais seis meses (até 1º de Janeiro do ano que vem) para que o particular se prepare para o pagamento. Logo, o direito de *não surpresa* não é de um ano mas sim de só pagar no ano seguinte.

Quando se buscou garantir essa proteção ao particular, necessário era determinar qual seria esse prazo que serviria como impeditivo da cobrança. Não foi aleatoriamente que se escolheu o prazo do ano seguinte. Comentar-se-á a seguir, no próximo tópico, quando analisaremos a origem da *anterioridade*, que ela surge do *princípio da anualidade*, que determinava que o orçamento público tinha que ser, para cada ano, autorizado por lei no exercício anterior. Era uma forma de se dar proteção ao particular de por ter os seus representantes autorizando meta orçamentária de cada próximo ano, mas é também e em última *ratio* uma proteção ao Estado, que permiti-se iniciar cada ano sabendo quais serão os seus gastos e com qual receita contará. Ou seja, as diretrizes gerais que norteiam a política orçamentária garantem ao Estado o direito de iniciar cada ano sabendo todos os seus gastos. É feito um plano orçamentário *plurianual*, que é revisto e autorizado a cada ano, através do qual o Governo projeta todas as suas metas para o ano próximo. Fica protegido e planejado o Estado. Porque não então, dar a mesma proteção ao contribuinte? Porque não dar também ao contribuinte o direito de entrar cada ano sabendo todos os tributos que lhe serão exigidos? Porque não dizer que o particular também poderá prevê seu orçamento para o ano seguinte, prevendo todos os seus gastos tributários?

Por esse fundamento, e aqui externamos nossa particular opinião, de se buscar uma *justiça e equidade* na relação tributária entre particular e Estado, era necessário que se desse ao particular o mesmo direito de se planejar para os seus gastos do ano que vem que se dá ao Estado. Por isso dizer que se um tributo for criado ou majorado durante o ano, esse valor só se repasse no exercício seguinte, pois para esse ano vigente, o particular já tinha previsto seus gastos. E como o prazo que é dado ao Estado é o de *ano seguinte*, que se dê, por isonomia, o mesmo ao particular. Por isso ter sido correto e preciso o *princípio da anterioridade* ao determinar que o pagamento só será exigível no ano que vem se o novo valor foi instituído neste ano.

Busca-se aqui apontar que o critério para apontar o prazo de não surpresa como o do *exercício financeiro seguinte* fundamenta-se na *isonomia entre Estado e Particular.* O prazo poderia ter sido qualquer outro. Poder-se-ia falar em 100 dias; em 6 meses; até em 1 ano; etc. Mas, como ao Estado é dado o Direito de programar todos os seus gastos para o *ano seguinte*, projetando o seu *orçamento anual*, que se dê exatamente o mesmo prazo ao cidadão. *Exercício Financeiro Seguinte.*

A relação tributária não pode mais ser vista como antigamente, dentro de uma concepção de *poder* em que o Estado era hierarquicamente superior e o contribuinte inferior, submisso ao exercício do poder estatal. Não. O Estado Democrático de Direito não mais tolera tal premissa. Hoje, caminha-se a nível global para a era dos *direitos fundamentais da tributação*, buscando-se preservar a relação de equilíbrio que deve ser mantida entre Estado e cidadão sem deixar que por isso se violem direitos e garantias essenciais. Ao contrário dos ideais mais antigos, de valorar o interesse público a qualquer título e preço, sendo irrelevante os meios e as consequências para se chegar ao fim colimado, hoje busca-se uma relação tributária mais humana, buscando ampliar o alcance de valores essenciais como isonomia, capacidade contributiva, não confisco, personalização, dentre outros, pois só assim galgar-se-á efetivamente a manutenção da segurança jurídica, da justiça da tributação e ainda a liberdade jurídica. Portanto, é baseando-se nessa idéia de isonomia relacional entre Estado e particular que julgamos aqui ser perfeitamente acertado o prazo do *exercício financeiro seguinte.*

Não obstante a idéia ter sido boa e o prazo correto, algumas situações indesejáveis passaram a ocorrer, por conta de uma lacuna que esse preceito temporal deixava. A lei é clara e afirma que o prazo que protege o cidadão contra a exigência da nova cobrança é o do *ano seguinte* e sempre com a finalidade de se prestigiar a segurança jurídica de se lhe dar um prazo hábil para ele se preparar para os seus novos gastos. Entretanto, esse valor essencial de *não surpresa* ficaria burlado sempre que as novas cobranças fossem criadas no final do ano. Observe-se o exemplo (que virou praxis habitual no Brasil) de uma taxa ser criada em Dezembro, ou um imposto majorado em fins de Novembro. O que aconteceria? ter-se-ia de aplicar a regra e a partir dela perceberia que o contribuinte só precisaria pagar no *ano seguinte.* Mas o *ano seguinte* é *logo ali...* Pode ser *mês que vem...* ou então *semana que vem...* ou até mesmo, acreditem, se o novo valor foi instituído em 31 de Dezembro, o *ano que vem é...amanhã!!!.* Será que nesses casos o particular terá realmente tido um tempo hábil para se preparar para a nova cobrança? Será que o direito de não surpresa terá sido efetivamente respeitado? Claro que não...

Por conta disso, de situações como essas em que poder-se-ia ter flagrantemente violado o direito de não surpresa que é o valor essencial da anterioridade tributária, precisava-se de uma nova regra que incrementasse essa regra do exercício financeiro seguinte, ampliando a proteção, para que nestes casos de criação e majoração de tributos em fins de ano (apelidados popularmente de *"Pacotes de Natal"*), não ficasse o particular sem a extensão verdadeira da proteção constitucional. Por isso pensou-se em dizer que *além de ter o direito* de só pagar no exercício financeiro seguinte, era necessário dar um *novo direito,* um *prazo mínimo para o pagamento.* Observe-se que a idéia não foi a de extinguir a regra antiga, do exercício financeiro seguinte. Não. E nem se poderia, pois é uma garantia fundamental que o contribuinte tem, é cláusula pétrea, não pode ser abolida, nem mesmo por Emenda Constitucional. A idéia foi a de *preservar e manter a regra antiga*, melhorando-a, ampliando-a, dando assim também a certeza de que, além de só pagar ano que vem, só se pagará depois de passados um mínimo de dias da publicação da lei que trouxe a *surpresa*, o novo valor. Essa decisão era necessária e era urgente, clamada pela doutrina e pelos massacrados contribuintes, espancados continuamente com majorações de fins de ano. E ela veio. Veio por ora da "Reforma Tributária", consubstanciada, na sua primeira etapa, pela recente EC 42/03. Procurou-se dar positivação constitucional a essa nova idéia, inserido no texto esse prazo mínimo para se repassar o novo valor, sabendo-se sempre que restaria mantida a regra antiga, o direito de não pagar no mesmo ano. A missão então era a de estipular qual seria o prazo. Chegou-se a cogitar de 45 dias, de 1 mês e até de 6 meses. Precisava-se chegar a um consenso e encontrar um prazo *razoável* que desse ao particular condições de realmente se preparar para o novo pagamento. Entendeu-se que esse justo prazo seria o prazo de noventa dias (90 dias) e assim se fez, determinando por conta da nova *alínea 'c' do art.150,III* criada, pela então EC 42/03, esse prazo mínimo nonagesimal. E, dizemos aqui, foi mais uma vez acertada a escolha do prazo de não surpresa. E por quê?

Precisava o constituinte derivado de um parâmetro para fixar esse prazo mínimo. Não faria sentido simplesmente *chutar* qualquer prazo, sem pelo menos uma motivação jurídica. E como achar esse parâmetro? Foi buscar, o constituinte derivado, no prazo *nonagesimal* fixado para as *contribuições de seguridade social*, que foi entendido como razoável para protegê-la e ao mesmo tempo não prejudicar os contribuintes. Ou seja, foi, o constituinte derivado, buscar nas exceções elaboradas para a regra da anterioridade, encontrar o fundamento jurídico para esse novo prazo nonagesimal da alínea 'c' criada para o art.150,III, pela EC 42/03.

Teçamos alguns comentários sobre essa fundamentação para que se fique claro o porque de estabelecido o prazo para a nova regra da anterioridade em 90 dias.

Observou então o legislador a questão das exceções que estabeleceu ao princípio da anterioridade (que mais na frente estudar-se-á aqui).Relembrou-se o constituinte derivado que o legislador originário reconheceu que haviam alguns impostos que eram de suma importância para o Governo Federal, não apenas pela sua atuação arrecadatória, mas por uma função muito mais essencial que desempenham, a função de controlar e regular o domínio econômico, agindo diretamente sobre a indústria, o comércio e o sistema financeiro, permitindo que o Gestor Maior possa utilizar esses impostos incidentes sobre esses setores como verdadeiras armas de controle da estabilidade política e econômica. Foi, aliás, por reconhecer essa importância desses impostos (II, IE, IPI e IOF) que o constituinte havia dado exceção à *legalidade*, permitindo que eles fossem majorados por simples *decreto executivo*, não dependendo de lei, devido à sua urgência. Percebeu então que para que essa função extrafiscal fosse exercida era necessário além de dar exceção à legalidade, dar também exceção à anterioridade, pois de nada adiantaria permitir a majoração rápida por decreto se a cobrança ficasse subordinada ao exercício financeiro seguinte. Por isso ele estendeu a exceção dos impostos extrafiscais também ao princípio da anterioridade. Firmou-se então aplicação constitucional da regra de que o II, IE, IPI e IOF, para serem majorados, bastava decreto executivo, e a incidência seria imediata. Desta maneira, criou-se a seguinte premissa em relação ao *princípio da anterioridade*: ou o novo valor de um tributo (seja pela criação de um novo ou pela majoração de um já existente) só se repassa ano que vem (a regra) ou então se repassa imediatamente (a exceção), e é o caso dos extrafiscais. Essa mesma exceção dos extrafiscais se estendeu aos *empréstimos compulsórios de guerra e calamidade*[64], bem como ao *imposto extraordinário de guerra*[65]. Era então o comando: ou incide ano que vem, ou incide imediatamente.

Entretanto, quando chegou no art.195 e foi disciplinar a *Seguridade Social*, o constituinte preocupou-se em protegê-la. Entendeu que a *Seguridade Social* está intimamente ligada ao *mínimo vital*, que emana do comando constitucional do seu art.1º que assegura a todo cidadão o direito de viver dignamente (dignidade da pessoa humana).Logo, resolveu proteger a Seguridade Social, para que ela fosse viável e cumprisse o seu papel, garantindo ao povo o acesso à saúde, à assistência social e ao regime previdenciário. Assim, permitiu que se criassem *contribuições de seguridade social*, exigidas da população em geral, para garantir assim a autonomia orçamentária e o auto sustento da Seguridade Social. Contribuições estas, de natureza tri-

[64] De se observar sempre que a exceção à anterioridade para os empréstimos compulsórios restringe-se na situação da guerra externa (ou sua iminência) e da calamidade pública (art.148,I, CR/88), não atingindo os eventuais empréstimos compulsórios para custear investimentos públicos de caráter urgente e relevante interesse nacional (148,II, CR/88).

[65] CR/88, art.154,II c/c art.150,§1º.

butária. Instituídas por lei, compulsórias, pecuniárias, etc. Logo, percebeu, que ao se atribuir natureza tributária às contribuições que serviriam como fonte de custeio e manutenção da seguridade social, subordinar-lhes-ia ao princípio da anterioridade, e assim sendo, esses novos valores criados só repassar-se-iam no ano seguinte. Mas a *seguridade social*, valorou Ele (legislador), é especial, é instituição que merece ser protegida, ter privilégios e tratamento diferenciado, devido ao papel que desempenha na sociedade. Para tanto, pensou ele em afastar a regra da anterioridade e dar também a incidência imediata às referidas contribuições caso instituídas ou majoradas. Porém, ponderou, que tal medida, apesar de benéfica para a Seguridade Social, seria agressiva para o contribuinte, que já se submete, inclusive, às incidências imediatas dos impostos extrafiscais. Por isso, repensou, e então procurou buscar um meio termo para não deixar de proteger a Seguridade Social e também não prejudicar os contribuintes. Naquela ocasião então, entendeu que um prazo de 90 dias seria um prazo justo e razoável para se chegar a um meio termo. Com 90 dias, entendeu o constituinte, poderia o particular se programar para o novo pagamento e a Seguridade Social não ficaria na espera sempre do outro ano. Mitigou então a verdade de que a regra da anterioridade seria aquela em que ou se pagava ano que vem ou se pagava imediatamente. Não. Criou-se um prazo novo, mitigando essa regra, por conta da necessidade de se proteger a Seguridade Social. Daí portanto ter se formado a regra final de que *ou o tributo se pagava no exercício financeiro seguinte* (regra geral), *ou se pagava imediatamente* (impostos extrafiscais, empréstimos de guerra e calamidade e imposto de guerra), *ou então se pagava em 90 dias* (contribuições de seguridade social). Por conta dessa criação do prazo de 90 dias, que se entendeu como justo e razoável, passou-se a chamá-lo de *anterioridade nonagesimal da seguridade social*, como costuma usar o STF em seus *decisums*[66], de *noventena da seguridade social*, e ainda, *anterioridade mitigada* (pois mitigou-se a regra de incidência imediata ou de ano seguinte, criando-se esse prazo intermediário), expressão que também goza de prestígio na Corte Maior[67].

66 STF, RE359.044-8 AgR / PR, Relator Min. Carlos Velloso;

67 STF, RE 395.555-ED, Relator Min. Sepúlveda Pertence.

2.2. Histórico da Anterioridade. Surgimento e Previsão nas Constituições Anteriores. Direito Comparado. Anterioridade e Anualidade

Importante abordagem a ser feita neste momento, a de propiciar ao leitor, ainda que de forma sintética e resumida, o conhecimento sobre o histórico do *princípio da anterioridade* no nosso ordenamento jurídico.

Antes de existir o *princípio da anterioridade*, que preocupa-se em proteger o particular com esse direito de não surpresa, existia um outro princípio, que tinha outra preocupação, o princípio da *anualidade orçamentária*. Dois princípios que não se confundem, que albergam proteções e objetivos diferentes. Ainda que alguns autores se confundam e as vezes o próprio STF, são princípios distintos, como a seguir perceberemos. Pela *anterioridade* se busca garantir um *prazo para pagamento* de um novo tributo ou da majoração de um já existente enquanto na *anualidade* se busca garantir a autorização popular para o orçamento do ano que vem. Anterioridade é princípio direcionado apenas à possibilidade de se cobrar o novo valor; anualidade é princípio destinado a aprovar todo o orçamento do próximo ano. São situações distintas.

Existia apenas a *anualidade*, nascida na Constituição de 1946, promulgada no ano seguinte à queda do *Estado Novo* de Getúlio Vargas. Naquela época ainda não existia o CTN (que nasce em 1966 com a Lei 5.172) nem o Sistema Tributário Nacional (que nasce, como vimos, com a Emenda 18 à Constituição de 1965). Existiam sim, tentativas de se estabelecer algumas garantias fundamentais, rompendo-se com os ideais autoritários e abusivos pró estatais, através de normas e princípios espalhados ao longo do texto constitucional, não organizados de forma sistemática, não tendo a estrutura de um *sistema*. Dentre essas proteções constitucionais tributárias, que ainda não traziam no seu bojo a da *anterioridade*, existia essa proteção da *anualidade do orçamento*, que significava que o plano orçamentário feito pelo Estado para o ano seguinte deveria ser aprovado por lei ao final do ano anterior. Ou seja, era uma proteção ao cidadão de que consultar-se-ia a vontade popular (Poder Legislativo) para se ter a permissão de o orçamento planejado pelo Poder Executivo ser autorizado.

Desta proteção da *anualidade orçamentária* é que amadureceu-se para, com o passar do tempo, alcançar a proteção da *anterioridade tributária*, que só veio a ganhar status constitucional com a Emenda 18, em 1965, modificando a então ainda vigente Constituição de 1946.Observe-se a lição de *Francisco Pinto Rabello Filho*, que na sua dissertação de Mestrado brindou a comunidade jurídica com minucioso estudo sobre o tema aqui abordado:

> *"É que o princípio da anterioridade, em si mesmo, brotou do princípio da anualidade, ou "princípio da autorização orçamentária", estando neste sua origem remota. (...) A inaugural introdução do princípio da anterioridade da lei tributária no Brasil ocorreu por intermédio da Emenda Constitucional 18 de 1º de Dezembro de 1965, que alterou o sistema tributário nacional. Com efeito, o art.25 da EC 18/65 revogou o art. 141,§34, da Constituição de 1946, que em sua Segunda parte proclamava o princípio da anualidade. Emergiu a anterioridade, assim configurada no art.2º, inciso II da EC 18 de 1965"*[68].

Portanto, de se constatar que só surgiu a *anterioridade no Brasil* após a EC 18/65 e ela é fruto da *anualidade*. De se ressaltar entretanto, que atualmente o *princípio da anualidade* não consta previsto na Carta de 1988. Foi afastado. O que ocorreu historicamente após a EC 18/65 foi uma grande variação, em que em uma determinada Constituição se previa e na outra se tirava, tanto o princípio da anterioridade como o da anualidade. Pelo fato de a Carta atual não mais prevê a *anualidade* algumas vozes chegam a sustentar que ele está subsumido no próprio princípio da anterioridade. Não nos parece o melhor entendimento. Concordamos que seria importante construir tese para afirmar que o sistema atual adota a *anualidade*, para assim se aplicar a proteção que este princípio confere, mas para sermos coerente com a verdade jurídica, temos que concordar que ele não mais é previsto atualmente, constando na Carta apenas a *anterioridade tributária*. *Anualidade* foi exclusa. E, *data venia*, não há de se confundir os dois princípios, flagrantemente distintos. Para que fique clara a diferença, registremos as lições de *Hugo de Brito Machado* no seu livro sobre princípios tributários e do grande e eterno *Aliomar Baleeiro*, na sua clássica obra sobre as *"Limitações Constitucionais ao Poder de Tributar"*. Observe-se primeiro, as palavras as palavras do jurista cearense:

> *"Pelo princípio da anualidade, nenhum tributo pode ser cobrado em cada exercício sem que esteja prevista a sua cobrança no respectivo orçamento. Distingue-se, assim, nitidamente, do princípio da anterioridade, pelo qual nenhum tributo será cobrado em*

[68] FILHO, Francisco Pinto Rabello. "O Princípio da Anterioridade da Lei Tributária". Editora RT. São Paulo. 2002. Pp.52-53.

cada exercício, sem que a lei que o instituiu ou aumentou tenha sido publicada no exercício anterior. O princípio da anualidade não se destina apenas a garantir a contribuir a possibilidade de planejamento anual de suas atividades. Para tal, bastaria o princípio da anterioridade..."[69]

Agora, as palavras de *Aliomar Baleeiro*:

"Não se há de confundir o princípio da anterioridade com o da anualidade, segundo o qual a cobrança de tributos depende de autorização anual do Poder Legislativo mediante previsão no orçamento. Essa autorização anual, concedida com a aprovação no orçamento, tem um sentido nitidamente democrático. No regime constitucional que adota o princípio da anualidade os representantes do povo, anualmente, examinam a proposta orçamentária do governo e, em face das despesas, autorizam a cobrança dos tributos indispensáveis ao respectivo atendimento. Não basta o tributo ter sido instituído por lei. É preciso que, anualmente, tenham os representantes do povo conhecimento do emprego que o governo pretende fazer dos recursos arrecadados mediante tributos"[70]

O citado Baleeiro sempre defendeu a aplicação do princípio da anualidade, por vislumbrar ser proteção necessária para que se respeite a vontade do povo, inclusive para, aprovar o orçamento de cada ano que vai entrar. O saudoso mestre ensinava como funcionava essa relação idealizada pela *anualidade tributária*. Mais uma vez, importante registrar sua lição:

"É um princípio que parte de um ponto lógico, racional, histórico – o contribuinte, pelo seu representante, dá seu imposto ao Governo, em função de um fim que o Governo lhe propõe. O Poder executivo propõe ao Poder Legislativo, em bloco, um complexo de serviços públicos, um plano de trabalho para um ano. O Presidente manda a proposta orçamentária para o Congresso, neste ou em qualquer país realmente democrático, propondo, em conjunto, todo um trabalho para o ano imediato e diz: para realizar esses serviços públicos, com tais objetivos e metas, preciso da quantia de tanto, a ser retirada do povo brasileiro, pelos seguintes tributos, nas seguintes bases...

Se os representantes do povo brasileiro concordam com o plano do Governo e lhe dão aprovação, eles concedem as receitas. Não concedem em branco, como um cheque, apenas assinado. Eles concedem os limites definidos para um fim específico, aquela receita que consta de um plano chamado orçamento"[71]

[69] MACHADO, Hugo de Brito. *Princípios..., op.cit, p.86.*

[70] BALEEIRO, Aliomar. *Limitações... op.cit.*

[71] BALEEIRO, Aliomar, *Limitações... op.cit.*

Após feita essa diferenciação entre *anterioridade* e *anualidade*, deixando claro o valor buscado por cada um e a importância de cada um, mostrando ainda que a *anualidade* foi a matriz para a *anterioridade*, nascendo essa última apenas com a EC 18/65 e que aquela não consta na Carta atual, necessário esclarecer que em algumas Cartas este e aquele não constaram Bem como deixar claro que quando surgiu, a *anterioridade* não tinha o alcance atual, de garantir que todos os tributos submetem-se a sua aplicação. Não. Quando nasceu, não era *anterioridade tributária*. Era apenas para alguns impostos, os *"impostos sobre patrimônio e renda"*. Ou seja, quando surgiu a *anterioridade*, ela não alcançava os demais impostos bem como não atingia as demais tributos. Não havia essa proteção na EC 18/65.

De se observar que, ainda que não da maneira esperada, a anterioridade pelo menos *nasceu* no nosso ordenamento. Buscou consagrar-se o valor de *não surpresa*, que já era previsto nos principais países do mundo, na expressão *no surprise taxation*, ou seja, não surpresa da tributação. Já era um avanço, ainda que tardio.

Entretanto, durou muito pouco, pois com a Carta de 1967 extinguiu-se a *anterioridade*. No texto de 67 excluiu-se a anterioridade deixando apenas a *anualidade*. Só com a Emenda 1/69 foi que se restaurou a *anterioridade*, e agora em sentido mais amplo, direcionada a todos os tributos e não apenas para alguns impostos, comando pirncipiológico este que foi mantido pela atual Carta, a de 1988. Com a EC 1/69 extinguiu-se a *anualidade*, fato repetido pela Carta atual que também não traz o princípio orçamentário no seu texto.

2.3. Das Exceções à Anterioridade Tributária. Antes da EC/42 que Criou a Noventena e Depois da EC/42. Uma Síntese da Atual Situação de Todos os Tributos Face a Anterioridade Tributária

Após determinar a regra geral da anterioridade, o constituinte originário de 88 previu exceções à esse comando normativo, entendendo que, algumas situações, devido ao seu caráter especial, não submetessem-se ao prazo do exercício financeiro seguinte. Permitiu para uns, incidência imediata, afastando qualquer direito de *não surpresa* dos contribuintes, submetendo-os à incidência imediata dos novos valores. Em outro caso, específico, determinou uma regra especial, como já se viu, para proteger uma *pessoa* especial, a seguridade social, mitigando a regra de incidência imediata ou no exercício financeiro seguinte, criando uma regra própria para as contribuições de seguridade social, o prazo de 90 dias.

Portanto, até o fim do ano de 2003, quando ainda não havia sido criada a nova regra da anterioridade, a já citada alínea 'c' do art. 150,III, só existia a alínea 'b' determinando que qualquer tributo criado ou majorado, o novo valor só poderia ser exigido dos contribuintes no exercício financeiro seguinte ao da publicação da lei criadora ou majoradora. As exceções, eram:

a) **Impostos extrafiscais (II, IE, IPI e IOF) →incidência imediata;**
b) **Empréstimos Compulsórios de Guerra e de Calamidade →incidência imediata;**
c) **Imposto Extraordinário de Guerra (IEG) →incidência imediata;**
d) **Contribuições de Seguridade Social →90 dias.**

Essas sempre foram as exceções à regra. Entretanto, após a Emenda 33/01, surgiu uma nova exceção. Com a EC 33/01 o constituinte derivado determinou que se criasse uma CIDE (Contribuição de Intervenção no Domínio Econômico) para incidir sobre os *combustíveis*. Ao determinar que fosse criada essa CIDE[72] o constituinte, por ver nela forte tributo interventivo, de função eminentemente extrafiscal, permitiu que se estendesse a ela a exceção à anterioridade dada aos impostos extrafiscais, mas apenas para uma situação específica, que merece elevada atenção para que não se caminhe no rumo de uma conclusão equivocada a respeito dessa quebra de anterioridade. Nesta Cide, ficou autorizado o executivo a reduzir e restabelecer as alíquotas por decreto, propiciando-se quebra de legalidade, já citada páginas atrás. Caso essa redução de alíquotas seja feita, quando do *restabelecimento* da alíquota, não é necessário esperar o exercício financeiro seguinte para lhe dar aplicabilidade. Ou seja, a quebra de anterioridade está voltada não para atos de *majoração* dessa Cide, mas sim para os atos de simples *restabelecimento* da alíquota que outrora fora reduzida. Ainda no raciocínio, e, agora, exemplificando: se a alíquota estava fixada em 10%, o decreto executivo pode reduzir até 0% e *restabelecer* até os mesmos 10%, não podendo inovar e ir além, o que seria uma majoração. Logo, a quebra de legalidade está apenas nos atos de desoneração e de restabele-

[72] Essa CIDE foi criada pela Lei 10.336/01, sendo apelidada, devido ao seu fato gerador, de *cide dos combustíveis*. Agora, com a EC 42/03, o constituinte criou a noventena geral dos tributos e não deu exceção à CIDE combustíveis. Logo, ela, que gozava de exceção ao prazo do exercício financeiro seguinte, e por isso tinha incidência imediata, passou a se submeter ao prazo nonagesimal, perdendo a incidência imediata. Mesma situação ocorreu com o IPI.

cimento. Nestes últimos, também se quebrou a regrinha do *"exercício financeiro seguinte"* peculiar ao princípio da anterioridade. Por conta disso, no **art.177,§4º,I, 'b'**, afastou a aplicação do art,150,III, 'b' (regra do exercício financeiro seguinte), dando a tais atos de devolução de alíquota ao patamar que se encontrava antes da redução a incidência imediata.

O mesmo que se fez com a Cide dos combustíveis repetiu-se, também por via da própria EC 33/01, no ICMS inter-estadual cobrado na origem, monofasicamente, na venda de combustíveis em operações entre Estados ou com o DF. A EC 33 autorizou, além da já citada Cide dos combustíveis, uma segunda tributação nesse segmento mercadológico, que foi o ICMS em operações entre Estados (ou DF), cobrado uma única vez na saída do bem, conforme consta na combinação dos seguintes artigos: 155,§2º, XII, 'h' c/c 155,§2º, X, 'b' c/c 155,§4º. E, quanto a este ICMS, também é possível, assim como na Cide comentada, reduzir e restabelecer as alíquotas por ato executivo, diferença apenas que na Cide emanará, regra,de um Decreto Executivo, porquanto no ICMS decorrerá de um Convênio aprovado no CONFAZ (ato também executivo na essência). E, no que interessa aqui na exposição sobre a anterioridade tributária, ficou também previsto que no ato de restabelecimento das alíquotas outrora reduzidas não será necessário aguardar o exercício financeiro seguinte para voltar a aplicara a alíquota agora restabelecida, sendo afastada a regrinha do art.150,III, 'b'. A previsão resta no art.155,§4º, 'c'.

E, assim sendo, após a análise da EC 33/01, completava-se o rol das exceções à anterioridade: *II, IE, IPI, e IOF, Empréstimo de Guerra e Calamidade, IEG e restabelecimento de alíquota reduzida da Cide Combustíveis bem como do ICMS interestadual monofásico na origem nas vendas de combustíveis, incidência imediata; quanto às Contribuições de Seguridade Social, noventa dias; demais tributos, exercício financeiro seguinte.*

De se relembrar apenas que quanto aos empréstimos compulsórios, a Constituição prevê que em três situações eles podem ser instituídos: nos casos de *guerra externa ou sua iminência*; nos casos de *calamidade pública* (essas duas primeiras situações previstas o inciso I do art.148 da Carta Mãe); e ainda nos casos de *investimento público urgente e que atenda a um relevante interesse nacional* (inciso II do art. 148). Somente nos casos do inciso I (guerra e calamidade) é que o constituinte excepcionou a anterioridade. Empréstimo por motivo de investimento, ocorrendo sua criação, respeita-se normalmente a anterioridade tributária. Valorou o constituinte as situações de guerra e calamidade como mais importantes que o direito de não surpresa do contribuinte; mas valorou o direito de não surpresa como mais importante que o direito de o poder público fazer um investimento, ainda que seja urgente e que atenda um relevante interesse nacional.

Esse sempre foi o correto raciocínio e vigorou nesses 15 anos de vigência de Constituição após 1988 até a Emenda 42 de Dezembro de 2003. Com a Reforma Tributária de 2003 acresceu-se essa nova regra da anterioridade, o prazo mínimo de 90 dias. E qual a questão importante aqui? A importância é que o constituinte determinou que respeite-se o, prazo novo a todos os tributos, não distinguindo, na alínea 'c' qualquer espécie. Entretanto, percebeu que haviam os tributos que eram exceção a alínea 'b', que gozavam de incidência imediata. Se ele não dissesse que esses tributos que tinham incidência imediata por serem exceções à alínea 'b' também seriam exceção à alínea 'c' agora criada, estes tributos perderiam a sua incidência imediata, pois ficariam submetidos a este novo comando normativo. Fácil perceber: só havia uma regra; haviam impostos que eram exceção; criou-se nova regra; precisa-se dar exceção à nova regra para aqueles que não se submetiam à regra antiga, pois se não se der, eles ficam submetidos à nova regra. Logo, deveria o legislador dizer que a nova noventena, criada pela alínea 'c', não se aplicaria ao IPI, ao II, ao IE e IOF, bem como aos restabelecimentos de alíquotas reduzidas da Cide Combustíveis e do ICMS interestadual monofásico na origem na venda de combustíveis, ao IEG e ao Empréstimo de Guerra e de Calamidade. Se isso fosse feito, não se teria qualquer alteração em relação às exceções ao princípio da anterioridade. Entretanto, não foi exatamente isso o que fez o legislador. Na verdade, fez, mas não para todos. Excluiu o IPI e os restabelecimentos de alíquotas reduzidas dos citados casos dos tributos dos combustíveis. Deu exceção à alínea 'c' (prazo de 90 dias) para o II, IE e IOF, para os empréstimos de guerra e calamidade e para o IEG; logo, estes, que já eram exceção à alínea 'b', por também serem exceção à alínea 'c', continuaram sem sofrer a ingerência do princípio da anterioridade, pois os seus dois comandos (exercício financeiro seguinte e prazo mínimo de 90 dias) não se lhes aplicam, continuando assim a gozar da incidência imediata de suas majorações ou eventuais criações. Já quanto ao IPI e aos atos de restabelecimento de alíquotas reduzidas da Cide dos combustíveis e do ICMS interestadual cobrado no Estado de origem da operação de venda do mesmo bem, o legislador não deu exceção. Buscou-se, com isso, impor um prazo mínimo e razoável para se permitir a aplicação da nova alíquota nesses três casos, retirando-lhes a incidência imediata e subordinando-os ao termo de 90 dias. Essa é a nova regra para as referidas situações.

Não parou por aí. O constituinte derivado ainda fez duas observações. Primeiro, sobre o Imposto de Renda. Determinou expressamente que a ele não se aplica a nova noventena. Continua regido apenas pela regra da alínea 'b' (exercício financeiro seguinte, não se submetendo ao prazo nonagesimal). Ou seja: se a alíquota do IR, por exemplo, for majorada de 27,5% para 30%, no dia 30/12/04, não há qualquer novidade; esse valor se aplica a partir de 1º de Janeiro de 2005. Mantém-se a regra velha (como não poderia deixar de ser) e não se aplica a regra nova. A Segunda novidade, neste mesmo sentido, é para o IPTU e IPVA, mas apenas quando a majoração vier em virtude da fixação de nova *base de cálculo*. Nestes casos, também não observar-se-á a noventena. Exemplo: se for fixada nova base de cálculo para IPVA ou IPTU, modificando assim o valor da cobrança, não se submete essa nova exigência ao mínimo nonagesimal. Pode-se cobrar em 1º de Janeiro. Máxima atenção aqui para o seguinte detalhe: o legislador constitucional só falou em *base de cálculo*. O que dá a entender que se a modificação do valor vier em virtude de alteração de *alíquota*, não há qualquer exceção ao princípio da anterioridade. Logo, como ficaria então a regra para o IPTU e IPVA em relação ao princípio da anterioridade? Da seguinte maneira: qualquer majoração, seja pela base ou pela alíquota, só se repassa no exercício financeiro seguinte, conforme sempre determinou a Constituição (150, III, 'b'); entretanto, se a majoração for pela alíquota, submete-se também ao prazo mínimo nonagesimal (150, III, 'c'); mas se for pela base de cálculo, não se aplica a regra da alínea 'c' (mínimo nonagesimal), aplicando-se somente a alínea 'b' que já existia. A regra nestes casos de fixação de nova base de cálculo de IPTU e IPVA fica igual a do Imposto de Renda.

De se observar então, resumidamente, como fica a situação dos tributos perante o princípio da anterioridade, em relação aos dois comandos normativos, alínea 'b' e 'c':

- **OBS: "EFS" = EXERCÍCIO FINANCEIRO SEGUINTE (alínea 'b' do art.150,III);**
- **OBS: "90" = MÍNIMO NONAGESIMAL (alínea 'c' do art. 150,III);**

- **IMPOSTOS**
  II, IE, IOF → não se aplica EFS; não se aplica 90; incidência imediata;
  IPI → não aplica EFS; aplica 90; incidência em 90 dias;
  IR → aplica-se EFS; não aplica 90; incidência em 1º de Janeiro seguinte;
  IPTU e IPVA (alíquota) →aplica-se EFS e 90; regra geral; só no ano seguinte e com após um mínimo de 90 dias da publicação da lei;
  IPTU E IPVA (base de cálculo) → aplica-se EFS; não 90; incidência em 1º de Janeiro seguinte;
- **ICMS → OPERAÇÕES INTER-ESTADUAIS DE VENDA DE COMBUSTÍVEIS → COBRANÇA MONOFÁSICA NA ORIGEM → RESTABELECIMENTO DE ALÍQUOTA REDUZIDA** → não EFS; 90 dias; incidência em 90 dias após a publicação do ato que restabeleceu a alíquota;
- **ICMS → OPERAÇÕES INTER-ESTADUAIS DE VENDA DE COMBUSTÍVEIS → COBRANÇA MONOFÁSICA NA ORIGEM → MAJORAÇÃO** → aplica-se EFS; aplica-se 90; regra geral; NÃO HÁ QUALQUER EXCEÇÃO;
- **ICMS → TODOS OS DEMAIS CASOS** aplica-se EFS; aplica-se 90; regra geral;
- **ITBI, ISS, ITD, ITR, IGF** → aplica-se EFS; aplica-se 90; regra geral; incidência no exercício financeiro seguinte e sempre após um mínimo de 90 dias da publicação da lei;
- **IEG** → não aplica EFS; não 90; incidência imediata;
- **TAXAS E CONTRIBUIÇÕES DE MELHORIA**: não há qualquer exceção; aplica-se EFS e 90 dias; regra geral;
- **EMPRÉSTIMOS COMPULSÓRIOS DE GUERRA E CALAMIDADE**: não se aplica EFS; não se aplica 90; incidência imediata;
- **EMPRÉSTIMOS COMPULSÓRIOS DE INVESTIMENTO PÚBLICO**: não há qualquer exceção; aplica-se EFS; aplica-se 90 dias; regra geral;
- **CONTRIBUIÇÕES DE SEGURIDADE SOCIAL** → regra própria prevista no 195,§6º; prazo de 90 dias; numericamente coincide com a nova regra do 150, III, 'c'; é a chamada *anterioridade mitigada da seguridade social*;
- **CIDE COMBUSTÍVEIS → MAJORAÇÃO** → não há qualquer exceção; aplica-se EFS; aplica-se 90 dias; regra geral;

- **CIDE COMBUSTÍVEIS → RESTABELECIMENTO DE ALÍQUOTA REDUZIDA** → não EFS; 90 dias; incidência em 90 dias após a publicação do decreto que restabeleceu a alíquota;
- **DEMAIS CIDE's** → não há qualquer exceção; a única exceção é para a CIDE Combustíveis; aplica-se EFS; aplica-se 90; regra geral;
- **CONTRIBUIÇÕES PROFISISONAIS E CONTRIBUIÇÃO DE ILUMINAÇÃO PÚBLICA** → também não há qualquer exceção; aplica-se a regra geral; EFS e 90.

Esse portanto é o atual esquema de todos os tributos em relação ao princípio da anterioridade, analisando-se a aplicação e as exceções dos dois comandos normativos, o do exercício financeiro seguinte e o do mínimo nonagesimal. Para encerrar esse tópico, apenas algumas questões interessantes devem ser esclarecidas, para mero efeito explicativo, em relação à nova aplicação da anterioridade após a EC 42/03 com a criação do mínimo nonagesimal da alínea 'c'.

A primeira premissa a ser aqui fixada é a de que *não se restringiu o prazo antigo*; nem se poderia; apenas melhorou a regra; ampliou-se a proteção ao contribuinte que além de continuar com o direito de só pagar o novo valor no ano seguinte também não poderá ser exigido sem que se passe um mínimo de 90 dias. A segunda importante premissa é a de que

Não se somam os dois prazos; mão é "primeiro de Janeiro + noventa dias; NÃO!!! A nova regra harmoniza-se com a primeira sem ser a ela somada; são dois comandos autônomos; deve-se respeitar o exercício financeiro seguinte (primeiro comando) e deve-se respeitar também um mínimo de 90 dias (segundo comando); ex: se uma taxa é criada em 10 de Dezembro, só será cobrada 10 de Março; respeitar-se-á o primeiro comando (exercício financeiro seguinte) e o segundo comando (90 dias após a data da publicação da lei criadora do novo tributo); neste mesmo exemplo, de se observar ainda que não necessariamente o dia será 10 de Março, pois o prazo é de 90 dias e não de 3 meses; deve-se contar exatamente 90 dias.

De ainda se estabelecer uma outra premissa: a nova regra da anterioridade só tem verdadeira importância para os últimos dias do ano; se a majoração, por exemplo, é feita em Julho, não é necessário aplicar o novo prazo mínimo de 90 dias, pois pelo primeiro comando (exercício financeiro seguinte), ele já será englobado; logo, neste caso de majoração em Julho, o tributo só será cobrado em 1º de Janeiro do ao seguinte, como já era previsto; nestes casos, não tem qualquer utilidade a nova regra; na verdade, o novo comando só tem utilidade para os novos valores instituídos a partir de 04 de Outubro; se for instituído em 03 de Outubro, quando se contar 90 dias chegar-se-á ao dia 1º de Janeiro; logo, não precisa da nova regra, pois a antiga já dava essa proteção; mas se a nova valoração vier em 04 de Outubro aplicando-se a noventena da alínea 'c' a cobrança só se autoriza em 02 de Janeiro; já melhorou então a regra em relação à regra anterior, que só protegia até 1º de Janeiro. Logo, pode se afirmar: qualquer majoração feita (ou instituição de tributo novo) até 03 de Outubro do ano, pode-se repassar o novo valor em 1º de Janeiro do ano seguinte; de 04 de Outubro em diante, deve-se sempre contar o prazo de 90 dias.

2.4. Imposto de Renda. Conflito Intertemporal. Anterioridade, Irretroatividade e Ultratividade. A Posição do STF. A Súmula 584. A Tese de Luciano Amaro

Importante questão, que provocou acaloradas discussões na doutrina e dissídio jurisprudencial, foi a de enfrentar a regra do princípio da anterioridade diante do Imposto de Renda. Tudo isso devido à peculiar situação do IR ser tributo que tem regra própria, diferente dos demais impostos, a lembrar: o fato gerador é auferir rendas ou proventos de qualquer natureza durante *todo* o exercício financeiro (1º de Janeiro até 31 de Dezembro de ano corrente); esse ano, é o chamado *ano-base*; o contribuinte pagará no ano seguinte o valor devido pelo fato gerador ocorrido no *ano-base*, o ano anterior. Ex: rendas auferidas no exercício financeiro de 2004 (1º de Janeiro de 2004 até 31 de Dezembro de 2004) implicam pagamento em 2005,exercício seguinte. Neste caso do IR, tem-se o chamado *fato gerador complexo*, em que vários fatos podem ocorrer (auferir rendas diversas vezes) para que se tenha um único resultado, o dever anual de pagamento. No caso, alguns autores chegaram a discutir se o fato gerador ocorreria em 1º de Janeiro (posição adotada, dentre outros, por *Fabio Fanucchi*[73]) ou então em 31 de Dezembro (posição preferida de outros doutrinadores, como *Alfredo Augusto Becker*[74]), predominando entretanto a doutrina que leciona

[73] FANUCCHI, Fábio. Curso de Direito Tributário Brasileiro. Ed. Resenha Tributária, 4ª edição, São Paulo, 1976, 2.v.

[74] BECKER, Alfredo Augusto. Teoria Geral do Direito Tributário. 2ª edição. São Paulo. Editora Saraiva. 1972.

ocorrer o fato gerador durante todo o exercício financeiro, aperfeiçoando-se ao final do ano, no dia 31 de Dezembro.

Diante de tal situação peculiar, de o fato gerador ocorrer ao longo de um determinado período de tempo e não instantaneamente, correspondendo assim a uma obrigação a ser paga no ano seguinte, surge a questão problemática: se uma *lei* for editada durante o ano, entrando em vigência neste, poderá ser aplicada ao imposto devido relativo a este mesmo ano? Ex: se uma lei é publicada e entra em vigência no decorrer do ano 2004, pode ela ser aplicada para o IR devido em 2004, mas que só será pago em 2005? Essa foi a grande controvérsia, o *lide in case* que precisou ser enfrentado pelo STF e que motivou, inclusive, a edição de uma súmula, a **SÚMULA 584**, que será comentada logo em diante.

A problemática existe em dissecar o seguinte valor maior: a anterioridade reflete a necessidade de só cobrar no ano posterior o valor instituído no ano anterior; por uma análise curta e fria deste teor principiológico poder-se-ia acreditar que seria correto e devido aplicar essa lei vigente durante o ano para a cobrança a ser feita no ano seguinte sobre o exercício do ano em que a lei entrou em vigência. Ou seja: por este raciocínio, se uma lei entra em vigência em Setembro de 2004, como o pagamento deste ano só será feito no ano de 2005 (e portanto exercício financeiro seguinte ao da publicação da lei), poder-se-ia tranquilamente aplicar essa lei. Essa foi a tese adotada por alguns doutrinadores e foi entendimento firmado nos finais dos anos setenta e início dos anos 80. Tese essa que foi, àquela época, veementemente aplicada pelo STF, embasando a edição da citada Súmula 584 que deixou entendimento que bastava a lei ter sido publicada até o dia 31 de Dezembro do ano base para poder ser a ale aplicada; exigia-se a vigência desta no ano seguinte, o ano da declaração; essa conclusão é óbvia, pois para se aplicar a lei no momento da declaração, no ano seguinte, ela deve estar em vigência, caso contrário não pode produzir efeitos, não incidiria a lei. Por isso, a súmula 584 veio a, naquela época, anos 80, determinar a plena e possível aplicação de qualquer lei editada durante o ano ao Imposto de Renda daquele mesmo ano, a ser pago no ano seguinte; bastaria ser publicada durante o próprio ano (até 31 de Dezembro) e estar vigente no ano seguinte. A título ilustrativo, observe-se o teor da citada súmula 584 do STF:

> *"Ao imposto de renda calculado sobre os rendimentos do ano base, aplica-se a lei vigente no exercício financeiro que deve ser dada a declaração"*

Repita-se: o STF sumulou apenas a necessidade de *vigência* da lei no ano da declaração, ou seja, o ano seguinte. E isso é lógico, pois não s e pode aplicar uma lei que não está vigente. Mas, o colendo Tribunal não exigiu que a lei fosse *publicada* no ano da declaração, dando a entender a sua posição, que já era aplicada, de permitir a publicação no ano anterior, no mesmo ano a ser tributado.

Essa posição, sumulada no verbete citado, gerou revolta na doutrina, que liderada por diversas vozes, destacando-se *Luciano Amaro* (que ofereceu dedicada monografia sobre o tema com tese afrontadora da posição do Supremo[75]), entendia ser tal posição perigosa, desafiante à segurança jurídica, e violadora da própria *anterioridade tributária*. Buscou-se uma interpretação mais consistente da anterioridade tributária para galgar a sua verdadeira proteção, e em especial nesse caso específico do IR, não submetendo os particulares à incidência de uma lei, editada, por exemplo, no fim do ano, que modificasse todas as condições sobre o pagamento que seria feito a seguir. Buscou-se firmar entendimento no sentido de reconhecer que a anterioridade determinaria que a lei deveria ter sido publicada no *exercício anterior* ao da *ocorrência do fato gerador*. Logo, para uma lei ser aplicada ao IR devido pelo ano base de 2004 (a ser pago em 2005) ela deve ser publicada até 31 de Dezembro de 2003. Ainda que só entre em vigência em 2004, não tem problema. Mas pela anterioridade, busca-se o termo inicial na data de *publicação da lei*. Logo, a *lei* publicada em determinado exercício financeiro não pode ser aplicada a este mesmo exercício mas só aos fatos geradores ocorridos no exercício seguinte. Essa tese vai contra o entendimento da súmula 584 do STF que permitia que a lei publicada até o fim do exercício financeiro se aplique a ele mesmo, já que o *pagamento* é feito no ano seguinte.

A tese do STF é no sentido de afirmar que *a cobrança* só será feita no exercício seguinte. Logo, estar-se-ia a cobrar no exercício posterior aplicando-se lei publicada no exercício anterior. E usava como forte o seguinte argumento: aplicação do **art.105 do CTN** que diz que a lei se aplica imediatamente aos *fatos geradores pendentes*. Ou seja, no caso do IR, o fato gerador está *pendente* de se aperfeiçoar. Fato gerador pendente seria aquele que se iniciou mais ainda não se concluiu. Neste caso, entrando em vigência

[75] Amaro, Luciano Silva. O Imposto de Renda e os Princípios da Anterioridade e da Irretroatividade. Resenha Tributária, nº 25/26. ED. RT. São Paulo. 1983.

nova lei, no curso da ocorrência do fato gerador, aplicar-se-ia esta nova lei diretamente a esses efeitos pendentes do fato gerador. Essa postura foi adotada em diversos julgados pelo STF[76].

Tal posição entretanto permite que o fato gerador se inicie em 1º de Janeiro, regido por uma lei, e termine o ano regido por outra. E ao particular aplicar-se-ia a lei última, se publicada até 31 de Dezembro, quando findo o fato gerador. Essa posição afronta, repita-se, a segurança jurídica. Esse foi o fator determinante para motivar *Luciano Amaro* a expedir a tese que conquistou adeptos, cresceu, tornou-se majoritária e fez o **STF MUDAR DE POSIÇÃO** em diversos julgados. Ainda que não seja unânime o entendimento entre todos os ministros, hoje o STF entende pela não aplicação da súmula 584, predominando o pensamento do grande trabalho elaborado por Luciano Amaro, determinando que o ano base seja tributado por lei publicada até 31 de Dezembro do ano anterior. Seria, de novo, o exemplo já citado: para o pagamento de 2005, que se refere ao ano de 2004, a lei que o rege deve ter sido publicada até 31 de Dezembro de 2003. Entendamos um pouco deste pensamento de Luciano Amaro, citando aqui suas próprias conclusões.

O pensamento do renomado autor passa por um ponto chave: identificar a diferença entre os princípios da *anterioridade* e *irretroatividade*, para então harmonizar os dois comandos constitucionais e concluir pela tese acima narrada.

Relembra Luciano Amaro que uma lei não pode tributar um fato ocorrido antes de sua vigência. Seria retroativa. Esse é comando do princípio da *irretroatividade*, que veda a tributação com uma nova lei para fatos geradores ocorridos antes da *vigência* dela. Diferente é o da *anterioridade*, que diz que se há lei nova majoradora ou instituidora de tributo, ela só se aplica no exercício financeiro seguinte. E, para Luciano Amaro, essa lei que traz o novo valor, só se aplica a *fatos geradores ocorridos no ano seguinte ao da publicação da lei*. Busca, ele, interpretação mais ampla (e mais correta) do valor da não surpresa, protegendo-se de forma mais concisa o contribuinte.

Observe-se que são situações distintas. Pela irretroatividade, a lei se aplica a qualquer fato ocorrido a partir da sua vigência. Pela anterioridade, a lei, se previu novo valor a ser cobrado (pela criação de tributo novo ou majoração de já existente) se aplica a fatos geradores ocorridos a partir do

[76] STF, RE 115.167/SP. Rel. Ministro Carlos Madeira; RE 104.259; RE 197.790; RE 194.612.

ano seguinte. O novo valor só pode ser exigido no ano seguinte (e com um mínimo de 90 dias), e, logo, se só lá essa lei terá aplicação, não se pode então, tributar com esse novo valor, um fato ocorrido antes da aplicação desta lei. Por isso de se concluir ser correto o jurista paulista ao afirmar que pelo princípio da anterioridade só se aplica uma nova cobrança instituída (ou decorrente de majoração) durante o ano, aos fatos praticados no exercício financeiro seguinte ao da publicação desta lei, vedando-se que a lei nova tribute fato gerador ocorrido no mesmo exercício financeiro da sua publicação, ainda que posterior à sua vigência. Exemplo: se uma lei majoradora é publicada e entra em vigência em 15 de Setembro, ela só pode tributar, com o novo valor, os fatos ocorridos após 1º de Janeiro. Observe-se que ela já estará em vigência a partir de 15 de Setembro. Mas, por essa visão da anterioridade, apresentada por Luciano Amaro, ela só se aplica *a fatos geradores ocorridos no exercício seguinte ao da publicação.* Entre 15 de Setembro e 31 de Dezembro, estará vigente a lei nova, mas não se aplicará a mesma. A irretroatividade estaria respeitada se fosse feita a tributação sobre os fatos ocorridos entre 15 de Setembro e 31 de Dezembro. Mas a anterioridade não. Por esta visão, seria o caso de continuar aplicando as lei velha até 31 de Dezembro, passando a aplicar a lei nova aos fatos ocorridos após 1º de Janeiro. Seria o caso de *ultratividade* da lei velha, ou seja, ela continuaria a ser aplicada mesmo já estando revogada, até o momento de se permitir a aplicação da lei nova. Por essa tese, que nos parece plenamente correta, estaria respeitada a irretroatividade (pois realmente a lei nova só tributaria fatos geradores ocorridos após a sua vigência; não se teria caso de retroatividade) e estar-se-ia também respeitando a anterioridade, pois a lei nova majoradora só estaria tributando fatos geradores ocorridos posteriormente à sua vigência.

Se aplicarmos, então esta tese, no Imposto de Renda, observe-se o resultado: imaginemos uma Lei A que majora o IR no mês de Setembro de 2005; o fato gerador já está ocorrendo; logo, essa lei publicada em Setembro, só pode alcançar fatos geradores praticados no exercício financeiro seguinte ao da sua publicação; assim por concluir, a Lei A só se aplicará ao exercício financeiro de 2006; assim sendo, o ano base de 2006 será regido pela Lei A publicada em 2005, que resultará no dever de pagamento em 2007 (correspondente ao IR devido relativo ao exercício de 2006). Essa é a tese que hoje prevalece. Louvemos o brilhante trabalho ofertado por Luciano Amaro. É a atual tese prevalecente no Supremo Tribunal Federal, ainda que, ressaltemos, alguns ministros entendam pela aplicação da famigerada súmula 584. Esse dissídio jurisprudencial na Corte Maior, ainda indesejavelmente existente, leva alguns autores a afirmarem que predomina no STF o entendimento pela aplicação da Súmula 584. Realmente, há julgados nesse sentido. Veja-se por exemplo a citação de passagem da obra de *Marcelo Alexandrino e Vicente Paulo*[77], que analisam questões tributárias controvertidas à luz do STF e citam entendimento pela tendência do STF a aplicar a súmula:

> *"O entendimento reiterado do STF (RREE 104.259; 194.612; 197.790) relativo ao Imposto de Renda é de que vige a interpretação consolidada na Súmula 584 (...) O STF tem sistematicamente entendido que, no caso do Imposto de Renda, o fato gerador somente se completa e se caracteriza, ao final do respectivo período, ou seja, em 31 de Dezembro. Portanto, lei editada no final do ano base pode atingir a renda apurada durante todo o ano, contando que esteja em vigor antes do exercício financeiro que se inicia a 1º de Janeiro do ano subseqüente, a de apresentação da declaração do IR (RE 194.612)".*

Mais uma vez contrário a este entendimento, registremos aqui passagem citada por *Hugo de Brito Machado*[78] enaltecendo o trabalho de *Amaro:*

> *"Seja como for, estamos inteiramente convencidos de que a razão está com Luciano Amaro. O princípio da anterioridade da lei tributária só será efetivo se entendido como preconiza aquele eminente tributarista. A lei que institui ou aumenta tributo não pode alcançar fato gerador consumado nem fato gerador em formação. Há de ser, para incidir, anterior ao início do fato gerador do tributo respectivo. A não ser assim, o princípio da anterioridade não será instrumento de segurança jurídica".*

Na sua premiada obra *Direito Tributário Brasileiro* Luciano Amaro relembra quando, em 1983, nas "XI Jornadas Latino-Americanas de Direito Tributário", realizadas no Rio de Janeiro, lançou em público sua tese hoje sustentada e apoiada quase unanimemente. Registremos sua lembrança para apresentar a síntese conclusiva do que ele sustentou à época:

> *"Nesse estudo, que traduziu tese que expuséramos e fora aprovada nas XI Jornadas Latino-Americanas de Direito Tributário, realizadas no Rio de Janeiro, em Maio*

[77] ALEXANDRINO, Marcelo e PAULO, Vicente. Direito Tributário na Constituição e no STF. Editora Ímpetus. Rio de Janeiro. 6ª edição. P. 82.

[78] MACHADO, Hugo de Brito. *Princípios... op. Cit. p.93-94.*

de 1983, sustentamos que: a) o princípio da irretroatividade exige lei anterior ao fato gerador, ou seja, lei anterior ao período de formação do fato gerador; b) tratando-se de tributo sujeito à anterioridade, a lei há de preceder o ano em que ocorram os fatos (sobre que incidam o tributo) e não apenas o exercício do pagamento do tributo. Geraldo Ataliba (...) e Cleber Giardino defenderam também a necessidade de lei anterior ao período de formação do lucro.

Só apressada leitura da Constituição, que vedava a cobrança de tributo no mesmo exercício de sua criação ou aumento, poderia aceitar que bastaria , para respeitar o princípio da anterioridade, que o momento da arrecadação ou pagamento do tributo criado ou aumentado fosse deslocado para o exercício financeiro seguinte, podendo ser atingidos os fatos ocorridos no próprio exercício de edição da lei.

Não tivemos dúvida em sustentar, no referido estudo, que o princípio da anterioridade exige lei prévia em relação ao exercício de ocorrência dos fatos que darão origem à obrigação tributária. (...) Sacha Calmon Navarro Coêlho, endossando a conclusão, compreendeu, indulgentemente, nossa averbação contra a Súmula 584"[79].

Longe de querer aqui escrever uma obra apenas composta por citações, sentimo-nos obrigados a tecer mais uma, do próprio autor acima citado, permitindo ao leitor deste trabalho conhecer a conclusão atual de grande responsável pela tese hoje citada por todos. Leiam-se então, para concluirmos esse tópico, as conclusões de Luciano Amaro sobre toda a problemática aqui enfrentada, permitindo-nos fazer das dele as nossas conclusões:

"A questão hoje parece pacificada na doutrina e na prática legislativa, tendo-se sensibilizado, igualmente, a jurisprudência, que mudou o posicionamento estratificado na antiga Súmula 584 do Supremo Tribunal, primeiro para situações nas quais a lei, editada em determinado ano, pretendia sua aplicação a período de apuração já encerrado dentro desse ano e, depois, também para as hipóteses em que a lei previu sua aplicação a período que ainda estava em curso no momento de sua edição.

A conjugação dos princípios da irretroatividade e da anterioridade levou, todavia, em relação aos tributos com fatos geradores periódicos, à inaplicabilidade da lei editada no curso de certo exercício financeiro em todas as seguintes situações: a) fato aperfeiçoado antes da lei; b)fato em curso no momento da edição da lei; c) fato cujo período seja posterior à lei, mas que se inicie no mesmo exercício de edição da lei (hipótese em que a lei não seria retroativa, mas atentaria contra o princípio da anterioridade)".[80]

[79] AMARO, Luciano. Direito Tributário Brasileiro, *op.cit*, p.131.

[80] AMARO, Luciano. *Direito... op. Cit. pp. 132-133.*

2.5. A Anterioridade e a Norma Mais Favorável ao Contribuinte

Importante discussão que se travou na doutrina foi a de saber se uma nova lei que alterasse o valor tributário para diminuí-lo, tornando assim a tributação mais benéfica ao contribuinte, poderia ter incidência imediata ou subordinar-se-ia também às regras da anterioridade, devendo esperar o exercício seguinte e o mínimo de 90 dias para ser aplicável.

Parte da doutrina tem sustentado a aplicação imediata da norma nova benéfica, por entender que o princípio da anterioridade existe para beneficiar o contribuinte. Logo, se a norma nova reduz a carga tributária incidente não há de se cogitar de aplicação da regra temporal, posto que esta só foi criada para *proteger* o contribuinte diante de surpresas com novos valores não esperados que poderiam ser *indesejáveis*. Vislumbram o princípio da anterioridade pelo prisma único de garantia pró-contribuinte. Assim sendo, se aplicado nos casos de lei mais benéfica estar-se-ia a prejudicar o contribuinte. Esse entendimento é majoritário na doutrina e goza de simpatia nos tribunais maiores. Nesta linha de entendimento, tomemos as palavras de Hugo de Brito Machado[81]

> ***"Os princípios constitucionais foram construídos para proteger o cidadão contra o Estado, e o princípio da anterioridade tributária tem por finalidade essencial evitar que no curso do ano seja o contribuinte surpreendido com um ônus tributário a mais, a dificultar o desenvolvimento de suas atividades.***
>
> ***Assim, princípio da anterioridade, como os demais princípios constitucionais em geral, não impedem a vigência imediata de norma mais favorável ao contribuinte. É possível portanto a edição de lei alterando um Regime tributário no curso do exercício financeiro, para vigência imediata, desde que seja favorável ao contribuinte".***

Se analisada a posição do eminente jurista cearense sob a ótica protetiva ao contribuinte, louvável sua tese. Não há dúvidas que a natureza jurídica de qualquer princípio tributário é ser instrumento protetivo ao cidadão, essencialmente contra abusos do Estado no seu exercício do poder de tributar. Mas, deve-se tomar certos cuidados na interpretação de tais posições, sempre defensoras dos contribuintes, para que por conta delas não se chegue também a um abuso, ao ponto de, por exemplo, abalar a segurança jurídica.

[81] MACHADO, Hugo de Brito. *Princípios... op. Cit. p.96.*

Tenho, em particular, certa restrição a esta posição. Mão que não adotemos teses garantistas e pró-contribuintes. Pelo contrário, são nossas preferidas. Entretanto, sempre dentro de uma razoabilidade aceitável. Não se pode defender uma tese pró-cidadã para por em risco a segurança do Estado de Direito, o equilíbrio econômico e financeiro, e, especialmente, o plano orçamentário anual. Chama-se aqui a atenção para este aspecto para se demonstrar que a interpretação de que a aplicação imediata de uma norma que reduz a carga tributária pode gerar enormes prejuízos ao Estado, abalando a segurança jurídica e desestabilizando as finanças públicas. Observe-se.

Imagine-se que o ente público faça ao final do ano seu plano orçamentário para o ano seguinte, prevendo todos os tributos que serão cobrados, definindo sua quantificação, sabendo assim o quanto vai arrecadar e externando portanto quanto vai gastar. Faz seu *plano orçamentário anual.* No decorrer do ano seguinte, o Poder Legislativo edita norma reduzindo a carga tributária. Reduzindo o valor dos tributos cobrados. SE entendermos friamente que pelo fato de essa norma ser mais benéfica ao contribuinte (como vem sendo entendido) ela tem aplicação imediata, estaremos adotando postura extremamente danosa ao orçamento público, que pode o comprometer e até mesmo o inviabilizar. Imaginemos que ao invés de um fossem três os impostos reduzidos no meio do ano. O poder público contava com aquela receita no valor anterior, e contava com ela até Dezembro, e tinha inclusive um plano elaborado e aprovado no fim do ano anterior que contava com aquela receita. E, este plano, pelo princípio da anualidade, devendo inclusive ter sido aprovado pelo legislativo no ano anterior. Ou seja, havia o consentimento popular para o valor repassado durante o ano. Logo, perceba-se que aplicar a redução dos valores esperados e que serviram de alicerce do plano orçamentário seria perigosamente prejudicial às finanças públicas. Por isso achamos que não se deveria ter aplicação imediata da lei nova mais benéfica, submetendo-se esta ao princípio da anterioridade.

Certamente alguns dirão que este entendimento é errado e abusivo, nitidamente *pró-fisco.* Mas não é. Ele é *pró-segurança jurídica.* Isso sim. E mais. A anterioridade diz que não se pode prejudicar o cidadão, por isso impor certo prazo para se aplicar a ova lei. Mas não diz que se deve proteger ao ponto de prejudicar o Estado, aplicando-se imediatamente leis mais benéficas. Não. Isso não está escrito na Constituição nem no CTN. E mais: quando se tem lei diminuindo o valor tributário, não se está prejudicando o contribuinte ao aplicá-la apenas no exercício financeiro seguinte. Não. Apenas não se está o beneficiando, mas prejudicando-o com certeza não se está. Até porque o valor que era aplicado continua mantido. Não há majoração.

A essência dos princípios da *legalidade, anterioridade e irretroatividade* é a preservação da ***segurança jurídica***. É por esse ideal que se cria esses princípios. É claro que a mensagem é direcionada para proteger os contribuintes, mas não ao ponto de gerar um desequilíbrio. O direito tributário, já dissemos, não pode mais ser visto como uma relação em que o Estado posta-se- hierarquicamente acima do contribuinte. Mas também não pode ser visto de forma a colocar o interesse público abaixo do interesse privado. Há sim, de se buscar uma visão protetiva aos cidadãos, sem deixar que por isso se prejudique o Estado. Há de se buscar uma relação isonômica. Uma equidade e equilíbrio entre Estado e contribuinte. Deve-se alcançar o bom senso e o discernimento capaz de valorar os direitos fundamentais dos contribuintes, mas sem, é claro, por causa de tal postura gerar danos ao Estado.

Nas suas palavras, o respeitável Prof. Hugo de Brito Machado entende que como os princípios são protetivos ao cidadão, qualquer norma mais favorável pode ter aplicação imediata. Relembremos parte das palavras do citado mestre:

> *"Assim, princípio da anterioridade, como os demais princípios constitucionais, não impedem vigência imediata da norma mais favorável ao contribuinte..."*

Por este raciocínio de que os princípios só servem para normas que não são mais favoráveis, poderíamos chegar então à indesejável conclusão de que se um *decreto* ou uma *portaria* reduzisse um valor tributário, poderia ser aplicada, pois como mais benéfica, não precisar-se-ia aplicar o princípio da legalidade, *que só existiria para proteger o contribuinte e não para prejudicar.* Longe de aqui querer criticar o respeitável autor, por cuja pessoa prezamos inestimável respeito e admiração, fazendo leitura assídua sobre suas obras e artigos, mas aqui, democraticamente, permitimos discordar de tal posição, que repetirmos, apesar de não ser de nossa preferência, é majoritária.

É por conta destas ressalvas que fizemos que, sempre apontando nosso raciocínio para o vértice da segurança jurídica, entendemos que a lei que reduz tributos deve também se submeter ao lapso temporal da anterioridade tributária. Na verdade, não estar-se-á prejudicando o particular, que em breve receberá o novo benefício, e também não estar-se-á comprometendo o orçamento público.

3. Princípio da Irretroatividade

3.1. Noções Gerais. Matriz Constitucional. O Art. 5º, XXXVI e o Art. 150, III, 'A' da CR/88. Valor Essencial da Irretroatividade. A Segurança Jurídica

Complementa o conjunto de princípios direcionados a proteger a *segurança jurídica* o princípio da *irretroatividade* da lei tributária, previsto no **art. 150, III, 'a', CR/88**. Princípio também ligado aos efeitos temporais da relação tributária, assim como a anterioridade, mas de cunho essencialmente diferente.

Por tal dispositivo o constituinte afirmou, no citado dispositivo, que:

> *"Art. 150. Sem prejuízos de outras garantias asseguradas ao contribuinte, é vedado à União, aos Estados, ao Distrito Federal e aos Municípios:*
>
> *(...)*
>
> *III –cobrar tributos:*
>
> *a) em relação a fatos geradores ocorridos antes do início da vigência da lei que os houver instituído ou aumentado;"*

O que este princípio ensina é que uma nova lei editada pelo poder público em matéria tributária, seja para majorar um tributo existente ou para criar novo tributo, só se aplica a fatos geradores que ocorram a partir da sua entrada em vigência. Não pode *retroagir* para tributar um fato que ocorreu antes da sua vigência. Por isso se fala em *irretroatividade* (= vedação à retroatividade). E parece uma conclusão lógica. Se a *vigência* da lei é o momento que marca o início da sua eficácia, obviamente que antes da *vigência*, nenhum efeito pode ser produzido. Por isso ser tal princípio perfeitamente correto, e, ao mesmo tempo, meramente explicitante, exaurindo o que a própria Carta já consagrara no **art.5º, inciso XXXVI,** que afirma que *"a lei não prejudicará o direito adquirido, coisa julgada e ato jurídico perfeito"*.

De se observar que o valor fundamental aqui protegido é o de não submeter um cidadão que pratica um fato hoje a ser tributado por uma lei que não está em vigência hoje, que só entrará amanhã. Geraria total insegurança nas pessoas e no próprio Estado de Direito permitir que amanhã pudesse ser editada, publicada e entrar em vigência uma lei que viesse a tingir os fatos que eu pratico hoje. Quando alguém pratica certo ato relevante para o direito, deve ser informado quais os efeitos jurídicos desse ato; deve haver lei em vigência e aplicável no momento do ato para lhe estabelecer o que é permitido e como é permitido, bem como o que é vedado. E se o fato é praticado sob a égide desta lei vigente ao momento do fato, é ela que deve regê-lo, não sendo coerente que uma lei posterior estabeleça novos comandos para aquele fato que já ocorreu. Ainda mais se for uma lei *gravosa*, que, por exemplo, em matéria tributária, aumente tributo ou crie novo. Não faz qualquer sentido aplicar essa lei gravosa *(lex gravior)* ao fato já ocorrido, perfeitamente consumado. Violar-se-ia, antes de mais nada, o art.5º, que proíbe que a lei nova prejudique ato jurídico perfeito.

Na realidade, quando se afirma que a *lei nova não pode retroagir para alcançar fatos geradores praticados antes de sua vigência*, o que se está a afirmar é que todo cidadão, quando praticar um fato gerador, tem o direito de ser tributado pela lei vigente no momento do fato. È a velha e famosa parêmia latina que se aplica ao direito intertemporal: *"lex tempus regit actum"* (a lei do tempo do ato é que rege o ato). Em direito tributário, como não se fala em *ato* e sim em *fato, fato gerador*, mais técnico é falar em *lex tempus regit factum*. O fato gerador será tributado pela lei vigente ao momento de sua prática. Caso contrário, abalada estaria a segurança jurídica, pois você praticaria um fato gerador hoje e poderia ser tributado por uma nova lei criada amanhã. Qual segurança você teria? E mais: você poderia praticar um fato hoje que não fosse gerador de dever de pagar tributo, mas que amanhã, por criação de novo tributo, possa ser; se não fosse vedada a retroatividade dessa nova lei, você que praticou o fato ontem, quando nenhuma lei dizia que ele geraria dever de pagar tributo, poderia ser tributado. Por isso, para evitar essa insegurança jurídica, afirma que a lei nova não pode retroagir para tributar fatos geradores ocorridos antes de sua vigência.

3.2. Diferença entre "Anterioridade" e "Irretroatividade"

Ainda que guardem extrema semelhança, por se direcionarem aos efeitos temporais da tributação, os dois princípios não se confundem. Mesmo guardando a semelhança de serem relacionados e direcionados para leis que criam tributos novos ou majoram os que já existem, são diferentes. Se não fosse, não precisariam ser repetidos. Observemos algumas diferenças essenciais.

O princípio da anterioridade determina que se uma nova lei apresenta nova tributação, este novo valor só pode ser *cobrado* depois de certo período de tempo. O que se busca aqui é dar um prazo para o contribuinte se preparar para o novo pagamento. Aqui, refere-se ao *lapso temporal para a cobrança*. Busca-se apenas postergar o prazo que se poderá aplicar a lei nova. Ex: se uma lei cria um imposto em dezembro e em dezembro ela é publicada, pela anterioridade essa lei só poderá ser aplicada após 90 dias e no ano seguinte. Mas se essa mesma lei disser que sua vigência dar-se-á após 6 meses, pela irretroatividade ela não poderá tributar qualquer fato ocorrido nestes seis meses, ainda que já ocorridos no ano seguinte e que já passados 90 dias da publicação.

Pela anterioridade busca-se dizer *quando se pode cobrar*. Pela irretroatividade busca-se dizer *para quais fatos se pode cobrar com a lei nova*. Irretroatividade é princípio que diz para quais fatos geradores a lei nova se impõe, vedando para os ocorridos antes de sua vigência e autorizando para os posteriores a ela. A anterioridade é direcionada para a data que esse novo valor (que, pela irretroatividade, só se aplica a fatos posteriores à sua vigência) pode ser cobrado. Se completam, mas não se confundem. Um diz para quais fatos a lei nova se direciona (irretroatividade); o outro diz qual o prazo mínimo que deve se esperar para ficar autorizada a cobrança quando aplicada a lei nova.

Importante diferença é o *termo a quo* dos dois princípios e isso não se pode confundir. O termo inicial da *anterioridade* é a *PUBLICAÇÃO DA LEI* enquanto o da *irretroatividade* é o da *VIGÊNCIA DA LEI*. E isso é fácil de entender. Na anterioridade o valor protegido é o de *não surpresa* do particular. Logo, quando ele é surpreendido com o novo valor? Quando este é anunciado, quando o mundo jurídico é informado da existência desse novo valor. E quando isso se dá? Com a *publicação da lei* e não com a sua *vigência*. A *publicação* é o ato oficial que dá ciência ao mundo jurídico da nova norma. E é nesse momento que se toma ciência da surpresa, da nova exação ou do novo valor da exação já existente. E ninguém pode alegar que não conhece a lei para não submeter-se à sua aplicação. Já na irretroatividade, o que se quer analisar é se quando o fato ocorreu a lei já era ou não aplicável. Se ela já havia ingressado no plano da eficácia jurídica, ou seja, se ela já estava apta a produzir efeitos. Logo, a eficácia da norma só se dá com a sua *vigência*. Há uma diferença entre *publicação e vigência*. A lei pode ser publicada hoje mas só ter sua vigência autorizada após 30, 45, 90 dias, etc. Observe-se o exemplo do Código Civil: foi publicado em 1 ano e teve sua vigência postergada para um ano depois (Janeiro de 2002 e Janeiro de 2003). Neste meio tempo, a lei já é conhecida por todos, *mas não é aplicável*; fica com a sua *eficácia impedida*; é o que chamamos de *vacatio legis*. Ora, se a lei ainda não está em vigência, ela não é aplicável. Ela não produz efeitos no mundo jurídico; assim sendo, não pode atingir, portanto, fatos geradores que ocorram nesse intervalo de tempo. Por isso se percebe a diferença entre os termos iniciais. O fato gerador ocorrido antes da *vigência da lei* não pode por ela ser tributado, pois essa lei ainda não está autorizada a produzir efeitos; ela não se aplica; não está em *vigência*; é como se ela estivesse, após a *publicação*, *flutuando* sobre o ordenamento jurídico, esperando o dia da vigência para poder *aterrissar* e passar a produzir efeitos. Por isso que não basta a lei ter sido publicada para atingir o fato gerador. É preciso estar em vigência. Para ficar precisa a diferença entre anterioridade e irretroatividade, tomemos novamente um exemplo: se uma Lei A está em vigência durante o ano e a alíquota nela prevista é de 3%, ela regerá todos os fatos geradores ocorridos durante esse ano; mas se , em 1º de Dezembro, ingressa Lei B elevando a alíquota para 5%, e prevendo sua vigência para 120 dias, o que ocorrerá? Ocorrerá que pela *anterioridade* esse novo valor só se repassa após 90 dias e após o ano seguinte. Por este simples raciocínio, poder-se-ia sustentar tese de que os fatos geradores ocorridos após 1º de Dezembro já poderiam ser tributados pela lei nova mas só repassados após 90 dias e no ano seguinte (aproximadamente 1º de Março; 90 dias da publicação; anterioridade); outros (com melhor técnica) diriam que só se tributariam os fatos geradores ocorridos após os 90 dias da anterioridade (aproximadamente 1º de Março); entretanto, pelo princípio da irretroatividade, não se pode tributar um fato ocorrido antes da *vigência da lei*. Neste caso, a *Lei B* determinou sua vigência para 120 dias; assim sendo, somente os fatos geradores ocorridos após os 120 dias por essa nova alíquota de 5% seriam tributados; todos os fatos geradores ocorridos antes dos 120 dias seriam tributados pela Lei Velha, a Lei A que previa 3%. Se respeitada apenas a anterioridade, os fatos ocorridos, por exemplo, no mês de Março, seriam tributados pela lei nova; já haveria passado 90 dias da publicação da lei e já estar-se-ia no ano seguinte; entretanto, essa lei nova não estaria em vigência, pois ainda não decorridos os 120 dias para lhe permitir produzir efeitos; assim sendo, não poderia, pela *irretroatividade*, ser aplicada aos fatos ocorridos no mês de Março. Neste caso, ter-se-ia a aplicação da lei velha (mesmo já revogada) até a vigência da nova. É o caso da chamada *ultratividade*, que já comentamos quando analisamos a *anterioridade*.

Portanto, de se repetir a diferença: *anterioridade* se conta a partir da *publicação da lei*; *irretroatividade* se conta a partir da *vigência da lei*.

Pela tese que *Luciano Amaro* sustentou sobre o Imposto de Renda e com a qual concordamos, a *anterioridade* diz mais do que isso: diz ainda que a lei nova só se repassa para *fatos geradores ocorridos no ano seguinte da publicação da lei*. Por este raciocínio, o fato gerador ocorrido, no exemplo acima dado, em 02 de Dezembro (alei majoradora foi publicada em 1º de Dezembro) não poderia ser alcançado pela nova lei, mesmo que ela tivesse *vigência imediata*. Continuaria sendo tributado pela *lei velha*. Só os fatos geradores ocorridos após 1º de Janeiro seriam tributados pela lei nova e sua nova alíquota. E a cobrança só dar-se-ia após decorridos os 90 dias da publicação da lei. Neste caso, se a lei tivesse sido publicada e entrado imediatamente em vigência, em 1º de Dezembro, teríamos as seguintes conclusões: a) os fatos geradores ocorridos até 31 de Dezembro seriam tributados pela lei velha; caso de urltatividade; b) os fatos ocorridos após 1º de Janeiro poderiam ser tributados pela lei nova, mas só poderiam ser cobrados após 90 dias da publicação (aproximadamente 1º de Março); em ambas as hipóteses estariam respeitadas a *anterioridade* (só se aplicou a lei majoradora para fatos ocorridos no ano seguinte ao da publicação da lei e só se cobrou depois de um mínimo de 90 dias de não surpresa) e a *irretroatividade*, pois só se tributaria com a lei nova um fato gerador ocorrido após sua vigência. Mas se fosse o caso que antes demos como exemplo, em que a lei nova publicada em 1º de Dezembro só entrasse em vigência após 120 dias, qual conclusão teríamos: a) qualquer fato ocorrido antes dos 120 dias (até aproximadamente 31 de Março) seria tributado pela lei velha, pois a lei nova só entraria em vigência após 120 dias e só poderia alcançar os fatos geradores ocorridos após essa data, pela irretroatividade; b) quanto aos fatos geradores ocorridos após os 120 dias, poderiam ser tributados pela lei nova e cobrados inclusive no mesmo exercício financeiro, pois já estariam passados os 90 dias da anterioridade, já seria exercício financeiro posterior ao da *publicação da lei* (que se deu, no exemplo, em Dezembro do ano anterior) e a lei nova só estaria tributando fatos geradores ocorridos realmente após a sua vigência.

3.3. Exceções à Irretroatividade. Interação entre a Constituição e o CTN

O *princípio da irretroatividade* comporta algumas exceções, previstas no CTN, caos em que admitir-se-á que uma lei nova possa ser aplicada a foto pretérito. Analisemos então quais são as três hipóteses, que estão descritas no **art.106, incisos I e II do CTN:**

> ***"Art. 106. A lei aplica-se ao ato ou fato pretérito:***
>
> ***I – em qualquer caso, quando seja expressamente interpretativa, excluída a aplicação de penalidade à infração dos dispositivos interpretados;***
>
> ***II – tratando-se de ato não definitivamente julgado:***
>
> ***a) quando deixe de defini-lo como infração;***
>
> ***b) quando deixe de tratá-lo como contrário a qualquer exigência de ação ou omissão, desde que não tenha sido fraudulento e não tenha implicado em falta de pagamento de tributo;***
>
> ***c) quando lhe comine penalidade menos severa que a prevista ao tempo da sua prática".***

De se constatar portanto que há algumas situações expressamente previstas pelo CTN para autorizar a retroatividade da lei a fatos pretéritos.

No primeiro caso, trata-se das chamadas *leis meramente interpretativas*. Estas leis são feitas apenas para interpretar uma norma anterior. Como o próprio nome diz, são *meramente interpretativas*. São leis editadas apenas para esclarecer normas anteriores, para permitir a correta interpretação e aplicação da norma anterior. Não criam tributos, não majoram, etc. Apenas destinam-se a esclarecer o que verdadeiramente a lei anterior afirmara. Não há problemas na sua retroatividade. Não modificam a lei anterior, não constituem preceito novo. São, inclusive, necessariamente retroativas, posto que são expedidas com a única finalidade de retroagir para esclarecer a norma anterior.

No segundo caso, temos as leis que em matéria de penalidades tributárias possa ser mais benéfica, seja por desconstituir da conduta o caráter infracional, seja por reduzir a penalidade aplicável. É o que está previsto no art.106, II, 'a' e 'c'.

O terceiro caso encontra-se na alínea 'b' do 106, II, casos em que a lei nova deixe de exigir o cumprimento de uma obrigação acessória que não foi cumprida.

Em todas essas hipótese, de se ressalvar que se já ato jurídico perfeito, não há que se falar em retroatividade da norma. Destaquemos alguns comentários.

Nos casos de penalidade tributária, é natural que a lei nova que seja mais benéfica deva retroagir. Aqui se consagra princípio geral do direito público, o da *retroatividade benigna*, ou como alguns preferem, *retroatividade in bonam partem*. Se tem uma alusão ao *in dubio pro reo* do direito penal, para aqui o adaptando, aplicar a parêmia *in dubio pro contribuinte*. Aqui o que se tem é o dever de diante de uma conduta que era prevista como infração e para ela era prevista certa sanção, o dever de aplicar a esta infração a lei nova, se esta lei descaracteriza a conduta como infração (seria a *abolitio criminis* do direito penal; aqui, chamamos de *abolitio infracionis*) ou se esta nova lei mais benéfica ao invés de descaracterizar a conduta como infracional determina penalidade mais branda. Seria, no caso, uma nova lei melhor, pois prevê penalidade menor (o que no direito penal chamamos de *novatio legis im mellius*).

Esse dever de aplicar a lei melhor (*lex mitior*) em matéria de penalidades emana da própria essência do regime democrático de direito que consagra o princípio da legalidade, que permite que através da *lei* se respeite a palavra do povo. Como só a lei pode definir o que é crime, só a lei pode prevê as sanções. Se uma lei diminui uma sanção ou diz que para certa conduta não mais se caracteriza o status infracional, o que isso quer dizer é que o povo (que faz indiretamente a lei) autoriza e determina que se puna com menos rigor (nos casos de redução da penalidade) ou que se deixe de punir, pois o povo passa a aceitar a conduta antes não aceita. Logo, se *todo* poder emana do povo, o Estado não pode usar o *jus puniendi* (poder jurídico de punir) contra a vontade do povo. Não pode punir aquilo que o povo não autoriza nem com maior rigor do que o povo autoriza. Por isso se afirma que *obrigatoriamente* a lei nova mais benéfica em matéria de penalidades deve retroagir. Observe-se o exemplo: se uma Lei A prevê uma sanção de 20% para o descumprimento de certa obrigação acessória (ex: não emissão de nota fiscal), e um contribuinte realmente deixa de cumpri-la, submeter-se-á à incidência da penalidade pecuniária. Nesta situação, imagine o ICMS sobre certa mercadoria, incidindo com valor de R$ 1.000,00. A penalidade pecuniária (de 20%) eqüivaleria a um valor de R$ 200,00. A obrigação acessória (emitir nota fiscal), pela sua simples inobservância, converter-se-ia em principal (de pagar), no que tange à penalidade pecuniária imposta. Aliás, é o que determina o CTN no ser art.113, §3º. Portanto, o contribuinte que não emitiu a nota obrigado ficaria ao pagamento dos 20% de penalidade. Se ele paga, extingue-se a obrigação e o crédito, tendo-se assim um *ato jurídico perfeito*, ou como alguns preferem, *um direito adquirido do poder público* de gozar da recita que agora lhe pertence, tendo sido inclusive, devidamente exigida. Mas o que pode ocorrer é o seguinte: a lei nova entrar em vigência, extinguindo a conduta como infracional ou reduzindo a penalidade e em um ou outro caso o particular ainda não a ter pago. Nesta situação, ficará o particular agraciado pela nova norma, sendo dispensado do pagamento (se a lei nova extinguiu a tipicidade da conduta) ou tendo o direito de pagar o menor valor (se a lei apenas reduziu a punibilidade). No exemplo dado, se a lei nova determinasse não ser mais infração a não emissão daquela nota fiscal, estaria alforriado o devedor moroso. No caso de a lei reduzir a penalidade de 20% para 10%, seria este último valor o que o sujeito passivo deveria pagar. Mas, frise-se bem, apenas em casos de não ter havido o pagamento. Se já houve o pagamento, tem-se o chamado *ato jurídico perfeito,* consagrado como inviolável por leis futuras, tanto no art.5º, XXXVI da CR/88 como no art.6º da LICC.

É bem verdade que gera certa insatisfação constatar que quem pagou em dia, não será beneficiado pela lei nova, enquanto quem estava em mora recebe o benefício. Mas, é assim que deve ser feito para preservar a segurança das relações jurídicas. Quem pagou, pagou porque realmente devia. Seria um contra senso, depois, determinar ao fisco devolver. Geraria total insegurança fiscal, pois toda a arrecadação procedente de penalidade poderia ter de ser devolvida se houvesse nova lei em sentido contrário. Seria inviável. Por isso se afirma que a lei nova mais benéfica retroage em matéria de penalidades, mas desde que não haja ocorrido o pagamento.

Essa questão é diversas vezes enfrentada nos tribunais e o entendimento uniformizado é pela aplicação deste raciocínio aqui sustentado. O STJ por diversas vezes determina aplicação da lei nova que prevê penalidades mais brandas ou as extingue a fatos geradores ocorridos antes de sua vigência, sempre resguardando, entretanto, os pagamentos já ocorridos. Observe-se parte do voto do **Ministro Milton Luiz Pereira**, da **1ª Turma do STJ,** analisando questão similar, no **Resp 200.781/RS de 2000**:

> *"... o art.106,II,'c' do CTN permite que a lei posterior, por ser mais benéfica, se aplique aos fatos pretéritos, desde que o ato não esteja definitivamente julgado...".*

Nessa linha de entendimento tem decidido o STJ em diversos julgados[82], mantendo o correto entendimento do CTN.

[82] STJ. REsp. 109.254/SP, Min. Franciulli Neto, 2ª Turma; REsp 204.799/SP, Min. João Otávio de Noronha, 2ª Turma.

Este posicionamento jurisprudencial da Corte Superior é também acompanhado, como não poderia deixar de ser, pela Corte Suprema. O **STF** segue a mesma linha de decidir, conforma se pode inclusive constatar no recente **INFORMATIVO 368** que publicou o *decisum* firmado no **RE 407190/RS**, consagrando a uniformização entre CTN, STJ e STF.

O último caso a se comentar é o do 106, II, 'b'. Neste caso, sempre que a lei exija uma conduta comissiva (fazer algo) ou omissiva (não fazer algo), e esta for desrespeitada, ficará o sujeito passivo sujeito à penalidade. Se, entretanto, entrar em vigência nova lei, mais benéfica, determinando não mais ser tal conduta contrária ao ordenamento jurídico, desde que não haja qualquer fraude do sujeito passivo, e anda, não implicando tal medida em falta de pagamento do tributo devido, deverá a lei nova retroagir para alcançar a conduta praticada (comissiva) ou deixada de pratica (omissiva) não mais punindo o agente.

Interessante questão a ser abordada é a de saber se é necessário que haja realmente um *litígio*, seja administrativo ou judicial, realmente instaurado, para se aplicar a retroatividade benigna. Isso porque o art.106, no seu inciso II, fala claramente que "tratando-se de ato *não definitivamente julgado*". Por conta disso, poder-se-ia raciocinar que seria necessário está um ato *pendente* a trânsito em julgado ou a decisão administrativa irreformável (ou seja, ainda possível de modificação) para se ter essa aplicação retroativa benéfica. Não nos parece que assim seja. Parece-nos que, basta haver nova lei melhor, para dever esta ser aplicada, em matéria de penalidades tributárias, posto que assim estaria respeitado o poder que emana do povo para permitir punir ou não punir, e se punir, com a intensidade autorizada. Bastaria, a nosso entender, não ter havido o pagamento, e aonde o CTN disse "ato não definitivamente julgado" entenderíamos "ato jurídico perfeito".

Não é entretanto unânime o nosso entendimento. Alguns respeitáveis autores entendem pela aplicação literal do inciso II do art.106, ressalvando que só se aplica essa retroatividade nos casos de litígio instaurado. É, por exemplo, a opinião de Vicente Paulo e Marcelo Alexandrino, na sua já citada e recomendada obra sobre questões tributárias à luz do STF. Observemos trecho de sua obra[83]:

> ***"Relativamente à aplicação de penalidades, as leis que deixem de considerar um fato infração ou que lhe cominem sanção menos gravosa, retroagem***

[83] ALEXANDRINO, Marcelo e PAULO, Vicente, *op. Cit.* p.80.

para alcançar as infrações anteriores a seu início de vigência, contanto que a aplicação das sanções relativas a essas infrações esteja sendo objeto de litígio, ainda não definitivamente julgado". (grifo nosso)

4. Princípio da Igualdade ou Isonomia. Justiça da Tributação

Destinado a garantir a *justiça da tributação*, o princípio da *isonomia* ou da *igualdade* é aquele que busca assegurar que deve o Estado observar ao exercer a sua potestade tributária a igualdade entre os iguais bem como as desigualdades entre os desiguais, evitando injustiças, discriminações ou privilégios.

Contribuintes que se encontram em condições economicamente iguais devem ser tributados igualmente, não podendo o Estado discriminar uns em relação aos outros. Já contribuintes que são potencialmente diferentes, devem ter essas desigualdades respeitadas, sofrendo assim tributação desigual, posto que, como fica claro, são desiguais. Se os desiguais forem tratado igualmente não se terá justiça, equilíbrio, e sim desequilíbrio, falta de harmonia na tributação.

Tome-se por exemplo o caso do Imposto de Renda. Um contribuinte que ganha R$ 1.500,00 por mês não é economicamente igual a um contribuinte que ganha R$ 15.000,00 por mês. Há uma desproporcional equivalência entre a capacidade econômica entre eles. Por isso este imposto deve incidir de forma desigual sobre eles, que são desiguais. E é assim que é feito. O primeiro sofre a incidência da alíquota de 15% enquanto o segundo sofre a incidência da alíquota de 27,5%. Pessoas desiguais que tiveram suas desigualdades observadas e respeitadas e assim foram tributadas diferentemente.

Portanto o *princípio da isonomia tributária* é esse comando maior, previsto na Carta de 1988 no art.150,II, que busca preservar a *justiça tributária* evitando privilégios e discriminações. O texto constitucional determina que é vedado aos entes *dar tratamento tributário diferenciado a pessoas em situação equivalente.*

Fica claro esse efeito que se busca com a *isonomia*. Entretanto, necessário é ter um *critério* para se alcançar essa tributação desigual entre os desiguais para só assim chegar na finalidade maior que é a isonomia. Que se tem que tributar desigualmente, é sabido, mas como fazê-lo? Necessário então encontrar esse critério técnico que serve como parâmetro se aplicar na prática a tributação desigual entre os desiguais. E esse critério é a *capacidade contributiva*, conforme veremos no próximo ponto a seguir.

5. Princípio da Capacidade Contributiva. Suas Duas Faces: a) Critério para se Alcançar a Isonomia. Personalização. Progressividade, Proporcionalidade e Seletividade; b) Parâmetro para a Carga Tributária: Não Confisco, Dignidade da Pessoa Humana, Mínimo Vital. Justiça da Tributação

5.1. Critério para se Chegar à Igualdade. Capacidade Contributiva Decorrente da Capacidade Econômica. Personalização da Tributação

O chamado *princípio da capacidade contributiva* nasce a partir do *princípio da isonomia* e é na verdade indissociável dele. Não se pode cogitar falar em *capacidade contributiva* sem se referir à busca pela *isonomia*, posto que a capacidade contributiva nasce para ser, essencialmente, o verdadeiro critério a legitimar a consagração da isonomia e assim do seu fim ideológico maior, de *justiça na tributação*.

Quando se entendeu que era preciso tributar os desiguais desigualmente optou-se por escolher um critério para determinar, economicamente essa desigualdade, que serviria de base para a tributação desigual. E o critério foi o de identificar a maior ou menor capacidade de contribuir das pessoas. Buscou-se identificar quem tinha mais capacidade contributiva (para que pagasse mais) e quem tinha menos (para contribuir menos). Necessário era então apurar a maior ou menor capacidade contributiva entre as pessoas, para assim, estabelecer a desigualdade entre elas, propiciando-se uma tributação desigual entre os desiguais e fazendo-se valer a isonomia fiscal.

Portanto, procurou o legislador entender que a *capacidade econômica* externada pelo contribuinte apontaria a sua *capacidade de contribuir*. Quem externa maior capacidade econômica é porque tem maior capacidade contributiva. Logo, pode, e deve, pagar mais. Quem tem menos, raciocínio inverso. É bem verdade que a idéia de que a *capacidade econômica* reflete a *capacidade contributiva* não é de todo verdadeira. É um a presunção, e sem dúvidas *relativa*. Mas é a que é adotada. E não teria como ser diferente. Assim sendo, da *capacidade econômica do contribuinte* se presume sua *capacidade contributiva*. Se o contribuinte 'a' tem maior *capacidade econômica* que o contribuinte 'b', de se presumir que 'a' tem mais *capacidade contributiva* do que 'b'. Logo, 'a' deve *contribuir* mais do que 'b', pois 'a' é *desigual* a 'b' e os desiguais devem ser tributados desigualmente, pois só quando se respeita a condição desigual entre os desiguais é que se tem verdadeiramente isonomia e se alcança a justiça na tributação.

A *capacidade contributiva*, deduzida da *capacidade econômica*, é portanto o verdadeiro critério capaz de conduzir a tributação ao caminho da equidade, respeitando as condições diferenciadas entre as pessoas. Os impostos quando exigidos pelo poder público não podem incidir igualmente sobre todas as pessoas, pois as pessoas não são iguais. Logo, deve-se, sempre que possível, buscar dar aos impostos um *caráter pessoal*, fazendo com que o *imposto* se defina em seu *quantum* de forma justa e eqüitativa de acordo com a real condição de cada pessoa ou cada grupo de pessoas em situações equivalentes. Para os de mesma situação, os impostos devem incidir igualmente. Mas para os que se encontram em situação diversa, o imposto deve incidir diferentemente. Se existem pessoas na situação hipotética 'a', outras na situação 'b' e outras na 'c', o imposto deve incidir de três formas diferentes, uma para as pessoas da condição econômica adequada à hipótese 'a', outra para a 'b' e outra para a 'c'. Deve-se tentar, *sempre que possível*, *personalizar* a tributação, observando que a condição pessoal das dos contribuintes é desigual. A esse dever chama-se *personalização*. A *personalização* é uma essência da *capacidade contributiva*. Para se respeitar as diferentes capacidades contributivas deve-se personalizar, dar caráter pessoal aos *impostos*, para que eles possam incidir, sobre cada pessoa, de forma proporcional à sua capacidade de contribuir, sendo diferente das pessoas que tenham capacidade diferente. Pessoas iguais, incidência igual; desiguais, incidência desigual; personaliza-se a incidência para cada grupo de pessoas, de acordo com as suas diferentes capacidades contributivas, deduzidas das capacidades econômica externadas; quem tem mais paga mais, quem tem menos paga menos. Sempre de se frisar que a idéia de *capacidade contributiva* é sempre voltada para a garantia da *justiça na tributação*, devendo-se distribuir a tributação de forma equilibrada e equitativa entre os contribuintes e de acordo com suas reais condições de contribuir. Nesta linha de entendimento, concluamos este tópico com as palavras de *Ricardo Lobo Torres*[84]:

> *"A capacidade contributiva se subordina à idéia de justiça distributiva. Manda que cada qual pague o imposto de acordo com a sua riqueza, atribuindo conteúdo ao vestuto critério de que a justiça consiste em dar a cada um o que é seu (suum cuique tribuere) e que se tornou uma das "regras de ouro" para se obter a verdadeira justiça distributiva. Existe igualdade no tributar cada qual de acordo com a sua capacidade contributiva,*

[84] TORRES, Ricardo Lobo. Curso... *op.cit.p.83.*

mas essa tributação produz resultados desiguais por se desigualarem as capacidades contributivas individuais.

Capacidade contributiva é a capacidade econômica do contribuinte, como, aliás, prevê a CF/88, mantendo a tradição da CF/46 e coincidindo, também, com a da Espanha. É capacidade de pagar (abiliti to pay) como dizem os povos de língua inglesa. Significa que cada um deve contribuir na proporção de suas rendas e haveres, independente de sua eventual disponibilidade financeira".

5.2. Progressividade e Proprocionalidade

De se observar então como na prática se faz com que o *quantum debeatur* tributário seja exigido de forma diferente entre as pessoas de capacidades contributivas diferentes. Deve-se modificar esse valor, alterando os seus (ou um dos seus) elementos quantitativos para que o valor fique diferente. Os elementos quantitativos do tributo que permitem determinar o *quantum* exigível são a *base de cálculo* e a *alíquota*. Multiplica-se um pelo outro e se encontra o valor exigível. Logo, se a alíquota é alterada, aumentada, o valor a ser cobrado será logicamente aumentado. O mesmo com o valor da base de cálculo. Se um dos dois elementos é alterado, o valor final também, será. Observe-se: se em determinada situação a base de cálculo do ICMS é o valor de R$1.000,00 e a alíquota é de 10%, o valor a ser pago será de R$ 100,00 (*alíquota X base de cálculo*). Basta que se altere qualquer dos dois elementos para o resultado quantitativo ser outro. Ex: se a base for mantida e a alíquota subir para 15% o valor a ser pago deixa de ser de R$100,00 e passa a ser de R$150,00; se, no caso, se cobrar de uma pessoa a alíquota de 10% e a outra a alíquota de 15%, ter-se-á uma tributação desigual; se eles forem iguais economicamente, estará ferida a isonomia; mas se forem diferentes e essa for uma diferenciação *razoável* de acordo com suas diferenças econômicas, a variação de alíquotas é devida; não estar-se-á discriminando um e favorecendo outro mas apenas tributando os desiguais desigualmente, cobrando mais de quem tem mais capacidade contributiva e menos de quem tem menos capacidade contributiva. O mesmo raciocínio quanto à *base de cálculo*. Se a base de cálculo do IPTU é o valor venal do imóvel, ela vai variar de acordo com cada imóvel, com a sua grandeza econômica. Um imóvel maior que outro terá base maior; exemplo: um imóvel no subúrbio pode ter menor valor que um imóvel em um bairro de elite; assim sendo, pode o imóvel no bairro mais rico ter base de cálculo maior; logo, ainda que a alíquota seja a mesma em ambos os casos, o valor da tributação já será obviamente diferente. As pessoas de maior capacidade econômica, por terem maiores ou mais valiosos imóveis, pagarão mais, pois a base de cálculo sobre a qual incide a alíquota é o próprio valor venal do imóvel. E nada maios justo. Respeitar-se-á, por esta variação, a diferente capacidade contributiva entre o proprietário mais rico e o mais pobre. São pessoas desiguais, com capacidades econômicas desiguais, capacidades contributivas desiguais. Devem ser tributados desigualmente. Quem tem mais paga mais, quem, tem menos paga menos, e cada um sempre dentro de um limite que reflete a sua real condição de pagar. É bem verdade que na prática não é tão perfeito assim, mais é assim que deveria ser.

O que aqui se busca mostrar é que se pode ter a variação da *alíquota* para se permitir um valor diferente entre os desiguais, como se pode determinar a variação da base de cálculo para se chegar ao mesmo fim. A essas duas possibilidades chamamos de *PROGRESSIVIDADE (variação quantitativa das alíquotas) e PROPORCIONALIDADE (variação quantitativa da base de cálculo).* Portanto, *progressividade e proporcionalidade* são fenômenos que refletem a variação dos elementos quantitativos do tributo para que se alcance valores diferentes na tributação, aplicando-se assim maiores valores para contribuintes de maior capacidade contributiva e menores valores para contribuintes de menores capacidades contributivas. Desta forma se consegue efetuar uma tributação economicamente desigual entre os desiguais, dando eficácia ao princípio da igualdade e respeitando o ideal de justiça na tributação. Fala-se em *progressividade* quando o crescimento é das *alíquotas* (alíquotas que progridem nos seus valores; alíquotas progressivas) e em *proporcionalidade* para a variação da *base de cálculo* (a *base* cresce *proporcionalmente* à riqueza).

Observe-se que nos *impostos reais* (que incidem sobre a *coisa*), como por exemplo o IPTU e o IPVA, naturalmente perceber-se-á a *proporcionalidade*. Tome-se o seguinte exemplo: se um contribuinte 'a' tem um imóvel que vale R$ 150.000,00 e um contribuinte 'b' tem um imóvel que vale R$ 50.000,00, de se perceber que eles externam diferentes capacidades econômicas. Logo, têm diferentes *capacidades contributivas.* Apurando-se o valor da capacidade econômica externada em questão, presume-se (presunção relativa) que 'a' tem três vezes mais capacidade que 'b'. O imóvel de 'a' vale três vezes mais que o de 'b'. Qual o valor pago por cada um? Se a alíquota for de 10%, o contribuinte 'a' pagará 10% x 150.000,00 = R$ 1.500,00; já o contribuinte 'b' pagará 10% x 50.000,00 = R$ 500,00. De se perceber que os dois contribuintes, que são desiguais, foram tributados desigualmente, pois apesar de a alíquota ser a mesma, a *base* era diferente e crescia *proporcionalmente* à diferença de capacidade econômica. Veja-se que no exemplo o contribuinte 'a' tinha uma capacidade contributiva presumida três vezes maior que a de 'b' pois seu imóvel valia três vezes mais do que o de 'b'; e ele, 'a', realmente pagou três vezes mais do que 'b'. De se concluir que pela simples variação *proporcional* da base de cálculo os desiguais já foram tributados desigualmente. Já se respeitou as diferentes capacidades contributivas para se alcançar a justiça isonômica, aplicando efetivamente o princípio da igualdade tributária. O mesmo raciocínio se aplica ao IPVA, se tivermos um carro que vale R$ 90.000,00 e outro que vale apenas R$30.000,00. Não precisa de alíquota diferenciada entre eles, pois a simples variação da base de cálculo já fará o valor ficar diferente. E isso sempre ocorrerá nos *impostos reais,* pois a *base de cálculo* recai sobre o próprio valor da coisa. Quanto mais valiosa a coisa (o quem presume maior capacidade contributiva do seu proprietário) maior será a base, maior será o valor tributável; se menor, o raciocínio é o inverso. E assim se tem tributação desigual para os desiguais.

O que se pretende mostrar aqui é que nos *impostos reais* não é preciso *progressividade de alíquotas* para se alcançar a tributação desigual entre os desiguais. A capacidade contributiva diferenciada já é respeitada pela *proporcionalidade da base de cálculo,* que sempre vai ocorrer nesses impostos. Determinar para ele *também* alíquotas progressivas parece-nos conduta demasiadamente abusiva, pois estar-se-ia a impor diferenciação duas vezes; seria uma dupla incidência da capacidade contributiva diferenciada (tanto pela alíquota progressiva como pela base maior, que obrigatoriamente já vai ocorrer nesses impostos reais, como IPTU, ITR, IPVA). E, *data venia,* a Carta não manda que se respeite a *capacidade contributiva* duas vezes. também não diz que para se tributar os desiguais desigualmente deve se estabelecer tanto a alíquota diferenciada como a base de cálculo diferenciada. Não. Parece-nos que tal medida permite que tenha-se um valor excessivamente diferenciado, abusivo, que pode inclusive tornar insuportável e assim ferir uma outra face da capacidade contributiva que é a da vedação de efeito confiscatório, conforme ver-se-á mais à frente.

Tece-se aqui esse comentário por causa da grandiosa celeuma instaurada no meio jurídico tributário após a famigerada EC 29/00 que permitiu progressividade de alíquotas no IPTU (sem ser em razão da sempre autorizada função social da propriedade), entendimento este acompanhado pela EC 43/04 em relação ao IPVA e que contam com apoio da Súmula 668 do STF, editada em Dezembro de 2003. De se enfrentar então, neste próximo ponto, a problemática questão de saber se cabe ou não cabe *progressividade de alíquotas em impostos reais.*

5.3. Progressividade de Alíquotas nos Impostos Reais. A EC 29/00 e o Art. 156, §1º da CR/88 (Iptu). A EC 42/03 e o Art. 155, §6º da CR/88 (IPVA). O STF e a Súmula 668 de Dezembro de 2003

5.3. Progressividade de Alíquotas nos Impostos Reais. A EC 29/00 e o Art. 156, §1º da CR/88 (IPTU). O STF e a Súmula 668 de Setembro de 2003. O ITCMD e a Decisão Plenária do STF em Fevereiro de 2013

Não obstante a doutrina majoritária sempre tenha criticado o uso das alíquotas progressivas nos impostos reais, por se entender que tal técnica de tributação gera graves sequelas no sistema jurídico, a verdade é que atualmente, em pelo menos dois desses impostos, tal procedimento está legitimado, não sendo mais objeto de dúvidas a possibilidade de se fazer uso das alíquotas progressivas. É o caso do IPTU e do ITCMD. Em ambos os tributos, resta pacificado o cabimento do uso das alíquotas crescentes em razão do aumento do valor da riqueza revelada no fato gerador (valor venal do imóvel no IPTU e valor da herança / legado / bem doado no caso do ITCMD).

Quanto ao IPTU, o STF tinha entendimento sedimentado no sentido de ser indevido o uso das alíquotas progressivas por parte das leis municipais, e vinha declarando, sempre em sede de controle difuso de constitucionalidade, a inconstitucionalidade das referidas leis municipais quando autorizavam a progressividade das alíquotas. Essa era a jurisprudência estabilizada até o ano 2000, lastreada em incontáveis decisões no Pleno da Corte Excelsa, a destacar a decisão proferida no julgamento precedente, em 05/09/1997, do **RE 153.771/MG** (que declarou inconstitucional a lei de IPTU do Município de Belo Horizonte/MG) que teve como relator designado para o acórdão o Ministro Moreira Alves. E esse posicionamento realmente estava estabilizado, quando então foi aprovada a malfadada EC 29/00, no dia 13/09/2000, a qual alterou o texto do art.156,§1º e passou a autorizar, de modo expresso, a aplicação das alíquotas progressivas, afastando qualquer pretensão dos advogados dos proprietários de imóveis de continuarem a obter êxito no Judiciário logrando os provimentos jurisdicionais que afastavam as leis que estatuíam o regime de tributação em apreço, declarando sua invalidade.

Após a EC 29/00 a Constituição foi formalmente alterada para expressamente permitir o uso da técnica da progressividade para se edificar a tributação do IPTU. Com isso, se tornou possível que os Municípios editassem novas leis para através dos novéis diplomas legislativos implementarem de modo válido o sistema de tributação em apreço.

Fundamenta frisar, em relação ao IPTU, que para que se pudesse aplicar as alíquotas progressivas em razão do maior valor venal dos imóveis, seria crucial que os Municípios ***aprovassem novas leis***, as quais necessariamente deveriam nascer ***após a EC 29/00***, quando então a Constituição já teria sido modificada para permitir a tributação progressiva. Sendo a nova lei posterior à alteração formal constitucional, ela nasceria ***compatível*** com o diploma magno e por assim ser válido seria o comando legal autorizativo da tributação progressiva. Do contrário, a não aprovação de novas leis posteriores à reforma constitucional ora em comento significaria a manutenção da impossibilidade de uso da progressividade, já que as leis anteriores à Emenda 29/00 continuariam, evidentemente, sendo consideradas inconstitucionais. É que o STF segue fielmente a orientação de que uma emenda constitucional superveniente não tem o poder de converter leis inconstitucionais anteriores em leis que se tornam constitucionais supervenientemente. Noutras palavras, é dizer que a emenda constitucional não tem o poder de salvar velha lei inconstitucional transformando-a numa lei constitucional. Nessa toada, as leis que autorizavam o uso do IPTU progressivo continuaram inválidas e os Municípios que seguiram aplicando-as continuaram, ***mesmo após a EC 29/00, a promover tributações inconstitucionais***, agindo de forma inconstitucional. Fundamental ter essa percepção, já que ***não basta que se cogite de fatos geradores posteriores à EC 29/00*** para ser cabível a tributação progressiva em razão do valor venal do imóvel; esse requisito isoladamente considerado não é suficiente; é necessária a cumulação de dois aspectos, conforme se depreende das lições ora aqui apostadas; é imperioso que se tenha, de um lado, um fato gerador posterior à EC 29/00 e, de outro lado, uma lei também posterior à citada emenda autorizando o uso das alíquotas progressivas. Nesse sentido oportuno lembrar a **Súmula 668, STF**, a qual afirma exatamente o que aqui se registra, asseverando ser inconstitucional ***a lei anterior à EC 29/00*** que tenha autorizado tributação do IPTU de forma progressiva em razão do valor venal dos imóveis. Indicamos alguns julgados da Suprema Corte, posteriores à edição da citada Súmula 668 em 2008, reafirmando seu entendimento, como referência para leitura, e, nesse sentido valem as seguintes leituras: a do **RE 390694 AgR / RS**, referente à legislação de IPTU do Município de Porto Alegre, julgado em 24/10/2006 tendo como relator o Ministro Eros Roberto Grau; a do **RE 587485 AgR / SP**, referente à lei do município de São Paulo julgado em 14/02/2012 tendo como relator o Ministro Dias Toffoli; por fim, a decisão no **AI 479879 AgR / RJ** referente à lei do município do Rio de Janeiro, julgado em 19/03/2013 tendo como relator novamente o Ministro Dias Toffoli.

Ainda quanto ao IPTU, de bom grado registrar que a análise ora descortinada em nada interfere na possibilidade de uso de alíquotas progressivas em razão do ***desrespeito à função social da propriedade***, a qual também é permitida e tem, como se percebe, nexo causal totalmente distinto. Nesse específico caso, o fundamento permissivo da progressão das alíquotas não é a ampliação do valor do imóvel e sim o modo inadequado de se fazer uso da propriedade urbana. Trata-se de um instrumento sancionatório que almeja inibir / repreender posturas ilícitas de proprietários de imóveis que empreendem comportamentos possessórios que não se harmonizam com as perspectivas, necessidades e obrigações de postura que venham a convergir para a implementação de um sistema de urbanização eficiente e sustentável. Nesse giro, é facultada aos Municípios a prerrogativa de avaliar se realmente os proprietários de imóveis estão exercendo a posse imobiliária de modo antenado aos deveres de postura firmados no plano diretor municipal (e assim estariam cumprindo a exigência de dar ***função social à propriedade imobiliária urbana***) ou se estão em desacordo com tais ditames normativos (quando então estariam violando o dever de implementar ***função social*** à propriedade). E no caso de se constatar a ocorrência de desrespeito à função social da propriedade, torna-se possível, observadas algumas regras específicas, a utilização do sistema de tributação com alíquotas progressivas do IPTU, nos termos do que estatui o art.182 da Constituição, especialmente no seu parágrafo quarto, observando-se as normas de controle procedimental fixadas no Estatuto da Cidade (Lei 10.257/01), a destacar o art.7º e o art.41, III. É a chamada ***progressividade sanção***, a qual faz com que o IPTU, nessa situação peculiar, assuma um viés de extrafiscalidade, o qual não lhe é peculiar.

Por fim, ainda em relação ao IPTU, rememoremos que além das possibilidades de uso das alíquotas progressivas sob as duas vertentes acima expostas (a progressividade fiscal do art.156,§1º, I e a progressividade sancionatória de caráter extrafiscal do art.182,§4º, II), é ainda permitido ao legislador municipal, também e cumulativamente, diferenciar as alíquotas com base do ***local*** (área) ou em razão da ***destinação*** (uso) do imóvel, nos termos do art.156,§2º, II. Tais variações de alíquotas também será consideradas lícitas, especialmente se não confrontarem com quaisquer outros valores constitucionais. De regra, pode-se afirmar que são válidas as leis municipais que fixam alíquotas diferenciadas tanto pelo valor do imóvel (progressividade fiscal) como em razão do local do bem ou do perfil de uso que se dá ao imóvel (ex: imóvel destinado a fins comerciais ou para finalidade residencial).

Já em relação ao ITCMD, o STF, em polêmico julgamento, mediante decisão ***não unânime***, pacificou, ao julgar o histórico **RE 562045 / RS**, em que se declarou por maioria a constitucionalidade da lei estadual do Estado do Rio Grande do Sul que autorizou a tributação com uso de alíquotas progressivas em razão do maior valor da riqueza transmitida ao beneficiário. Esse recurso extraordinário teve julgamento que atravessou cinco anos na Corte Máxima, tendo seu início em 12/06/08 e somente se concluindo em 06/02/2003. Logo em seguida, o Tribunal reafirma o entendimento, dias depois, no julgamento do **RE 542485 AgR / RS**, no dia 19/02/2013.

Importante destacar que no caso da legitimação para uso do ITCMD com alíquotas progressivas, a Suprema Corte inovou, já que pela primeira vez passou a reconhecer como cabível o uso do sistema de tributação mediante alíquotas progressivas fiscais para em situação ***não expressamente prevista na Constituição***. Trata-se, nesse caso específico, de uma progressividade de autorização ***implícita*** no texto Constitucional, o que se extrai através de um processo de interpretação sistemática do sistema tributário nacional, especialmente se levando em consideração dois fatores: primeiramente, as características particulares do ITCMD, imposto que se diferencia de todos os demais pelo fato de ser um tributo que incide sobre situações em que pessoas adquirem riquezas gratuitamente, sem que estejam entregando uma contraprestação para justificar a aquisição da riqueza (diferente do que ocorre em relação ao IR ou ISS, em que pessoas precisam laborar para justificar a aquisição da riqueza tributada, ou do ITBI em que se paga um preço para se adquirir o imóvel transmitido); de outro lado, o fato de a Constituição sinalizar para a necessidade de se fixar uma alíquota máxima para o ITCMD (art.155,§1º, IV), a qual foi fixada em 8% pela Resolução 09/92 do Senado Federal, o que indica, pelo menos em tese, uma evitabilidade de tributação com efeito confiscatório. Valorando-se, também, os princípios da proporcionalidade e da razoabilidade, viável aceitar que não extrapola os limites do bom senso jurídico calibrar as alíquotas desse imposto mediante o aumento de sua intensidade na medida em que a riqueza adquira gratuitamente também tenha sua extensão alargada. É necessária a sensibilidade para se enxergar que na medida em que a alíquota do ITCMD aumenta, progredindo, o que se gera não é, verdadeiramente e como numa primeira e apressa reflexão se poderia pensar, uma *perda* da riqueza, mas sim uma diminuição do *ganho gratuito* da riqueza; noutras palavras, é demonstrar que quando o ITCMD incide, ele, em razão de seus personalíssimos caracteres, não promove uma *perda* mas sim a mera *diminuição de um ganho*; a ótica compreensiva que se ergue é no sentido de que ninguém perde parte que algo que nunca teve, que não era seu e que não está fazendo esforço patrimonial para adquirir, auferindo gratuitamente; nesse compasso, quando o imposto incide o que se promove é uma diminuição do ganho individual do beneficiário a auferir a riqueza (seja o donatário, o herdeiro ou o legatário) e não verdadeiramente uma perda; e é dentro dessa linha perceptiva que se consegue compreender que não fere os lindes do princípio da capacidade contributiva e nem se perde harmonização com os alicerces da proporcionalidade e da razoabilidade o uso da técnica da progressão das alíquotas na medida em que o valor dos bens transmitidos (seja por doação ou em razão de sucessão *mortis causa*) se eleve.

Reflexão que tem sido debatida na doutrina após o precedente é se tal decisão abriria espaço para se discutir o cabimento (também não expressamente autorizado) do uso das alíquotas progressivas fiscais nas leis de regência dos demais impostos reais (o ITR no âmbito federal, o IPVA no plano estadual e o ITBI na esfera munícipe). Ou seja, já que o STF passou a admitir o uso das alíquotas progressivas em uma hipótese em que não havia expressa permissão no texto constitucional, serviria o precedente do ITCMD para abalizar o mesmo método de tributação quanto aos demais impostos reais? Em particular, entendemos que não. Somos de crer que as razões para legitimar o uso da progressividade fiscal no ITCMD perpassa, necessariamente, pela análise das suas características particulares, e, em especial, pelos contornos da sua hipótese de incidência, destacando-se o aspecto de ser um imposto que incide sobre aquisições gratuitas de riqueza. Não entendemos correto afastar, de vez, a vedação de uso das alíquotas progressivas fiscais em todos os impostos reais. Acreditamos que caso realmente se pretenda implementar tal sistema para a tributação do ITR, IPVA e ITBI, seria necessário,à guisa do que ocorreu em relação ao IPTU, a aprovação de uma emenda constitucional, a qual operaria de forma *ex nunc*, aplicando-se o mesmo entendimento firmado na Súmula 668 em relação ao IPTU, sendo necessária a aprovação de novas leis após a eventual emenda aqui cogitada. Ao nosso crivo, a progressividade implícita deve ser estritamente reconhecida como cabível para o ITCMD. Resta aguardar nos próximos anos o enfrentamento da questão, o que certamente será posto para a Casa Julgadora Máxima.

Por fim, relembremos que os argumentos contrários ao uso da progressividade das alíquotas em razão da evolução do valor da riqueza revelada no fato gerador (progressividade fiscal – as alíquotas crescem na medida em que a base de cálculo também aumenta) são de extrema coerência e totalmente amparados pelos pilares da justiça fiscal. É extremamente afrontador às bases de um sistema que almeja implementar uma tributação justa o uso de tal método de fixação das alíquotas. A progressividade das alíquotas fere de morte a ***justiça distributiva da carga tributária sobre os contribuintes***, de sorte a que algumas pessoas que possuem um pouco mais que outras terminam pagando muito mais que aquelas, porquanto elas, as que possuem um pouco menos riqueza, se beneficiam de uma desoneração em limite muito mais intenso do que a real expressão de sua inferioridade de capacidade contributiva. O modo de se distribuir a carga tributária entre os contribuintes é brutalmente afetado, gerando-se uma distribuição injusta, a qual termina por punir aqueles que possuem mais riqueza, impondo-lhes não apenas pagar mais do que aqueles que possuem menos riqueza (o que seria, se fosse apenas, isso, correto, evidentemente), mas sim pagar ***muito mais sem ter tão mais***. Fere-se a calibração da fixação das prestações, aviltando-se os pilares da proporcionalidade, gerando-se um sistema em que ***os desiguais são desigualados desproporcionalmente à sua real intensidade de desigualdade***, que, ao nosso inequívoco pensar, compromete frontalmente a efetividade do ***princípio da isonomia***, já que se impede a geração do resultado final esperado em razão da aplicação desse princípio, qual seja, a ***justiça concreta***. Entendemos que a isonomia só alcança a sua efetividade quando o fim colimado com a sua aplicação se concretiza, e esse fim é a justiça na prática do ato que se quer ver isonômico. Logo, não basta *desigualar os desiguais* para se gerar justiça. É necessário ***desigualar os desiguais na real intensidade de desigualdade que eles possuem entre si***. Desigualar os diferentes desproporcionalmente à desigualdade real é tão discriminatório quanto não desigualá-los. Atribuir um tratamento diferenciador entre duas pessoas diferentes com visível distorção na intensidade de se desigualar impede que se faça justiça. E é isso que o uso de alíquotas progressivas gera. Uma tributação muito mais aguda sobre aqueles que não revelam riqueza em limite maior com tamanha agudez. Alguns pagam muito mais por simplesmente terem um pouco mais, e outros pagam muito menos sem ter tão menos. Fere-se, como dito, o princípio da proporcionalidade, retira-se a efetividade do princípio da isonomia, impede-se a concretização da justiça, efetivando-se uma distorção no processo distributivo da carga tributária sobre a sociedade contribuinte. Imagine-se, a título exemplificativo, duas pessoas, cada uma delas comprando, num mesmo loteamento, numa mesma rua, no mesmo condomínio, um terreno; a primeira dessas pessoas adquirindo um terreno de R$ 30.000,00 e a segunda um imóvel de R$ 90.000,00, imobilizando, essa segunda pessoa, o triplo de capital no bem adquirido, passando a revelar o triplo do poder econômico na manutenção da riqueza imobilizada. Ao se aplicar, hipoteticamente aqui, uma alíquota de 0,2% sobre imóveis de R$ 30.000,00 e uma alíquota de 0,6% sobre bens de R$ 90.000,00, o proprietário do imóvel de valor três vezes maior pagaria *nove vezes mais* que o outro, o qual apesar de ter uma riqueza de um terço do valor, pagaria nove vezes menos que seu vizinho; e mais: caso o proprietário do terreno de R$ 30.000,00 comprasse outros dois terrenos de mesmo valor, passando a possuir três terrenos no mesmo condomínio, na mesma quadra, mas cada um valendo R$ 30.000,00, esse proprietário seria tributado com a alíquota de 0,2% três vezes, uma vez sobre cada imóvel, sofrendo, ao todo, uma tributação de 0,2% sobre o seu patrimônio globalmente considerado, de R$ 90.000,00; em contraposição, seu vizinho, portador do único imóvel de R$ 90.000,00 (e revelando exatamente o mesmo poder econômico), seria tributado em triplo, se sujeitando à alíquota progressiva de 0,6%, havendo injustificável quebra total de isonomia, de sorte a que pessoas com riquezas exatamente de mesma expressão econômica pagariam valores completamente diferentes. E o interessante é que alguns Município tentaram, diante dessa percepção, fixar uma segunda forma de progressividade, em que as alíquotas seriam aumentadas de acordo com o acúmulo de imóveis, o que a Corte, antes mesmo da Constituição de 1988, rechaçou, vide entendimento que embasou a **Súmula 589 do STF**. A verdade é que, ao nosso humilde pensar, e sempre respeitando o entendimento diverso dos colegas que optam por divergir da nossa crença jurídica, jamais se deveria ter admitido o uso de alíquotas progressivas no IPTU.

5.4. Seletividade em Razão da Essencialidade

De se registrar ainda que existe técnica que permite determinar variação de alíquotas chamada de *seletividade*. Neste caso, apesar da semelhança com a *progressividade* (ambos são fenômenos em que se determina uma variação de alíquotas), são institutos distintos. Na verdade, o motivo que faz a alíquota crescer, variar, é diferente os dois casos; logo, não se pode dar o mesmo nome às duas situações, que são distintas. Na *progressividade*, já se percebeu que as alíquotas crescem, *progridem* para permitir se chegar a valores diferentes devido à maior ou menor capacidade contributiva dos diferentes contribuinte; é um critério técnico para se aplicar a tributação desigual entre os desiguais, respeitando as diferentes capacidades econômicas e se chegar à isonomia. Já na *seletividade*, o fenômeno, apesar de semelhante, tem motivo determinante diferente.

As alíquotas são seletivas por conta de *mercadorias, produtos*, serem diferentes, alguns *mais essenciais* outros *menos essenciais*. A produtos vitais à subsistência da população, que não podem ser excessivamente onerados, exatamente para não serem encarecidos e ficarem inacessíveis. A contrário sensu, a produtos menos essenciais, mais supérfluos. Logo, não seria razoável que os impostos que incidem sobre produtos, mercadorias, tributassem a todas de forma igual; não seria lógico exigir o mesmo quantum de ICMS sobre o feijão e o cigarro; sobre o remédio e a bebida alcoólica. Logo, é necessário *selecionar alíquotas* do ICMS e do IPI para determinar uma variação da incidência, cobrando-se menos dos produtos mais essenciais e recuperando-se essa tributação mínima com alíquotas mais elevadas sobre os produtos menos essenciais. O critério aqui determinante para a variação da alíquota é a importância *da coisa*. Não importa quem compra, quem adquire. Importa se a *coisa* é mais essencial ou menos essencial. Não importa se o rico compra feijão e o pobre cigarro; o rico vai pagar menos imposto e o pobre mais. Por isso repetimos a regra de que *seletividade* é a técnica de variação de alíquotas incidentes sobre mercadorias, produtos, de acordo com a essencialidade (maior ou menor) destes, impondo-se menor alíquota sobre produtos e mercadorias mais essenciais e maior alíquota sobre os menos essenciais. De tal forma, onera-se menos o produto mais importante e viabi8liza-se de forma mais fácil e menos custosa seu acesso.

Algumas vozes na doutrina afirmam que na *seletividade* há um *critério pessoal* (produtos mais essenciais devem ser mais baratos para que as pessoas possam acessá-los, especialmente as de menor poder aquisitivo) enquanto na *progressividade* ter-se-ia um *critério real* (quanto mais valiosa a coisa, maior a alíquota). Respeitamos tal posição, mas externamos nosso entendimento no sentido diametralmente oposto. Entendemos que a *progressividade* revela-se como um *critério pessoal* de variação de alíquotas: *pessoas* de maior capacidade econômica suportam alíquotas maiores; as de menor potencial econômico, alíquotas menores; a *pessoa* é fator determinante para a variação. Já na *seletividade* visualizamos nitidamente um *critério real* de forma nítida. É a *coisa*, a *res* que é fator determinante para a variação de alíquotas; é irrelevante a pessoa que adquire o produto; imposta apenas se o produto é mais ou menos essencial, não valorando-se quem o adquire; pessoas pobres podem querer consumir produtos supérfluos e ricos podem consumir produtos essenciais; e será irrelevante a capacidade econômica do consumidor, sendo relevante para a *seleção* das alíquotas apenas a própria *coisa*. Por isso entendemos que a *seletividade pauta-se em critério real*, porquanto a *progressividade em critério pessoal*.

5.5. Capacidade Contributiva como Parâmetro Limitador da Carga Tributária. Não Confisco. Dignidade da Pessoa Humana e Mínimo Vital

Ao determinar a tributação, o ente competente deve se preocupar em, além de outras medidas, estabelecer o *quantum tributável*. E não o deve fazer aleatoriamente. Deve fixar o *quantum* exigível dentro de um limite razoável, dentro de um limite que possa ser suportado pelo contribuinte, que não viole a sua condição mínima de subsistir (mínimo vital), que não represente ameaça ao seu direito de viver dignamente (dignidade da pessoa humana), que não confisque sua propriedade ou o seu direito de acessar certas mercadorias e bens (não confisco); ou seja, a tributação deve ter como valor impositivo um *quantum* que se adeqüe verdadeiramente dentro da real capacidade de contribuir que os cidadãos têm, não podendo ser imposta a carga tributária de forma a tornar-se insuportável. Caso contrário, agridem-se todos esses valores fundamentais que devem ser preservados, conduzindo o contribuinte a uma inevitável situação de buscar, ainda que não desejando, na sonegação, a única saída para conseguir sobreviver.

Caracteriza-se assim a segunda face da *capacidade contributiva*, como sendo um parâmetro limitador da fixação do quantum tributável, buscando-se com valoração essa principiológica determinar que ninguém seja obrigado a contribuir com mais do que realmente pode. Se o ente federativo, no exercício da sua competência, exige mais do que cada cidadão pode pagar, viola inicialmente e em preliminar a *capacidade contributiva*, como princípio que assegura que deve ser observada a real situação econômica de cada pessoa, ou de cada grupo de pessoas, graduando a tributação de acordo com as capacidades de cada grupo de indivíduos. Deve-se assim determinar nos tributos (e nos impostos essencialmente) que eles tenham sempre que possível um caráter *pessoal*, ou seja, que eles observem cada pessoa, ou, diante de tal dificuldade, que observe os diferentes grupos de pessoas, e tribute-os de forma diferente, cobrando de cada grupo que não é igual um valor diferenciado, de acordo com a real capacidade de contribuir que cada um deles tem. Assim, personalizar-se-ia a tributação, tributando-se os desiguais desigualmente, cobrando mais de quem tem mais, menos de quem tem menos, conseguindo graduar a tributação de acordo com as diferentes capacidades econômicas de cada grupo de contribuintes, e ainda assim, dentro de cada grupo, cobrando um valor que esteja dimensionado dentro da real capacidade de contribuir que aquela coletividade possui. Este, nos parece, seria o modelo ideal de aplicação do princípio da capacidade contributiva. Tomemos o exemplo: imaginemos que existam em uma coletividade cinco diferentes grupos de pessoas, cada grupo com uma capacidade econômica diferente um do outro. Neste caso, como deveria ser graduada a tributação? Dever-se-ia observar qual o grupo com menos capacidade econômica e perceber a seqüência entre esses grupos em que ela iria crescendo até chegar no grupo de maior capacidade econômica. Deduzir-se-ia, assim, na ordem, a menor capacidade contributiva (do grupo de menor capacidade econômica) até a maior capacidade contributiva (do grupo de maior capacidade econômica). Dessa maneira, então, dever-se-iam fixar cinco valores tributáveis diferentes; o menor para o grupo de menor capacidade contributiva, subindo o valor até o maior, para o grupo de maior capacidade contributiva. Desta maneira, estar-se-ia a acatar o valor ideológico de personalizar o tributo, de dar, dentro do possível, um caráter pessoal; cada pessoa, ou, cada grupo de pessoas (de situações equivalentes), estaria sendo tributado com um *quantum* dimensionado para a sua real capacidade de contribuir. Ao se estabelecer esses cinco valores, um para cada grupo, ter-se-ia qual situação? Ter-se-ia que todas as pessoas iguais (os membros de cada grupo analisando o grupo internamente) estariam pagando os mesmos valores; logo, os iguais estariam sendo tributados igualmente; e, dentre os desiguais (um grupo em relação ao outro), estariam sendo tributados desigualmente! Respeitar-se-ia assim o valor maior de justiça da tributação que é o princípio da isonomia, que, relembremos, manda tributar os iguais igualmente e os desiguais desigualmente. E mais: dentro de cada um dos cinco grupos, o valor exigível deve ser exatamente um valor fixado dentro do quantum suportável por aquele grupo, um valor que esteja dentro da real capacidade de contribuir daquelas pessoas; assim, não ter-se-ia uma tributação com efeito de confisco, não se estimularia a sonegação, não se agrediria o mínimo vital nem se aviltaria a dignidade da pessoa humana. Esse é o ideal que imaginamos de devida aplicação da capacidade contributiva, refletindo os seus dois aspectos, seja sendo um termômetro limitador da fixação do quantum tributável, seja efetivando-se como o critério técnico para se permitir consagrar o princípio da isonomia.

5.6. Não Confisco. Análise dos Tributos Isoladamente ou da Carga Tributária de Forma Coletiva? Posição do STF

Questão relevante é a de saber se para configurar o valor abusivo, com efeito de confisco, dever-se-ia analisar cada tributo individualmente ou poder-se-ia observar o efeito de uma tributação somada para com esta soma reconhecer o caráter confiscatório.

O STF teve a oportunidade de enfrentar a questão quando a Lei nº 9.783/99, regulamentando a contribuição a ser exigida dos servidores civis da União Federal, ativos e inativos, bem como dos pensionistas, previu no seu art.2º, caput e p. único, progressividade de alíquotas (9% ou 14%) sobre os 11% a serem recolhidos. Desta maneira, o valor poderia chegar a 20% ou 25% a dever ser recolhido pelos servidores. Foi proposta uma ADIN[85] e a Corte enfrentou a questão quando da apreciação do pedido de concessão de liminar na mesma. A maioria dos Ministros, analisou que a soma do valor a ser recolhido pela contribuição (se permitidas as alíquo-

[85] STF, ADIN 2.010, Ministro Relator Celso Mello.

tas progressivas que a Lei 9.783/99 determinava) com o valor do imposto de renda, chegaria a um insustentável encargo tributário de aproximadamente 50% dos valores percebidos pelos servidores, alcançando um inegável patamar de confisco. Essa foi a tese vencedora, ainda que vencidos os ministros Moreira Alves e Nelson Jobim, que recusaram-se a aceitar a tese vencedora que admitiu a possibilidade de identificar efeito confiscatório em uma tributação analisada de forma conjunta.

A tese vencedora, do Ministro relator Celso Mello é a que até hoje predomina na Corte, desde o julgamento desta ADIN, a de número 2.010. Comentando este julgado, o *Prof. Marciano Seabra de Godoi* resume o resultado:

> *"A arguição do efeito confiscatório da contribuição progressiva foi objeto de intenso debate, tendo prevalecido o voto do Ministro Relator no sentido de que o exame da questão do efeito confiscatório deve ser feito tendo em vista a totalidade do sistema tributário e não em função de cada tributo isoladamente. Foram vencidos neste particular, os Ministros Nelson Jobim e Moreira Alves, que entendiam que o efeito confiscatório deve ser analisado em relação a cada tributo isoladamente e não em função de todo o sistema"*[86]

Dois votos se destacaram no enfrentamento da questão, pela precisão e didática como transmitiram o ideal de que o confisco pode ser reflexo de uma tributação somada, que foram os votos dos Ministros Maurício Corrêa e Carlos Veloso. Com base nas explanações desses votos, seguiram-se outros votos bem elaborados, como os dos Ministros Marco Aurélio e Ilmar Galvão, todos acompanhando a posição do Relator Min. Celso Mello. Observem-se algumas palavras do Min. Maurício Corrêa:

> *"... o que caracteriza o confisco é a redução substancial do patrimônio do contribuinte, impedindo-o de realizar sua manutenção, com interferência negativa no sustento de sua própria pessoa e família, que, segundo o art. 226 da Carta de 1988 é a base da sociedade e tem especial proteção do Estado.*
>
> *(...) Estou em que se somar o imposto de renda com a com a contribuição que ora se cuida, o servidor terá que pagar aproximadamente 47% (quarenta e sete por cento) do que recebe. É por isso que o caráter confiscatório transparece no conjunto formado por*

[86] GODOI, Marciano Seabra de. *Sistema Tributário Nacional*, op. Cit., p.294.

essas duas taxações. (...) os dois tipos compõem o total que alcança o confisco, que me parece ser a hipótese em exame"[87]

6. Proteção ao Pacto Federativo e Não Dicriminação entre os Entes. Princípios da Uniformidade Geográfica (CR/88, Art. 151,I) e Princípio da Não Discrimação pela Procedência ou Destino (CR/88,Art. 152)

Preocupou-se o constituinte em estabelecer dois princípios protetivos ao pacto federativo, visando evitar que os entes estabeleçam tratamentos discriminativos uns em relação aos outros. De tal maneira, buscou vedar tratamentos diferenciados, em que eventualmente um ente privilegiasse um em detrimento de outro. Tal situação poderia permitir que se formassem alianças internas, blocos econômicos, e, porque não dizer, um racha na Federação, criando duas federações dentro de uma, o que, sem dúvida, é vedado.

Diante de tal escopo, estabeleceu o legislador maior uma determinação principiológica direcionada para a União, proibindo-a de discriminar um Estado ou DF ou Município em relação aos demais, bem como procurou, adiante, determinar um segundo comando principiológico direcionado aos Estados Membros, Distrito Federal e aos Municípios, proibindo-os de tratarem-se diferentemente uns aos outros quando as situações fossem equivalentes.

Determinou o constituinte que a União ao utilizar seus tributos o faça de foram uniforme, isonômica, em todo o território nacional. Determinou uma tributação que obedeça uma *uniformidade* na *geografia* territorial brasileira, motivo pelo qual tal princípio passou a ser chamado de princípio da *uniformidade geográfica*, previsto no **art.151, inciso I da CR/88**. Se por exemplo uma pessoa tem rendimentos anuais de R$20.000,00 no Rio Grande do Sul, e por isso paga o imposto de renda com alíquota de 27,5%, qualquer outra pessoa que também ganhe R$20.000,00, seja em qual Estado Membro for, também deverá sofrer a mesma incidência dos 27,5%. Não seria justo que no Estado 'a' o imposto federal incidisse de forma mais branda ou mais intensa que no Estado 'b', se a situação for equivalente. Atentaria contra a própria idéia de isonomia, de tributação igual entre os iguais. Portanto, qualquer que seja o tributo federal, ele deve incidir de forma uniforme em todos os Estados e DF, vedado o privilégio a uns e a discriminação a outros.

[87] STF, ADIN 2.010, trecho do voto do Ministro Maurício Corrêa.

Entretanto, observou o constituinte uma situação relevante – e incontestável – capaz de fazê-lo abrandar a regra. Observou que o Brasil é composto por diferentes regiões (Norte, Nordeste, Sudeste, Centro-Oeste e Sul) e que estas são marcadas por enormes diferenças umas em relação às outras. Devido ao próprio desenvolvimento histórico cultural do país, alguma regiões se desenvolveram mais (Sul e Sudeste) porquanto outras mantiveram-se mais pobres (Nordeste, por exemplo). Tal diferenciação é conseqüência natural do próprio modo pelo qual o país foi colonizado e governado durante a fase colonial, imperial e até mesmo na era republicana. Flagrantes são as profundas diferenças entre as variadas regiões de um mesmo país, de uma única Federação. É missão do constituinte promover o equilíbrio entre as regiões, atenuando as diferenças e aproximando os povos, buscando fomentar a igualdade de direitos e de condições de vida no país.

Exatamente por isso, por reconhecer não apenas as diferenças entre as regiões mas por acima de tudo abraçar a missão de atenuar essas diferenças que o legislador excepcionou a regra absoluta da tributação uniforme e permitiu que possa a União conceder incentivos fiscais direcionados a uma ou outra região, **mas desde que com o intuito verdadeiro de promover o equilíbrio e o desenvolvimento sócio-econômico** das Regiões. Observe-se que a intenção do constituinte foi a de não permitir discriminações e por isso determinou como regra a tributação uniforme em toda a geografia nacional; mas em seguida, temperando a regra, abriu prerrogativa para a concessão de benefícios fiscais para uma ou outra Região. Agora, claro que este benefício fiscal deve ser comprovadamente concedido com a finalidade de promover o desenvolvimento desta ou daquela Região. Não poderia ser um incentivo meramente político, para favorecer esta ou aquela Região em detrimento de outra. Se assim se admitisse, estar-se-ia a contrariar a própria vontade do constituinte, estar-se-ia a desviar do valor ideológico maior deste dispositivo, que é o de promover o equilíbrio entre todos e zelar pela igualdade entre os entes, mantendo preservado o pacto federativo.

Exemplo que permitiria ilustrar a vontade do legislador seria o seguinte: se a União vai tributar a produto *x* com IPI de alíquota 5%, este produto deve sofrer os mesmo 5% em qualquer parte do país. Colocar uma alíquota 3% ou 7% em outro local seria discriminativo, seria afronta à uniformidade geográfica. Porém, se este produto *x* é um produto essencial para o crescimento da Região Nordeste, se é com a circulação desse produto que se geram os recursos para alavancar o crescimento desta Região, poderia a União conceder um incentivo ou benefício fiscal sobre este produto *x* nesta Região Nordeste, já que esta medida estaria abraçada com a *mens legis* do art.151,I da Carta. Não poderia a União colocar a alíquota 2,5% ao invés dos 5% incidentes nas outras Regiões; mas poderia, por exemplo, conceder uma isenção de 50% sobre o preço a ser pago; neste caso, ter-se-ia uma alíquota uniforme (5%) em toda a geografia nacional e um benefício fiscal concedido para fomentar o crescimento regional, tentando combater as desigualdades e aproximar as condições entre as diferentes Regiões.

Após analisar, assim, o comando direcionado à União, este supra comentado *Princípio da Uniformidade Geográfica*[88], de se observar que a mesma regra foi direcionada aos demais entes, como não poderia deixar de ser. Assim como a União não pode impor os tributos federais discriminando um ente em relação ao outro, os próprios entes quando impuserem seus tributos também não poder-se-ão discriminar. Se um Estado, por exemplo, vai tributar com ICMS de 10% o produto *z* ao entrar no seu território, não importa de onde ele veio, se do Estado 'a' ou 'b', ou se do DF; deve sofrer a mesma alíquota de 10%, não sendo permitido discriminar pela procedência; a mesma vedação se impões se a tributação for feita na saída da mercadoria; independente de qual seja o destino, se para o ente 'a' ou 'b', a tributação deve ser a mesma, não se discriminando pelo destino. Essa mesma regra se aplica aos Municípios, especialmente quando da tributação com o ISS incidente sobre a prestação de serviços.

Esse comando principiológico que se abraça na mesma idéia do princípio da uniformidade geográfica (mas lá o comando é direcionado para a União e aqui para os demais entes) está previsto no **art.152 da CR/88**, e exatamente por ter essa finalidade foi chamado de *Princípio da Não Discriminação pela Procedência ou Destino*[89]

[88] O referido Princípio, previsto no art.151,I da Carta de 88, tem a seguinte redação: "É vedado à União: instituir tributo que não seja uniforme em todo o território nacional ou que implique distinção ou preferência em relação a Estado, ao Distrito Federal ou Município, em detrimento de outro, admitida a concessão de incentivos fiscais destinados a promover o equilíbrio do desenvolvimento sócio-econômico entre as diferentes regiões do país".

[89] O princípio em comento está positivado no art.152 da Carta com a seguinte redação: "É vedado aos Estados, ao Distrito Federal e aos Municípios estabelecer diferença tributária entre bens e serviços, de qualquer natureza, em razão de sua procedência ou destino.

Por assim ser, amparando-se na idéia de *justiça na tributação*, de proteção à isonomia e à igualdade, elementarmente visando a proteção ao pacto federativo, não permitindo discriminação entre os entes é que o legislador pai estabeleceu esses dois princípios, o da *uniformidade geográfica* e o da *não discriminação pela procedência ou destino.*

7. Princípio da Liberdade Jurídica: Não Limitação ao Trânsito de Pessoas ou Bens

Esse é um princípio que direciona-se a proteger a *liberdade de locomoção*, determinando que não poderá o poder tributário estatal ser exercido de forma a burlar a garantia constitucional fundamental do livre tráfego. Determina, portanto, a proibição aos entes federativos de elegerem como hipótese de incidência tributária o simples deslocamento intermunicipal ou interestadual de pessoas ou bens. Daí o resultado que é a vedação à possibilidade de o particular se submeter à exigência de uma exação tributária pelo simples fato d esse deslocar entre um município e outro, entre um estado e outro, ou de encaminhar bens entre eles. É assegurada a garantia de locomoção não sendo permitida a sua restrição por via de exigência tributária.

O comentado princípio encontra-se previsto no **art.150, V da CR/88**, redigido sob a seguinte redação:

> *"Art. 150. Sem prejuízos de outras garantias asseguradas ao contribuinte, é vedado à União, Estados, ao Distrito Federal e aos Municípios:*
>
> *(...)*
>
> *V – estabelecer limitações ao tráfego de pessoas ou bens, por meio de tributos interestaduais ou intermunicipais, ressalvada a cobrança de pedágio pela utilização de rodovias conservadas pelo poder público"*

De se observar que a ressalva feita pelo legislador foi pela admissibilidade da cobrança do pedágio, valor pago pelos usuários de rodovias que são conservadas pelo poder público. Logo, conclui-se pela constitucionalidade do pedágio, caracterizando-a como uma exceção prevista expressamente na lei Maior à regra da vedação de cobranças pelo deslocamento de pessoas ou bens em rodovias conservadas pelo Poder Público.

Divergência doutrinária e jurisprudencial a de definir se o pedágio tem natureza de *taxa* ou *tarifa*, exatamente pelo fato de haver essa ressalva no citado art.150,V da Carta Mãe. Alguns autores sustentam como *taxa*. Aplicam como fundamentos os seguintes: *princípio da topografia* (o instituto foi disciplinado dentro do sistema dos tributos; *topos* vem de *topoi*; quer dizer *lugar*; o pedágio é tratado na Constituição dentro do capítulo dos tributos); ressalva expressa do constituinte, proibindo em regra os tributos mas admitindo o pedágio, como sendo o único tributo autorizado (dizem estes que só se faz exceção a quem é parte da regra, senão não faria sentido a ressalva); sendo tributo, é uma *taxa de serviço* (serviço de conservação das rodovias), e nesse caso há um serviço público, específico e divisível, bem como colocado a disposição; assim sendo, estaria legitimada a cobrança da *taxa* e caracterizados seus pressupostos constitucionais.

Quem diz que é *tarifa* (e essa é a nossa opinião; ao nosso entender, ainda que seja importante afirmar a natureza do pedágio como tributária para lhe estender as garantias constitucionais tributárias, entendemos que *de direito* o pedágio *sempre* será uma *tarifa ou preço público*), busca outros argumentos. Primeiro contaria o princípio da topografia argüido pela tese que sustenta a natureza tributária do instituto; aliás, a Carta não *disciplinou*, não *regulou* o pedágio no sistema tributário nacional; apenas o citou, e, a nosso ver, exatamente para diferenciar o pedágio do tributo, para deixar claro que tributo estava sendo proibido, mas pedágio (por não ser tributo) estava autorizado. Nos parece que o Constituinte expressamente distinguiu o pedágio do tributo ao elencar na Carta, dentro do capítulo das *limitações à tributação* a proibição de tributos e autorização do pedágio; se é tributo, não pode; o texto é claro; mas pedágio, como não é tributo, pode. E porque pedágio não é tributo? Por vários motivos razoáveis de se aceitar. O tributo é uma prestação sempre compulsória; não há possibilidade de a parte determinar se vai haver ou não resultado pagamento; basta ocorrer o fato gerador descrito na lei instituidora como hipótese de incidência; ocorrendo, o tributo é devido e ponto final. Não é dado a parte o direito de escolher se vai pagar ou não; a obrigação não é *ex voluntate*, é *ex lege*; é irrelevante a vontade da parte; a natureza do tributo não é contratual. E no *pedágio* ocorre exatamente o oposto a tudo isso. No pedágio, o contribuinte só paga se utilizar o serviço. A sua vontade é determinante para o resultado pagamento. Não há compulsoriedade. O serviço é prestado, é específico e divisível, mas só se exige de quem usa. E só se usa se quiser. A lei não pode exigir que alguém use. E se não usar não vai pagar. O dever de pagar emana da *autonomia da vontade* (princípio contratual); e se usar tem que pagar, pois *pacta sunt servanda* (princípio da obrigatoriedade dos pactos; contratual); e se não usar não paga (princípio da relatividade contratual).

A obrigação de pagar pedágio nasce da vontade da parte e não da lei. Logo, não há de se falar em obrigação *ex lege* mas *ex voluntate*. E assim, não se adequa ao instituto tributo, que pela *compulsoriedade* não permite à parte a escolha, a discricionariedade para determinar o resultado pagamento. Se fosse tributo, bastaria ocorrer o fato gerador para nascer a obrigação tributária. Se fosse *taxa*, o fato gerador seria *colocar a disposição o serviço específico e divisível* (conservar a rodovia); bastaria ser prestado o serviço e todos os usuários (efetivos ou potenciais) pagariam; na *taxa*, que é *tributo*, há *compulsoriedade*; o sujeito passivo paga mesmo que não queria, mesmo que não use o serviço; até porque o fato gerador (fato que gera a obrigação de pagar) não é o uso pelo particular mas sim a disponibilização pelo poder público. No caso do serviço de conservação não basta o poder público colocar o serviço de conservação a disposição; é necessário o uso do particular para resultar o pagamento. Logo, nos parece claro que o pedágio é tarifa, pagamento que se faz de natureza contratual, quando se usa um serviço porque se quis e não porque a lei obrigou a usar. Repito, não há compulsoriedade. Há, ao contrário, friso mais uma vez, a vontade da parte como fator determinante. Isso não pode ser tributo.

No pedágio só paga o usuário efetivo (claro, pois o contrato só atinge quem dele é parte). Se fosse taxa, todo usuário potencial teria que pagar. No pedágio, só se paga porque usa. Na taxa, se paga porque o Estado colocou a disposição o serviço. No pedágio, o simples fato de o Estado colocar a disposição o serviço, não faz nascer a obrigação de pagar; logo, esse fato não é *gerador* de obrigação tributária. Na *taxa*, basta o Estado colocar os serviço a disposição; este fato é *gerador* de obrigação tributária.

Outro argumento (a nosso ver intransponível) é o da possibilidade ou não de arrecadação pelo particular em virtude do serviço; a *delegabilidade da arrecadação*. Há serviços públicos que são delegáveis ao particular, permitindo a esses gozarem da arrecadação. Ora, não há melhor exemplo que o serviço aqui comentado (conservação de rodovias), em que particulares (concessionárias, sociedades empresariais, etc) arrecadam pelo serviço e ficam com a receita. Se o particular goza da arrecadação, isso não pode ser tributo, pois particular não arrecada tributo. Uma S/A não pode arrecadar tributo para si mesma. Ela pode arrecadar qualquer coisa, menos tributo. Tributo não é valor que se paga para quem exerce atividade empresarial, para quem atua na atividade econômica, na livre concorrência, buscando fim lucrativo. Não! Tributo é o instrumento de alto sustento do Estado. É instituto idealizado para garantir a governabilidade estatal. Ou então teremos que mitigar a teoria geral do Direito Tributário e admitir que particular pode arrecadar tributo para si mesmo; admitir que tributo é instituto jurídico destinado a viabilizar fim lucrativo na atividade econômica. Não nos parece possível.

No Rio de Janeiro por exemplo, há o famoso pedágio da *linha amarela*. Rodovia que une diversos pontos da cidade; o valor é paga para a *Linha Amarela S/A (LAMSA)*. Pode uma S/A arrecadar tributo??? Nos parece IMPOSSÍVEL. Nem por uma *ficção jurídica* seria correto.

Portanto, por diversos motivos, somos de sustentar que o pedágio é um pagamento não tributário. Reconhecemos a importância e a utilidade para a coletividade de se reconhecer o pedágio como taxa. Permitir-se-ia aplicar todos os princípios tributários, pois sendo taxa, taxa é tributo, logo, pode se exigir que só se majore por lei (legalidade tributária), que só se cobre um novo valor no exercício seguinte e com um mínimo de 90 dias (anterioridade), que se aplique o princípio da isonomia fiscal, etc. Mas infelizmente, ainda que vejamos como louvável tal esforço interpretativo, nos parece que *de direito*, corretamente analisado, o *pedágio* é uma tarifa ou preço público.

Portanto, encerramos esse tópico relembrando: é vedada a cobrança de tributos pelo simples deslocamento intermunicipal, ou interestadual, de pessoas ou bens, mas pedágio, que não é tributo, pode ser cobrado de quem quiser usar essas rodovias, e pagará, não porque o Estado simplesmente disponibiliza o serviço, mas porque realmente quer usar a rodovia e por isso paga, pois se ele nunca quiser usar, mesmo que more vizinho ao pedágio, e ainda que o serviço seja eternamente disponibilizado, 24 horas por dia, se ele nunca passar ali, nunca poderá ser obrigado a pagar.

Fontes do Direito Tributário

ALCEU MAURICIO JUNIOR

1. As fontes do Direito. Noções Gerais

1.1. Conceito de fontes de Direito

De acordo com Bobbio, são fontes do direito os fatos ou atos aos quais um determinado ordenamento jurídico atribui a competência ou a capacidade de produzir normas jurídicas.[1] Quando se fala em "fontes do Direito", surge a questão de identificar o que é o Direito e de que forma ele é produzido. Considerando a noção tradicional, segundo a qual o Direito é um sistema de normas[2], podemos afirmar que as fontes do Direito são exatamente as normas que compõem o sistema jurídico.

Assim descrito, o conceito de fontes do Direito parece um conceito circular, mas não está incorreto. Apenas desloca a questão para o conceito de Direito, que de fato é o ponto central. Portanto, conforme a arguta observação de Alf Ross, "a definição real do conceito de fonte de direito depende da teoria sobre a natureza do direito da qual se parta".[3]

[1] BOBBIO, Norberto. *O Positivismo Jurídico. Lições de Filosofia do Direito.* Trad. M. Pugliesi, E. Bini e C.E. Rodrigues. São Paulo: Ícone, 1995, p. 161.

[2] CANARIS, Claus-Wilhelm. *Pensamento sistemático e conceito de sistema na ciência do direito.* 2ª ed. Trad. A. Menezes Cordeiro. Lisboa: Calouste Gulbenkian, 1996. PEREIRA, Caio Mário da Silva. *Instituições de Direito Civil, vol. I.* 5ª ed. Rio de Janeiro: Forense, 1976, p. 60.

[3] ROSS, Alf. *Teoría de las fuentes Del derecho. Una contribución a la teoría del derecho positivo sobre la base de investigaciones histórico-dogmáticas.* Trad. Simón, García e Pietsch. Madrid: Centro de Estudios Políticos Y Constitucionales, 1999, p. 355 ss.

Nesta linha, considerando um conceito de Direito positivista, as fontes do Direito necessariamente serão limitadas aos atos emanados formalmente do Estado, tais como as leis, os decretos e demais atos normativos. O costume e os princípios, nesta ótica, também podem ser reconhecidos como fontes do Direito, mas apenas quando um ato Estatal assim os declarar.

1.2. Fontes materiais e fontes formais

Duas concepções então emergem: uma material e outra formal. A noção material pretende identificar certos atos ou fatos como fonte do Direito em virtude de seu conteúdo ou de seu resultado normativo. Já a noção formal pretende identificar certos atos como fonte do Direito independentemente de seu conteúdo, remetendo a normas sobre a produção jurídica de cada ordenamento.[4]

Como disse Orlando Gomes, não há na doutrina uniformidade na classificação das fontes formais do Direito.[5] Não obstante, majoritariamente, com apoio no art. 4º da LICC, a doutrina brasileira aponta as seguintes fontes formais do Direito[6]:

a) a lei
b) os costumes
c) os princípios gerais de direito.

A doutrina e a jurisprudência não têm sido consideradas pela doutrina como fontes formais do direito, mas apenas fontes informativas ou intelectuais.[7]

1.3. Fontes principais e fontes acessórias

Fonte principal do Direito é a lei, pois, no sistema brasileiro, como nos demais sistemas em que prepondera o Direito escrito, quem pretende resolver uma questão jurídica busca prioritariamente a resposta no ato normativo estatal (art. 4º da LICC). Todavia, se a lei é omissa, a ordem jurídica

[4] GUASTINI, Ricardo. *Distinguiendo. Estudios de teoría y metateoría del derecho.* Trad. J.F. Beltrán. Barcelona: Gedisa, 1999, p. 81 ss.

[5] GOMES, Orlando. *Introdução ao Direito Civil.* Rio de Janeiro: Forense, 1971. p. 43.

[6] GONÇALVES, Carlos Roberto. *Direito Civil Brasileiro.* São Paulo: Saraiva, 2003, p. 29.

[7] PEREIRA, Caio Mário da Silva. *Instituições de Direito Civil, vol. I.* Rio de Janeiro: Forense, 1976, p. 63.

não pode ser considerada lacunosa, devendo o intérprete se socorrer das chamadas fontes acessórias do Direito: o costume e os princípios gerais de direito.[8]

1.4. Fontes diretas e indiretas

Também se faz referência a fontes diretas (ou imediatas) e indiretas (ou mediatas). Fontes diretas seriam a lei, o costume e os princípios gerais de direito, pois delas derivam diretamente as regras jurídicas. Fontes indiretas seriam a doutrina e a jurisprudência, tendo em vista que apenas contribuem para que a norma seja elaborada.[9]

1.5. As fontes do Direito Tributário

A doutrina no Direito Tributário brasileiro não se afasta muito da doutrina civilista neste ponto. A noção de fontes do direito guarda a idéia de ponto de origem ou nascimento da norma jurídica, correspondendo ao processo de criação de normas jurídicas. Aponta-se o confronto entre fontes reais e formais, sendo as primeiras os pressupostos de fato da tributação, enquanto as fontes formais seriam o conjunto de normas que compõem o Direito Tributário.[10]

As fontes formais do Direito Tributário poderiam, assim, ser extraídas do art. 96 do CTN, consistindo em:

a) leis;
b) tratados e convenções internacionais;
c) decretos; e
d) normas complementares.

A lei, que no direito privado exercia papel preponderante no conjunto das fontes de direito, assume no Direito Tributário uma posição ainda mais importante, em virtude do princípio da legalidade.[11] Entende-se por lei, no entanto, não só a chamada lei ordinária, mas também a Constituição e todos os atos normativos listados no art. 59 da CF, englobando: emendas

[8] Pereira, op. cit., p. 61-62.
[9] Gonçalves, op. cit., p. 30.
[10] Rosa Junior, Luiz Emydgdio da. *Novo Manual de Direito Financeiro e Direito Tributário.* 6ª ed.. Rio de Janeiro: Renovar, 1990, p. 133 e ss.
[11] Amaro, Luciano. *Direito Tributário Brasileiro.* 20ª ed. São Paulo: Saraiva, 2014, p. 189.

à Constituição; leis complementares; leis ordinárias; leis delegadas; medidas provisórias; decretos legislativos; e resoluções.

1.6. O papel da jurisprudência no sistema das fontes de direito

Como já se ressaltou, parte da doutrina brasileira tem entendido que a jurisprudência não é uma fonte formal do direito, mas apenas uma fonte informativa[12]. De fato, como regra as decisões judiciais visam a solucionar um caso concreto, e não a estabelecer normas gerais e abstratas como os atos normativos relacionados no art. 59 da CF. De acordo com Kelsen, a decisão judicial consiste na produção de uma norma individual, através da aplicação de uma norma geral a um caso concreto, que determina seu conteúdo.[13] Nesta linha, a decisão judicial realmente não poderia ser considerada uma fonte formal do Direito.

Todavia, é preciso também prestar atenção à distinção que Kelsen faz entre fontes do Direito positivo e demais fontes genericamente consideradas, tais como os princípios morais, pareceres de especialistas e teorias jurídicas. A distinção residiria em que as fontes do Direito positivo são juridicamente vinculantes enquanto as outras não seriam até que uma norma jurídica assim as considerasse. Neste último caso, quando uma norma jurídica lhes dá caráter vinculante, "elas assumem o caráter de uma norma jurídica superior que determina a produção de uma norma jurídica inferior".[14] Assim, Kelsen termina por reconhecer que decisões judiciais também podem criar normas gerais.[15]

Em suma, a caracterização da jurisprudência como fonte do Direito positivo não depende de uma teoria geral, mas de cada ordenamento jurídico em particular. No caso brasileiro, não há como negar o caráter vinculante de certas decisões judiciais – notadamente aquelas formuladas em sede de controle concentrado de constitucionalidade – e, portanto, seu caráter de fonte formal do Direito. Podemos então destacar as seguintes decisões judiciais com caráter vinculante[16]:

[12] Rosa Junior, *op. cit.*, p. 142. Pereira, *op. cit.*, p. 63.

[13] Kelsen, Hans. *Teoria Pura do Direito*. Trad. J. B. Machado. São Paulo: Martins Fontes, 2000, p. 256.

[14] Kelsen, *op.cit.*, p. 259.

[15] Kelsen. *Teoria Geral do Direito e do Estado*. Trad. L.C. Borges. São Paulo,: Martins Fontes, 2000, p. 216 e ss.

[16] Sobre o tema, conferir as pertinentes observações de Barroso, Luís Roberto. *Controle de Constitucionalidade no Direito Brasileiro*. São Paulo: Saraiva, 2004.

a) decisão declaratória da constitucionalidade ou inconstituionalidade em ação direta de inconstitucionalidade ou em ação declaratória de constitucionalidade (CF, art. 102, § 2º; Lei nº 9.868/1999, art. 28);

b) decisão declaratória da inconstitucionalidade em ação de descumprimento de preceito fundamental (CF, art. 102, § 1º; Lei nº 9.882/1999, art. 10, § 3º).

A EC nº 45/2004 trouxe um novo mecanismo de produção normativa judicial que foi a possibilidade de o STF editar súmulas com efeito vinculante (CF, art. 103-A). As súmulas vinculantes, que devem ser obrigatoriamente cumpridas pelos órgãos de todos os Poderes das três esferas de governo, têm nítido caráter inovador da ordem jurídica, não podendo ser consideradas meras interpretações.

Em matéria tributária, o STF recentemente editou a Súmula Vinculante nº 08, que tratou da prescrição e decadência de contribuições previdenciárias.[17] No caso que deu origem à Súmula Vinculante nº 08 – mais precisamente o RE 560626/RS – o STF tornou evidente o poder normativo criador da jurisprudência, pois não somente houve o reconhecimento da inconstitucionalidade da legislação ordinária que tratava de prescrição e decadência em matéria tributária, com a consequente edição de súmula vinculante, mas também a chamada "modulação de efeitos" da decisão. O Tribunal, por maioria, deliberou aplicar efeitos *ex nunc* à decisão, esclarecendo que a modulação aplicava-se tão-somente em relação a eventuais repetições de indébitos ajuizadas após a decisão assentada na sessão do dia 11/06/2008, não abrangendo, portanto, os questionamentos e os processos já em curso. Em outras palavras, o STF convalidou a aplicação, em certos casos, de lei que o próprio Tribunal considerou inconstitucional.

A problemática no Direito atual, como acentua Canotilho, não é mais a legitimidade do "direito dos juízes, direito judicial", que parece indiscutida, mas a extensão deste direito de criação judicial.[18]

[17] Súmula Vinculante nº 8: " são inconstitucionais o parágrafo único do artigo 5º do Decreto-lei nº 1.569/1977 e os artigos 45 e 46 da Lei nº 8.212/1991, que tratam de prescrição e decadência de crédito tributário". Disponível em http://www.stf.jus.br/arquivo/cms/jurisprudenciaSumulaVinculante/anexo/DJe_172_2008.pdf, último acesso em 07.09.2014.

[18] CANOTILHO, J.J. Gomes. *Direito Constitucional e Teoria da Constituição.* 5ª ed. Coimbra: Almedina, 2001, p 698.

Portanto, em nossa opinião, é equivocada a afirmação de razoável parcela da doutrina nacional, no sentido de que a jurisprudência não constitui fonte formal do Direito positivo. Vale, entretanto, a ressalva de Luciano Amaro, pois a produção judicial do Direito esbarra nos limites impostos pelo princípio da legalidade tributária.[19]

2. A Constituição Federal

2.1. A Posição da Constituição Federal no sistema das fontes do Direito

No sistema das fontes do Direito Tributário brasileiro, a Constituição Federal ocupa posição central. Ela disciplina o "modo de expressão"[20] do Direito Tributário, delimitando o processo de formação e o espaço de atuação de cada um dos atos normativos. Além disso, a Constituição Federal fixa a competência tributária de cada ente federado e estabelece as limitações constitucionais ao poder de tributar. Na hierarquia das normas tributárias, portanto, a Constituição Federal ocupa o nível mais alto dentro do Direito nacional.[21]

2.2. As funções da Constituição Federal no sistema das fontes do Direito

A Constituição Federal, como norma primária sobre a produção jurídica, tem, segundo Canotilho, 3 importantes funções: a) a identificação das fontes do Direito; b) o estabelecimento de critérios de validade eficácia de cada uma dessas fontes; e c) a determinação da competência das entidades que revelam normas de direito positivo.[22]

No caso brasileiro, a Constituição Federal identifica e estabelece critérios de validade e eficácia para as fontes do Direito especialmente na seção que trata do processo legislativo (art. 59 e ss.). São listados os atos normativos capazes de alterar primariamente a ordem jurídica, bem como o processo legislativo para a edição de emendas à Constituição, leis ordinárias, complementares e delegadas, e medidas provisórias. A Constituição Federal faz referência aos decretos, estipulando sua natureza meramente regulamentar (art. 84, IV), muito embora também faça previsão de matérias que podem ser tratadas diretamente através de decretos (v.g., art. 153, § 1º, da CF).

[19] AMARO, *op. cit.*, p. 189-190.

[20] Ibidem.

[21] KELSEN, *Teoria Geral do Direito e do Estado*, cit., p. 182.

[22] CANOTILHO, *op. cit.*, p. 687 e ss.

A CF também estabelece que matérias podem ser tratadas por cada tipo de ato normativo, fixando reservas como a da lei complementar (v.g., art. 146 e art. 154, I) e da resolução do Senado Federal (v.g., art. 155, § 2º, V). Quando a CF estabelece uma reserva de matéria para um determinado ato normativo, implicitamente estabelece uma vedação de regulação daquela matéria por outras espécies de atos normativos, mas há casos de vedação expressa, como o do art. 62, § 1º, em relação às medidas provisórias. Entende o STF que, quando a CF faz referência à lei sem especificar o tipo, a matéria pode ser regulada por lei ordinária, não se presumindo a necessidade de lei complementar.[23]

A CF igualmente determina a competência das entidades que revelam normas de direito positivo. A CF fixa a competência legislativa exclusiva da União (art. 22), a competência concorrente entre União, Estados e DF (art. 24), a competência dos Estados e DF (art. 25) e a competência dos Municípios e DF (art. 30). A matéria tributária insere-se na competência legislativa de todos os entes federados (art. 24, I; art. 30, III), porém dentro da competência material fixada no sistema tributário nacional (art. 145 e ss.).

3. As emendas à Constituição

As emendas constitucionais são atos normativos que visam à alteração do texto constitucional e, como manifestação do poder reformador ou poder constituinte derivado, estão submetidas às limitações previstas na própria Constituição.

As limitações constitucionais ao poder de reforma dividem-se em expressas e implícitas. As primeiras são aquelas expressamente previstas no texto constitucional e se dividem em[24]:

a) circunstanciais (CF, art. 60, § 1º): vedação à emenda da CF nas hipóteses de na vigência de intervenção federal, de estado de defesa ou de estado de sítio;

b) formais (CF. art. 60, I a III, e §§ 2º, 3º e 5º): rol taxativos de legitimados para a iniciativa, discussão e votação em dois turnos em cada

[23] "Não se presume a necessidade de edição de Lei Complementar, pois esta é somente exigível nos casos expressamente previstos na Constituição" (STF. Ação Direta de Inconstitucionalidade – Medida Cautelar nº 2010/DF. Tribunal Pleno. Rel. Min. Celso de Mello. DJU 12.04.2002, p. 00051).

[24] SILVA, José Afonso da. *Curso de Direito Constitucional Positivo.* 10ª ed. São Paulo: Malheiros, 1995, p. 68-70.

casa do Congresso Nacional, com quorum qualificado para aprovação de 3/5 dos respectivos membros, impossibilidade de proposta rejeitada ser objeto de nova proposta na mesma sessão legislativa;

c) materiais ou cláusulas pétreas (CF, art. 60, § 4º): impossibilidade de emenda tendente a abolir a forma federativa de Estado; o voto direto, secreto, universal e periódico; a separação dos Poderes; e os direitos e garantias individuais.

As limitações implícitas são as que, embora não expressamente previstas no texto constitucional, podem ser deduzidas logicamente do próprio sistema constitucional. De fato, de nada adiantaria estabelecer limitações expressas ao poder constituinte derivado se estas mesmas pudessem ser alteradas. Como limitações implícitas, a doutrina aponta, por exemplo, a vedação à alteração da titularidade do poder reformador e a vedação à supressão das limitações expressas.[25]

Exatamente por estarem submetidas a balizas constitucionais, as emendas constitucionais podem ser objeto de controle judicial de constitucionalidade para a verificação do atendimento aos limites expressos e implícitos supra delineados. Este é um entendimento firme tanto na doutrina[26] quanto na jurisprudência do STF.[27]

4. Leis Complementares em matéria tributária

4.1. Natureza e hierarquia da Lei complementar

A lei complementar, assim como os demais atos listados nos incisos II a VII do art. 59 da CF, é um ato normativo com aptidão para alterar de forma originária a ordem jurídica, desde que obedecidos o procedimento legislativo e as limitações materiais previstos na CF. A diferença em relação aos demais atos normativos, consoante Paulo de Barros Carvalho, residiria na

[25] Ibidem.

[26] CANOTILHO, *Direito Constitucional e Teoria da Constituição, cit.*, p. 925; SILVA, *Curso de Direito Constitucional Positivo, cit.*, p. 70. Vide também: BARROSO, Luís Roberto. *O Controle de Constitucionalidade no Direito Brasileiro.* São Paulo: Saraiva, 2004, p. 129-131.

[27] "O Supremo Tribunal Federal já assentou o entendimento de que é admissível a Ação Direta de Inconstitucionalidade de Emenda Constitucional, quando se alega, na inicial, que esta contraria princípios imutáveis ou as chamadas cláusulas pétreas da Constituição originária (art. 60, § 4º, da CF). Precedente: ADI nº 939 (RTJ 151/755)" (STF. Ação Direta de Inconstitucionalidade – Medida Cautelar nº 1946. Tribunal Pleno. Rel. Min. Sydney Sanches. DJU 14.09.2001, p. 00048).

natureza ontológico-formal das leis complementares: ontológica, em relação à matéria expressa ou explicitamente indicada na CF; formal, em razão do quorum qualificado do art. 69 da CF.[28]

A CF reservou alguns assuntos expressamente para a lei complementar, mas há controvérsias sobre essa reserva quando a CF faz menção apenas a "lei" sem o adjetivo "complementar". Paulo de Barros Carvalho considera que nesses casos, por se tratar de regulações diretas de preceitos da CF, deve ser adotada a lei complementar[29]. Esta, todavia, não é a posição acolhida pelo STF; quando a CF faz referência à lei sem especificar o tipo, o Supremo Tribunal entende que a matéria pode ser regulada por lei ordinária, não se presumindo a necessidade de lei complementar.[30]

A grande questão relativa à Lei Complementar reside na sua hierarquia frente aos demais atos normativos previstos na CF, o que tem gerado desacordos na doutrina e na jurisprudência.

Conforme a lição de Bobbio, pode-se dizer que a inferioridade de uma norma em relação a outra consiste na menor força de seu poder normativo; essa menor força se manifesta justamente na incapacidade de estabelecer uma regulamentação que esteja em oposição à regulamentação de uma norma hierarquicamente superior. [31]

É fácil afirmar a hierarquia da Constituição frente ao restante do ordenamento, ou das leis frente aos decretos, portarias e instruções, mas não é tão simples afirmar-se ou negar-se a precedência de uma lei em relação a outra. Em nosso ordenamento jurídico, as normas jurídicas "com força de lei" estão elencadas no art. 59 da Constituição Federal, valendo destacar dois tópicos relativos à Lei Complementar: a) o parágrafo único do art. 59 (*Lei complementar disporá sobre a elaboração, redação, alteração e consolidação das leis*) e b) o art. 69 (*As leis complementares serão aprovadas por maioria absoluta*).

Sem embargo de outros entendimentos, não há como concordar com a tese de que a lei complementar seja, em qualquer caso, superior à lei

[28] CARVALHO, Paulo de Barros. *Curso de Direito Tributário*. 15ª ed. São Paulo: Saraiva, 2003, p. 205.

[29] Ibidem, p. 206.

[30] "Não se presume a necessidade de edição de Lei Complementar, pois esta é somente exigível nos casos expressamente previstos na Constituição" (STF. Ação Direta de Inconstitucionalidade – Medida Cautelar nº 2010/DF. Tribunal Pleno. Rel. Min. Celso de Mello. DJU 12.04.2002, p. 00051).

[31] BOBBIO, Norberto. *Teoria do ordenamento jurídico*, 10 ª ed., trad. de Maria Celeste Cordeiro Leite dos Santos. Brasília:UnB, 1999, p. 93.

ordinária. De fato, tanto a lei ordinária quanto a complementar retiram seu fundamento de validade diretamente da Constituição, como se pode extrair dos arts. 59 e seguintes da Carta Magna. A Constituição Federal não estabelece qualquer hierarquia entre as leis ordinárias e complementares, colocando-as, inclusive, em uma mesma Subseção. Entre elas, a nossa Carta faz apenas duas distinções: o quorum diferenciado e a reserva de algumas matérias.

O que existe de diferente em relação às leis complementares, repito, é a reserva constitucional de determinadas matérias e a fixação de um quorum majorado para sua aprovação.[32] Vale dizer, para a regulação de determinadas matérias, o constituinte entendeu que deveria haver maior segurança jurídica, razão pela qual optou por um veículo legislativo para cuja aprovação seria necessária a maioria absoluta dos votos dos parlamentares. Para as leis ordinárias, restaria o campo residual e, em caso de invasão, por estas, do campo reservado às leis complementares, estaria ocorrendo inconstitucionalidade por vício formal (utilização do veículo legislativo errado), e não ofensa ao princípio da hierarquia das leis.

Veja-se o caso em o legislador infraconstitucional regula, através de lei complementar, matéria que, pela Constituição Federal, poderia ser tratada por lei ordinária. Neste caso, nada impedirá que a mesma matéria tenha tratamento diferente por lei ordinária posterior. Exigir-se que, em virtude de uma opção do legislador infraconstitucional em tratar a matéria ordinária por lei complementar, a matéria desde então só possa ser regulada por lei complementar, é introduzir uma exigência não prevista na Constituição. É como se a Constituição pudesse ser alterada sem se obedecer ao rígido processo de emenda. Conforme observa Sacha Calmon Navarro Coêlho, quando o ato normativo trata de questão atribuída à lei ordinária, mas é votado como lei complementar, ocorre o fenômeno da adaptação: "o sistema adapta a pretensa lei complementar à função que lhe determinou o ordenamento *ratione materiae*".[33]

A única possibilidade de hierarquia da lei complementar sobre a ordinária é quando a própria CF remete à primeira a fixação de parâmetros formais ou materiais para a edição da lei ordinária. Semelhante noção se

[32] Neste sentido, como vimos, Paulo de Barros Carvalho, op. cit., p. 205.

[33] NAVARRO COÊLHO, Sacha Calmon. *Curso de Direito Tributário Brasileiro*. 4ª ed. Rio de Janeiro: Forense, 1999, p. 99-100.

colhe do ensinamento de Souto Maior Borges. Para este autor, as leis complementares não exibem fisionomia unitária que propicie, em breve juízo, uma definição de sua superioridade, propondo que essas leis se dividem em duas espécies: a) aquelas que fundamentam outros atos normativos; e b) as que realizam sua missão constitucional independentemente de outras normas.[34] Para Paulo de Barros Carvalho, a lição de Souto Maior Borges continua válida, observando-se apenas o disposto no art. 59, parágrafo único da CF, que trata somente de uma hierarquia formal (pressupostos de forma), mas não material.[35]

Portanto, no que tange ao conteúdo, entre a lei complementar e a lei ordinária não há propriamente uma relação de hierarquia, mas um misto de hierarquia e especialidade. Se a lei complementar trata de matéria cuja regulação foi reservada pela CF à própria lei complementar, então esta não poderá ser alterada ou revogada pela norma ordinária. Todavia, se matéria não está listada na estrita relação de assuntos reservados à lei complementar, nada impede que lei ordinária venha a alterá-la ou mesmo revogá-la.

Um importante caso sobre o tema foi o da revogação, pela Lei nº 9.430/1996, da isenção da COFINS concedida às sociedades civis pela LC nº 70/1991. A LC nº 70/1991 instituiu uma contribuição para a seguridade social tendo por fonte o faturamento das empresas. Como se trata de uma fonte já listada no art. 195 da CF, simples lei ordinária bastaria para a instituição do tributo. Este foi o entendimento do STF ao apreciar a constitucionalidade da Lei nº 7.689/1988, que instituiu a contribuição social sobre o lucro.[36]

Apesar de não estar entre as matérias reservadas à lei complementar, a instituição da COFINS deu-se através dessa espécie normativa, editando-se a Lei Complementar nº 70/1991. Como já se explicou, a lei complementar que regula matéria incluída no campo residual da lei ordinária não tem

[34] Apud CARVALHO, *Curso de Direito Tributário*, p. 206. Neste sentido, confira-se também VELLOSO, Carlos Mário da Silva. "Lei Complementar Tributária". *Revista de Direito Administrativo*. Rio de Janeiro, 235: 117-138, Jan/Mar. 2004.

[35] Ibidem, p. 207 e 211.

[36] "As contribuições do art. 195, I, II, III, da constituição, não exigem, para a sua instituição, lei complementar. Apenas a contribuição do parag. 4. do mesmo art. 195 e que exige, para a sua instituição, lei complementar, dado que essa instituição devera observar a técnica da competência residual da União (C.F., art. 195, parag. 4.; C.F., art. 154, I)". (STF. Recurso Extraordinário nº 138284/CE. Tribunal Pleno. Rel. Min. CARLOS VELLOSO. DJ 28.08.92, p. 13456).

hierarquia superior em relação a esta última, donde se pode concluir que a Lei Complementar nº 70/1991 poderia ser alterada pela Lei nº 9.430/1996. Esta, porém, não foi a conclusão a que chegou o STJ no julgamento do RESP nº 226.062/SC, no qual se concluiu que a lei ordinária não poderia extinguir isenção outorgada por lei complementar,[37] entendimento que foi consagrado na súmula nº 276.

Todavia, na decisão proferida no RE 377457/PR, com Repercussão Geral, o STF reverteu o entendimento do STJ, considerando legítima a revogação da isenção do recolhimento da COFINS sobre as sociedades civis de prestação de serviços de profissão legalmente regulamentada, prevista no art. 6º, II, da LC 70/1991, pelo art. 56 da Lei 9.430/1996.[38]

4.2. Funções da Lei Complementar em matéria tributária

A CF reserva para a lei complementar funções típicas (complementar as disposições constitucionais) e atípicas. Entre as funções típicas, destacam-se as previstas no art. 146: a) dispor sobre conflitos de competência entre os entes federados, b) regular as limitações constitucionais ao poder de tributar; e c) estabelecer normas gerais em matéria de legislação tributária.

4.2.1. Conflitos de competência entre os entes federados

Quanto aos conflitos de competência, podemos destacar a norma contida no art. 120 do CTN relativa à legislação aplicável em caso de desmembramento territorial de Estado ou Município. Como acentua Carrazza, neste

[37] "TRIBUTÁRIO - COFINS - ISENÇÃO - SOCIEDADE LIVRE: LC N. 70/91 - REVOGAÇÃO DA ISENÇÃO PELA LEI N. 9.430, DE 27/12/98. 1. Estabelecida isenção da COFINS em lei complementar, não é lícita a supressão do favor fiscal por lei ordinária. 2. Recurso especial provido". STJ. Recurso Especial nº 226.062. 2ª Turma. Rel. Min. Eliana Calmon. DJ 12/06/2000, p. 98.

[38] "Contribuição social sobre o faturamento - COFINS (CF, art. 195, I). 2. Revogação pelo art. 56 da Lei 9.430/96 da isenção concedida às sociedades civis de profissão regulamentada pelo art. 6º, II, da Lei Complementar 70/91. Legitimidade. 3. Inexistência de relação hierárquica entre lei ordinária e lei complementar. Questão exclusivamente constitucional, relacionada à distribuição material entre as espécies legais. Precedentes. 4. A LC 70/91 é apenas formalmente complementar, mas materialmente ordinária, com relação aos dispositivos concernentes à contribuição social por ela instituída. ADC 1, Rel. Moreira Alves, RTJ 156/721. 5. Recurso extraordinário conhecido mas negado provimento." STF. RE 377457, Relator(a): Min. GILMAR MENDES, Tribunal Pleno, julgado em 17/09/2008, REPERCUSSÃO GERAL - MÉRITO DJe-241 DIVULG 18-12-2008.

campo também podemos entender que a lei complementar evita conflitos de competência ao especificar os fatos geradores dos tributos, deixando mais nítidos seus contornos.[39] Um bom exemplo é a delimitação do conceito de zona urbana, para os fins de incidência do ITR e do IPTU (art. 32, parágrafo único, do CTN).

4.2.2. Regular as limitações constitucionais ao poder de tributar

Outro objeto típico da lei complementar tributária é a regulação das limitações constitucionais ao poder de tributar. Não se trata de estabelecer limitações ao poder de tributar, pois estas já estão fixadas na própria CF, mas de efetuar o desdobramento dessas exigências, esclarecendo e complementando seu conteúdo.

Já foi ressaltado neste trabalho que, quando a CF se refere à lei sem especificar sua espécie, trata-se de lei ordinária ou, em outras palavras, de matéria não reservada à lei complementar. Todavia, podemos aplicar esse raciocínio quando se trata da regulação de limitação do poder de tributar? Vejamos o exemplo do art. 150, VI, 'c', da CF. Este dispositivo estabelece uma limitação ao poder de tributar, consistente na imunidade quanto ao patrimônio, à renda e aos serviços das instituições de educação e assistência social sem fins lucrativos (entre outros), mas a subordina aos requisitos "da lei", sem especificar se é lei complementar ou ordinária.

O STF teve oportunidade de analisar a matéria na Ação Direta de Inconstitucionalidade nº 1.802-3/DF, na qual julgou a constitucionalidade dos arts. 12 e 14 da Lei nº 9.532/1997, firmando o seguinte posicionamento: "o que a Constituição remete à lei ordinária, no tocante à imunidade tributária considerada, é a fixação de normas sobre a constituição e o funcionamento da entidade educacional ou assistencial imune; não, o que diga respeito aos lindes da imunidade, que, quando susceptíveis de disciplina infraconstitucional, ficou reservado à lei complementar".[40]

Entretanto, é importante frisar que o STF, em decisão posterior, não deferiu a liminar para suspender a eficácia da Lei nº 9.732/1998, que, alterando dispositivos da Lei nº 8.212/1991, regulamentou o art. 195, § 7º, da

[39] CARRAZZA, Roque Antônio. *Curso de Direito Constitucional Tributário*. 29ª ed.. São Paulo,: Malheiros, 2013, p. 1087.

[40] STF – Ação Direta de Inconstitucionalidade nº 1.802-3/DF. Tribunal Pleno. Rel. Min Sepúlveda Pertence. Decisão em 27.08.1998. DJ 13.02.2004.

CF (este dispositivo constitucional, assim como o do art. 150, VI, 'c', remete à "lei" o estabelecimento de exigências para o gozo da imunidade).[41]

Distinção interessante foi realizada no julgamento do RE 636.941, com Repercussão Geral, pela qual, no caso das imunidades, "somente se exige lei complementar para a definição dos seus limites objetivos (materiais), e não para a fixação das normas de constituição e de funcionamento das entidades imunes (aspectos formais ou subjetivos), os quais podem ser veiculados por lei ordinária".[42]

Atualmente, o art. 14 do CTN, com a redação dada pela LC nº 104/2001, disciplina os requisitos que devem ser observados para o gozo da imunidade prevista no art. 150, VI, 'c', da CF.

4.2.3. Normas gerais em matéria tributária

A terceira função típica das leis complementares é estabelecer normas gerais em matéria de legislação tributária. O conceito de normas gerais, entretanto, ainda não se encontra preciso na doutrina,[43] mas o art. 146, III, da CF indica quatro objetos da lei complementar sobre normas gerais:

a) definição de tributos e de suas espécies, bem como, em relação aos impostos discriminados na Constituição, a dos respectivos fatos geradores, bases de cálculo e contribuintes;
b) obrigação, lançamento, crédito, prescrição e decadência tributários;
c) adequado tratamento tributário ao ato cooperativo praticado pelas sociedades cooperativas;
d) definição de tratamento diferenciado e favorecido para as microempresas e para as empresas de pequeno porte.

[41] STF – Ação Direta de Inconstitucionalidade nº 2.028-5/DF. Tribunal Pleno. Rel. Min. Moreira Alves. Decisão em 11.11.1999. DJ 16.06.2000. Nesta ação, em que se julgou a constitucionalidade do art. 1º -(na parte em que alterou a redação do artigo 55, III, da Lei 8.212/91 e acrescentou-lhe os §§ 3º, 4º e 5º) e dos artigos 4º, 5º e 7º, todos da Lei 9.732/1998, o STF reafirmou o entendimento que a lei complementar só é exigida quando a CF expressamente faz referência a esse tipo de lei, mas considerou relevante a tese da necessidade de lei complementar para regulamentar limitações constitucionais ao poder de tributar. No final, o STF acabou indeferindo a medida liminar levando em conta que havia igual relevância nas duas teses opostas, e que não foi requerida a inconstitucionalidade da redação originária do art. 55 da Lei nº 8.212/1991, o que poderia prejudicar a Adin.

[42] STF. RE 636.941, rel. min. Luiz Fux, julgamento em 13-2-2014, Plenário, DJE de 4-4-2014, com repercussão geral.

[43] Navarro Coêlho, *op. cit.*, p. 107.

A doutrina tem entendido que essa enumeração é exemplificativa (*numerus apertus*), e não taxativa (*numerus clausus*), em razão da expressão "especialmente", adotada no art. 146, III, da CF.[44]

Conforme destacado pelo STF, "a observância de normas gerais em matéria tributária é imperativo de segurança jurídica, na medida em que é necessário assegurar tratamento centralizado a alguns temas para que seja possível estabilizar legitimamente expectativas. Neste contexto, 'gerais' não significa 'genéricas', mas sim 'aptas a vincular todos os entes federados e os administrados'".[45]

a) Normas gerais e eficácia de lei complementar do CTN

O CTN foi instituído pela Lei nº 5.172/1966, sob a vigência da CF de 1946, a qual não previa a figura da lei complementar. Com a CF de 1967, foi definida a figura da lei complementar, e, entre as competências a ela reservadas, figuravam as matérias tratadas na Lei nº 5.172/1966. Como noticia Luciano Amaro, desde aquela época já se discutia a vigência do CTN, pois este não era lei complementar. Todavia, prevaleceu o entendimento de que o problema seria resolvido pelo princípio da recepção.[46] Mesmo raciocínio foi aplicado após o advento da atual CF, considerando-se recepcionado o CTN pelo art. 146 e, expressamente, pelo art. 34, § 5º, do ADCT. Assim, não se pode afirmar que o CTN seja uma lei complementar, mas tem ele eficácia de lei complementar, só podendo ser alterado por esse tipo normativo.

b) Normas gerais, prescrição e decadência

A eficácia de lei complementar do CTN, oriunda da exigência contida no art. 146, III, do CTN, impede que lei ordinária trate de matéria incluída no rol das normas gerais, a exemplo da prescrição tributária. Com esse entendimento, tanto o STF[47] quanto o STJ[48] têm afastado os dispositivos

[44] Navarro Coêlho, *op. cit.*, p. 108. Ávila, Humberto. *Sistema Constitucional Tributário.* São Paulo: Saraiva, 2004, p. 134.

[45] STF. RE 433.352-AgR, Rel. Min. Joaquim Barbosa, julgamento em 20-4-2010, Segunda Turma, DJE de 28-5-2010.

[46] Amaro, *op. cit.*, p. 194-195.

[47] "EXECUCAO FISCAL. A interpretação dada, pelo acórdão recorrido, ao art. 40 da lei n. 6.830-80, recusando a suspensão da prescrição por tempo indefinido, é a única susceptível de torná-lo compatível com a norma do art. 174, parágrafo único, do Código Tributário Nacional, a cujas disposições gerais e reconhecida a hierarquia de lei complementar" STF. Recurso Extraordinário nº 106217/SP. 1ª T. Rel. Min. OCTAVIO GALLOTTI. DJ 12.09.1986, p. 16425.

da Lei nº 6.830/1980 (Lei de Execuções Fiscais) sobre a interrupção e suspensão da prescrição, quando se trata de dívidas de natureza tributária.

O STF espancou a controvérsia que ainda existia quanto ao prazo prescricional das contribuições para a seguridade social, ao declarar a inconstitucionalidade dos arts. 45 e 46 da Lei nº 8.212/1991, que fixavam em 10 anos os prazos de prescrição (da cobrança) e decadência (do poder de lançar) para essas contribuições, editando a Súmula Vinculante nº 08.

c) Normas gerais, definição de tributos e princípio federativo

A ideia de uma lei complementar tratando de normas gerais sobre direito tributário, notadamente na definição de tributos e respectivos fatos geradores, bases de cálculos e contribuintes, tem gerado críticas da doutrina, pelo do excesso de poderes conferidos ao Congresso Nacional, em detrimento dos demais entes federativos.[49]

Conforme Ávila, há duas correntes na doutrina sobre o papel da lei complementar em matéria tributária. Pela corrente *dicotômica*, a regra constitucional deveria ser interpretada seguindo o princípio federativo, servindo a lei complementar somente para esmiuçar os conflitos de competência e as limitações ao poder de tributar. A lei complementar sobre normas gerais seria supérflua, pois repetiria o exaustivo regramento constitucional, ou seria inconstitucional.[50] Esta é a posição de Carrazza, para quem a lei complementar sobre normas gerais é meramente declaratória.[51]

Pela corrente *tricotômica*, nas funções da lei complementar inclui-se o estabelecimento de normas gerais, sendo compatível com o princípio federativo, haja vista a composição do Congresso Nacional, representativa das diversas unidades da federação. Além disso, a lei complementar sobre normas gerais promove a harmonização da legislação tributária, somando-se

[48] "TRIBUTÁRIO - EXECUÇÃO FISCAL - PRESCRIÇÃO INTERCORRENTE - LEI DE EXECUÇÕES FISCAIS - CÓDIGO TRIBUTÁRIO NACIONAL - PREVALÊNCIA DAS DISPOSIÇÕES RECEPCIONADAS COM STATUS DE LEI COMPLEMENTAR - PRECEDENTES - 1. É princípio de Direito Público que a prescrição e a decadência tributárias são matérias reservadas à Lei Complementar, segundo prescreve o artigo 146, III, "b" da CF. Em consequência, o artigo 8º da Lei nº 6.830/80 por não prevalecer sobre o CTN sofre os limites impostos pelo artigo 174 do referido Ordenamento Tributário. (...)". STJ. Agravo Regimental no Agravo De Instrumento nº 468723/MG. 1ª T. Rel. Min. Luiz Fux. DJU 13.10.2003, p. 00233.

[49] Navarro Coêlho, *op. cit.*, p. 109-110.

[50] Ávila, *op. cit.*, p. 134 ss.

[51] Carrazza, *op. cit.*, p. 1085-1086.

o fato de que a necessidade e a validade do CTN já foram reconhecidas pelo STF e pelo STJ.[52]

A corrente *tricotômica* é a que, de fato, melhor explica a relação entre o princípio federativo e a regra do art. 146, III, que remete à lei complementar a fixação de normas gerais sobre matéria tributária. Contudo, reserva-se à lei complementar a fixação apenas de normas gerais, não podendo a União invadir a competência dos demais entes tributantes.

Outra questão conexa a este tema diz respeito à ausência da lei complementar editada pela União. A solução para esse conflito vem da aplicação conjunta entre os arts. 146, III e 24, da CF, permitindo que, na ausência da lei complementar editada pelo Congresso Nacional, os Estados possam exercer a competência legislativa plena.[53] O STF também tem adotado este entendimento, como, por exemplo, no caso do IPVA.[54]

d) Normas gerais e adequado tratamento ao ato cooperativo

A CF também atribui à lei complementar estabelecer normas gerais sobre o adequado tratamento tributário ao ato cooperativo praticado pelas sociedades cooperativas. Atos cooperativos, segundo o art. 79 da Lei nº 5.764/1979, são aqueles "praticados entre as cooperativas e seus associados, entre estes e aquelas e pelas cooperativas entre si quando associados, para a consecução dos objetivos sociais", sendo que o ato cooperativo "não implica operação de mercado, nem contrato de compra e venda de produto ou mercadoria".

O disposto no art. 146, III, 'c', abre possibilidade para concessão de incentivos e isenções na tributação de atos cooperativos. Por exemplo, as sociedades cooperativas que obedecerem ao disposto na legislação específica não terão incidência do imposto de renda sobre suas atividades econômicas, de proveito comum, sem objetivo de lucro (Lei nº 5.764, de 16 de dezembro de 1971, art. 3º, e Lei nº 9.532, de 1997, art. 69). Entretanto, segundo a jurisprudência do STF, o art. 146, III, 'c', não concedeu às coo-

[52] Ávila, *op. cit.*, p. 134 ss.

[53] Navarro Coêlho, *op. cit.*, p. 107-108.

[54] "RECURSO EXTRAORDINÁRIO – 2. Imposto sobre a Propriedade de Veículos Automotores – IPVA. 3. Competência legislativa plena da unidade da Federação, à falta de normas gerais editadas pela União. Art. 24, § 3º, da Constituição Federal. Precedentes. 4. Agravo regimental improvido". STF – Agravo regimental no Recurso Extraordinário nº 191703/SP. 2ª T. Rel. Min. Néri da Silveira . DJU 12.04.2002, p. 00063.

perativas imunidade tributária, e o adequado tratamento não equivale necessariamente a tratamento privilegiado.[55]

Anote-se, também, que a as cooperativas devem ser tributadas normalmente quanto aos atos não-cooperativos, como, por exemplo, nos rendimentos sobre aplicações financeiras. Este é o entendimento registrado na súmula 262 do STJ.[56]

Até o presente momento, ainda não foi editada uma lei complementar estabelecendo normas gerais sobre o tratamento tributário do ato cooperativo, aplicando a Lei nº 5.764/1971, de acordo com o art. 34, § 5º, do ADCT.

4.2.4. Definição de tratamento diferenciado e favorecido para as microempresas e para as empresas de pequeno porte

A EC nº 42/2003 incluiu a alínea 'd' no art. 146, III, remetendo à lei complementar de normas gerais tributárias a definição de tratamento diferenciado e favorecido para as microempresas e para as empresas de pequeno porte, inclusive regimes especiais ou simplificados no caso do ICMS (art. 155, II), das contribuições para a seguridade social devidas pela empresa, empregador ou equiparado (art. 195, I, §§ 12 e 13), e da contribuição para o PIS (art. 239).

Observe-se que a CF fala em tratamento tributário diferenciado e favorecido, não havendo espaço para instituição de tributação mais gravosa para essas empresas. A CF também criou a possibilidade dessa lei complementar instituir regime único de arrecadação dos impostos e contribuições da União, dos Estados, do DF e Municípios (art. 146, parágrafo

[55] "ICMS - COOPERATIVAS DE CONSUMO - FALTA DE PREQUESTIONAMENTO DA QUESTÃO CONCERNENTE AO ARTIGO 5º, CAPUT, DA CONSTITUIÇÃO FEDERAL (SÚMULAS 282 E 356) - A alegada ofensa ao artigo 150, I, da Carta Magna é indireta ou reflexa, não dando margem, assim, ao cabimento do Recurso Extraordinário. Inexiste, no caso, ofensa ao artigo 146, III, c, da Constituição, porquanto esse dispositivo constitucional não concedeu às cooperativas imunidade tributária, razão por que, enquanto não for promulgada a Lei Complementar a que ele alude, não se pode pretender que, com base na legislação local mencionada no aresto recorrido, não possa o Estado-membro, que tem competência concorrente em se tratando de direito tributário (artigo 24, I e § 3º, da Carta Magna), dar às Cooperativas o tratamento que julgar adequado, até porque tratamento adequado não significa necessariamente tratamento privilegiado". STF. Recurso Extraordinário nº 141.800/ SP. 1ª T. Rel. Min. Moreira Alves. DJU 03.10.1997.

[56] Súmula 262 do STJ: "Incide o imposto de renda sobre o resultado das aplicações financeiras realizadas pelas cooperativas".

único). O dispositivo constitucional foi regulamentado pela Lei Complementar nº 123/2006, que instituiu o Estatuto Nacional da Microempresa e da Empresa de Pequeno Porte.

4.2.5. Outras funções da lei complementar tributária

Além das funções típicas, a CF reserva para a lei complementar outras matérias, como a Instituição de tributos específicos, a limitação do âmbito material de certas regras de competência, e a fixação de critérios especiais de tributação.[57]

A CF, em alguns casos, remete diretamente à lei complementar a função de instituir certos tributos, como os empréstimos compulsórios (art. 148, I), o imposto sobre grandes fortunas (art. 153, VII), e os impostos e contribuições não previstos na CF (art. 154, I, e 195, § 4º).

A CF também remete à lei complementar a restrição de algumas regras de competência tributária. Por exemplo:

a) Imposto de transmissão *causa mortis* e doação quando o doador tiver domicilio ou residência no exterior ou se o de cujus possuía bens, era residente ou domiciliado ou teve o seu inventário processado no exterior (art. 155, § 1º, III).
b) regramento do ICMS (art. 155, § 2º, XII).
c) definir os serviços sobre os quais incide o ISS, bem como fixar as suas alíquotas máximas e mínimas, excluir da sua incidência exportações de serviços para o exterior, e regular a forma e as condições como isenções, incentivos e benefícios fiscais serão concedidos e revogados (art. 156, III, e § 3º).

Com a EC nº 42/2003, introduziu-se o art. 146-A, dispondo que a lei complementar poderá estabelecer critérios especiais de tributação, com o objetivo de prevenir desequilíbrios da concorrência, sem prejuízo da competência de a União, por lei, estabelecer normas de igual objetivo.

Destaca-se, ainda, o disposto no art. 195, § 11, que veda a concessão de remissão ou anistia das contribuições exigidas do empregador, do trabalhador e equiparados (art. 195, I e II), em montante superior ao fixado em lei complementar.

[57] Ávila, *op. cit.*, p. 138 ss.

5. Leis ordinárias e atos com força de lei

5.1. Leis ordinárias

A lei ordinária é o veículo legislativo normalmente utilizado para a criação do tributo, consistindo no "instrumento formal mediante o qual se exercita a competência tributária".[58] A CF não cria tributos, mas define competências, que são exercidas mediante a lei. Como vimos, em regra a lei complementar não tem por função a criação de tributos, sendo exigida para este fim apenas excepcionalmente.

De acordo com o art. 97 do CTN e os arts. 5°, II, e 150, I, da CF, algumas matérias estão reservadas à lei, tais como a instituição, majoração, redução e extinção de tributos; a definição do fato gerador e da base de cálculo dos tributos; a fixação das alíquotas (salvo exceções constitucionalmente previstas); a cominação de penalidades; e as hipóteses de suspensão, exclusão e extinção de crédito tributário, bem como a dispensa ou redução de penalidades. O termo "lei", no caso, deve ser compreendido de forma mais abrangente, incluindo não só as leis ordinárias, mas também atos com força de lei, como as medidas provisórias e as leis delegadas.

Especificamente quanto às alíquotas, a CF estabelece algumas exceções:

a) é facultado ao Poder Executivo, atendidas as condições e os limites estabelecidos em lei, alterar as alíquotas do II, do IE, do IPI e do IOF (art. 153, § 1o);

b) no caso do ICMS, o art. 155, § 2o, XII, h, diz que caberá à lei complementar definir os combustíveis e lubrificantes sobre os quais o imposto incidirá uma única vez, e nesse caso, as alíquotas do imposto serão definidas mediante deliberação dos Estados e Distrito Federal, nos termos do § 2º, XII, g (vide § 4o do art. 155, incluído pela EC nº 33/2001); e

c) no caso da CIDE (contribuição de intervenção no domínio econômico relativa às atividades de importação ou comercialização de petróleo e seus derivados, gás natural e seus derivados e álcool combustível), a alíquota poderá ser reduzida e restabelecida por ato do Poder Executivo (CF, art. 177, § 4o, I, b, c/ redação da EC nº 33/2001).

Destaca-se ainda, conforme o art. 150, § 6°, da CF, com redação dada pela EC nº 03/1993, que "qualquer subsídio ou isenção, redução de base

[58] AMARO, *op. cit.*, p. 196.

de cálculo, concessão de crédito presumido, anistia ou remissão, relativos a impostos, taxas ou contribuições, só poderá ser concedido mediante lei específica, federal, estadual ou municipal, que regule exclusivamente as matérias acima enumeradas ou o correspondente tributo ou contribuição, sem prejuízo do disposto no art. 155, § 2º, XII, g".

5.2. Leis delegadas

As leis delegadas estão previstas no art. 68 da CF, sendo elaboradas pelo Presidente da República, após obter a delegação do Congresso Nacional. Algumas matérias não podem ser objeto de lei delegada, como, por exemplo, os atos de competência exclusiva do Congresso Nacional, os de competência privativa da Câmara dos Deputados ou do Senado Federal, a matéria reservada à lei complementar, entre outros.

Não há, porém, vedação expressa ao uso das leis delegadas para a instituição ou majoração de tributos, todavia esse instrumento não tem sido usado, haja vista o Executivo dispor de outros meios mais céleres, como as medidas provisórias.[59]

5.3. Medidas Provisórias

5.3.1. Instituição de tributos através de medidas provisórias

As medidas provisórias são atos, com força de lei, que podem ser editadas pelo Presidente da República em caso de relevância e urgência. Uma vez editadas, as medidas provisórias devem ser submetidas ao Congresso Nacional imediatamente (CF, art. 62).

Desde a promulgação da CF de 1988, considerável parcela da doutrina repelia a utilização das medidas provisórias para a instituição de tributos[60]. Entretanto, o STF acabou firmando jurisprudência sobre a possibilidade de instituição de tributos através de medidas provisórias.[61]

Com a redação atual do art. 62 da CF, estabelecida pela EC nº 32/2001, não há mais o que se questionar quanto à possibilidade de instituição ou

[59] AMARO, *op. cit.*, p. 197.

[60] Luciano Amaro relaciona os doutrinadores favoráveis e contrários à utilização das medidas provisórias para a instituição de tributos. Vide AMARO, *op. cit.*, p. 199.

[61] "RECURSO EXTRAORDINÁRIO – 1. Medida provisória. Força de lei. 2. A Medida Provisória, tendo força de lei, é instrumento idôneo para instituir e modificar tributos e contribuições sociais. Precedentes. 3. Agravo regimental a que se nega provimento". STF. Agravo Regimental no Agravo de Instrumento nº 236976. 2ª T. Rel. Min. Néri da Silveira. DJU 24.09.1999, p. 32.

majoração de tributos através de medidas provisórias. Não só a matéria tributária não constou das vedações expressas do § 1º do art. 62, como o § 2º desse artigo tratou especificamente do caso de medida provisória que implique instituição ou majoração de impostos. No que tange à matéria tributária, a vedação relevante está contida no inciso III, § 1º, do art. 62, não podendo as medidas provisórias regular matéria reservada à lei complementar.

5.3.2. O controle da relevância e da urgência das medidas provisórias

A CF impõe como requisitos das medidas provisórias a relevância e a urgência. A posição inicialmente acolhida no STF era no sentido de que tais requisitos eram de natureza política, não cabendo ao judiciário o seu controle[62]. Posteriormente, o STF flexibilizou sua posição, admitindo, em casos excepcionais, o controle judicial sobre a relevância e a urgência para a edição de medidas provisórias, como foi o caso da ADIN 1.753/DF, na qual reconheceu-se a ilegitimidade de medida provisória que aumentou o prazo decadencial para propositura de ação rescisória em favor do Poder Público.[63]

Embora o controle judicial sobre a relevância e a urgência seja excepcional, o controle legislativo é regra. Nessa linha, a EC nº 32 tornou explícito o que já era subentendido na redação anterior, determinando que "a deliberação de cada uma das Casas do Congresso Nacional sobre o mérito das medidas provisórias dependerá de juízo prévio sobre o atendimento de seus pressupostos constitucionais" (art. 62, § 5º).

[62] "Requisitos de urgência e relevância: caráter político: em princípio, a sua apreciação fica por conta dos Poderes Executivo e Legislativo, a menos que a relevância ou a urgência evidenciar-se improcedente. (...)" STF. Ação Direta de Inconstitucionalidade nº 1.397-1 (ML). Rel. Min. Carlos Velloso. DJU 27.06.1997.

[63] "Medida provisória: excepcionalidade da censura jurisdicional da ausência dos pressupostos de relevância e urgência à sua edição: raia, no entanto, pela irrisão a afirmação de urgência para as alterações questionadas à disciplina legal da ação rescisória, quando, segundo a doutrina e a jurisprudência, sua aplicação à rescisão de sentenças já transitadas em julgado, quanto a uma delas – a criação de novo caso de rescindibilidade – é pacificamente inadmissível e quanto à outra – a ampliação do prazo de decadência – é pelo menos duvidosa". STF. Ação Direta de Inconstitucionalidade nº 1753-MC/DF. Tribunal Pleno. Rel. Min. Sepúlveda Pertence. DJ 12-06-1998, p. 00051.

5.3.3. A reedição de medidas provisórias

Na sua redação original, o art. 62 da CF não fazia menção à reedição das medidas provisórias, estabelecendo que elas perderiam eficácia, desde a edição, se não fossem convertidas em lei no prazo de trinta dias, a partir de sua publicação. O entendimento do STF, muito criticado pela doutrina,[64] firmou-se pela possibilidade de reedição de medida provisória não rejeitada expressamente pelo Congresso Nacional.[65] Esta questão foi objeto da súmula 651 do STF.[66]

Após a EC nº 32, a CF alterou o prazo para apreciação, assim como estabeleceu uma diferença entre *prorrogação* e *reedição* das medidas provisórias. O prazo passa a ser de 60 (sessenta) dias, findo o qual as medidas provisórias perderão eficácia desde a edição, se não forem convertidas pelo Congresso Nacional (art. 62, § 3º). Esse prazo é contado da publicação da medida provisória, suspendendo-se durante os períodos de recesso do Congresso Nacional (art. 62, § 4º). Se nesse prazo a medida provisória não tiver sua votação encerrada nas duas Casas do Congresso Nacional, ocorre a *prorrogação* de sua vigência por mais sessenta dias, por uma única vez (art. 62, §§ 3º e 7º). Quanto à *reedição* (nova edição de medida provisória que tenha sido rejeitada ou que tenha perdido sua eficácia por decurso de prazo), esta é vedada na mesma sessão legislativa (art. 62, § 10).

Perdendo as medidas provisórias a eficácia em virtude do decurso de prazo ou rejeição expressa, cabe ao Congresso Nacional disciplinar as relações jurídicas delas decorrentes, através de Decreto Legislativo (art. 62, § 3º). Não sendo editado o Decreto Legislativo no prazo de sessenta dias, as relações jurídicas constituídas e decorrentes de atos praticados na vigência da medida provisória conservar-se-ão por ela regidas (art. 62, § 11).

5.3.4. Medidas provisórias e anterioridade tributária

A contagem da anterioridade tributária, quando o tributo era instituído por medida provisória, era feita da data de sua primeira edição, conforme o entendimento cristalizado no STF.

[64] Ávila, *op. cit.*, p. 125.

[65] STF. Ação Direta de Inconstitucionalidade nº 1.397-1 (ML). Rel. Min. Carlos Velloso. DJU 27.06.1997.

[66] Súmula 651 do STF: "A medida provisória não apreciada pelo Congresso Nacional podia, até a EC 32/01, ser reeditada dentro do seu prazo de eficácia de trinta dias, mantidos os efeitos de lei desde a primeira edição."

Com EC nº 32, estabeleceu-se que medida provisória que implique instituição ou majoração de impostos, exceto quanto aos impostos de Importação e Exportação, IPI, IOF e impostos extraordinários (arts. 153, I, II, IV, V, e 154, II), só produzirá efeitos no exercício financeiro seguinte se houver sido convertida em lei até o último dia daquele em que foi editada (art. 62, § 2º).

5.4. Os Tratados Internacionais

5.4.1. A função dos Tratados Internacionais

Os tratados internacionais, segundo o art. 96 do CTN, estão compreendidos no conceito de legislação tributária. Os tratados não se prestam à instituição ou majoração de tributos[67]. Sua função em matéria tributária consiste em estabelecer mecanismos que evitem a dupla tributação internacional, bem como reduzir ou excluir ônus tributários no comércio internacional.[68]

5.4.2. Tratados internacionais e legislação interna

A questão da eficácia dos tratados na ordem interna nacional não é restrita ao Direito Tributário, pertencendo ao objeto do Direito Constitucional. A peculiaridade em relação ao Direito Tributário está no art. 98 do CTN, o qual dispõe que os tratados e as convenções internacionais revogam ou modificam a legislação tributária interna, e serão observados pela que lhes sobrevenha. Haveria, assim, um primado dos tratados internacionais em matéria tributária?

A jurisprudência do STF chegou a afirmar o primado dos tratados internacionais, porém fixou-se no sentido de que, uma vez incorporados à ordem interna, de acordo com o processo constitucionalmente fixado, eles adquirem o status de lei ordinária federal. [69] O STJ analisou a questão à luz do

[67] Conforme Alberto Xavier, *apud* Amaro, *op. cit.*, p. 203.

[68] Amaro, *op. cit.*, p. 202.

[69] "Tratados e convenções internacionais – tendo-se presente o sistema jurídico existente no Brasil (RTJ 83/809) – guardam estrita relação de paridade normativa com as leis ordinárias editadas pelo Estado brasileiro. A normatividade emergente dos tratados internacionais, dentro do sistema jurídico brasileiro, permite situar esses atos de direito internacional público, no que concerne à hierarquia das fontes, no mesmo plano e no mesmo grau de eficácia em que se posicionam as leis internas do Brasil. A eventual precedência dos atos internacionais sobre as normas infraconstitucionais de direito interno brasileiro somente ocorrerá – presente o contexto de eventual situação de antinomia com o ordenamento doméstico -, não em virtude

art. 98 do CTN, chegando a afirmar que a prevalência seria apenas para os tratados tributários de natureza contratual.[70]

É certo, entretanto, que, quanto aos tratados envolvendo direitos humanos, o STF considerou, por maioria, sua natureza "supralegal". E, especificamente quanto aos tratados internacionais sobre matéria tributária, encontra-se pendente de julgamento no STF o RE 460.320, cuja questão principal é exatamente saber se uma lei ordinária superveniente poderia revogar uma isenção concedida através de tratado. Embora ainda não haja uma posição definida do Tribunal, é interessante destacar o voto do Min. Gilmar Mendes, segundo o que foi divulgado no Informativo do STF:

> [P]elas peculiaridades, os tratados internacionais em matéria tributária tocariam em pontos sensíveis da soberania dos Estados. Demandariam extenso e cuidadoso processo de negociação, com a participação de diplomatas e de funcionários das respectivas administrações tributárias, de modo a conciliar interesses e a permitir que esse instrumento atinja os objetivos de cada nação, com o menor custo possível para a receita tributária de cada qual. Pontuou que essa complexa cooperação internacional seria garantida essencialmente pelo pacta sunt servanda. Nesse contexto, registrou que, tanto quanto possível, o Estado Constitucional Cooperativo reinvindicaria a manutenção da boa-fé e da segurança dos compromissos internacionais, ainda que diante da legislação infraconstitucional, notadamente no que se refere ao direito tributário, que envolve garantias fundamentais dos contribuintes e cujo descumprimento colocaria em risco os benefícios de cooperação cuidadosamente articulada no cenário internacional. Reputou que a tese da legali-

de uma inexistente primazia hierárquica, mas, sempre, em face da aplicação do critério cronológico (lex posterior derogat priori) ou, quando cabível, do critério da especialidade(...)". STF. Extradição nº 662 / PU – PERU. Tribunal Pleno. Rel. Min. CELSO DE MELLO. DJ 30-05-1997, p. 23176.

[70] TRIBUTÁRIO. ISENÇÃO DO AFRMM EM RELAÇÃO A MERCADORIAS IMPORTADAS SOB A ÉGIDE DO GATT. IMPOSSIBILIDADE. O mandamento contido no artigo 98 do CTN não atribui ascendência às normas de direito internacional em detrimento do direito positivo interno, mas, ao revés, posiciona-as em nível idêntico,conferindo-lhes efeitos semelhantes. O artigo 98 do CTN, ao preceituar que tratado ou convenção não são revogados por lei tributária interna, refere-se aos acordos firmados pelo Brasil a propósito de assuntos específicos e só é aplicável aos tratados de natureza contratual. Se o ato internacional não estabelecer, de forma expressa, a desobrigação de contribuições para a intervenção no domínio econômico, inexiste isenção pertinente ao AFRMM. (STJ. Recurso Especial nº 196560/RJ. 1ª T. Rel. Ministro Demócrito Reinaldo. DJ 10.05.1999, p.00118).

dade ordinária, na medida em que permite às entidades federativas internas do Estado brasileiro o descumprimento unilateral de acordo internacional, conflitaria com princípios internacionais fixados pela Convenção de Viena sobre Direito dos Tratados (art. 27). Dessa forma, reiterou que a possibilidade de afastamento da incidência de normas internacionais tributárias por meio de legislação ordinária (treaty override), inclusive em sede estadual e municipal, estaria defasada com relação às exigências de cooperação, boa-fé e estabilidade do atual panorama internacional.[71]

Para a doutrina, os tratados internacionais em matéria tributária também não possuem uma relação de superioridade quanto à legislação interna, mas sim de especialidade, merecendo cuidado a interpretação do art. 98 do CTN. Como bem asseverou Ricardo Lobo Torres, os tratados internacionais não provocam, a rigor, a revogação da legislação interna, mas a suspensão da eficácia da norma tributária nacional, a qual readquire sua aptidão para produzir efeitos quando o tratado for denunciado.[72]

5.4.3. Tratados internacionais e isenção de impostos estaduais e municipais

Questiona-se, também, a aptidão dos tratados internacionais para estabelecer isenções de tributos inseridos na competência dos Estados e Municípios, haja vista o art. 151, III, da CF, estabelecer que é vedado à União instituir isenções de tributos da competência dos demais entes federados.

Segundo a arguta observação de Luciano Amaro, o mencionado dispositivo não pode ser invocado como lastro à proibição de tratados internacionais sobre tributos estaduais ou municipais. O que o inciso III do art. 151 veda é a possibilidade de a União instituir as chamadas isenções heterônomas, mas não a aplicabilidade dos tratados internacionais sobre tributos estaduais ou municipais. Os tratados internacionais são o único modelo idôneo para firmar normas de conduta entre o Estado brasileiro e outros estados soberanos, sendo a União a única pessoa política constitucionalmente competente para firmá-los.[73] Esta é a posição adotada tanto

[71] STF. Informativo Semanal nº 638. Disponível em: http://www.stf.jus.br/arquivo/informativo/documento/informativo638.htm. Acemm em 10/09/2014.

[72] Torres, Ricardo Lobo. *Curso de Direito Financeiro e Tributário.* 7ª ed.. Rio de Janeiro: Renovar, 2000, p. 45.

[73] Amaro, *op. cit.*, p. 210-211.

pelo STF[74] quanto pelo STJ[75], que inclusive já editaram súmulas quanto à aplicabilidade de tratados internacionais ao ICMS.

5.5. Resoluções e decretos legislativos

Atos exclusivos do Poder Legislativo, as resoluções e decretos legislativos também veiculam normas tributárias. As resoluções veiculam atos de competência exclusiva do Congresso Nacional ou de suas Casas. Por exemplo, cabe ao Senado Federal, através de resolução: a fixação de alíquotas do ICMS aplicáveis às operações e prestações interestaduais e de exportação (art. 155, § 2°, IV); estabelecer alíquotas mínimas e fixar alíquotas máximas para o ICMS nas operações internas (art. 155, § 2°, V); fixar as alíquotas máximas do Imposto de Transmissão *causa mortis* e doação (art. 155, § 1º, IV). Outro exemplo é o do art. 68, § 2º, em que a delegação ao Presidente da República para a edição de leis delegadas terá a forma de resolução do Congresso Nacional.

Cumpre registrar que, consoante a jurisprudência do STF[76], a resolução do Senado Federal que fixa alíquotas máximas ou mínimas não dispensa a edição da lei respectiva estadual. Em outras palavras, para que o Estado possa exigir o tributo nesses casos, também deverá editar sua própria lei, não sendo válido atrelar a alíquota ao limite máximo fixado na resolução do Senado.

Os decretos legislativos, por sua vez, destinam-se a veicular atos de competência privativa do Congresso Nacional, como a aprovação de tratados

[74] Súmula 575 do STF: "À mercadoria importada de país signatário do GATT, ou membro da ALALC, estende-se a isenção do Imposto de Circulação de Mercadorias concedida a similar nacional".

[75] Súmula 20 do STJ: "A mercadoria importada de país signatário do GATT é isenta do ICM, quando contemplado com esse favor o similar nacional". Súmula 71 do STJ: "O bacalhau importado de país signatário do GATT é isento do ICM".

[76] Conforme Informativo STF nº 143: "À vista do princípio da legalidade tributária (CF, art. 150, I), a Turma confirmou acórdão do Tribunal de Justiça do Estado de Pernambuco que entendera indevida a aplicação da alíquota de 8% para a cobrança do imposto de transmissão mortis causa – alíquota máxima fixada pela Resolução 9/92, do Senado Federal (CF, art. 155, § 1º, IV) -, uma vez que a Lei estadual 10.260/89, ao determinar que a alíquota do referido imposto equivale ao limite máximo fixado em resolução do Senado Federal, deve ser entendida como a fixar a alíquota máxima em vigor à época de sua promulgação, qual seja, a de 4% (Resolução nº 99/81, do Senado Federal). Considerou-se que o aumento de alíquotas deve ser feito mediante lei específica, não sendo possível o atrelamento genérico de lei às alíquotas fixadas pelo Senado. Precedente citado: AG (AgRg) 225.956-PE (DJU de 12.3.99). RE 218.182-PE, rel. Min. Moreira Alves, 23.3.99.(RE-218182)".

internacionais (art. 49, I) e a regulação dos efeitos das medidas provisórias não convertidas em lei (art. 62, § 3º).

5.6. Convênios com força de lei

A Constituição prevê que, nos termos da lei complementar, Estados e Distrito Federal deliberem sobre concessão e revogação de isenções, incentivos e benefícios fiscais do ICMS (art. 155, § 2º, XII, g), evitando-se a chamada "guerra fiscal".[77] A CF também faz referência aos convênios entre Estados e Distrito Federal no art. 150, § 6º, como exceção à estrita reserva legal nele fixada.

Ainda no caso do ICMS, o art. 155, § 2º, XII, h, diz que caberá à lei complementar definir os combustíveis e lubrificantes sobre os quais o imposto incidirá uma única vez, e nesse caso, as alíquotas do imposto serão definidas mediante deliberação dos Estados e Distrito Federal, nos termos do § 2º, XII, g (vide § 4º do art. 155, incluído pela EC nº 33/2001).

Atualmente, estes convênios são firmados de acordo com a Lei Complementar nº 24/1975.

6. Os Decretos

Os decretos são veículos normativos que formalizam atos do Poder Executivo. No sistema das fontes de Direito Tributário, podem ter duas funções. No primeiro caso, para alteração de alíquotas de determinados tributos, atuam com força de lei material, nas hipóteses em que a CF expressamente designa. Assim, é facultado ao Poder Executivo, atendidas as condições e os limites estabelecidos em lei, alterar as alíquotas do II, do IE, do IPI e do IOF (art. 153, § 1º).

Fora destas hipóteses, o decreto tem uma função meramente reguladora da lei, sendo pacífico que o ordenamento brasileiro não mais aceita os "decretos autônomos", ressalvada a hipótese do art. 84, VI, da CF. Os

[77] Vide, por exemplo, ADI 4276: "O Plenário, por maioria, confirmou medida cautelar e julgou procedente pedido formulado em ação direta para declarar a inconstitucionalidade da LC 358/2009, do Estado do Mato Grosso, que concede isenção de ICMS para as operações de aquisição de automóveis por oficiais de justiça estaduais. O Colegiado reputou que o pacto federativo reclamaria, para a preservação do equilíbrio horizontal na tributação, a prévia deliberação dos Estados-membros e do Distrito Federal para a concessão de benefícios fiscais relativamente ao ICMS, nos termos do art. 155, § 2º, g, da CF e da LC 24/1975. Pontuou que a lei complementar estadual padeceria de inconstitucionalidade formal, porque careceria do necessário amparo em convênio interestadual, o que caracterizaria hipótese típica de guerra fiscal". STF. Informativo 755. Disponível em: http://www.stf.jus.br/arquivo/informativo/documento/informativo755.htm. Acesso em 10/09/2014.

decretos têm a função de explicitar a lei, mas não podem extrapolá-la, criando obrigações não previstas no diploma legal que lhes de dá fundamento. Nesse sentido, o CTN estatui que o conteúdo e o alcance dos decretos restringem-se aos das leis em função das quais sejam expedidos (art. 99). Isto também se depreende do art. 84, IV, da CF, que dá competência ao Presidente da República para expedir decretos e regulamentos para fiel execução das leis. Por este motivo, STF[78] e STJ[79] firmaram posição no sentido de que os decretos não são instrumentos hábeis para a modificação da base de cálculo de tributos, como o IPTU, por exemplo.

Isso, contudo, não significa que o decreto não possa detalhar a aplicação da lei. Neste sentido, Ricardo Lobo Torres esclarece que, em casos excepcionais, para ordenar o *tipo* existente na realidade diante do *conceito-tipo* incluído na regra de incidência, a Administração pode proceder à *complementação normativa pelo regulamento*. Um exemplo foi o da Contribuição ao Seguro de Acidentes do Trabalho – SAT, prevista no art. 22, II, da Lei nº 8.212/1991, regulamentada pelos decretos nºs. 356/1991, 612/1992 e 2.173/1997. A lei, ao estabelecer a mencionada contribuição, deixou para o regulamento a complementação dos conceitos de "atividade preponderante" e "grau de risco leve, médio e grave", os quais influenciavam diretamente no valor da exação. Torres entende legítima a lei que transfere ao regulamento a competência para preencher o tipo nela previsto, explicitando as diversas possibilidades. Afinal, "ninguém conhece previamente e a lei formal não poderia determinar o conceito de *risco leve, médio* ou *grave*, tanto mais que tal conceito é cambiante, estando ao sabor do crescimento das atividades econômicas e do desenvolvimento tecnológico".[80] Este também foi o posicionamento adotado pelo STF.[81]

[78] "TRIBUTÁRIO – IPTU – REAJUSTE DO VALOR VENAL DOS IMÓVEIS – DECRETO MUNICIPAL – INVIABILIDADE – O acórdão impugnado mostra-se coerente com a jurisprudência deste Supremo Tribunal, ao decidir que a atualização do valor venal de imóveis, para efeito de cálculo do IPTU, deve ser feita somente mediante Lei em sentido formal, sendo inviável por meio de Decreto do prefeito. Precedentes: AGRAG 176.870 e RE 234.605. Agravo regimental a que se nega provimento". STF. Agravo Regimental no Agravo de Instrumento nº 346226/ MG. 1ª T.Relª Minª Ellen Gracie. DJU 04.10.2002. p. 00110.

[79] Súmula 160 do STJ: É defeso, ao município, atualizar o IPTU, mediante decreto, em percentual superior ao índice oficial de correção monetária.

[80] Torres, Ricardo. "O Princípio da Tipicidade no Direito Tributário". *Revista de Direito Administrativo*, Rio de Janeiro, 235: 193-232, Jan/Mar. 2004.

[81] Conforme Informativo STF nº 301: "O Tribunal, confirmando acórdão do TRF da 4ª Região, julgou que é constitucional a contribuição social destinada ao custeio do Seguro de Acidente

7. As Normas Complementares

As normas complementares visam dar operacionalidade às normas tributárias, detalhando a sua aplicação, ou fixar, no âmbito administrativo, a interpretação oficial de um determinado dispositivo legal. São veiculadas normalmente através de portarias, instruções normativas e pareceres normativos. Segundo o art. 100 do CTN, são normas complementares das leis, dos tratados e das convenções internacionais e dos decretos:

> I – os atos normativos expedidos pelas autoridades administrativas;
>
> II – as decisões dos órgãos singulares ou coletivos de jurisdição administrativa, a que a lei atribua eficácia normativa;
>
> III – as práticas reiteradamente observadas pelas autoridades administrativas;
>
> IV – os convênios que entre si celebrem a União, os Estados, o Distrito Federal e os Municípios.

Os atos normativos devem fiel observância às leis e atos correlatos, bem como aos decretos regulamentadores, sob pena de invalidade. Não podem inovar na ordem jurídica criando obrigações aos particulares que não estavam previstas em lei. Podem, entretanto, criar regramentos específicos para a própria Administração.

As decisões administrativas, por sua vez, representam um papel acessório de orientar o cumprimento da lei[82], e somente são consideradas normas complementares quando a lei lhes atribua essa eficácia.

As práticas reiteradamente observadas pelas autoridades administrativas adquirem verdadeiro caráter de costume, podendo inclusive vincular a Administração, como já reconheceu o STJ.[83]

do Trabalho – SAT, incidente sobre o total da remuneração, bem como sua regulamentação [...]Quanto ao Decreto 612/92 e posteriores alterações (Decretos 2.173/97 e 3.048/99), que, regulamentando a contribuição em causa, estabeleceram os conceitos de "atividade preponderante" e "grau de risco leve, médio ou grave", a Corte repeliu a arguição de contrariedade ao princípio da legalidade tributária (CF, art. 150, I), uma vez que a Lei fixou padrões e parâmetros, deixando para o regulamento a delimitação dos conceitos necessários à aplicação concreta da norma. RE 343.446-SC, rel. Min. Carlos Velloso, 20.3.2003.(RE-343446)"

[82] Amaro, *op. cit.*, p. 216.

[83] "TRIBUTÁRIO – RECURSO ESPECIAL – RECOLHIMENTO REITERADO DO ISS – Costume. Art. 100, III e parágrafo único, do CTN. Auto de infração. ICMS. Boa-fé. Contribuinte. Multa. Exclusão. Juros moratórios. Correção monetária. Dies a quo. Notificação. I. Presume-se a boa-fé do contribuinte quando este reiteradamente recolhe o ISS sobre sua

Quanto aos convênios, o inciso IV do art. 100 se refere àqueles previstos no art. 199 do CTN, celebrados entre União, Estados, Distrito Federal e Municípios com o fim de prestar mútua assistência para a fiscalização dos tributos respectivos e permuta de informações. Não se confundem, portanto, com os convênios celebrados entre os Estados, na forma do art. 155, § 2º, XII, g, da CF.

Para fins de segurança jurídica, determina o CTN (art. 100, parágrafo único) que a observância das normas complementares exclui a imposição de penalidades, a cobrança de juros de mora e a atualização do valor monetário da base de cálculo do tributo. Preserva-se, deste modo, a boa-fé do contribuinte.[84]

Por fim, quanto à vigência das normas complementares, o CTN fixou a seguinte regra:

> Art. 103. Salvo disposição em contrário, entram em vigor:
>
> I – os atos administrativos a que se refere o inciso I do artigo 100, na data da sua publicação;
>
> II – as decisões a que se refere o inciso II do artigo 100, quanto a seus efeitos normativos, 30 (trinta) dias após a data da sua publicação;
>
> III – os convênios a que se refere o inciso IV do artigo 100, na data neles prevista.

8. Doutrina de leitura obrigatória

Sobre as fontes do Direito Tributário, além das demais obras citadas neste artigo, recomenda-se a leitura de AMARO, Luciano. *Direito Tributário Brasileiro.* 20ª ed. São Paulo: Saraiva, 2014; e CARRAZZA, Roque Antônio. *Curso de Direito Constitucional Tributário.* 29ª ed. São Paulo: Malheiros, 2013.

atividade, baseado na interpretação dada ao Decreto-Lei nº 406/68 pelo município, passando a se caracterizar como costume, complementar à referida legislação". STJ. Recurso Especial nº 215655/PR. 1ª T. Rel. Min. Francisco Falcão. DJU 20.10.2003, p. 00178.

[84] AMARO, *op. cit.*, p. 216..

Vigência e Aplicação das Normas Tributárias

Heleno Taveira Tôrres

1. Conceito

A vigência da legislação tributária pressupõe que a norma jurídica produzida pelos órgãos competentes encontra-se apta a surtir seus efeitos, alcançando os fatos jurídicos tributários definidos na hipótese e constituindo novas situações jurídicas, com direitos e deveres recíprocos, a partir da relação jurídica formada.

A vigência é uma "qualidade normativa", como aduz Paulo de Barros Carvalho. Qualidade de poder surtir efeitos, regendo fatos jurídicos. Vigência, pois, é uma condição que geralmente acompanha a norma durante o período cronológico de capacidade de atuação da norma, que vai da *publicação* (ou do termo final da *vacatio legis*) até sua *revogação* (ab-rogação ou derrogação), expressa ou tácita[1]. Assim, a *vigência* é "condição de aplicabilidade", sendo esta, a *aplicabilidade*, entendida como atividade do sujeito competente para promover a "constituição, desconstituição ou modificação de situações ou fatos jurídicos", na medida que só com a aplicação da norma é que surgirão efeitos jurídicos, pela incidência[2].

[1] Cf: Bobbio, Norberto. *Teoria do ordenamento jurídico*, 5ª ed., Brasília: UnB, 1994, 184 p.; Miranda, Pontes. *Tratado de Direito Privado*, 3ª ed., SP: RT, 1984, v. I, 430 p.; Vilanova, Lourival. *As estruturas lógicas e o sistema de direito positivo*, SP: Max Limonad, 1998, 259 p.;

[2] Para um aprofundamento, cf. Carvalho, Paulo de Barros. *Curso de direito tributário*, 16.ª ed. SP: Saraiva, 2004, p. 88 e ss.;

A *eficácia* é o que se poderia chamar de *condição de realizabilidade do conteúdo da norma* e configura-se na conformidade da conduta do destinatário com o que se encontra estauído na *hipótese de incidência*[3] (descritor da norma). A *eficácia*, em síntese, decorre da formação de dado fato jurídico (a partir da incidência da norma – vigente), visando à sua aplicabilidade. Desse modo, a *eficácia* pode ser tanto uma "qualidade" que advém da *relação entre a conduta das pessoas e o mandamento normativo* (de atendimento ou descumprimento), que é chamada "eficácia social"; quanto a "qualidade" dos fatos jurídicos para os fins de aplicabilidade (eficácia jurídica). A norma é ou não é eficaz, a depender tão-só da sua possível aplicabilidade, a partir da sua vigência, que é qualidade normativa que autoriza a condição de eficácia da norma, apesar de, com esta, não se confundir.

1.1. Vigência da legislação tributária no CTN

No Código Tributário Nacional, o Art. 101 deixa claro que *a vigência, no espaço e no tempo, da legislação tributária rege-se pelas disposições legais aplicáveis às normas jurídicas em geral,* apenas ressalvando as previsões contidas nos artigos 102 e 103 do próprio Código. Com essa norma geral permissiva, foram respeitados, em matéria de relação entre normas tributárias, os mesmos critérios de solução de conflitos aplicáveis a todas as demais regras do ordenamento. Não obstante os problemas daí decorrentes, por mais inusitado que possa parecer, nossa doutrina alheou-se dos esforços de conhecer os limites do emprego de tais critérios em matéria tributária, apesar da inconteste importância que ocupam e as tantas dificuldades sobre a respectiva aplicabilidade de tais figuras no ordenamento.

Quanto à *vigência no tempo,* na Lei de Introdução ao Código Civil – LICC, veiculada pelo Decreto-lei nº 4.657, de 4 de setembro de 1942, por que dispõe apenas sobre relações de coordenação entre atos normativos de mesmo nível hierárquico (lei – lei), seu art. 2º, veicula *norma de revogação tácita* típica, enquanto *critério temporário* de solução de conflitos, a saber: "Não se destinando à vigência temporária, a lei terá vigor até que outra a modifique ou revogue", esclarecendo ainda, no § 1º, que "A lei posterior revoga a anterior quando expressamente o declare, quando seja com ela incompatível ou quando regule inteiramente a matéria de que tratava a

[3] Cf. FERRAZ Jr., Tércio Sampaio. *Introdução ao Estudo do Direito: técnica, decisão, dominação,* SP: Atlas, 1990, p. 179-182;

lei anterior". Trata-se, essa regra, de um ato de revogação *per se*, porquanto qualquer modalidade de conflito de normas deve ser interpretado, inclusive à luz da interpretação dessa norma de revogação, em detrimento da vigência da norma anterior. Suas disposições, ademais, devem ser interpretadas conjuntamente com as regras do art. 1º a 6º, da Lei Complementar nº 95/98, que é a norma geral em matéria de legislação brasileira.

Sobre a *vigência territorial*, o art. 102 prevê que "a legislação tributária dos Estados, do Distrito Federal e dos Municípios vigora, no País, fora dos respectivos territórios, nos limites em que lhe reconheçam extraterritorialidade os convênios de que participem, ou do que disponham esta ou outras leis de normas gerais expedidas pela União". Neste dispositivo, encontra-se afirmado o princípio de prevalência dos efeitos de territorialidade, cabendo a cada unidade da federação autonomia normativa, nos limites de cada território, o que se excepciona, para os fins de ampliação eficacial (extraterritorialidade), unicamente nas hipóteses de persistirem convênios firmados entre estas.

Nesse âmbito, cumpre separar os conceitos de "território" e de "territorialidade", para melhor precisão. *Território* é o espaço físico, juridicamente delimitado, imprescindível à noção de Estado de Direito, como elemento basilar deste, prestando-se para conferir sua individualidade. Por isso, com o termo "território" procura-se indicar qualquer espaço físico juridicamente qualificado e delimitado, dentro do qual fica consentido aos sujeitos exercitarem direitos e deveres jurídicos, sob a égide da jurisdição do Estado. A *territorialidade*, como conceito dogmático, corresponde aos efeitos da norma tributária, quanto à respectiva vigência no espaço. No plano interno do federalismo, portanto, a territorialidade dos ordenamentos de estados e municípios é mantida como reflexo da própria autonomia que a Constituição lhes garante (art. 18). Os limites territoriais entre estados ou entre municípios são, pois, estabelecidos juridicamente. Sem ordem jurídica o território não existiria, e muito menos o efeito de "territorialidade". Por isso, somente por convênios firmados, título jurídico legítimo para tal fim, poderá as normas tributárias de uma unidade surtir algum efeito sobre fatos ocorridos em outros territórios de unidades equivalentes no interior da Federação.

1.2. Princípios afins (anterioridade, anualidade) no Direito Tributário e Financeiro

O início da vigência das leis tributárias depende da natureza do seu conteúdo, não sendo, pois, uniforme o início da respectiva vigência. Assim, aquelas regras que dispõem sobre elementos da regra-matriz de incidência de qualquer tributo, mesmo que isoladamente consideradas no texto de uma "lei", estas entrarão em vigor atendendo aos critérios de anterioridade previstos na Constituição, a partir do átimo que se esgotar sua contagem, salvo a previsão, na lei, de prazo mais favorável ao contribuinte. Para todas as demais matérias que não impliquem criação, modificação ou aumento de tributos, as leis tributárias entram em vigor como qualquer outra, respeitando o dispositivo que fizer menção expressa à sua vigência, a partir da publicação, com contagem de um prazo definido, ou de imediato; e bem assim, na ausência de tal ordem expressa, nos moldes previstos na LICC, respeitando o período de *vacatio legis*.

Passemos ao tratamento aplicável àquelas normas que criam ou aumentam tributos no sistema jurídico nacional.

Vigorava na Constituição da República de 1946 o princípio da *anualidade orçamentária*, pelo qual o tributo deveria vir previsto no orçamento para que sua aprovação permitisse sua cobrança[4]. Mesmo que nas constituições posteriores tenham sido eleitos novos modelos de tratamento, foi este que remanesceu no CTN, apesar de derrogado pela Constituição de 1988. Contudo, é errôneo afirmar que a anualidade não é princípio que persiste para os fins tributários. É por força da *anualidade* que as cobranças dos impostos não se repetem no mesmo exercício financeiro, especialmente os que incidem sobre patrimônio, que são demarcados os prazos de anterioridade ou que são estabelecidos os critérios de alteração legislativa. Trata-se de princípio complementar àquele da anterioridade e que segue seus desígnios, mesmo que com funções renovadas, de garantia de segurança jurídica no tempo, em matéria tributária.

Reportando-nos ao seio constitucional, encontramos previstos os critérios de determinação da vigência e eficácia das leis tributárias, a partir da combinação dos princípios de irretroatividade e anterioridade. E diz-se da combinação porque a *irretroatividade* depende da vigência, é dizer,

[4] Para um estudo mais abrangente, veja-se: BALEEIRO, Aliomar. *Direito Tributário Brasileiro* (Anotado por Misabel de Abreu Machado Derzi). RJ: Forense, 11ª ed., 1999, p. 1034.

da possibilidade de surtir efeitos (eficácia), que somente surge a partir do momento da publicação da lei ou do cumprimento do prazo de anterioridade, conforme as regras aplicáveis.

Vejamos a redação do art. 150, III, ao prever que é vedado *cobrar tributos*:

a) em relação a fatos geradores ocorridos antes do início da vigência da lei que os houver instituído ou aumentado;
b) no mesmo exercício financeiro em que haja sido publicada a lei que os instituiu ou aumentou;
c) antes de decorridos noventa dias da data em que haja sido publicada a lei que os instituiu ou aumentou, observado o disposto na alínea b; (Incluído pela Emenda Constitucional nº 42, de 19.12.2003).

Como se vê, a partir da Emenda Constitucional nº 42, de 19.12.2003, temos novo regime de vigência para as leis tributárias que veiculem elementos das respectivas regras-matrizes de incidência, a saber:

1. **Regime geral de anterioridade** – aplicável a todos os tributos, inclusive às taxas e à contribuição para o custeio do serviço de iluminação pública, salvo as exceções abaixo referidas. Neste, a anterioridade ordinária (150, III, "b") passa a conviver, cumulativamente, com o regime especial dos 90 dias (150, III, "c"). E, assim, os noventa dias assinalados ("c") deverão ser contados antes do final do exercício financeiro ("b"), tal como se dessome da redação: "observado o disposto na alínea b"; contudo, há quem entenda que editada a lei antes do fim do exercício financeiro, isso já seria suficiente, contando-se os 90 dias a partir do momento da publicação, mesmo que ingressando no exercício seguinte. Na prática, para obter vigência no exercício seguinte, a lei deverá ser publicada até 90 dias antes do término de cada exercício financeiro, o que sobremodo rigoroso, haja vista a previsão do § 2º, do art. 165, segundo a qual cabe à lei de diretrizes orçamentárias dispor sobre as alterações na legislação tributária[5]. Dos tributos da União, apenas o ITR entra nessa regra, além do "imposto sobre grandes fortunas".

[5] CF, ADCT, "Art. 35. O disposto no art. 165, § 7º, será cumprido de forma progressiva, no prazo de até dez anos, distribuindo-se os recursos entre as regiões macroeconômicas em razão proporcional à população, a partir da situação verificada no biênio 1986-87.

2. **Ausência de anterioridade** – Segundo o § 1º do art. 150, não será aplicada a anterioridade, em nenhuma das suas modalidades, ao empréstimo compulsório extraordinário (148, I), impostos de importação, de exportação, sobre operações de crédito, câmbio e seguro, ou relativas a títulos ou valores mobiliários (art. 153, I, II e V) e impostos extraordinários (154, II). Basta, nesses casos, a publicação do ato normativo para que possa surtir seus efeitos.
3. **Aplicação exclusiva da anterioridade** – Também nos termos do § 1º, do art. 150, a regra de anterioridade dantes vigente segue como aplicável unicamente para o Imposto sobre a Renda (União) e nos casos de *fixação* da *base de cálculo* do IPVA (Estados) e do IPTU (Municípios).
4. **Aplicação exclusiva do prazo nonagesimal** – E tal como previsto ainda no § 1º, do art. 150, o prazo nonagesimal, isoladamente, quedar-se-á como única medida de "anterioridade" para o IPI, CPMF e demais contribuições do art. 195.

1.3. Estrutura do ordenamento positivo vigente. CRFB/88. CTN. Legislação extravagente

Em virtude da análise mais detida que isso representa sobre os diversos mecanismos de introdução de normas no sistema, preferimos remeter o ilustre leitor ao título próprio, sob a denominação de "fontes do direito tributário".

1.4. Vigência das normas complementares

Acima, cuidamos estritamente da vigência das "leis" tributárias, cujos efeitos jurídicos, a depender da matéria veiculada, têm início, no tempo, segundo critérios distintos. Passemos ao regime aplicável à vigência no tempo das chamadas "normas complementares", visto que a vigência no espaço acompanha os mesmos regimes adotados para quaisquer leis dos entes federados, das quais aquelas são "complemento".

§ 2º – Até a entrada em vigor da lei complementar a que se refere o art. 165, § 9º, I e II, serão obedecidas as seguintes normas:
II – o *projeto de lei de diretrizes orçamentárias* será encaminhado até oito meses e meio antes do encerramento do exercício financeiro e devolvido para sanção até o encerramento do primeiro período da sessão legislativa";

Para o início da vigência no tempo das *normas complementares*, o art. 103, do CTN, prescreve expressamente que, "salvo disposição em contrário", admitindo, assim, que as leis relativas à instituição dos órgãos administrativos e de suas funções (normativas), ao processo administrativo ou às condições e critérios para edição de convênios, possam trazer regras específicas para definição de outros prazos. E logo em seguida, acompanhando a designação de atos dessa natureza do art. 100, do CTN, faz indicar que estas terão o início da respectiva vigência no tempo a partir dos seguintes momentos abaixo indicados:

ato normativo	**início da vigência**
• atos normativos de autoridades administrativas	• data da *publicação*
• decisões de órgãos singulares ou coletivos de jurisdição administrativa *com atribuição de caráter normativo dada por lei*	• 30 dias após a data da *publicação* (e não contados da data da decisão), e quanto aos respectivos efeitos normativos, exclusivamente.
• convênios firmados entre as pessoas políticas tributantes	• nas datas neles previstas – o CTN nada estipulou quanto à hipótese de omissão. Nesse caso, a solução é aplicar o prazo de 45 dias – *vacatio legis*, da LICC.

Como se vê, não há dificuldade de compreensão sobre o tratamento aplicável, que excepciona qualquer espécie de regime de *vacatio legis*, da LICC, instaurando um regime uniforme, exclusivamente em matéria tributária, para garantir, ademais, segurança jurídica no trato das questões relativas ao prazo de observância ou de cumprimento de tais atos ou decisões em todo o território nacional.

Em louvor ao princípio de certeza do direito, não seria admissível que as autoridades administrativas, a cada Estado ou Município do País, além da União e do Distrito Federal, pudessem livremente dispor sobre os regimes de vigência dos seus próprios atos ou decisões. Nesse particular, o CTN cumpre adequadamente suas funções codificadoras de neutralidade de divergências e uniformização de efeitos e procedimentos, enquanto "norma geral em matéria de legislação tributária, ao conferir um regime único de tratamento, salvo disposição de lei em contrário, aos efeitos dos decisões ou atos administrativos.

2. Aplicação da legislação tributária

Estando vigente a legislação, segundo os critérios adotados para o tipo de veículo introdutório de normas, esta terá *aplicação* imediata, alcançando todos os fatos jurídicos tributários que se constituam a partir desse momento (art. 105, CTN), sem qualquer possibilidade de retroatividade, salvo nos casos admitidos pelo CTN, que corroboram o texto constitucional.

Estes são os casos do art. 106, segundo o qual "a lei aplica-se a ato ou fato pretérito":

> *I – em qualquer caso, quando seja expressamente interpretativa, excluída a aplicação de penalidade à infração dos dispositivos interpretados;*
>
> *II – tratando-se de ato não definitivamente julgado:*
>
> *a) quando deixe de defini-lo como infração;*
>
> *b) quando deixe de tratá-lo como contrário a qualquer exigência de ação ou omissão, desde que não tenha sido fraudulento e não tenha implicado em falta de pagamento de tributo;*
>
> *c) quando lhe comine penalidade menos severa que a prevista na lei vigente ao tempo da sua prática.*

Em resumo, somente na hipótese de "lei" mais benigna ou de "lei" expressamente interpretativa, pode-se falar em *retroatividade das leis tributárias*, haja vista a ausência de inovação ao catálogo das situações tributáveis ou de presença de obrigação mais gravosa para os sujeitos destinatários. Porém, como se verifica, esse dispositivo aplica-se unicamente à "lei", e não à "legislação tributária". E assim, atos administrativos normativos, a título de serem "interpretativos" (atos declaratórios e congêneres), não podem retroagir, modificando tratamentos que tenham sido determinados em decisões de órgãos colegiados de jurisdição administrativa, a que a lei atribua eficácia normativa, nos casos de práticas reiteradas da administração ou quando a matéria tenha sido objeto de convênios. Valerão, como tais, para o futuro (*ex nunc*), nunca para alcançar o passado (*ex tunc*).

3. Doutrina de leitura obrigatória

BALEEIRO, Aliomar. *Direito Tributário Brasileiro* (Anotado por Misabel de Abreu Machado Derzi). RJ: Forense, 11ª ed., 1999.

CARVALHO, Paulo de Barros. *Curso de direito tributário*, 16.ª ed. SP: Saraiva, 2004;

COELHO, Sacha Calmon Navarro. *Curso de direito tributário brasileiro.* 7ª ed., RJ: Forense, 2004;

TORRES, Ricardo Lobo. *Curso de Direito Financeiro e Tributário.* 11ª ed., RJ: Renovar, 2004;

3. Doutrina de leitura obrigatória

BALEEIRO, Aliomar. *Direito Tributário Brasileiro.* (Anotado por Misabel de Abreu Machado Derzi. 11ª ed.) Rio de Janeiro: Forense, 1999.

CARVALHO, Paulo de Barros. *Curso de Direito Tributário.* 16ª ed. São Paulo: Saraiva, 2004.

COÊLHO, Sacha Calmon Navarro. *Curso de Direito Tributário Brasileiro.* Rio de Janeiro: Forense, 2006.

TORRES, Ricardo Lobo. *Curso de Direito Financeiro e Tributário.* 11ª ed. Rio de Janeiro: Renovar, 2004.

Interpretação das Normas Tributárias

Heleno Taveira Tôrres

1. Interpretação do direito tributário como hermenêutica da segurança jurídica

A interpretação das normas tributárias tem particularidades que não são destacadas em nenhum outro ramo do direito, sem que isso signifique qualquer distinção de tratamento sobre os destinatários de suas normas-resultado. A presença do Estado na cobrança dos tributos e o exercício permanente dos direitos fundamentais dos indivíduos, por si só, já exige uma interpretação constitucional, o que se há de somar à interpretação do direito privado ou do direito público de regência dos fatos tributáveis para que, numa composição unitária, possa-se realizar uma interpretação das normas tributárias com coesão sistêmica e concordância prática entre meios e fins.

A segurança jurídica é um princípio expresso em nossa Constituição, no seu preâmbulo, no artigo. 5º *caput* e em várias disposições autônomas. Trata-se de uma garantia *lato sensu* que, juntamente com suas garantias específicas, como as proteções ao devido processo legal, à coisa julgada e outras, permite a efetividade do Estado Democrático de Direito e a concretização dos direitos e liberdades fundamentais. Dentre estes, a dignidade da pessoa humana ganha espaço preponderante, pois o mínimo de dignidade consiste justamente na preservação da confiança e da boa fé na atuação dos poderes e, em especial, nos que exercem a interpretação da legalidade. Se a segurança jurídica na *função certeza* tem a legalidade como fundamento, a segurança jurídica na *função igualdade*[1] tem a confiança e a dignidade da pessoa humana como bases fundamentais para determinação das suas conseqüências.

E, ao mesmo tempo que a garantia de segurança jurídica deve proteger o direito fundamental da *dignidade da pessoa humana*, o exercício ou efetividade deste pressupõe a segurança jurídica como conteúdo. Por isso, de nada adiantaria o ordenamento constitucional proteger a dignidade da pessoa humana como princípio fundamental (art. 1º, da CF) se, a um só tempo, não contemplasse a segurança jurídica como seu conteúdo mínimo (i) e adotasse garantias de segurança jurídica à efetividade daquele princípio preambular (ii).

Logicamente, a prática cada vez mais numerosa de procedimentos administrativos transferidos ao contribuinte, para que este interprete a lei e a cumpra do melhor modo possível, estabelece uma condição deste como "intérprete" permanente e necessário das leis tributárias, de tal forma que já não cabe falar de "intérprete autêntico" ou de privilégios da Administração na ação de interpretar e aplicar a lei tributária. Todos – Fisco e contribuintes – são intérpretes qualificados da comunidade hermenêutica do Direito Tributário, que se constitui em torno do regime jurídico dos tributos exigidos de determinados sujeitos passivos.

Nessa *comunidade interpretativa*,[2] afastada a limitação dos "intérpretes" (quem pode interpretar), a ação criativa de significados, que é a *interpretação*, pode ser entendida como "atividade" (método) que recai sobre textos e fatos (os objetos da interpretação), e como "resultado", na forma de decisão, nas suas distintas possibilidades de elaborações normativas, defesa a contradição com o sistema de princípios e valores constitucionais, os quais servem de critérios de controle sistêmico.

É bem verdade que o próprio ordenamento pode limitar ou delimitar essa comunidade interpretativa quanto à eficácia vinculante das deci-

[1] Sobre a *igualdade* como *garantia* e como direito fundamental protegido pela *segurança jurídica*, veja-se: CERRI, Augusto. *L'eguaglianza*. Itália: Laterza, 2005. 155p.

[2] "Ciò dimostra la presenza di una *comunità interpretativa*, in cui l'interdipendenza dei partecipanti non è fondata soltanto sull'esigenza fattuale di cooperare, ma anche e soprattutto sulla condivisione di valori comuni. Questa comunanza si esercita, poi, secondo attività interpretative, perché si tratta d'inscrivere i casi concreti all'interno di questo orizzonte di senso e, al contempo, di rafforzare e sviluppare quest'ultimo attraverso le applicazioni concrete." VIOLA, F. ZACCARIA, G. *Diritto e interpretazione*: lineamenti di teoria emerneutica del diritto. Bari: Laterza, 2004. P. 72.

sões, mas nunca no que concerne à capacidade de "interpretar". Porém, é incontestável que ao tempo que a lei atribui ao contribuinte deveres de aplicação da legislação tributária, integra-os à comunidade dos intérpretes habilitados e, com isso, à aplicação que estes façam da legislação deve-se atribuir caráter vinculante aos atos praticados (liquidações, compensações etc), desde que a interpretação esteja *conforme à legalidade*, ou coerente com o ordenamento.

Não temos o objetivo de esgotar o tema da interpretação das normas jurídicas nesse curto texto, mas, sim apresentar os pressupostos que nos deve guiar quando falarmos em *interpretação de normas tributárias*,[3] i.e., no procedimento que os sujeitos devem adotar na criação de sentidos normativos, a partir dos textos e enunciados lingüísticos expedidos pelos órgãos competentes que tenham como objeto matéria tributária ou de direito privado, no âmbito do círculo hermenêutico da comunidade de intérpretes do Direito Tributário, sob a égide do constitucionalismo de valores do Estado Democrático de Direito.

Nesse paradigma da comunidade de intérpretes das leis tributárias,[4] novos valores assumem preponderância com fundamental importância. Falo do exame necessário da boa fé do contribuinte,[5] da proteção da con-

[3] Cf. AGRON, Laure. *Histoire du vocabulaire fiscal.* Paris: LGDJ, 2000. p. 381 e ss.; GENY, François. *Méthode d'interpétation et sources en droit privé positif,* Paris: LGDJ, 1919, T. 1, 446 p.; LARENZ, Karl. *Metodologia da ciência do direito,* 2ª ed., Lisboa: C. Gulbenkian, 1989, 620 p.; ZACCARIA, Giuseppe. *Ermeneutica e giurisprudenza: saggio sulla metodologia di Josef Esser.* Milano: Giuffrè, 1984, 227 p.

[4] Nas suas variadas formas. Cf. PELLETIER, Marc. *Les normes du droit fiscal.* Paris: Dalloz, 2008. 593p.

[5] Cf. RAIMBAULT, Philippe. *Recherche sur la sécurité juridique en droit administratif français.* Paris: LGDJ, 2009, p. 364 e ss; ARCOS RAMÍREZ, Federico. *La seguridad jurídica.* Una teoría formal. Madrid: Dykinson, 2000. p. 217; RAITIO, Juha. *The principle of legal certainty in EC law.* Netherlands: Kluwer, 2003. 398p.; XAVIER, Alberto. *Do lançamento no direito tributário brasileiro.* 3. ed. Rio de Janeiro: Forense, 2005. p. 430-432; GOMES, Nuno Sá. *Estudos sobre a segurança jurídica na tributação e as garantias dos contribuintes.* Lisboa: Centro de Estudos Fiscais, 1993. KORESSAWA, Wilson. *O princípio da segurança jurídica.* Porto Alegre: Sergio Antonio Fabris Editor, 2010. 232p.; GOMETZ, Gianmarco. *La certezza giuridica come prevedibilità.* Torino: G. Giappichelli, 2005. 310p.; CALMES, Sylvia. *Du principe de protection de la confiance légitime en droits allemand, communautaire et français.* Paris: Dalloz, 2001; PIAZZON, Thomas. *La sécurité juridique.* Paris: LGDJ – Defrénois, 2009; VALEMBOIS, Anne-Laure. *La constitutionnalisation de l'exigence de sécurité juridique en droit français.* Paris: LGDJ, 2005; ARCOS RAMÍREZ, Federico. *La seguridad jurídica.* Una teoría formal. Madrid: Dykinson, 2000; LAVILLA ALSINA, Landelino. *Seguridad jurídica y función del derecho.* Madrid: Real Academia de Jurisprudencia y Legislación,

fiança legítima, da transparência das informações e da proibição de excesso nos controles da Administração.[6] A liberdade de interpretar convive com as dúvidas, com as imprecisões e a ambiguidade própria dos signos linguísticos. Por isso mesmo, do exame das condutas dos contribuintes não se pode abstrair o cuidado com esses diversos instrumentos protetivos da segurança jurídica na interpretação.

1.1. A interpretação das normas tributárias pela comunidade de intérpretes e controle das incertezas jurídicas na superação da "única resposta"

A legalidade tributária classificadora e tipificante parece impor ao jurista uma espécie de interpretação por paráfrases, numa proposta restritiva que postula, de modo vicioso, o anátema da "única resposta correta".[7] A interpretação (aplicação) do Direito Tributário convive com a indeterminação e a incerteza[8] (a *dúvida interpretativa*) e sua função é aquela de cons-

1999; García Novoa, César. *El principio de seguridad jurídica en materia tributaria*. Madrid: Marcial Pons, 2000; Pérez Luño, Antonio-Enrique. *La seguridad jurídica*. 2. ed. Barcelona: Ariel, 1994; Mezquita del Cacho, José Luis. *Seguridad jurídica y sistema cautelar*. Teoría de la seguridad jurídica en su doble proyección pública y privada. Madrid: Bosch, 1989; Idem, *Seguridad jurídica y sistema cautelar*. Sistema español de derecho cautelar. Madrid: Bosch, 1989, v. 2; Bermejo Vera, José. *El declive de la seguridad jurídica en el ordenamiento plural*. Madrid: Thomson, 2005; Boy, Laurence; Racine, Jean-Baptiste; Siiriainen, Fabrice (Org.). *Sécurité juridique et droit économique*. Bruxelles: Larcier, 2008; Schønberg, Søren. *Legitimate expectations in administrative law*. Oxford: Oxford University Press, 2000.

[6] São oportunas as observações de Diogo Leite de Campos sobre os novos rumos da tributação no Estado Democrático de Direito: "Há que definir um novo sentido e uma nova actuação dos princípios, sobretudo do princípio de auto tributação. Se quisermos um conteúdo do princípio da auto tributação que respeite os direitos dos cidadãos e da sociedade." E prossegue: "Os cidadãos não devem ser destinatários/sujeitos dos impostos (ainda há muito meros 'sujeitos passivos') mas participantes da sua criação e da sua aplicação. Autores ou pelo menos co-autores dos impostos, da aplicação dos impostos às suas pessoas e da resolução dos conflitos que tenham com o Estado". Campos, Diogo Leite de. *O sistema tributário no estado dos cidadãos*. Coimbra: Almedina, 2006. p. 124.

[7] Deveras, pois, como observa Giuseppe Melis, o emprego de métodos ou argumentos interpretativos não tem qualquer função de correção ou exatidão da decisão. Melis, Giuseppe. *L'Interpretazione nel diritto tributario*. Padova: CEDAM, 2003, p. 445.

[8] Como assinala Paulo Otero: "Se existem zonas interpretativas de certeza positiva e zonas de certeza negativa, a verdade é que a normatividade comporta, em número cada vez maior, zonas intermédias ou cinzentas, sendo controvertido extrair da legalidade um sentido único ou mesmo um sentido não contraditório e, por isso mesmo, a existência de um padrão indiscutível de conduta administrativa: a ideia do que seja a conformidade normativa do agir da

trução de sentidos e significados para os textos normativos. Nessa função, o intérprete deve criar, a partir de princípios e garantias constitucionais interpretados e argumentos interpretativos, o conteúdo das decisões que introduzem normas jurídicas mediante a aplicação tributária, numa verdadeira seleção de hipóteses decisórias antes às interpretações possíveis.

Quando se examina a produção incessante de normas tributárias, a opacidade dos seus conteúdos e a complexidade dos tributos existentes não há como deixar de reconhecer, com Zygmunt Bauman, que, na sociedade atual, "l'unico esito assicurato, sembra essere la percezione di una sensazione sempre più universale e condivisa di insecurezza e incertezza".[9] Ainda que essa constatação possa ser válida, e o é, o jurista tem em suas mãos os instrumentos da hermenêutica como meios para surpreender os conteúdos normativos e, a partir dos textos e contextos jurídicos, criar normas no processo de aplicação do direito, condicionado pelo desvelamento de significados – até então ocultos no texto – na dinâmica entre a pré-compreensão e a pós-compreensão.[10]

Afaste-se, pois, a recorrente *doutrina do único significado correto*, sempre a postos, a perseguir seu espaço na constelação dos meios de afirmação da certeza jurídica. Ocorre que não se deve confundir a necessidade de uma "resposta definitiva" ou imutável (com eficácia de coisa julgada), que é meio de realização da segurança jurídica, com a "única resposta correta", de todo inadequada à metodologia jurídica – algo que a Administração Tributária geralmente confunde com a vinculação à legalidade, para justificar suas decisões como a única interpretação "correta".

Como observa Aulis Aarnio, quanto à resposta terminativa do ordenamento, tem-se o exercício do princípio do Estado de Direito na solução dos

Administração Pública toma-se uma realidade nem sempre fácil de determinar, propiciando aos tribunais um acréscimo de protagonismo definidor do sentido último da lei." OTERO, Paulo. *Legalidade e administração pública*: o sentido da vinculação administrativa à juridicidade. Coimbra: Almedina, 2003. p. 961.

[9] BAUMAN, Zygmunt. *La società dell' incertezza*. MARCHISIO, Roberto; NEIROTTI, Savina. (Trad). Bologna: Il Mulino, 1999, p. 19.

[10] Como completa Souto Borges: "O preceito encerra em si mesmo e antes da sua interpretação, um significado normativo interpretável. (...) toda interpretação do direito corresponde a uma desolcutação do significado oculto dos preceitos interpretados." BORGES, José Souto Maior. *Curso de direito comunitário*. 2. ed. São Paulo: Saraiva, 2009. p. 18. Ver ainda: HRUSCHKA, Joachim. *La costituzione del caso giuridico*: Il rapporto tra accertamento fattuale e applicazione giuridica. CARLIZZI, Gaetano (Trad). Bologna: Il Mulino, 2009. 117p.

conflitos; contudo, ela pode não ser a única resposta correta ou mesmo a mais justa[11] que se possa adotar no exame de casos semelhantes.[12] A questão, entretanto, não é simples.

Em determinado sentido, pode-se falar numa *corrente absoluta* da unicidade de respostas pelo ordenamento, na sua clausura de normas e princípios, segundo a qual só haveria uma resposta para a solução de cada caso, cabendo ao intérprete a tarefa de buscá-la nos textos expressos ou nas dobras do ordenamento, implicitamente. Tem-se, também, uma *corrente relativa*, pela qual a resposta persiste no ordenamento, ainda que não possa ser encontrada com facilidade, a exemplo da proposta de Dworkin e seu "Juiz Hércules". Para Aulis Aarnio, porém, ambas são insuficientes, e o meio mais adequado, segundo ele, seria buscar atingir "a melhor resposta possível", na linha do que fazem Perelman e Olbrechts-Tyteca,[13] a partir da teoria da argumentação.

Como observa Klaus Tipke, legalidade tributária, segurança jurídica, especialmente na forma da certeza e da uniformidade da tributação "somente serão plenamente desenvolvidas quando o aplicador do Direito se servir de métodos disciplinados, que tornem sua decisão jurídica *inteligente* e *racionalmente compreensível*, que não transmita a impressão de que a lei foi aplicada *liberalmente* segundo o *sentimento jurídico subjetivo*."[14] Nesse sentido, a decisão valorativa do legislador, na construção das normas tributárias, para atingir seus objetivos, encontra na interpretação a condição de etapa intermediária para sua concreta aplicação.

Partamos do entendimento segundo o qual as normas jurídicas são mensagens prescritivas (enunciados), geralmente vertidas em texto,

[11] Como Alude Michele Taruffo sobre os critérios que permitem aproximação a uma decisão "melhor" ou mais "justa", a saber: "a) correción de la escogencia y de la interpretación de la regla jurídica aplicable al caso; b) comprobación confiable de los hechos importantes del caso; c) empleo de un procedimiento válido y justo para llegar a la decisión." TARUFFO, Michele. *Sobre las fronteras:* escritos sobre la justicia civil. Bogotá: Temis, 2006. p. 203.

[12] Nesse sentido: AARNIO, Aulis. ¿Una única respuesta correcta? In: AARNIO, Aulis; ATIENZA, Manuel; LAPORTA, Francisco J. *Bases teóricas de la interpretación jurídica.* Madrid: Fundación Coloquio Jurídico Eropeo, 2010. p. 10 e ss.

[13] PERELMAN, Chaïm; OLBRECHTS-TYTECA, Lucie. *Tratado da Argumentação.* A Nova Retórica. Tradução: Maria Ermantina Galvão G. Pereira. SP: Martins Fontes, 1996, p. 119 e ss.

[14] TIPKE, Klaus; LANG, Joachim. *Direito tributário.* Tradução de Luiz Dória Furquim. Porto Alegre: Fabris, 2008. p. 304. Cf. CARRAZZA, Roque Antonio. *Curso de direito constitucional tributário.* 25. ed. São Paulo: Malheiros, 2009. p. 475 e ss.

que um determinado sujeito qualificado juridicamente como "fonte" (enunciador),[15] i.e., órgão de produção de normas reconhecido, envia a outrem, destinatário da mensagem deôntica (enunciatário)[16] recorrendo normalmente ao uso de uma linguagem natural, e usando de código comunicacional comum. Compete ao enunciatário, pois, interpretar esse ato linguístico, para construir a norma jurídica à qual se deve adequar, com sentido completo. E como o sentido da norma *depende do contexto lingüístico* no qual a mensagem é emitida, porque expressões da linguagem natural nem sempre são precisas quanto às suas referências objetivas, a *função pragmática* presta-se à redução ou eliminação da vaguidade e ambigüidade latentes.

A ação de interpretar tem como finalidade *expressar um sentido recorrendo a signos diferentes dos usados para formulá-lo originalmente.* Muitas vezes, o que necessitamos interpretar é um conjunto de signos articulados, cujo sentido depende não só do conhecimento de cada signo, mas do *conhecimento das relações existentes entre os signos.*[17] Como a interpretação processa-se para criação de nova norma,[18] enquanto enunciado da significação produzida

[15] "(...) ali onde houver texto, haverá, necessariamente, um contexto. Não há texto sem contexto. E o conteúdo semântico da norma jurídica será construído depois de uma séria e profunda investigação contextual, capaz de apreender os valores que nela intervêm, postulando a orientação adequada para as condutas intersubjetivas que disciplina". CARVALHO, Paulo de Barros. Lançamento por homologação – decadência e pedido de restituição. *Repertório de Jurisprudência-IOB,* São Paulo: IOB, 1996, ago-set, p. 1.705.

[16] Cf. FIORIN, José Luiz. *As astúcias da enunciação: as categorias de pessoa, espaço e tempo,* SP: Ática, 1996, 318 p.; JAKOBSON, Roman. *Lingüística e comunicação.* SP: Cultrix, 1995, 162 p.; Para Raffaello Lupi: "Le valutazioni che ricorrono nell'interpretazione non hanno a che fare con le preferenze etico-politiche dell'interprete, ma con il testo normativo di riferimento e con la logicità della soluzione raggiunta e cioè: 1) l'interpretazione deve conciliarsi col testo normativo, poichè altrimenti l'interprete invaderebbe il campo delle scelte politiche riservate al legislatore; 2) l'interpretazione deve essere priva di illogicità e contradizioni, sia in assoluto sia col resto delle scelte legislative desumibili dal sistema'. LUPI, Raffaello. *Lezione di diritto tributario – parte generale,* 5ª ed., Milano: Giuffrè, 1998, p. 39-40.

[17] Segundo Paulo de Barros Carvalho: "Mantenho presente a concepção pela qual *interpretar* é atribuir valores aos símbolos, isto é, adjudicar-lhes significações e, por meio dessas, referências a objetos". CARVALHO, Paulo de Barros. *Direito tributário: fundamentos jurídicos da incidência.* 2ª ed., SP: Saraiva, 1999, p. 57; ver ainda: AMATUCCI, Andrea. L'interpretazione della legge tributaria. AMATUCCI, Andrea (coord.). *Trattato di Diritto Tributario.* Padova: CEDAM, 1994, v. III, P. III, cap. XXXV, p. 207-23.

[18] GRAU, Eros. *O direito posto e o direito pressuposto.* SP: Malheiros, 2009, p. 17; GRAU, Eros Roberto. *Direito, Ensaio e discurso sobre a interpretação/aplicação do Direito,* SP: Malheiros, 2008, 226

a partir do conceito de conduta que o intérprete recria em sua mente, tem-se que verificar se o ato praticado foi acertado, o que se avalia não só segundo sua correção ou incorreção formal, mas principalmente quanto à sua própria dimensão valorativa e correspondência com outros atos normativos que lhe sejam superiores, nos termos da hierarquia das fontes de produção.[19]

Essa construção de sentido tem um fim, que é a garantia de prover certeza jurídica nos atos de aplicação do Direito. Ocupar-se da interpretação do Direito Tributário é um modo de concretizar a segurança jurídica por meio da controlabilidade dos critérios de aplicação dos textos normativos, pela criação de normas jurídicas certas e justas. Daí não ser um tema de simples projeção teórica, mas que guarda inequívoco peso metodológico de concretização do ordenamento na sua integralidade.

O dever de interpretar e a abertura do Direito Tributário à comunidade de intérpretes é, sem dúvidas, a resposta funcional do princípio de prevalência do "império da legalidade" em matéria tributária, da vinculação dos atos Administrativos e da efetividade do princípio de separação dos poderes em matéria tributária. Onde não há interpretação prospera o arbítrio e nega-se o princípio do Estado de Direito.

A interpretação administrativa sujeita-se à interpretação judicial e à interpretação da comunidade dos intérpretes que se faça das leis e da Constituição como decorrência necessária do princípio de separação de poderes. Como alude Francisco J. Laporta: "A la ley le está reservado dibujar el círculo de la libertad en torno a los individuos; ninguna obligación y ninguna carga puede hacerse gravitar sobre ellos sin la existencia previa de una ley que las defina."[20] A substituição da interpretação privilegiada da Administração (como ato de soberania) pela interpretação aberta a todos, em matéria tributária, exige rigores ainda maiores no trato com a

p.; GUASTINI. Riccardo. *Le fonti del diritto e l'interpretazione*. Milano: Giuffré, 1993; ITURRALDE SESMA, Victoria. *Lenguage legal y sistema jurídico: cuestiones relativas a la aplicación de la ley*, Madrid: Tecnos, 1989, 218 p.; ZAGREBELSKY, Gustav. *El derecho dúctil*. Valladolid: Trotta,1999, p. 102; ____. *Il diritto mite*. Torino: Einaudi, 1943, 215 p.

[19] Cf. VERNENGO, Roberto J. *Curso de teoría general del derecho*, 4ª ed., Buenos Aires: Depalma, 1995, p. 404; FERRAZ JÚNIOR, Tércio Sampaio. *Introdução ao Estudo do Direito: técnica, decisão, dominação*. 2ª ed., SP: Atlas, 1996, p. 255-308.

[20] LAPORTA, Francisco J. Imperio de la ley y seguridad jurídica. In: DÍAZ, Elías; COLOMER, José Luis. *Estado, justicia, derechos*. Madrid: Alianza, 2002, p. 106.

doutrina da hermenêutica exatamente porque em um Estado Democrático de Direito o exercício das liberdades deve efetivar-se continuamente ante todos os atos de Estado.

Destarte, a *garantia* de prevalência do império da legalidade,[21] a partir do seu círculo hermenêutico, como valor constitucional do Estado Democrático de Direito, na aplicação e exigibilidade dos tributos, impõe que a interpretação jurídica tenha como finalidade concretizar os princípios de certeza e de segurança jurídica, sem contradições e observados os princípios de boa fé, confiança legítima e adequação.

A obscuridade ou imprecisão da legislação tributária e sua complexidade ou inacessibilidade cognitiva são elementos de resistência à interpretação com segurança jurídica nos atos de aplicação tanto para garantir o contribuinte contra eventuais conflitos com a Administração, pela correção das suas condutas, quanto pela solução adequada dos conflitos já instaurados. Consta-se, porém, que a insensibilidade da Administração para a boa fé ou a confiança legítima do contribuinte, ao interpretar legislações excessivas, cambiantes, repleta de conceitos indeterminados ou vagas nas suas formulações, em grande medida, enseja conflitos desnecessários e custosos para os contribuintes, com o acréscimo de pesadas sanções pecuniárias que não se prestam a mais do que alimentar, socialmente, um sentimento de revolta e de resistência ao sistema tributário, dado o elevado custo de transação dessas incertezas. Vive-se, assim, o estado de insegurança jurídica permanente em matéria tributária.

1.2. A interpretação e seus métodos e os argumentos interpretativos – modelo para a hermenêutica da decisão tributária

Tradicionalmente, visando a oferecer uma fórmula lógica ao procedimento de interpretação das leis, a Teoria Geral do Direito esforçou-se para isolar

[21] O ordenamento jurídico deve ser um instrumento de realizaçaõ dos seus valores e princípios com máxima efetividade, daí a preeminência das *garantias*: "Il diritto come garanzia non è, quindi, soltanto un insieme di tecniche di protezione di valori fondamentali, ma anche necessariamente una ridefinizione pubblica di questi beni essenziali, che, in ragione del loro carattere vitale, non possono essere lasciati all'interpretazione privata. A quest'impegno diretto nei confronti dei valori il diritto e chiamato in virtù della sua funzione originaria, che è quella della protezione, della custodia e della tutela dei beni umani nella vita sociale." VIOLA, F. ZACCARIA, G. *Diritto e interpretazione*: lineamenti di teoria emerneutica del diritto. Bari: Laterza, 2004. P. 59.

os métodos hermenêuticos destinados a uma "correta" forma de interpretar "normas", pelos quais o intérprete *lograria obter um conhecimento adequado do direito objetivo existente.* O direito seria "dado", não construído; e o papel do intérprete, aquele de identificar o conteúdo e o alcance das normas. Com isso, os métodos de interpretação eram vistos como técnicas para esclarecer uma mensagem normativa obscura, vaga ou ambígua, até porque *in claris cessat interpretatio*, segundo afirmação corrente.

Esse era o ideário que movia os que acreditavam ser possível isolar demiurgicamente o que a lei diz, a *voluntas legis*, o significado textual da lei, em face de todo o ordenamento. A partir dessa concepção, surgiram as técnicas de interpretação, para os fins de determinar o sentido expresso nas "normas" (textos): i) a interpretação literal, ii) a interpretação histórica e iii) aquela de orientação sistemática.

No passado, e ainda para alguns de hoje, o *método literal* sempre foi elemento primordial da interpretação,[22] como meio de acesso ao sentido dos enunciados. De fato, supor que a interpretação literal limitava-se a buscar em algum dicionário o que o vocábulo queria dizer, seria algo da mais ingênua suposição. Esperava-se mais da interpretação literal, mas a determinação do sentido de um termo ou enunciado não é tarefa fácil. O sentido é *contextual*; requer, pelo menos, a substitutibilidade do termo que se interpreta pelo equivalente ou sinônimo que se proponha, em todos os contextos, sem alterar o valor de verdade. Vê-se, a interpretação literal é limitada, restando basicamente como um procedimento destinado a determinar o sentido socialmente admitido de certas palavras.

No plano dos chamados *argumentos de interpretação*, que são meios para compor o acesso cognitivo ao conteúdo dos textos normativos,[23] tem-se

[22] Como pondera Ricardo Lobo Torres que: "o problema da interpretação literal sempre esteve muito ligado ao das fontes do Direito e ao dos valores jurídicos. O apego à literalidade era forma de prestigiar o legislador em detrimento do juiz. As proibições de interpretar, desde Justiniano, não tinham outro alcance que o de obrigar o intérprete a se manter vinculado à letra do texto legal, com o que se evitavam as interpretações extensivas, com as suas conotações políticas, bem como as interpretações objetivas ou evolutivas, com esquecimento da vontade do legislador. A defesa exagerada da interpretação literal implica também na recusa das valorações jurídicas, com a preponderância da forma sobre o conteúdo e da segurança sobre a Justiça". TORRES, Ricardo Lobo. *Normas de interpretação e integração do Direito Tributário.* 3ª ed. Rio de Janeiro: Forense, 2000. p. 90 e ss.

[23] *Passim*, DICIOTTI, Enrico. *Interpretazione della legge e discorso razionale.* Torino: Giappichelli, 1999, p. 309 e ss.

o *argumento do significado literal*, quando o intérprete confere preferência por evidenciar palavras ou termos dos enunciados no seu sentido de base; deste, decorrem ainda: o *argumento da constância terminológica*, quando se busca atribuir o mesmo sentido a determinado enunciado que aparece no mesmo ou em distintos textos normativos (da mesma ou de diferente área do Direito); o *argumento topográfico* ou da *sedes materiae*, baseado na colocação dos termos ou de uma dada classificação de direito positivo, no âmbito de uma mesma lei ou de vários documentos normativos; o *argumento de autoridade*, fundado no sentido atribuído ao significado de determinado termo segundo a interpretação adotada em decisão anterior. São, estes argumentos, passíveis de serem alegados em atenção ao método dito "literal" de interpretação das leis tributárias, todos encontráveis em diversas passagens da doutrina ou da jurisprudência.

Além da literalidade, a historicidade sempre esteve dentre as preocupações do jurista. Para melhor assimilar esse sentido, alguns insistem que o intérprete deveria esforçar-se para buscar a *mens legislatoris*, visando a recompor a suposta vontade histórica do legislador real, como se deu na escola da *exegesis*. Para os adeptos dessa corrente, o direito seria um modo de querer, expresso na vontade do legislador e caberia ao intérprete buscar o sentido originário das normas que o tempo tenha obscurecido e confundido, numa recomposição historicista. Foi no bojo dessas preocupações que surgiu o *método histórico*, reforçando a idéia de que toda norma é resultado de forças e circunstâncias históricas e que a interpretação correta seria a que coincidisse com o sentido que se lhe houvesse atribuído no momento histórico da promulgação.

Sobre a sucessão temporal, os *argumentos de interpretação* que podem ser adotados são o *argumento histórico "stricto sensu"*, que se funda no exame da evolução histórica dos textos ou dos sentidos atribuídos aos termos. Nesse caso, tem-se como meios colaterais o *argumento psicológico*, quando o intérprete baseia-se em fundamento vinculado à intenção do legislador ou em conformidade com o sentido empregado pelo legislador (*mens legislatoris*); e o *argumento teleológico-psicológico*, quando a fundamentação ampara-se nos fins previstos pelo legislador, de tal modo que se opera uma seleção do melhor significado segundo a coerência com esses fins, numa espécie de atualização de sentido (*mens legis*).[24]

[24] *Passim*, DICIOTTI, Enrico. *Verità e certezza nell'interpretazione della legge*. Torino: Giappichelli, 1999, p. 63-65.

Com o progresso técnico das ciências jurídicas, principalmente a partir da segunda metade do séc. XIX, e a diferenciação cada vez mais evidente das disciplinas jurídicas, a dogmática jurídica passou a admitir o *método sistemático* ou lógico como sendo o método mais importante da hermenêutica jurídica. Supunha, com isso, uma sistemática implícita, cujo sentido deveria ser dado não somente pelos termos que a expressam e sua articulação sintática, mas por sua relação com outras normas (entre ramos do direito ou entre instituições). Seus procedimentos são basicamente analíticos: a definição e esclarecimento de conceitos; a determinação de suas relações lógicas; o estabelecimento de uma linguagem técnica especial. E quase que concomitante a este, surgia outra corrente segundo a qual o mérito de uma interpretação deveria medir-se pelo alcance das finalidades do direito na sociedade, pelo grau de boas conseqüências sociais que pudesse produzir, como propugnava a jurisprudência dos interesses. Eclodia a *interpretação finalística, teleológica ou axiológica*.

No âmbito do método sistemático é que os *argumentos de interpretação* ganham em amplitude de possibilidades. O *argumento sistemático-conceitual*, ou dogmático, tem em mira a fundamentação de sentido dos termos em conformidade com uma dada teoria dos regimes jurídicos ou conceitos típicos. Como argumentos secundários, temos o *argumento da coerência*, com o qual o sentido ou conteúdo semântico de um termo deve ser semelhante na cadeia de significações dos vários textos; o *argumento da conformidade aos princípios do direito*, sem dúvidas, é o argumento sistemático por excelência do constitucionalismo do Estado Democrático de Direito, que determina o sentido em plena adequação material aos princípios, com ou sem ponderação; o *argumento apagógico*, ou da proibição da *reductio ad impossibile* ou *ad absurdum*, segundo o qual nenhuma interpretação pode ser impossível ou reduzida a um absurdo, por incoerência com o ordenamento jurídico; e, ainda, os *argumentos "a contrario"* e *"ad simile"*, com forte conotação integrativa, mas que visam a tratar situações equivalentes de modo semelhante e as diversas, segundo suas diferenças específicas.

O *argumento teleológico*, por sua vez, visa a atribuir significado segundo a adequação entre sentido normativo e fins do ordenamento. O *argumento equitativo*, que objetiva garantir a isonomia como cânone hermenêutico, determina o sentido dos termos sempre no limite da garantia da igualdade, ou seja, desde que o resultado não a prejudique.[25] No campo estri-

[25] *Passim*, DICIOTTI, Enrico. *Verità e certezza nell'interpretazione della legge*. Torino: Giappichelli, 1999, p. 63-65.

tamente tributário, o *argumento econômico*, frequentemente alegado pela Fazenda Pública, tem como base a unidade sistêmica com prevalência da "finalidade" ou do destino da arrecadação.

Os métodos interpretativos constituem, como visto, um repertório de recursos sem maior objetividade científica, adensados mais por uma índole retórica que propriamente por precisão técnica ou científica. Após muitas propostas, como aquelas oriundas da "escola do direito livre", a "escola da livre investigação científica", ou do "realismo jurídico", propõe-se a combinação destes com a *teoria da linguagem aplicada ao direito* e a teoria da argumentação como meios para aprimorar a hermenêutica tributária e criar condições para justificar a decisão, em coerência com o constitucionalismo do Estado Democrático de Direito, por ser o Direito, essencialmente, linguagem especializada orientada à decidibilidade.[26]

2. Hermenêutica do Direito Tributário – a crise da especialidade interpretativa

As leis interpretativas são fruto da pretensão de dirigismo hermenêutico promovido pelos detentores do poder de tributar, o que variou segundo as épocas.

A idéia de atribuir à interpretação uma postura favorável *a priori* ao contribuinte (*in dubio contra fiscum*), em certo modo, decorre do adágio de Modestino, inscrito no Digesto: *non puto delinquere eum qui in dubiis quaestionibus contra fiscum facile responderit* (Lei 10, D. 49, 14). Porém, a interpretação dada a esta afirmação não é pacífica, como não é tranqüila a compreensão que assim faziam no Império Romano (*ut fisco faveat*). Trata-se de reflexão que só pode prosperar guardando vistas ao próprio papel que os tributos exerciam naquela época, compreendendo ademais toda a evolução do sistema tributário romano, nas suas várias fases.

Neste percurso, a regra *non puto delinquere* quedava-se sensível às vicissitudes governamentais e ao modo como os cidadãos romanos recebiam as cobranças de tributos. Por tudo isso, em amor à precisão, não se pode afirmar que no Império Romano o brocardo *in dubio contra fiscum* era uma síntese da noção que os romanos tinham sobre os tributos. É possível admiti-lo para sua fase áurea ou mesmo para as cobranças dos chamados "impos-

[26] Para um excelente estudo a respeito, veja-se: CARVALHO, Paulo de Barros. *Curso de direito tributário*, 22ª ed. SP: Saraiva, 2009, p. 108 e ss.

tos de guerra", numa espécie de paralelo com o brocardo *in dubio pro reo*. E não mais que isso.

Com a revolução francesa, toda a concepção que se tinha sobre os tributos foi repensada, segundo os valores que informavam esse movimento libertário. [27] O tributo deixava de ser visto, então, como mero exercício de soberania e passava a ser entendido como um dos mais altos deveres do cidadão, informado pela igualdade e pela finalidade de atingir o bem comum. Fortalecia-se o sentido contratualista da relação tributária, vendo-se o contribuinte como um devedor que participa de uma relação jurídica, aplicando-se idênticos critérios de interpretação de contratos, de tal maneira que qualquer dispositivo ambíguo ou de pouca clareza deveria ser interpretado contra quem o estipulou, no caso o Estado-credor. Os valores do individualismo nascente: segurança, liberdade, igualdade; bem como os conceitos de propriedade, negócio jurídico e liberdades contratuais, de acordo com a jurisprudência dos conceitos, fundavam a orientação do "*in dubio contra fiscum*".

Quanto à forma intermediária, acima referida, porque uma aplicação favorável ao Fisco ou ao contribuinte, *a priori*, resultaria incompatível com a legalidade, para alguns, esta seria a mais condizente, afirmando-se o direito tributário como um ramo autônomo de normas específicas e, com isso, afastando-se os textos tributários dos métodos comuns de interpretação. Trata-se da chamada "teoria da interpretação rígida", cujos entusiastas acreditavam que fossem as normas tributárias exclusivamente restritivas e limitativas de direitos, porquanto o Estado, pela cobrança de impostos, limita os direitos patrimoniais dos cidadãos; e pela aplicação das regras de fiscalização e controle, impõe restrições às atividades e à liberdade dos cidadãos. Em vista dessas características, nenhuma integração normativa seria admissível. É certo que esta concepção tinha muito do legalismo que no final do século XIX imperava.

A tendência do brocardo *in dubio pro fiscum*, ao longo dessa evolução, sempre esteve considerada, especialmente no patrimonialismo. Os detentores do poder, justificando-se com princípios de prevalência do interesse

[27] ARDANT, Gabriel. *Historie de l'impôt: du XVIII au XXI siècle*, Paris: Fayard, 1972, 870p; PÉREZ DE AYALA, José Luis. *Montesquieu y el derecho tributario moderno*. Dykinson, 2001, 155 p.;GRAPPERHAUS, Ferdinand H. M. *Tax tales from the second millennium*. Amsterdam: 1998, p. 51. Cf. PIRES, Manuel; PIRES, Rita Calçada. *Direito fiscal*. 4ª ed., Lisboa: Almedina, 2010, p. 162.

público sobre o privado, repartição dos encargos públicos e similares, nunca a esqueceram. Na atualidade, uma opinião favorável a esta ideologia seria de plano afastada, como diz Vanoni: "a nenhum cidadão pode ser exigido que pague mais do que deve segundo as leis vigentes".[28]

Como se pôde avaliar, os brocardos apresentados são tópicos retóricos, relativamente formalizados, que os juristas utilizam tradicionalmente como espécie de juízo *a priori*.[29] Ezio Vanoni bem demonstrou que a norma tributária em nada se distingue das normas de outros ramos jurídicos, apesar de aceitar que se poderiam aplicar critérios de interpretação específicos, como ocorreria em todos os ramos do direito.[30] Combatia o entendimento que negava à interpretação das leis tributárias a utilização dos meios que comumente se aplicariam a outros ramos, pelas particularidades que possuíam.[31]

Não obstante, esta evolução está longe de terminar, como lembra Diogo Leite de Campos, tanto na prática, como nas representações dos juristas; e há constantes retrocessos,[32] como o que prosperou na Alemanha, por todo o século XX, pela consagração da chamada "interpretação econômica". E Klaus Tipke[33] não destoa do tom crítico a qualquer das opções do dirigismo da interpretação, ao considerar, em plena conformidade

[28] VANONI, Ezio. *Natureza e interpretação das leis tributárias*. Tradução de Rubens Gomes de Sousa. RJ: Edições Financeiras, s/d, p. 45.

[29] Dino Jarach, analisando-os, assim se pronuncia: "Dichos aforismos no tienen la eficacia de las normas superiores ni absolutas; a menudo son contradictorios o chocan com principios jurídicos de indudable validez. Por lo tanto, no pueden ser utilizados sino *a posteriori*; después de haber analizado los hechos y circunstancias que los rodean o los caracterizan, a la luz de los conceptos normativos de la ley, en los que han de enmarcarse los hechos reales". JARACH, Dino. *Estudios de Derecho Tributario*. Buenos Aires, 1999, CIMA, p. 26.

[30] Numa ampla demonstração dessa premissa, vide: GONZALÉZ, Eusebio. Interpretación de las normas tributarias. *Revista de Direito Tributário*. SP: Malheiros, 1999, nº 76, p. 15-30.

[31] Contrariamente ao dirigismo da interpretação, diz Vanoni: "Desde que as características jurídicas das normas tributárias não se distinguem das demais normas de direito, a opinião que pretende negar aplicabilidade, às leis tributárias, dos mesmos métodos de interpretação que se aplicam às leis em geral parece destituída de qualquer fundamento. (...) qualquer orientação apriorística do trabalho interpretativo, a favor do Fisco ou a favor do contribuinte, constitui uma inadmissível limitação do processo lógico representado pela interpretação da lei". VANONI (s/d, p. 181).

[32] CAMPOS, Diogo Leite de. Interpretação das normas fiscais. In: *Problemas fundamentais do direito tributário*. Lisboa: 1999, p. 20.

[33] TIPKE, Klaus; LANG, Joachim. *Direito tributário*. Tradução de Luiz Dória Furquim. Porto Alegre: Fabris, 2008. p. 315.

com o que pensamos, como iníqua ao desenvolvimento do Direito Tributário qualquer indagação se a decisão resultante da interpretação favorece mais ou menos o Fisco ou o contribuinte, como condição para sua permanência.

2.1. Normas sobre interpretação no CTN e o dirigismo hermenêutico

Em todos os códigos mais atuais, consta sempre do capítulo da "interpretação" uma regra básica, segundo a qual a norma tributária deverá ser interpretada com o emprego de todos os critérios admitidos no Direito. Não há qualquer razão na proposta que vê as leis tributárias com diferença específica suficiente para justificar metodologia própria ou especialidade.[34] Supera-se, assim, a pretensão de dirigismo hermenêutico em matéria tributária, como se vê ainda no Código Tributário Nacional – CTN, a Lei Geral Tributária brasileira, cujo artigo 107 assim dispõe: "a legislação tributária será interpretada conforme o disposto neste Capítulo".

Nas legislações contemporâneas de diversos países, afastados os rigores de tais espécies de interpretações autênticas, em códigos de distintas matérias, comparecem regras com essa feição dirigista da atitude do intérprete.[35] Poderíamos citar tantas e distintas experiências, mas seria despiciendo, quando o que queremos é só demonstrar a persistência deste tipo de regra jurídica no direito tributário, com a função de estabelecer critérios de interpretação.[36] E na base de todas, a influência teórica da concepção de existir qualidades inerentes às normas tributárias, o suficiente para justificar uma interpretação com critérios e métodos diversos daqueles aplicados a outros domínios jurídicos.

Exemplos dessas regras dirigistas podem ser vistos ainda nos artigo. 106, I, 108 a 112, e artigo. 118, postas com a finalidade de restringir a capacidade hermenêutica dos intérpretes. Como é de todo evidente, na atualidade, nada justifica essa pretensão, em particular, porque o direito tributário

[34] NABAIS, José Casalta. *Direito fiscal.* 4. ed. Coimbra: Almedina, 2007. p. 216.

[35] Para maiores considerações: MAXIMILIANO, Carlos. *Hermenêutica e aplicação do direito,* 16ª ed., Forense, 1996, 426 p.; MIRANDA, Custódio da Piedade Ubaldino. *Interpretação e integração dos negócios jurídicos,* SP : Ed. RT, 1989, 234 p.; SANTOS, J. M. de Carvalho. *Código civil brasileiro interpretado: principalmente do ponto de vista prático: parte geral (arts. 114-179).* 8ª ed., SP: Freitas Bastos, 1961, v. III, 440 p.

[36] TORRES, Ricardo Lobo. *Normas de Interpretação e Integração do Direito Tributário.* Rio de Janeiro, Ed. Renovar, 2000, 439 p.

não dispõe de especificidade que autorize alguma espécie de privilégio hermenêutico[37] em relação aos outros ramos do direito. Superada a discutível tese da autonomia do direito tributário, bem como os brocardos *in dubio pro fiscum* ou *in dubio contra fiscum*, confirma-se que a interpretação das normas tributárias há de ser igual à que se adote para qualquer outro ramo, guardadas as diferenças principiológicas e os vetores axiológicos que lhe sejam próprios.[38]

2.2. Do dirigismo hermenêutico à interpretação "econômica" do Direito Tributário

Falar de "interpretação econômica do direito tributário", ao fim e ao cabo, é o mesmo que tratar sobre a "causa" dos tributos, i.e., sobre finalidade das normas tributárias, projetadas funcionalmente (Griziotti) para constituir patrimônio público e atendendo a um primado de prevalência dos interesses do Fisco, segundo o brocardo *in dubio pro fiscum*. Assim, firmava-se a concepção de que uma justiça na repartição da carga tributária exigiria o atendimento ao princípio da capacidade econômica, devendo as obrigações tributárias terem como fato jurídico tributário unicamente fatos de caráter econômico, i.e., reveladores de capacidade contributiva objetiva, sendo irrelevantes as formas jurídicas que adotarem, para os fins de

[37] Seguindo idêntico raciocínio: FERREIRO LAPATZA, José Juan. *Curso de derecho financiero español.* 18ª ed., Madrid: Marcial Pons, 1996, p. 76; É digna dos maiores encômios a afirmação de Ricardo Lobo Torres: "A interpretação do Direito Tributário se subordina ao *pluralismo metodológico*. Inexiste a prevalência de um único método". TORRES, Ricardo Lobo. *Normas de interpretação e integração do Direito Tributário.* Rio de Janeiro, Ed. Renovar, 2000, p. 205; Da mesma forma, Alfredo Augusto Becker, com uma recomendação assaz importante: "Ao enviar o leitor àquelas obras dos especialistas em interpretação jurídica, lembra-se que, para consultá-las com proveito, é *indispensável que, antes de tudo, o estudioso tenha reeducado a sua atitude mental jurídica tributária*". BECKER, A. Augusto. *Teoria geral do Direito Tributário,* 2ª ed., SP: Lejus, 1999, p. 113; ver ainda: MICHELLI, G. A. *Corso di diritto tributario,* 8ª ed., Torino: UTET, 1989, p. 73; GODOY, Norberto J. *Teoria general del derecho tributario: aspectos esenciales,* Buenos Aires: Abeledo Perrot, s/d, p. 131-55; FALCÃO, Amílcar. *Introdução ao direito tributário,* 6ª ed., RJ: Forense, 1999, p. 61-94.

[38] Como diz Ricardo Lobo Torres: "os princípios (gerais do direito) não se convertem em normas sobre a interpretação. Servem apenas como orientação para o intérprete, já que a interpretação jurídica é processo de atualização dos valores e dos princípios deles decorrentes." TORRES, Ricardo Lobo. *Normas de interpretação e integração do Direito Tributário.* Rio de Janeiro, Renovar, 2000, p. 56.

interpretação, que se deveria ocupar da substância negocial.[39] A realidade econômica deveria prevalecer sempre.

Vendo-a, hoje, à distância (a interpretação econômica), e observando sua relativa força normativa, concluí-se quão reduzidas foram suas contribuições para o desenvolvimento das instituições do direito tributário. A *interpretação econômica do direito tributário* não correspondia a uma simples pretensão teleológica de aplicação das normas tributárias; foi mais além e evidenciou-se como um mecanismo de intervenção estatal na interpretação das leis tributárias, num dirigismo hermenêutico segundo os interesses arrecadatórios do estado.

Numa seara tão ciosa das garantias de segurança jurídica e certeza do direito aplicável, a *interpretação econômica do direito tributário* serviu unicamente para enfraquecer a legalidade material (princípio da tipicidade), e restituir à Administração os típicos instrumentos de uma relação de poder, os quais lhe foram subtraídos quando se instaurou nas sociedades o liberalismo e o conceito de Estado Democrático de Direito, por meio de constituições democráticas e republicanas. Flexibilizava-se a legalidade em direção aos interesses do Estado, tal como propugnado pelos defensores do primado da "causa impositionis"[40].

É verdade que o método de interpretação econômica foi considerado como algo genuíno e somente aplicável ao campo do direito tributário, haja vista o alcance de suas normas sobre fatos de expressão econômica, numa espécie de superposição em relação às normas de direito privado que regulam as opções negociais. Serviu de método eficaz durante certo tempo para o controle dos atos elusivos, mas degenerou-se no correr dos tempos da sua aplicação, pelo desvirtuamento de idéias.

Sobre isto Alfredo Augusto Becker foi incisivo: "Modernamente, para tranqüilidade de todos, chegou-se à conclusão, tão verdadeira quanto simples, que as leis tributárias são regras jurídicas com estrutura lógica e atuação dinâmica idêntica às das demais regras jurídicas, e, portanto, inter-

[39] Nas palavras de Carlos Palao Taboada: "la obligación tributaria surgirá siempre que se halle presente dicho fenómeno económico – el que constituye el substrato de los actos o negocios civiles – aunque revista una forma jurídica distinta de la designada por la ley como presupuesto objetivo del tributo". PALAO TABOADA, Carlos. El fraude a la ley en Derecho Tributario. *RDFHP.* Madrid: Editoriales de Derecho, 1966, nº 63, p. 687.

[40] Cf. BALEEIRO, Aliomar. *Direito Tributário Brasileiro.* RJ: Forense, 11ª ed., 1999, p. 711-41; BECKER, Alfredo Augusto. *Teoria geral do Direito Tributário,* 3. ed., SP:, 1998, p. 104-9.

pretam-se como qualquer outra lei, admitem todos os métodos de interpretação jurídica e não existe qualquer peculiar princípio de interpretação das leis tributárias". [41] Hoje, consolidado este entendimento, vemos que, quando muitos autores referem-se ao conceito de "interpretação econômica" do direito tributário, nos dias que seguem, querem, em efetivo, fazer menção a um dos métodos de interpretação, seja a favorecer a uma interpretação teleológica, a uma aplicação da analogia[42] no direito tributário, a uma busca da verdade material na apuração dos fatos jurídicos tributários, ou mesmo ao emprego de presunções e ficções para os fins de qualificação de fatos jurídicos tributários.

A interpretação econômica, na sua forma original, já foi, de há muito, superada[43]. Na Alemanha, ou fora desta, [44] não lhe cabe qualquer espaço, por todos os pressupostos que lhe garantiam fundamentação teórica. Foi, sem dúvidas, um dos maiores equívocos[45] que prosperaram na história

[41] *Ibidem*, p. 113. Acompanha essa crítica: BORGES, José Souto Maior. Elisão fiscal (CTN, art. 116, parágrafo único – 104/01). *Fórum de Direito Tributário*. Belo Horizonte: Fórum, 2003, nº 1, jan.-fev., p. 124-36.

[42] Como afirma Tipke, "el derecho tributario tiene en todo el mundo una específica tradición positivista. En todo caso, siempre que se trata de normas de gravamen (normas de intervención) se ha mantenido persistentemente la regla de una interpretación estrictamente orientada al tenor literal y a una prohibición de la analogía y de la integración jurídica". TIPKE, Klaus. Limites de la integración en el derecho tributario. *Civitas – Revista Española de Derecho Financiero*. Madrid: Civitas, 1982, nº 34, p. 181-4.

[43] Por isso, sempre que se queira analisar o direito alemão, vale lembrar a advertência percuciente de César Garcia Novoa, em estudo ainda inédito: "una cosa es que se hable de "interpretación económica", cuando en realidad, se está postulando una interpretación teleológica, como ocurre en Alemania hoy en día, y otra muy distinta, que la interpretación teleológica tradicional se utilice como una vía indirecta para conseguir los efectos de una interpretación económica". Tem razão o Catedrático de Santiago de Compostela. GARCÍA NOVOA, Cesar. *El fraude de ley en derecho tributario*. Madrid: Marcial Pons, 2003, p. 56.

[44] Um modelo mitigado de interpretação econômica ainda se encontra na Argentina. Cf. TARSITANO, Alberto. *Interpretación de la ley tributaria*. Buenos Aires: AAEF, 2003, 171 p.; OSVALDO CASÁS, José. Seguridad jurídica, legalidad y legitimidad en la imposición tributaria. In: IBET. *Justiça Tributária*. SP: Max Limonad, 1998. VILLEGAS, Héctor. *Curso de finanzas, derecho financiero y tributario*. 7ª ed., Buenos Aires: Depalma, 1998.

[45] Outra não é a opinião de Alfredo Augusto Becker: "A doutrina do Direito Tributário, segundo a realidade econômica, é filha do maior equívoco que tem impedido o Direito Tributário evoluir como ciência jurídica. Esta doutrina, inconscientemente, nega a utilidade do direito, porquanto destrói precisamente o que há de jurídico dentro do Direito Tributário". E mais adiante: "Em nome da defesa do Direito Tributário, eles matam o "direito" e ficam apenas com o "tributário". BECKER, Alfredo Augusto. *Teoria geral do direito tributário*, 3ª ed.

jurídica dos povos ocidentais. De fato, este princípio da interpretação econômica, na forma como se tem disseminado, é merecedor das maiores críticas, pelas distorções que o acompanham, especialmente pelas lesões que causa aos princípios mais caros do ordenamento, como é o da legalidade, da tipicidade e da certeza do direito, sem falar nos prejuízos sobre os princípios e categorias de direito privado que restam afetados.[46] A interpretação econômica instaura o arbítrio hermenêutico; promove a Administração a uma espécie de intérprete privilegiado, de modo a conduzir o ato de aplicação do direito segundo seus interesses, abrindo espaços na tipicidade e desconsiderando as reais demonstrações de capacidade contributiva. Toda a conquista republicana do princípio da tributação consentida[47] esfumaça-se, numa névoa de incertezas quanto ao destino da legalidade tributária, que não admite qualquer espécie de flexibilização de interesses estatais, por ser exatamente meio de limitação ao exercício dos seus poderes.

3. Integração da legislação tributária

Quanto aos métodos de *integração*, prescreve o artigo 108 que, "na ausência de disposição expressa, a autoridade competente para aplicar a legislação tributária utilizará sucessivamente, na ordem indicada: I – a analogia; II – os princípios gerais de direito tributário; III – os princípios gerais de direito público, IV – a eqüidade". Com as seguintes ressalvas:

São Paulo: Lejus, 1998. p. 130. *Contrario sensu*: FALCÃO, Amílcar. *Fato gerador da obrigação tributária*, 6ª ed., RJ: Forense, 1997, p. 36.

46 Como conclui Falcón y Tella: "Hoy, según acaba de exponerse, puede considerarse definitivamente superada la tesis de la interpretación económica, al menos entendida en el sentido tradicional de que aquellos supuestos de los que derivan los mismos resultados económicos exigen un idéntico trato desde el prisma fiscal." FALCÓN Y TELLA, Ramón. Interpretación económica y seguridad jurídica. *Crónica tributaria*. Madrid: IEF, 1993, nº 68, p. 26; Para uma crítica ao uso da interpretação econômica: SAINZ DE BUJANDA, Fernando. *Hacienda y Derecho*. Madrid: Instituto de Estúdios Políticos,1963, t. IV, 635 p.; Como adscreve François Gény: "É verdade que, para justificar 'a autonomia do direito fiscal, na própria ordem de interpretação, costuma-se fazer apelo às teorias mais sutis, mais finas, mais sedutoras, do direito público contemporâneo." GÉNY, François. O Particularismo do direito fiscal. *Revista de Direito Administrativo*. RJ: FGV, 1950, nº 20, abr.-jun., p. 27.

47 "Se é exato que o fisco tem direito de exigir os tributos, entretanto ele somente pode exigi-los dentro dos limites legais traçados. A lei tributária, mesmo quando entra em relação com as leis do Direito Privado, não vai ao ponto de dispor ou interferir no direito substantivo privado, nas relações entre particulares, posto que a lei tributária disciplina outro tipo de relação, a relação entre fisco e contribuinte". NOGUEIRA, Ruy Barbosa. *Da interpretação e da aplicação das leis tributárias*. 2ª ed., SP: RT, 1965, p. 65.

"§ 1º O emprego da *analogia* não poderá resultar na exigência de tributo não previsto em lei.

§ 2º O emprego da *eqüidade* não poderá resultar na dispensa do pagamento de tributo devido".

Dentre todos os aspectos referidos, merece destaque a vedação à analogia, suficiente para abarcar quase todo o dispositivo, como também entende Ricardo Lobo Torres, sobre o que passamos a nos debruçar.

3.1. Analogia e eqüidade. A correção do direito tributário. Lacunas jurídicas. Normas sobre a integração no CTN e a crítica da doutrina

As definições sobre "analogia" são muito cambiantes,[48] pois acompanham os vários sentidos dos termos "analogia" ou "analógico". Mesmo que se faça um corte metodológico para estudá-la nos limites estritos da sua aplicação ao Direito, esta ainda pode significar[49] "conceito", "juízo" ou "argumento": i) *conceito de classe*, que denota um gênero ou uma classe. Assim, o conceito será analógico se não for possível definir seu campo de aplicação de maneira precisa, já que consta de objetos ou entidades de natureza distinta, mesmo que guardem entre si certas semelhanças, por terem algum elemento em comum. Esse sentido está superado por outros mais objetivos, como conceitos "abertos", "indefinidos", "vagos". Quer dizer, aplicam-se, *prima facie*, a um caso central e, de forma derivada (analógica) aos constantes de uma "zona cinzenta"; ii) juízos ou proposições que incluem *conceitos de relações*, i.e., de semelhança de relações;[50] e, por fim, iii) *o argumento ou raciocínio analógico*,[51] que é uma inferência, provável, a partir de

[48] "La noción de analogía es de difícil o imposible definición, en cuanto que no existe *un* concepto de analogía, sino una pluralidad de conceptos o más exactamente, una "familia de conceptos". E mais adiante complementa: "Pero todos ellos tienen algo en común y este algo no es otra cosa que la Idea de semejanza o similitud. (...) El término 'analogía significo originariamente proporción y, más exactamente, proporción matemática". ATIENZA RODRÍGUEZ, Manuel. *Sobre la analogía en el Derecho*. Madrid: Civitas, 1986, p. 15 e 28.

[49] Cf. *ibidem*, p. 33-34.

[50] Para um estudo profundo da analogia no campo da lógica deôntica, especialmente quanto ao cálculo de relações, cf: KLUG, Ulrich. *Lógica jurídica*, Caracas: Universidad Central, 1961, v. XXV, p. 148-187.

[51] FALCON Y TELLA, Maria José. *El argumento analógico en el Derecho*. Madrid: Civitas, 1991, p. 15 e ss. XAVIER, Cecília. *A proibição da aplicação analógica da lei fiscal no âmbito do estado social de direito*. Coimbra: Almedina, 2006. 293p.

uma das premissas adotadas segundo as acepções anteriores, i.e., de conceitos de classes ou de relações.

Para os fins de aplicação da analogia aos domínios jurídicos, faz-se necessária a demonstração da presença da "lacuna"[52] alegada. Este é o seu requisito principal,[53] e ainda, que esta seja "provável", dependente de atividade probatória, porquanto o raciocínio da semelhança não se poderá aplicar sem que antes se demonstre que, para um dado fato, não há qualquer regulação.

Mas o termo "lacuna" precisa ser bem compreendido. Lacuna não é indeterminação, mas uma espécie de *conceito negativo,* porque indica um "vazio", uma "falta", uma "insuficiência".[54] Como diz Larenz: "O termo 'lacuna' faz referência a um caráter incompleto. Só se pode falar de 'lacunas' de uma lei quando esta aspira a uma regulação completa em certa medida, para um determinado sector".[55] Eis, portanto, o traço crucial para a correta identificação desse termo: a presença de um "espaço livre de direito", enquanto setor que a ordem jurídica não lhe tenha dado regulação específica.

A analogia, nos domínios da ciência do direito, tem sido estudada sob aquelas duas modalidades já referidas: i) *analogia legis,* na qual a premissa é um conceito normativo, presente numa dada proposição jurídica do tipo, ao

[52] KELSEN, Hans. *Teoria pura do direito,* 6ª ed., Coimbra: Armênio Amado, 1984, p. 338 e ss.

[53] Para Guastini: "(...) si può definire 'lacuna' nell'uno o nell'altro dei modo seguenti: (a) in un sistema giuridico vi è una lacuna allorché un dato comportamento non è deonticamente qualificato in alcun modo da alcuna norma giuridica di quel sistema; oppure (b) in un sistema giurifico vi è una lacuna allorché per una data fattispecie non è prevista alcuna conseguenza giuridica da alcuna norma appartenente al sistema". GUASTINI. Riccardo. *Dalle fonti alle norme.* Torino: Giappichelli, 1992, p. 136. Cf.: AARNIO, Aulis. *Lo racional como razonable: un tratado sobre la justificación jurídica.* Madrid: Centro de Estudios Constitucionales, 1991, 313 p.; ALCHOURRON, Carlos; BULYGIN, Eugenio. *Normative systems,* New York: Springer-Verlag, 1971, 208 p.; ____. *Analysis logico y derecho,* Madrid: CEC, 1991, 485-98; ESSER, Josef. *Principio y norma en la elaboración jurisprudencial del derecho privado,* Barcelona: Bosch, 1961, 498 p.; CERRI, Augusto. L'analogia nel sistema del diritto positivo. In: CASSESSE, Sabino *et alli* (Coord.). *L'unità del diritto – Massimo Severo Giannini e la teoria giuridica.* Torino: Il Mulino, 1994, p. 273-314; SANTIAGO NIÑO, Carlos. La interpretación de las normas jurídicas. In: *Introducción al análisis del derecho.* Buenos Aires, 1980, p. 245-73.

[54] Cf. LUZZATI, Claudio. *La vaguezza delle norme.* Milano: Giuffrè, 1990, p. 410 e ss.

[55] LARENZ, Karl. *Metodologia da ciência do direito,* 2ª ed., Lisboa: C. Gulbenkian, 1989, p. 448-9; Cf. ainda: ITURRALDE SESMA, Victoria. *Lenguage legal y sistema jurídico: cuestiones relativas a la aplicación de la ley,* Madrid: Tecnos, 1989, p. 147-218.

que seria mais apropriada, segundo Larenz, a expressão "analogia particular",[56] porque a lei particular é aplicada "analogicamente" a uma situação de fato não regulada por ela; e ii) *analogia iuris* (ou analogia geral), porque se parte de várias disposições jurídicas e, mediante indução, chega-se a um princípio geral aplicável à espécie.

Nas palavras de Karl Larenz: "Aqui, de várias disposições legais que ligam idêntica conseqüência jurídica a hipóteses legais diferentes, infere-se um 'princípio jurídico geral' que se ajusta tanto à hipótese não regulada na lei como às hipóteses reguladas".[57] Assim temos a "analogia legal", por meio da qual o intérprete, tentando atribuir regime jurídico a uma dada situação de fato desprovida de previsão legal, promove uma subsunção entre esta e uma norma jurídica que tenha como hipótese de incidência descrição de fato semelhante; e a "analogia iuris", quando o intérprete tenta construir, por indução, um princípio geral do direito para uma norma aplicável à espécie factual.

Refletindo sobre seus propósitos, vemos que o discurso da analogia traz, na atualidade, um texto desgastado e já não consegue realizar objetivo para o qual foi criado. Inicialmente, porque a analogia sempre foi entendida como forma de integrar "textos" e "leis", no sentido técnico e porque, na origem, a idéia de interpretação não era a de construção de normas, mas de revelação do conteúdo, sentido e alcance das "normas" dadas, na sua função especificadora. O que ficava de fora era *lacuna*, que se poderia preencher mediante emprego da *analogia*. Desse modo, justificava-se seu emprego na interpretação jurídica como instrumento imprescindível, enquanto como técnica racional de adequar o direito positivo à sua evolução histórica e à realidade material à qual se projetava como modelo de ordenação de condutas humanas na sociedade. Dois argumentos fundamentavam o emprego da analogia no Direito: i) a vontade presumida do legislador; e ii) a racionalidade e coerência do sistema quanto à sua completude, mas ambos são muito relativos e superficiais. O primeiro, porque remonta à modalidade de interpretação *voluntas legislatoris*, de tal sorte que se, à época da regulação, o legislador conhecesse do fato, teria dado idêntico tratamento ao que aplicara a outros que lhe são semelhantes; e o segundo, por não justificar adequadamente os vários casos, segundo a matéria (direito penal, direito tributário, direito civil, etc) e as fontes do direito.

[56] *Ibidem*, p. 464.
[57] *Ibidem*.

No direito tributário, dentre os mecanismos adotados para o combate à elusão tributária, está o uso dos métodos de integração do direito, em especial, a analogia. Lembra Tipke que nem na Alemanha, nem em muitos outros países, existe uma proibição explícita à analogia, como ocorre no Brasil (artigo 108, § 1º, do CTN), na Espanha (artigo 23, 3, da *Ley General Tributaria*) e no México (*Código Fiscal de la Federación*). Como diz Ferreiro Lapatza, "la obligación tributaria es una obligación *ex lege*. El tributo no se puede exigir a un sujeto en base a la analogía".[58] Por isso, sequer nos países onde não existe tal limitação, prevista expressamente em texto normativo, pode-se aceitar sua prática como algo regular em matéria tributária.

Na Alemanha, Kruse, apesar de ser voz isolada, sustentou essa tese, entendendo que as normas tributárias que prescrevem deveres típicos de obrigação principal não são suscetíveis de analogia.[59] Tem-se, por conseguinte, que, a título de aplicar uma determinada norma tributária, definidora de regra-matriz de incidência, o intérprete não poderá exercer analogia (*analogia legis*) quando, ao identificar um fato com relevância econômica alheio ao campo de incidência material da norma ou de um regime mais benéfico, resolva transportá-lo para o âmbito de incidência da norma impositiva ou para os limites daquela mais gravosa, alegando eventual *relação de semelhança*.

[58] FERREIRO LAPATZA, José Juan. *Curso de derecho financiero español*. 18ª ed., Madrid: Marcial Pons, 1996, p. 80; Para os fins do direito tributário brasileiro, não é outra a opinião da melhor doutrina. Cf. CARVALHO, Paulo de Barros. *Curso de direito tributário*, 22ª ed. SP: Saraiva, 2009, p. 101; COELHO, Sacha Calmon Navarro. *Curso de direito tributário brasileiro*. 9ª ed., RJ: Forense, 2006, p. 570-1; TORRES, Ricardo Lobo. *Curso de direito financeiro e tributário*. 14ª ed., RJ: Renovar, 2007, p. 141; mesmo que este último autor admita sua aplicação dentro de certas reservas. CARRAZZA, Roque Antonio. *Curso de direito constitucional tributário*. 25. ed. São Paulo: Malheiros, 2009. p. 546.

[59] Nas suas palavras: "Todos estos métodos clásicos del perfeccionamiento jurídico también están permitidos en el derecho impositivo. Solamente existe una limitación fundamental para la analogía: mediante la analogía no pueden ser creados nuevos hechos imponibles". Em seguida, reforça este entendimento em nota de rodapé: "Esta prohibición de la analogía está fundamentada la mayoría de las veces sobre la puntualización del principio de tipicidad de la imposición, puntualización que no da de lleno en el núcleo del problema. En verdad, el derecho impositivo reposa en la resolución primaria del legislador sobre la valoración impositiva de determinados supuestos de hecho. Esta dependencia del legislador descansa en la carencia de legitimidades materiales relevantes. Precisamente estas legitimidades materiales presuponen la exclusión de la analogía". KRUSE, H. W. *Derecho tributario – parte general*. 3ª ed., Madrid: Editorial de Derecho Financiero, 1978, p. 187; Cf. KRUSE, Heinrich Wilhelm. Il risparmio d'imposta, l'elusione fiscale e l'evasione. AMATUCCI, Andrea (coord.). *Trattato di Diritto Tributario*. Padova: CEDAM, 1994, v. III, P. III, cap. XXXV, p. 214.

Como é clarividente, o princípio da tipicidade tributária não autoriza qualquer recurso a esta prática criadora de direito, agindo onde o legislador não houve regular. É o Estado-Administração avocando, por usurpação, os poderes que a Constituição reservara exclusivamente ao Parlamento. [60]

Definitivamente, não parece cabível falar na existência de "lacunas" no âmbito de incidência dos tipos tributários impositivos. Ou as normas tributárias alcançam o fato, por seu conceito encontrar-se no campo semântico do conceito da norma (subsunção) – plano de incidência –, ou não o alcançam, quando suas propriedades não permitam adequação ao campo de abrangência semântica da norma tributária, ficando no domínio da não-incidência. A opção pela seleção dos fatos que podem ser tributados é decisão exclusivamente legislativa; da mesma sorte que é decisão tipicamente legislativa deixar de fora os fatos aos quais não pretenda atribuir a incidência de normas tributárias, [61] numa espécie de declaração do não-tributável, por omissão na tipificação – o que alguns denominam de "vazios legais desejados" [62] (Tipke e Lang).

A limitação à analogia compreende apenas as normas impositivas, definidoras da regra-matriz de incidência de cada tributo. Para os outros âmbitos do direito tributário, nenhuma vedação se poderia alegar ao uso da analogia como recurso hermenêutico, no sentido de *analogia legis* (108, I – analogia) ou *analogia juris* (108, II, III e IV – princípios gerais de direito tributário, princípios gerais de direito público e equidade), nos limites de quanto ainda se possa atribuir a tal distinção. [63]

[60] Desnatura o próprio conceito de Estado, como afirma Victor Nunes Leal: "O regime de legalidade é uma conquista política e jurídica da consciência universal, traduzida no chamado Estado de Direito". LEAL, Victor Nunes. *Problemas de direito público e outros problemas*. Brasília: Imprensa Nacional, 1999, v. I, p. 61.

[61] Como diz Eusebio González García, respondendo à pergunta sobre a existência de lacunas no Direito: "Nuestra opinión personal al respecto es que no las hay, dado que – afortunadamente – el Derecho no tiene por qué regularlo todo, sino que regula lo que quiere regular y lo no regulado, no son lagunas, sino ámbitos que el Derecho no ha querido regular". GONZÁLEZ GARCÍA, Eusebio. *La interpretación de las normas tributarias*. Pamplona: Aranzadi, 1997, p. 51; Cf. AMATUCCI, Andrea. *L'interpretazione della norma di Diritto Finanziario*. Napoli: Jovene, 1965, p. 58-59.

[62] VILLAR EZCURRA, Marta. La analogía en la aplicación de las normas tributarias. In: *Boletín del Ilustre Colegio de Abogados de Madrid* – los negocios anómalos ante el derecho tributario español. Madrid: Colegio de Abogados de Madrid, 2000, nº 16, sept., p. 124.

[63] Para uma ampla descrição dos métodos de integração, mesmo se não compartilhe do entendimento conclusivo desse capítulo, salvo no que tange às críticas, cf.: TORRES, Ricardo

O primado do consentimento legislativo, como forma de autorização à cobrança de qualquer tributo, é que estabelece a referida limitação, que alcança a norma tributária em todos os critérios da regra-matriz de incidência, desde sua hipótese (critérios material, temporal e espacial) até o conseqüente (sujeito passivo, no critério pessoal, e base de cálculo e alíquota, no critério quantitativo). A reserva absoluta de lei, combinada com o princípio de tipicidade[64] e com o da capacidade contributiva (objetiva), impede qualquer espaço para a analogia como instrumento integrativo visando à cobrança de tributos, sem disposição expressa de lei. irmes nesse entendimento estão muitos, como Paulo de Barros Carvalho, no Brasil, Sainz de Bujanda e Ferreiro Lapatza, na Espanha, além de A. D. Giannini e Antonio Berliri,[65] na Itália, dentre outros.

Outros autores, influenciados por Tipke,[66] insistem em afirmar a possibilidade de adoção da analogia em matéria tributária. Ocorre que estes se

Lobo. *Normas de interpretação e integração do Direito Tributário.* 3ª ed. Rio de Janeiro: Forense, 2000, p. 113-144.

[64] Seguindo o mesmo rigor de Alberto Xavier: "Ora, os próprios conceitos de taxatividade e de 'numerus clausus', inerentes à idéia de tipicidade, são incompatíveis com a existência de lacunas e sua integração analógica, pois foram adotados como regras constitucionais precisamente para vedar a possibilidade da analogia". XAVIER, Alberto. *Tipicidade da tributação, simulação e norma antielisiva.* SP: Dialética, 2001, p. 146.

[65] Como este afirma: "A noi sembra al contrario, che debba concludersi che, almeno per le norme impositive, l'interpretazione analógica è esclusa e che possa ammettersi solo nel caso in cui il legislatore l'abbia espressamente consentita per una determinata imposta: e ciò in quanto in tal caso non si può parlare di vera e propria analogia intesa come integrazione della legge." BERLIRI, Antonio. *Principi di Diritto Tributario,* Milano: Giuffrè, 1967, p. 155.

[66] Veja-se o caso das defesas que este autor faz sobre o uso da analogia no direito tributário. A esse respeito, vale citar passagem de recente obra de Cesar García Novoa: "Incluso esta rehabilitación de la "analogía" – fundamentalmente en Alemania, de la mano de TIPKE – se propone salvar un último escollo, que viene constituido por el respeto a las reglas de la tipicidad en materia fiscal, a partir de un argumento que no nos parece aceptable, como es el de la diferencia radical entre las normas tributarias y las normas penales. Y no nos parece aceptable en la medida en que esta diferenciación se trae a colación para relativizar o minimizar la aplicación de la tipicidad en el Derecho Tributario. Así, en un primer momento se recuerda por parte de TIPKE, que la Ley Fundamental de Bonn, en su art. 103, II, proclama la regla de tipicidad sólo en el ámbito penal, cuando dispone que "un acto sólo podrá ser penado si su punibilidad estaba establecida por ley anterior a la comisión del acto" (*Eine Tat kann nur bestraft werden, wenn die Strafberkeit gesetzlich bestimmt war, bevor die Tat begangen wurde*). Para añadir que, aunque en materia tributaria debe regir la legalidad, como garantía de la seguridad jurídica existen argumentos que propenden a postular un cierto margen de protagonismo a la analogía; no sólo las exigencias del "principio democrático" que, según TIPKE, permitirían

olvidam de algo muito basilar. Tipke justifica seu fundamento na ausência (literalista) de um princípio de tipicidade em matéria tributária, a exemplo daquele previsto para o direito penal (*nullum crimem nulla poena sine leggem scripta*). Sendo assim, o recurso à analogia seria aceitável tendo em vista as exigências de justiça de tratamento e isonomia entre todos os cidadãos pertinentes ao princípio democrático, como modelo de combate às condutas elisivas. Precisamente nessa linha, Carlos Palao Taboada,[67] insiste em considerar que "la admisión excepcional de la analogía se justifica por la necesidad de evitar el fraude de ley", porquanto a insegurança e incertezas geradas pela sua aplicação não representa mais do que "un precio que hay que pagar para impedir que la norma jurídica sea burlada", mesmo que admita limitações, pois "el sacrificio de la seguridad jurídica ha de ser razonable". Este autor utiliza-se da noção de "analogia iuris", como recurso para justificar sua premissa que o sistema dispõe dos princípios gerais necessários à eliminação de qualquer lacuna não desejada pelo sistema. Aplica, portanto, a tese, absolutamente superada, do sistema completo e sem lacunas.[68] Porém, mesmo reconhecendo a elevada autoridade intelectual deste importante catedrático espanhol, com ele não guardamos concordância. Trata-se de idéia circunscrita ao mesmo raciocínio finalista da doutrina alemã, à qual filia-se abertamente, baseada na concepção causalista das normas tributárias, as quais deveriam ser interpretadas sempre de acordo com o fim que tais normas pretendem atingir; e como analogia não é mais do que uma modalidade de interpretação, ao menos no entender de Bobbio, tais lacunas "inconscientes" seriam perfeitamente suprimíveis.

integrar las llamadas "lagunas inconscientes". Sino, sobre todo, la existencia de fenómenos de "fraude" –*Steuerumgehung* (TIPKE, K., *Steuergerechtigkeit in Theorie und Praxis*, Verlag Dr. Otto Schmidt KG, Köln, 1981, pag. 126). Se juega así con una argumentación claramente apodíctica, según la cual la analogía es necesaria, precisamente por la existencia de fenómenos de fraude y elusión fiscal. Esta circunstancia, en principio, no se da en el Derecho Penal, por lo que no valdría el modelo de las normas penales para rechazar en el ámbito tributario, la extensión analógica". GARCÍA NOVOA, Cesar. *El fraude de ley en derecho tributario*. Madrid: Marcial Pons, 2003, p. 194.

[67] PALAO TABOADA, Carlos. ¿Existe el fraude a la ley tributaria? *Revista Crónica Tributaria*. Madrid: IEF, 1998, nº 182, p. 15. Em uma versão mais atual: ___. Las nuevas medidas frente al fraude de ley tributaria. *Seminário Fernando Sainz de Bujanda*. Madrid: IEF, 2001, 19 p.; ____. Algunos problemas que plante a la aplicación de la norma española sobre el fraude a la ley tributaria. *Revista Crónica Tributaria*. Madrid: IEF, 2001, nº 98, p. 127-39.

[68] BOBBIO, Norberto. *Teoria do ordenamento jurídico*, 5ª ed., Brasília: UnB, 1994, p. 113-160.

No Brasil, outro deve ser o enfoque. A Constituição prescreve, no seu artigo 150, ser vedado à União, aos Estados, ao Distrito Federal e aos Municípios: I – *exigir ou aumentar tributo sem lei que o estabeleça.* Reforça-o ainda mais ao eleger, previamente, todas as materialidades que definem as competências impositivas das pessoas de direito público interno da federação, concretizando a capacidade contributiva objetiva desde o texto constitucional; e, para conferir-lhe efetividade na aplicação, no trato da capacidade contributiva subjetiva[69], atribuiu, mediante o § 1º do artigo 145, poderes à Administração Tributária para, *respeitados os direitos individuais* e *nos termos da lei,* identificar, o patrimônio, os rendimentos e as atividades econômicas do contribuinte, numa confirmação dos propósitos de garantia ao direito de propriedade, bem como aos valores de segurança e previsibilidade de condutas.

Além disso, agrega o artigo 146, III, "a", da CF que cabe à lei complementar estabelecer normas gerais em matéria de legislação tributária, especialmente sobre a definição de tributos e de suas espécies, em relação aos impostos discriminados na Constituição, a dos respectivos fatos geradores, bases de cálculo e contribuintes. Tudo em favor de certeza na definição dos principais critérios da regra-matriz de incidência dos tributos, mormente o critério material da hipótese. Tendo em vista que não se pode deixar de considerar os efeitos das normas gerais entabuladas pelo Código Tributário Nacional, faz-se mister compreender a função dos artigos 142, 141, 113, § 1º e 3º, todos do CTN, a exigirem prévia qualificação do fato jurídico tributário, para os fins de se constituir a obrigação tributária e, com ela, o crédito tributário – formalizado em ato de lançamento próprio.

Por tudo isso, para aperfeiçoar ainda mais essa exigência, o artigo 108, § 1º, do CTN, prescreve taxativamente: "O emprego da analogia não poderá resultar na exigência de tributo não previsto em lei", que só confirma o que já se disse acima: nesta República, nenhum tributo será cobrado sem lei específica (legalidade), e nos limites dos conceitos classificatórios que ado-

[69] "O princípio da capacidade contributiva fornece ao legislador o quadro geral das situações tipificáveis, ao estabelecer que só as situações da vida reveladoras de capacidade econômica são suscetíveis de tributação. Cumpre, de seguida ao legislador recortar, dentro do quadro assim definido, aquelas manifestações de capacidade contributiva que repute deverem ficar sujeitas a imposto". XAVIER, Alberto. *Os princípios da legalidade e da tipicidade da tributação.* RT, 1978, SP, p. 83. Ver ainda: GIARDINA, Emilio. *Le basi teoriche del principio della capacità contributiva.* Milano: Giuffrè, 1961, 475 p.

tar (tipicidade), segundo uma efetiva revelação de capacidade contributiva. Esse é o fundamento imponderável da negação plena de qualquer tentativa espúria de se querer cobrar tributo por ato administrativo desprovido de base legal no direito brasileiro. Aqui, a teoria da causa dos impostos, fundada na capacidade contributiva, não tem, como se demonstra, qualquer cabimento. Conclui-se, portanto, que o conceito de legalidade, no âmbito do sistema constitucional, aplicado aos domínios da tipificação dos fatos jurídicos tributários, não admite "flexibilidades", como já quis sustentar certa doutrina episódica.

Por tudo o que foi dito, não encontramos qualquer possibilidade para o emprego de analogia no direito tributário brasileiro (o que vale também para as tentativas de interpretações extensivas e finalísticas) com o objetivo de cobrança de tributos. Fecha-se, assim, o círculo democrático do princípio republicano do consentimento dos tributos, pois, insistir numa permissão para tais métodos equivaleria a transferir para a Administração uma função constitucional que lhe é indisponível: de legislar sobre as matérias de sua competência.

3.2. Interpretação das normas direito tributário em face de conceitos, institutos e formas de outros ramos do direito, em especial do direito privado

É mister de qualquer doutrina em matéria tributária que se elabore a atribuição de separar, com demiúrgico corte, a experiência jurídica que se desenvolve no Brasil de quaisquer outras existentes no mundo, em vista do particularismo da nossa Constituição, por tratar amiúde do Sistema Tributário Nacional, analiticamente. Nesse contexto, as construções reinantes em outros continentes a respeito da autonomia do direito tributário ou da relação entre direito civil e direito tributário perdem em conteúdo, tendo em vista o *primado da Constituição*, que há de prevalecer sobre qualquer outro dogma ou pressuposto.

As normas tributárias usam sempre de hipóteses de incidência seletivas de propriedades,[70] reguladas tanto pelo *direito administrativo* – como é

[70] Nas palavras de Vanoni: "A lei faz depender o nascimento da obrigação tributária da verificação de determinadas circunstâncias da vida social, que por sua vez podem ser representadas por relações reguladas por outros ramos do direito, ou por fatos que já constituam objeto de outras normas jurídicas". VANONI, Ezio. *Natureza e interpretação das leis tributárias*. Tradução de Rubens Gomes de Sousa. RJ: Edições Financeiras, s/d, p. 158.

o caso das taxas e contribuições de melhoria, que têm como pressuposto a prestação de serviços públicos, exercício de poder de polícia ou construção de obras públicas que geram valorizações imobiliárias, respectivamente – como pelo *direito privado*, no caso dos impostos e contribuições, quanto aos contratos de serviços, de venda e compra, de seguros etc. É dizer, espécies contratuais de negócios jurídicos, emanados a partir do exercício de autonomia privada, vão, assim, sendo selecionadas pelas hipóteses normativas de leis tributárias para justificar a formação de obrigações tributárias típicas de impostos ou contribuições (renda, patrimônio, consumo, faturamento, receita, etc).

É lugar-comum dizer-se que o direito tributário é um direito de "segundo grau",[71] ou de superposição, em vista de outros setores dogmáticos, como o direito privado, por exemplo. Fosse assim, todo o ordenamento teria essa qualidade, pois o reenvio a outras matérias é inerente às normas de vários ramos, como Direito Internacional Privado, Direito Penal, Direito Administrativo, Direito Processual Civil etc. Tal contingência não colabora em nada para a diferenciação sistêmica do direito tributário, e muito menos para sua aplicação. O fato é que o legislador volta-se sempre para conceitos já elaborados no direito civil, no comercial ou no administrativo, ao delimitar os critérios das regras-matrizes de incidência dos tributos.

Nesses domínios, as figuras são colhidas no seu modo estático, segundo uma configuração formal, e não no modo dinâmico que lhe seja próprio no campo de origem, quer no âmbito da autonomia negocial, no direito de propriedade ou no direito administrativo.[72] Ou seja, para o direito tributário, os "atos de direito privado" ou os "atos administrativos" não transportam seus efeitos e contingências que ali operam ou possuem; valem como "fatos juridicamente qualificados", por serem objeto da materialidade descrita na hipótese normativa de uma norma tributária. Por isso, quando a lei tributária não dispuser de modo diverso, os institutos, conceitos e formas de outros ramos do direito serão preservados nas suas características originais. Isso não impede que o legislador promova alguma mutação no conceito, na forma ou no instituto, mediante indicação de outras proprie-

[71] Cf. PAPARELLA, Franco. *Possesso di redditi ed interposizione fittizia*. Milano: Giuffrè, 2000, p. 245.

[72] Cf. GIANNINI, Massimo Severo. *L'interpretazione dell'atto amministrativo e la teoria giuridica generale dell'interpretazione*. Milano: Giuffrè, 1939, 381 p.; Cf.: CORREIA, José Manuel Sérvulo. *Legalidade e autonomia contratual nos contratos administrativos*. Coimbra: Almedina, 1987, p. 128 e ss.

dades,[73] selecionadas criteriosamente a partir do fato social complexo, e guardados os limites constitucionais.

O *legislador* pode reelaborar conceitos já definidos em enunciados de direito privado, tendo por objeto o mesmo fato material, caso em que seria mais exato falar de elaboração de conceitos de direito tributário, facilitada pela prévia juridicização promovida pelo direito privado. É que mediante tal *transformação*, o instituto perde suas feições originais, de natureza de direito privado, para adquirir funcionalidade no direito tributário. Desse modo, já não se prestaria a tutelar as situações jurídicas entre particulares, mas passaria a servir como "causa" para a constituição de situações tributárias ou se prestaria como elemento de definição dos respectivos efeitos ou qualificações dos elementos da obrigação tributária. É como se o direito tributário criasse um conceito "ex novo".

O legislador pode ainda, por *incorporação*, conservar os valores e as propriedades originárias do conceito, tal como formulado no âmbito privado. Neste caso, o direito tributário "usaria" o instituto, sem que lhe conferisse novo conteúdo ou efeito. Limitar-se-ia, destarte, a tomar em consideração, entre os elementos da relação, aqueles que demonstrassem relevância para efeitos tributários. Como diz Diogo Leite de Campos: "Não há uma definição fiscal. Está errado, em princípio, afirmar que o Direito Fiscal é um direito que pode ter a sua própria definição das instituições civis e comerciais".[74] Por isso é que, praticado um dado negócio jurídico tipificado em lei tributária, mesmo que mais tarde se venha a alegar sua invalidade ou ineficácia, isso não será suficiente *a priori* para afastar a incidência tributária, na forma como o negócio foi constituído. Como não poderia deixar de ser, *recepcionar* todos os conceitos, institutos ou formas de direito pri-

[73] Sobre este tema: ALCHOURRÓN, Carlos E.; BULYGIN, Eugenio. *Definiciones y normas*. BULYGIN, Eugenio; RICKERT, Heinrich. *Teoría de la definición*. México: UAM, 1960, 85 p.; FARREL, Martin D.; RABOSSI, Eduardo A. (Coord.). *El lenguaje del derecho: homenaje a Genaro Carrió*. Buenos Aires: Abeledo-Perrot, s.d., p. 11-42. BELVEDERE, Andrea. *Il problema delle definizioni nel codice civile*. Milano: Giuffrè, 1977, 191 p.; SCARPELLI, Uberto. La definizione nel diritto. In: *Diritto e analisi del linguaggio*. Milano: Edizioni di Comunità, 1976, 560 p.; SEMANA, Paolo. *Linguaggio e potere*. Milano: Giuffrè, 1974, 369 p.

[74] CAMPOS, Diogo Leite de. Interpretação das normas fiscais. In: *Problemas fundamentais do direito tributário*. Lisboa: 1999, p. 29; Cf. ainda: NAVAS VÁZQUEZ, Rafael. Interpretación y calificación en derecho tributario. In: *Boletín del Ilustre Colegio de Abogados de Madrid* – los negocios anómalos ante el derecho tributario español. Madrid: Colegio de Abogados de Madrid, 2000, nº 16, sept., p. 9-24.

vado aos quais não lhes tenha feito referência, de forma expressa ou tácita, tendo em vista sua funcionalidade no sistema, pois qualquer enunciado vale para todo o sistema[75], salvo derrogação legal. É assim quanto à contagem de prazos, conceitos como personalidade, capacidade dos sujeitos, dentre outros. Por fim, pode o legislativo criar uma categoria jurídica própria, distinta de tudo quanto esteja previsto no direito privado,[76] para informar o conteúdo das normas de direito tributário.

Destarte, pela ausência de qualquer espécie de autonomia do direito tributário em face de outros ramos, no âmbito de direito positivo, hoje está claro, para todos, não existir um problema de coordenação entre direito tributário e direito civil, como que a prevalecer um ou outro, como se fossem "ordens jurídicas" distintas ou alguma espécie de subordinação. O legislador tributário somente se vai limitar por uma espécie de *princípio conservativo* dos tipos e formas dos atos e negócios jurídicos de direito privado, quando estes se encontrem relacionados com aqueles adotados pela Constituição Federal para a distribuição de competências tributárias,[77] sem que isto implique reconhecer qualquer prevalência do direito privado sobre o tributário, porquanto a prevalência seja exclusivamente do direito constitucional. Por conseguinte, este caráter conservativo das competências materiais para os domínios da administração tributária,[78] para os efeitos dos atos de aplicação, pela submissão à legalidade e pela impossibilidade de exercer alguma espécie de função criativa de novos tipos ou conceitos normativos relativamente aos que foram construídos pelo legislador, nos termos constitucionais.

[75] Alfredo Augusto Becker fez observação precisa a respeito: "Uma definição, qualquer que seja a lê que a tenha enunciado, deve valer para todo o direito; salvo se o legislador expressamente limitou, estendeu ou alterou aquela definição ou excluiu sua aplicação num determinado setor do direito; mas para que tal alteração ou limitação ou exclusão aconteça é indispensável a existência de regra jurídica que tenha disciplinado tal limitação, extensão, alteração ou exclusão". BECKER, Alfredo Augusto. *Teoria geral do Direito Tributário*, 3ª ed., SP: Lejus, 1998, p. 123.

[76] Cf. BOSELLO, Furio. La formulazione della norma tributaria e le categorie giuridiche civilistiche. *Diritto e pratica tributaria*.Padova: CEDAM, 1981, v. LII, P. I, p. 507-36; COSTA, Alcides Jorge. Direito tributário e direito privado. MACHADO, Brandão (Coord.), *Direito Tributário – estudos em homenagem ao prof. Ruy Barbosa Nogueira*, SP: Saraiva, 1984, p. 219-37.

[77] *Contrario sensu*, v. CIPOLLINA, Silvia. *La legge civile e la legge fiscale*, Padova: CEDAM, 1992, p. 77.

[78] Cf. DE MITA, Enrico. Diritto tributario e diritto civile: profili costituzionali. *Rivista di diritto tributario*, Milano: Giuffrè, 1995, a. 5, v. I, feb., p. 152.

3.3. Relações entre direito tributário e direito privado

Eventuais limitações à relação entre direito tributário e direito privado, no Brasil, devem ser buscadas na Constituição. O Código Tributário Nacional contempla duas regras exclusivamente voltadas para dirigir a interpretação das normas tributárias nessa matéria, que são os artigo 109 e o artigo 110.

O artigo 109, do CTN, segundo o qual, *os princípios gerais de direito privado utilizam-se para pesquisa da definição, do conteúdo e do alcance de seus institutos, conceitos e formas, mas não para definição dos respectivos efeitos tributários*, historicamente, foi um modo de afastar qualquer submissão do direito tributário ao primado do direito civil, ou da sujeição das normas tributárias aos princípios gerais de direito privado, com prevalência dos conceitos, formas e institutos que o legislador tributário queira eleger. Sobre o artigo 109, do CTN, Aliomar Baleeiro atesta a pretensão do legislador em garantir o "primado do direito privado", mas limitadamente ao universo das relações entre particulares, naquilo que o direito tributário não dispuser de modo diverso. Ou seja, quando o direito tributário regular uma determinada seara que tenha implicações com institutos, conceitos ou formas do direito privado, prevaleceriam suas características naquilo que a lei tributária não a houvesse excetuado[79]. Nas suas palavras: "o Direito Tributário, reconhecendo tais conceitos e formas, pode atribuir-lhes expressamente efeitos diversos do ponto de vista tributário. (...) O conteúdo genérico do

[79] Este artigo 109 encontra sua origem no artigo 76 do Anteprojeto, de autoria de Rubens Gomes de Sousa, que serviu de base aos trabalhos da Comissão Especial do Código Tributário Nacional. E a respeito desse dispositivo, tece os seguintes comentários: "O artigo 76 (...) visa afastar o recurso aos princípios gerais de direito privado como método supletório na interpretação da lei fiscal. (...) Admite o artigo 76 o emprego dos princípios gerais de direito privado apenas em sua esfera própria, que é a interpretação dos institutos, conceitos e formas daquele direito, a que faça referência a legislação tributária. Mas ressalva, no § único, a possibilidade da lei tributária atribuir, àqueles institutos, conceitos e formas, uma definição própria aos efeitos fiscais. Trata-se de uma conseqüência da autonomia do direito tributário em relação ao direito privado, fundada na diversidade dos objetos visados por um e por outro: o direito privado regula a validade jurídica dos atos, o direito tributário investiga o seu conteúdo econômico. A norma encontra acolhida na jurisprudência (*Revista Forense* 145/313, *Revista dos Tribunais* 195/290, *Revista de Direito Administrativo* 23/70), mas tem o seu limite natural na referência ao direito privado na Constituição para definir a competência tributária, como ponderaram as sugestões 147 e 912". MINISTÉRIO DA FAZENDA. *Trabalhos da Comissão Especial do Código Tributário Nacional*. RJ: Imprensa Oficial, 1954, p. 183.

artigo 109 está desdobrado no artigo 110".[80] Estas opiniões são corroboradas por vários autores, com aceitação de uma livre escolha que o ordenamento atribuiria ao legislador tributário para modificar formas, conceitos e institutos de direito privado.

Somente a "lei tributária" (e não a autoridade administrativa) poderá alterar *a definição, o conteúdo e o alcance de institutos, conceitos e formas de direito privado* quando estes não forem tipos constitucionalmente considerados como critérios para repartição de competências em matéria tributária. Isso nada tem que ver com alguma espécie de autorização ao método da interpretação econômica em matéria tributária,[81] posto que se trata de autorização e reconhecimento de qualificação legislativa e não administrativa, em fase de aplicação de tributos.

Corolário do quanto se afirmou acima,[82] o CTN reservou dispositivo exclusivo para esse fim. Trata-se do artigo 110, pelo qual: "A lei tributária não pode alterar a definição, o conteúdo e o alcance de institutos, conceitos e formas de direito privado, utilizados, expressa ou implicitamente, pela Constituição Federal, pelas Constituições dos Estados, ou pelas Leis Orgânicas do Distrito Federal ou dos Municípios, para definir ou limitar competências tributárias".

[80] BALEEIRO, Aliomar. *Direito Tributário brasileiro* (Anotado por Misabel de Abreu Machado Derzi). RJ: Forense, 11ª ed., 1999, p. 685; Assim também Paulo de Barros Carvalho, quando afirma: "(...) não havendo tratamento jurídico explicitamente previsto, é evidente que prevalecerão os institutos, categorias e formas do direito privado." CARVALHO, Paulo de Barros. *Curso de direito tributário,* 22ª ed. SP: Saraiva, 2009, p. 103; FALCÃO, Amílcar. *Fato gerador da obrigação tributária,* 6ª ed., RJ: Forense, 1997, p. 32. VANONI, Ezio. *Natura ed interpretazione delle legge tributarie.* Padova: CEDAM, 1932, p. 145-79.

[81] Como afirma Brandão Machado, no seu prefácio à tradução da obra de Wilhelm Hartz: "(...) a doutrina brasileira se tem referido aos dois critérios de interpretação como se tratasse de critérios aplicáveis a todo sistema jurídico, com as mesmas conseqüências que produzem no direito alemão. Na verdade, fala-se abertamente, entre nós, em abuso de forma, como se o direito positivo brasileiro houvesse criado, como fez o direito alemão, a figura da fraude ao imposto, calcada no conceito de *fraude à lei.* Mas ocorre que o direito brasileiro não criou a figura e por isso, admite como válidos e insuscetíveis de qualquer censura os negócios jurídicos indiretos". HARTZ, Wilhelm. *Interpretação da lei tributária: conteúdo e limites do critério econômico.* SP: Resenha Tributária, 1993, p. 24-25.

[82] JÈZE, Gaston. O fato gerador do imposto (contribuição à teoria do crédito de imposto). *Revista de direito administrativo.* RJ: FGV, 1945, v. II, fasc. 1, jul., p. 50-63; ____. Natureza e regime jurídico do crédito fiscal. *Revista de direito administrativo.* RJ: FGV, 1946, v. III, fasc. 1, jan., p. 59-68.

Comparando o teor desse artigo 110 com o artigo 109, do CTN, temos que "A lei tributária" (não a autoridade administrativa, mediante ato de lançamento) somente poderá alterar *a definição, o conteúdo e o alcance de institutos, conceitos e formas de direito privado* quando estes não forem tipos constitucionalmente previstos para repartição de competências. O artigo 146, I, da CF, impõe na atualidade esta coerência. Pudessem a União, Distrito Federal, Estados ou municípios manipular os conceitos que servem à repartição de competências, mediante leis suas, modificando os tipos prescritos, restaria prejudicada a hierarquia normativa (da Constituição em face das leis) e os princípios garantísticos de certeza e segurança jurídica. Trata-se de reforço ao quanto já se dessome da própria Constituição, mas que é sempre importante. É a mais lídima afirmação das funções de norma geral em matéria de legislação tributária, prescrita pelo art. 146, I, da CF, em favor da eliminação de eventuais conflitos de competência, em matéria tributária.

4. Resultados da interpretação do Direito Tributário – interpretação especificadora, restritiva e extensiva

No grupo de regras de dirigismo hermenêutico também vamos encontrar normas voltadas aos resultados da interpretação. Assim, empregando os métodos disponíveis, o intérprete poderia chegar a um resultado específico, como: i) *interpretação especificadora*, ideal da interpretação literal ou gramatical; ii) *interpretação restritiva*, nos casos em que os resultados da interpretação especificadora pudesse ser desfavorável aos interesses do Estado; ou iii) *interpretação extensiva*, manifestada na intenção do intérprete de ampliar o sentido da norma para além de uma interpretação especificadora, com a finalidade de alcançar situações ou propriedades que aparentemente não estariam contidas no enunciado interpretado.

Mas, em vista do princípio da legalidade em matéria tributária, além de outros tantos, como o da indisponibilidade do patrimônio público, o que se pode esperar de uma "interpretação extensiva" em matéria tributária, para os fins de exigência de tributos? Os que a defendem o fazem em prol dos direitos de liberdade, para privilegiar o espírito constitucional e os valores ali albergados (*favorabilia amplianda, odiosa restringenda*), [83] ao que seria cabível até mesmo a analogia (*ubi eadem ratio ibi eadem dispositio o*

[83] Maximiliano, Carlos. *Hermenêutica e Aplicação do Direito*, Rio de Janeiro: Forense, 1988, p. 200.

ídem ius). Assim, em face da preferibilidade dos valores, os limites para tal interpretação extensiva seriam os limites do quanto fosse imaginado pelo intérprete, conforme as convicções e interesses pessoais.

Para demonstrar o quanto podem ser polêmicas quaisquer formas de dirigismo no processo de interpretação, [84] a respeito de normas constitucionais protetoras de liberdades, diz Carlos Maximiliano, um dos mais argutos hermeneutas brasileiros, comentando a Constituição Federal de 1946:[85] "Interpretam-se estritamente as limitações gerais do direito de tributar, bem como as isenções particulares. Em regra, a prerrogativa governamental de exigir contribuições para as despesas públicas é exercida de modo geral e absoluto, estende-se ao conjunto das pessoas e bens, dentro da jurisdição do poder que decreta o ônus; todas as presunções militam a favor do uso efetivo da faculdade ilimitada de tributar". Sabe-se que esta era a orientação da doutrina alemã da época, e como Carlos Maximiliano a acompanhava (sem qualquer atribuição de vínculos ideológicos), não causa espécie assim entender. Hoje, no entanto, apesar de o Código propugnar por uma interpretação literal também para as isenções, ninguém, nem mesmo o próprio Fisco, admite tal entendimento.

No âmbito dessas considerações, a título de uma *interpretação restritiva*, conforme o artigo 111, do CTN, "interpreta-se *literalmente* a legislação tributária que disponha sobre:

> *I – suspensão ou exclusão do crédito tributário;*
> *II – outorga de isenção;*
> *III – dispensa do cumprimento de obrigações tributárias acessórias.*

O método restritivo[86] é técnica muito empregada em direito tributário. Para muitos, as leis tributárias, ordinariamente, são orientadas a uma inter-

[84] Quanto à importância dessas regras no sistema, acolhemos a conclusão de Ricardo Lobo Torres, para quem estas são regras ambíguas, insuficientes e redundantes, o que compromete sua efetividade, i.e., a eficácia social, haja vista o caráter ideológico que possuem e pelo desequilíbrio que introduzem no sistema de valores jurídicos e dos poderes do Estado. Torres, Ricardo Lobo. *Normas de Interpretação e Integração do Direito Tributário.* Rio de Janeiro, Ed. Renovar, 2000, p. 275.

[85] Maximiliano, Carlos. *Comentários à constituição brasileira.* 4ª ed., RJ: Freitas Bastos, 1948, p. 274.

[86] Como lembra Eusebio González: "La Idea proveniente de la Revolución Francesa y debatida en la época del código de Napoleón, postulaba que las normas no se interpretan, sino que se

pretação pelo "método *literal*".[87] Como exemplo, nos países *anglo-saxônicos*, de um modo geral, e por incrível que possa parecer, o princípio vigente é o de que a *tributação só pode se basear numa legislação suficientemente precisa e de alcance claramente definido*, devendo-se interpretar literalmente suas disposições. Na *Grã-Bretanha*, os juízes, e, sobretudo, a Administração, têm que usar de uma interpretação exclusivamente restritiva.[88] Quando o recurso ao método *teleológico* é reclamado, numa pretensão de aperfeiçoamento da lei, considera-se tal atitude como uma espécie de "invasão" nos direitos do legislador. O mesmo ocorre com os EUA, Canadá e Nova Zelândia, que procuram restringir ao máximo a chamada *interpretação criativa* no Direito Tributário, mesmo que, em contrapartida, busquem um constante aprimoramento das formulações normativas. Na *Bélgica*, existe a obrigação imperiosa de interpretar *restritivamente* as regras do direito tributário, cabendo, em caso de dúvida, benefício ao contribuinte. No *Japão*, o artigo 84 da respectiva Constituição, no capítulo que trata das limitações ao poder de tributar, afirma a necessidade de uma interpretação a mais restritiva possível das normas impositivas.

Como bem afirmou Rubens Gomes de Sousa:[89] "o artigo 111 é regra apriorística, e daí o seu defeito, que manda aplicar a interpretação literal

aplican literalmente. Esta posición tiene sentido como reacción a un sistema anterior, donde prevalecían las interpretaciones arbitrarias y alejadas de la letra de la ley. Consiguientemente, donde la interpretación era arbitraria, desconectada del texto de la ley, la reacción fue la pura literalidad". GONZÁLEZ GARCÍA, Eusebio. *La interpretación de las normas tributarias.* Pamplona: Aranzadi, 1997, p. 47.

[87] Para um amplo estudo da interpretação das normas de direito tributário, veja-se: VANONI, Ezio. *Natura ed interpretazione delle legge tributarie.* Padova: CEDAM, 1932, p. 145-79; BERLIRI, Antonio. *Principii di Diritto Tributario*, Milano: Giuffrè, 1967, v. I, p. 109-55;TRIMELONI, Mario. *l'interpretazione nel diritto tributario*, Padova: CEDAM, 1979, p.168; Para uma crítica à "interpretação literal", dizendo: *"(...) óbvio está que impede a ida ao contexto. E, como não há texto sem contexto, o processo de edificação do sentido fica truncado, frustrando-se a interpretação"*. CARVALHO, Paulo de Barros. Lançamento por homologação – decadência e pedido de restituição. *Repertório de Jurisprudência-IOB*, São Paulo: IOB, 1996, ago-set, p. 1.705.

[88] Interpretação restrita, nas palavras de Dino Jarach, "(...) quiere decir prohibición de una interpretación ampliatoria, extensiva, que no llega a la analogía, pero que extiende los términos más alla de su significado literal, por entender que el legislador ha dicho más de lo que en realidad queria expresar". JARACH, Dino. *Curso superior de derecho tributario*, Buenos Aires: Cima, 1957, p. 254.

[89] SOUSA, Rubens Gomes de. Interpretação das leis tributárias. In: ATALIBA, Geraldo. *Interpretação no Direito Tributário*, São Paulo: Saraiva, 1975, p. 379.

às hipóteses que descreve. A justificativa ou, se quiserem, apenas explicação do dispositivo, é de que as hipóteses nele enumeradas são exceções às regras gerais de direito tributário. Por esta razão, o Código Tributário Nacional entendeu necessário fixar, aprioristicamente, para elas, a interpretação literal, a fim de que a exceção não pudesse ser estendida por via interpretativa além do alcance que o legislador lhe quis dar, em sua natureza de exceção a uma regra geral".

Sem dúvidas, este "método" constitui o ponto de partida para uma atividade de interpretação das normas tributárias, i.e., em modo restritivo, o mais limitado possível, pela *intratextualidade* à qual se reduz, evitando-se a *contextualidade* e a *intertextualidade*. Mas é deveras ambígua sua proposta, pois, a depender da posição na qual o sujeito se encontre, o que se considera como interpretação restritiva pode passar a ser extensiva, como é o caso das regras de isenção, cuja redução à literalidade pode enquadrar-se não apenas numa interpretação especificadora, mas alargar-se para uma interpretação extensiva do Fisco, quanto às condições ou hipóteses de não cabimento do benefício que poderia conceder a um determinado contribuinte.

Ao lado desta, o artigo 112, do CTN, surge como exemplo de regra típica de interpretação extensiva, prevê que "lei tributária que define infrações, ou lhe comina penalidades, interpreta-se da *maneira mais favorável* ao acusado, em caso de dúvida quanto:

> *I – à capitulação legal do fato;*
>
> *II – à natureza ou às circunstâncias materiais do fato, ou à natureza ou extensão dos seus efeitos;*
>
> *III – à autoria, imputabilidade, ou punibilidade;*
>
> *IV – à natureza da penalidade aplicável, ou à sua graduação.*

Não obstante essas apertadas referências sobre resultados de interpretação, extensiva e restritiva, preferimos enfatizar a debilidade destas propostas, adotadas mais como recursos retóricos do que propriamente com uma finalidade de eficiência hermenêutica. Como bem demonstrou Vanoni,[90] já em 1932, de forma peremptória: *É pura ilusão falar de interpretação extensiva ou restritiva: na realidade a lei, como vontade imanente do Estado, não é nem*

[90] VANONI, Ezio. *Natureza e interpretação das leis tributárias.* Tradução de Rubens Gomes de Sousa. RJ: Edições Financeiras, s/d, p. 320.

*ampliada nem restringida pelo trabalho da interpretação, mas identificada em sua substância, decorrente da sua expressão exterior, através da qual a determinação legislativa se manifesta para compreensão da vontade efetiva da entidade pública que a afirma.*E complementa adiante: *É, portanto, reduzida a importância do método tradicional de classificação dos resultados de interpretação: e nem teríamos referido o assunto, se não fosse oportuno considerar, ainda uma vez, o preconceito consagrado pelo uso, segundo o qual a interpretação extensiva não seria admissível em direito tributário.*

De fato, não encontramos qualquer utilidade em normas desse jaez. A opção interpretativa quanto ao resultado depende dos signos lingüísticos e do contexto em que se põe o enunciado jurídico.

Vê-se, assim, completamente superada, portanto, a fixação legislativa dos limites à escolha do resultado dos atos de interpretação em detrimento de outros, não só porque hoje se vê plenamente reconhecido o direito à utilização livre de métodos, mas também porque, como textos que são, estas mesmas regras carecem de interpretação, deixando margem a incertezas, ambigüidades e insegurança jurídica, como lembra Ricardo Lobo Torres.[91]

5. Considerações finais – a boa fé objetiva na interpretação tributária

Diante do exposto, deve-se concluir que a autoridade administrativa, na aplicação dos tributos ou na solução de conflitos, *i.e.*, quando decide e argumenta, deve atuar com observância da boa fé nos seus atos, mas também tem o dever de avaliar a boa fé na conduta dos contribuintes, em cumprimento a princípios fundamentais, como proporcionalidade, segurança jurídica e eficiência. Negar o exame da boa fé nos atos dos contribuintes, e tanto mais nos casos que a lei atribui a estes o dever de aplicação (interpretação) da legislação tributária, equivaleria a suprimir destes idêntico direito de decidibilidade em padrões semelhantes de seleção de possibilidades na aplicação da legislação tributária, provado o manifesto interesse em dar cumprimento à legalidade.

Como metodologia adequada, a *argumentação interpretativa* comparece com evidente contribuição para o aprimoramento da interpretação das leis tributárias. A teoria da argumentação é uma lógica da decisão, que tem cabimento a partir da refutação da tese da *única resposta correta*, em virtude

[91] TORRES, Ricardo Lobo. *Normas de interpretação e integração do Direito Tributário.* 3ª ed. Rio de Janeiro: Forense, 2000, p. 137 e ss..

da inesgotabilidade de sentidos das proposições normativas vertidas em signos lingüísticos. Para Robert Alexy, a teoria da argumentação jurídica requer sejam sempre considerados três aspectos na aplicação do Direito: "onde e em que medida são necessárias valorações", "como atuam essas valorações nos argumentos qualificados como especificamente jurídicos" e "se tais valorações são passíveis de fundamentação racional."[92] Ora, se interpretar consiste numa escolha de sentidos, estes requerem uma atividade valorativa do intérprete.

Por mais vinculada que seja a atividade administrativa, da seleção de sentidos nenhum intérprete escapa. Em vista disso, é perfeitamente aceitável que isso possa levar o contribuinte a incorrer numa desconformidade de conduta em relação àquela projetada ou esperada pela Administração, mas em lídima boa fé, sem qualquer intuito fraudulento ou de ilegalidade (o que deve ser provado). Por isso mesmo, demonstrada a boa fé, cabe às autoridades administrativas a aceitação do contribuinte como intérprete qualificado das normas tributárias e o ajuste de conduta sem quaisquer sanções.[93]

Abandonada a pretensa controlabilidade das interpretações segundo métodos racionais, tem-se que, segundo argumentos sistemáticos, os princípios do ordenamento são os únicos critérios de controle da interpreta-

[92] ALEXY, Robert. *Teoria da Argumentação Jurídica: A Teoria do Discurso Racional como Teria da Justificação Jurídica.* Trad. Zilda Hutchinson Schild Silva. São Paulo: Landy, 2005, p. 38-39. TOULMIN, Stephen Edelston. *The uses of Argument.* New York: Cambridge University Press, 2003. MACCORMICK, Neil. *Argumentação Jurídica e Teoria do Direito.* Trad. Waldéa Barcellos. São Paulo: Martins Fontes, 2006. ATIENZA, Manuel. *As razões do Direito: teorias da argumentação jurídica.* Trad. Maria Cristina Gumarães Cupertino. 3. ed. São Paulo: Landy, 2006. PERELMAN, Chaïm; OLBRECHTS-TYTECA, Lucie. *Tratado da argumentação: A nova retórica.* Trad. Maria Ermantina de Almeida Prado Galvão. 2. ed. São Paulo: Martins Fontes, 2006, p. 211-398.

[93] Como bem assinala Mauro Trivellin: "la buona fede assolve la sua funzione nella dimensione *interpretativa*". TRIVELLIN, Mauro. *Il principio di buona fede nel rapporto tributario.* Milano: Giuffrè, 2009, p. 346; Com isso exige o esforço do argumento segundo o princípio de boa fé, à Administração é defeso deixar de examinar o comportamento do contribuinte em conformidade com esse cânone hermenêutico, ou nas palavras de Robert Alexy: "quem fundamenta algo pretende, ao menos no que se refere a um processo de fundamentação, aceitar o outro como parte na fundamentação, com os mesmos direitos, e não exercer coerção nem se apoiar na coerção exercida por outros. Também pretende assegurar sua asserção não só perante seu interlocutor, mas perante qualquer um. Os jogos de linguagem que não pretendam cumprir pelo menos esta exigência, não podem considerar-se fundamentação". ALEXY, Robert. *Teoria da Argumentação Jurídica: A Teoria do Discurso Racional como Teria da Justificação Jurídica.* Trad. Zilda Hutchinson Schild Silva. São Paulo: Landy, 2005, p. 149.

ção, ou os valores possíveis admitidos pelo sistema, segundo a composição entre estes, pela ponderação ou mesmo pela aplicação *prima facie* do conteúdo. Mediante rigoroso emprego dos princípios (interpretados), é que o intérprete decide e cria normas jurídicas. Neste percurso gerativo de sentido, os cânones hermenêuticos da boa fé e da confiança surgem com força expressiva e oferecem caminhos seguros para a função *corretiva* da atividade administrativa quanto à *conformidade* da atuação do contribuinte.

A boa fé, no direito tributário, é uma pauta hermenêutica que se deve adotar a partir de um prudente exame das interpretações possíveis, tanto na ação administrativa atuação, como estabelece o artigo. 2º da Lei 9.784, de 29 de janeiro de 1999, "segundo padrões éticos de probidade, decoro e boa-fé"; como do contribuinte que demonstra o intuito de agir *secundum legem* no cumprimento das suas obrigações e deveres formais.

O emprego da boa fé objetiva é a maior evidência de efetividade dos princípios da *moralidade* (Administração Pública) e da *dignidade da pessoa humana* como conteúdo de segurança jurídica (contribuinte) no Direito Tributário, de modo a assegurar práticas responsáveis e legítimas quer no agir administrativo em conformidade com a boa fé, quer no exame da conduta dos sujeitos passivos, na interpretação das leis tributárias, mormente quando constatada a efetiva ignorância da lei tributária[94] aplicável ou naqueles casos não bem de "colaboração", mas de aplicabilidade obrigatória da lei tributária diretamente pelo sujeito passivo (casos de autotributação), nos quais a conformidade à legalidade não passa por prévio controle das autoridades fiscais.

Cumpre lembrar que a *boa fé* objetiva não se confunde com a *confiança* (*lato sensu*), que deflui da confiança que todo cidadão tem na autovinculação do Estado aos seus próprios atos (leis ou decisões judiciais ou administrativas), ou com a *proteção da expectativa de confiança legítima*, que é expressão subjetiva de vinculação administrativa a um estado de aceitação expressa ou implícita sobre determinadas situações que reputa em conformidade com a lei e com a prática que adota, de forma duradoura e contínua. De qualquer modo, são valores que se integram e promovem notáveis mudanças de conduta na atuação da Administração Tributária.

Muitas das condutas dos contribuintes consideradas como *incorretas* ou *vedadas* são adotadas numa firme pretensão de conformidade com exi-

[94] Cf. LOGOZZO, Maurizio. *L'Ignoranza della legge tributaria*. Milano: Giuffré, 2002.

gências confusas, conflitantes, complexas ou até de práticas reiteradas da própria Administração Tributária que induzem o contribuinte a erros ou incertezas.[95] Nessas situações, quando a Administração conhece da desconformidade, a consequência é sempre a exclusão de benefícios, aplicação de multas e juros ou restrição a opções do contribuinte, em prejuízo da confiança na atuação administrativa. A vinculação administrativa à legalidade, nas hipóteses de dúvidas interpretativas caracterizadas nos procedimentos atribuídos legalmente ao contribuinte, porém, não se impõe como um *padrão de conformidade à legalidade* para a atuação dos contribuintes com controle *a posteriori*, quando este não se tenha antecipado pela própria Administração Tributária.

A conformidade ou a desconformidade de uma conduta em face da legislação tributária, no Estado Democrático de Direito, em atenção aos princípios da segurança jurídica e da confiabilidade, deve ser examinada à luz do princípio hermenêutico da boa fé do contribuinte. Se o ato administrativo vinculado tem a "função de concretizar e de estabilizar as relações jurídicas entre o Estado e o cidadão particular", como bem resume Hartmut Maurer,[96] essa qualidade estabilizadora da relação jurídica entre Administração e contribuinte propicia as bases de confiança na sua permanência quando adotado dentro de condições de legitimidade e certeza jurídica, excetuado o caso do controle hierárquico. Essa certeza na conduta futura das autoridades, quanto à preservação dos seus próprios atos, oferece-se ao cidadão como expectativa *de confiança* no próprio Estado Democrático de Direito.

[95] "Numa sociedade aberta aos intérpretes da normatividade e num mundo composto por uma legalidade 'principialista' e envolta numa densa floresta de normas reguladoras da actividade administrativa, a descoberta de qual seja o exacto padrão regulador da conduta administrativa pode bem tomar-se um milagre. Um milagre, aliás, que tem a particularidade de se encontrar nas mãos da própria Administração Pública. Ou seja, por outras palavras, é aquele que está vinculado que, sem prejuízo de uma possível intervenção judicial *a posteriori*, define o sentido e os termos da própria vinculação: a Administração Pública diz-se vinculada a um complexo normativo do qual ela própria é, em primeira linha, titular de relevantes poderes decisórios na fixação do alcance dessa mesma vinculação." OTERO, Paulo. *Legalidade e administração pública*: o sentido da vinculação administrativa à juridicidade. Coimbra: Almedina, 2003. p. 961.

[96] MAURER, Hartmut. *Contributos para o direito do estado*. HECK, Luís Afonso (Trad.). Porto Alegre: Livraria do Advogado, 2007. p. 108. Cf. MELIS, Giuseppe. *L'Interpretazione nel diritto tributario*. Padova: CEDAM, 2003. p. 514.

Obrigação Tributária

Ricardo Lobo Torres

1. Conceito de obrigação tributária

A obrigação tributária é o vinculo que une o sujeito ativo (Fazenda Pública) ao sujeito passivo (contribuinte ou responsável) em torno do pagamento de um tributo (obrigação principal) ou do cumprimento de um dever instrumental (obrigação acessória).

A noção de obrigação tributária está essencialmente vinculada à de relação jurídica tributária.

2. Relação jurídica tributária

A relação jurídica, genericamente considerada, é a que liga dois sujeitos em torno de um objeto (prestação). A relação jurídica tributária, conseguintemente, é a que, estabelecida por lei, une o sujeito ativo (Fazenda Pública) ao sujeito passivo (contribuinte ou responsável) em torno de uma prestação pecuniária (tributo) ou não-pecuniária (deveres instrumentais). Por exemplo: em decorrência de uma lei formal o contribuinte (sujeito passivo) deve pagar à União (sujeito ativo) determinada importância a título de imposto calculado sobre a renda auferida em certo período, instaurando-se uma relação jurídica de crédito de tributo (= obrigação principal); mas, além de pagar o imposto, o contribuinte ainda está obrigado a prestar à Fazenda Federal declarações e informações sobre os seus rendimentos, consubstanciando-se uma relação jurídica instrumental (= obrigação acessória), de natureza não-pecuniária.

A relação jurídica tributária é complexa, pois abrange um conjunto de *direitos* e *deveres* do Fisco e do contribuinte. A Fazenda Pública tem o direito de exigir do contribuinte o pagamento do tributo e a prática de atos necessários a sua fiscalização e determinação; mas tem o dever de proteger a confiança nela depositada pelo contribuinte. O sujeito passivo, por seu turno, tem o dever de pagar o tributo e de cumprir os encargos formais necessários à apuração do débito; mas tem o direito ao tratamento igualitário por parte da Administração e ao sigilo com relação aos atos praticados.

Na relação jurídica tributária podem-se distinguir os seus aspectos substantivos (materiais) e administrativos (formais). A relação jurídica tributária *material* compreende os vínculos surgidos das leis que dispõem sobre os tributos. A relação *formal* abrange os vínculos decorrentes das leis sobre os deveres instrumentais e os procedimentos administrativos necessários à exigência do tributo.

De observar, ainda, que a relação jurídica tributária envolve sempre a figura do *tributo*. De modo que como tal não pode se considerar a relação jurídica correspondente a ingressos não-tributários, como sejam as multas e os juros, ainda que esses adminículos sejam cobrados em conjunto com o tributo.

As relações jurídicas tributárias são múltiplas. O mesmo cidadão pode estar ligado às diferentes esferas da Fazenda Pública (Federal, Estadual e Municipal) por inúmeras relações jurídicas. Se o imposto for exigido periodicamente, a relação jurídica tributária dir-se-á periódica (ex. IPTU); se o tributo for cobrado de modo duradouro, como o imposto de renda, a acompanhar o contribuinte durante toda a sua existência, haverá relação jurídica tributária permanente, embora lançada anualmente.

Diversas teorias procuram explicar a natureza da relação jurídica tributária:

a) *Relação de poder*: Nas primeiras décadas do século XX, época da fundação do Direito Tributário, prevaleceu a tese de que o vínculo entre o Fisco e o contribuinte decorria de uma relação de poder tributário (*Abgabengewaltverhältnis*).

b) *Relação obrigacional ex lege*: Posteriormente outros autores procuraram diminuir o relevo que a legalidade havia adquirido, mesclando-a com o momento da formação do vínculo obrigacional. Chegou-se, assim, ao conceito de tributo como *objeto de uma relação obrigacional criada por lei*. O núcleo da definição passou a ser o vínculo obrigacional, pois a relação jurídica se firmava entre dois sujeitos – credor e devedor do tributo – que se subordinavam à lei em igualdade de condições. O tributo, portanto, tinha na lei a sua fonte ou causa, mas se definia principalmente em função do fato gerador que dava nascimento à obrigação tributária, nova estrela na constelação financeira. A teoria da relação obrigacional trouxe, contudo, algumas perplexidades. Não explicava, diante da questão da soberania, como o Estado poderia, no ato de legislar, se colocar em relação de igualdade com o contribuinte. Afastava o fenômeno tributário de suas matrizes constitucionais, reduzindo-o ao campo da legislação ordinária e confundindo-o com outras figuras de direito privado, mercê de sua absorção na idéia de vínculo obrigacional.

c) *Relação procedimental*: A corrente teórica que a defende privilegia o momento da concreção do vínculo entre os sujeitos ativo e passivo, que se dá no ato administrativo de lançamento, em que a Fazenda e o contribuinte se encontram em igualdade de condições. A teoria procedimentalista tem grande importância na problemática do lançamento, pois vai defender a sua natureza constitutiva.

d) *Relação obrigacional e Constituição*: A doutrina mais moderna e mais influente estuda a relação jurídica tributária a partir do enfoque constitucional e sob a pespectiva do Estado de Direito, estremando-a das relações jurídicas do direito privado: a sua definição depende da própria conceituação do Estado.

Claro que, apesar da abordagem constitucional do problema, a relação jurídica tributária continua a se definir como obrigação *ex lege*. Mas a sua origem legal se complementa e se equilibra com os momentos ulteriores do exercício do poder de administrar e do poder de julgar as controvérsias surgidas da aplicação da lei, sem os quais não se forma, na vida real, o vínculo de direito. O esquecimento do poder judicial na estrutura da relação tributária, sobre contrastar com os pressupostos constitucionais da separação formal e material dos poderes do Estado, ainda conduzia à exacerbação do formalismo normativista ou procedimentalista.

A imbricação constitucional da relação tributária orienta a sua problemática para o campo das conexões entre a receita e os gastos públicos, dado importantíssimo na atual fase das finanças públicas.

A relação jurídica tributária, por outro lado, aparece totalmente vinculada pelos direitos fundamentais declarados na Constituição. Nasce, por força da lei, no espaço previamente aberto pela liberdade individual ao poder impositivo estatal. É rigidamente controlada pelas garantias dos direitos e pelo sistema de princípios da segurança jurídica. Todas essas características fazem com que se neutralize a superioridade do Estado, decorrente dos interesses gerais que representa, sem que, todavia, se prejudique a publicidade do vínculo jurídico.

Demais disso, não se esgota na lei formal, senão que deve buscar o seu fundamento na idéia de justiça e nos princípios constitucionais dela derivados, máxime os da capacidade contributiva, do custo/benefício e da solidariedade social.

3. Modalidades

3.1. Obrigação principal

Obrigação tributária principal é o vinculo jurídico que, unindo o sujeito ativo (Fazenda Pública) ao sujeito passivo (contribuinte ou responsável), tem por objeto o pagamento de um tributo, isto é, um imposto, uma taxa, uma contribuição ou um empréstimo compulsório, que constituem as quatro espécies do gênero tributo.

O Código Tributário Nacional diz, no art. 113, § 1º que "a obrigação principal tem por objeto o pagamento do tributo ou penalidade tributária".

Se com relação ao tributo como objeto da obrigação tributária inexiste qualquer dúvida, o mesmo não se pode dizer da penalidade pecuniária, como veremos no item 5.1.

A obrigação tributária principal, que tem por objeto prestação pecuniária, é o vínculo jurídico que compreende o crédito e o débito. São dois aspectos da mesma realidade. A Fazenda Pública tem o direito ao crédito tributário e o contribuinte tem o dever de entregar a prestação patrimonial em que consiste o tributo, isto é, está obrigado a pagar o débito tributário.

3.2. Obrigação acessória

A relação jurídica tributária formal compreende os deveres instrumentais a cargo do sujeito passivo, instituídos por lei, para possibilitar e assegurar o cumprimento da obrigação principal.

O contribuinte está obrigado a praticar inúmeros atos e condutas de ordem formal ou burocrática. Deve prestar declarações ao Fisco, emitir notas fiscais, manter livros fiscais à disposição dos agentes públicos, fornecer informações econômicas sobre suas atividades, inscrever-se no cadastro fiscal. Todos esses deveres são meramente instrumentais, sem conteúdo patrimonial.

A expressão "deveres instrumentais" é a preferida da doutrina mais moderna, brasileira ou estrangeira. O Código Tributário alemão de 1977 refere-se à "relação de dever fiscal" (*Steuerpflichtverhältnis*).

O Código Tributário Nacional optou pelo conceito de "obrigação acessória", que "decorre da legislação tributária e tem por objeto as prestações, positivas ou negativas, nela previstas no interesse da arrecadação ou da fiscalização dos tributos" (art. 113, § 2º). Deixou-se influenciar pela doutrina sua contemporânea, principalmente pela obra de Rubens Gomes de Souza (*op. cit.*, p. 58), integrante da comissão que o elaborou. A *Ley General Tributaria* da Espanha (Lei nº 58, de 17.12.2003) também segue o mesmo esquema, distinguido entre a obrigação principal (art. 19) e a acessória (art. 25).

A expressão "obrigação acessória" vem sendo severamente criticada pela doutrina. Em primeiro lugar, porque, por lhe faltar conteúdo patrimonial, não pode se definir como obrigação, vínculo sempre ligado ao patrimônio de alguém. Em segundo lugar, porque nem sempre o dever instrumental é acessório da obrigação principal, tendo em vista que pode surgir independentemente da existência de crédito tributário, como acontece na declaração de renda. Em terceiro lugar, porque o termo deveria ser reservado para aquelas obrigações que se colocam acessoriamente ao lado da obrigação tributária principal, como sejam as penalidades pecuniárias e os juros e acréscimos moratórios.

4. Conversão da obrigação acessória em principal

Reza o CTN, no art. 113, § 3º, que "a obrigação acessória, pelo simples fato de sua inobservância, converte-se em obrigação principal relativamente à penalidade pecuniária."

Esse dispositivo é conseqüência da inexata caracterização do dever instrumental como obrigação acessória. Sendo ele impropriamente considerado pelo CTN como obrigação de fazer, do seu descumprimento resulta uma obrigação de dar, ou seja, o não-fazer é punido com multa fiscal, que se transforma, também impropriamente, em obrigação principal. O esquema aqui coincide com o do direito civil: o descumprimento de uma obrigação de fazer se resolve em pagamento de perdas e danos, convertendo-se em obrigação de dar.

5. Questões controvertidas

5.1. O conceito de tributo abrange a penalidade pecuniária?

Não. O tributo e a penalidade são inconfundíveis. Aquele deriva da incidência do poder tributário sobre a propriedade privada. A penalidade pecuniária resulta do poder penal do Estado e tem por objetivo resguardar a validade da ordem jurídica. O próprio art. 3º do CTN, ao definir o tributo, exclui do seu conceito a prestação "que constitua sanção de ato ilícito".

Sucede que a penalidade pecuniária é cobrada junto com o crédito de tributo. Daí por que o CTN, impropriamente, assimilou-a ao próprio tributo, ao definir no art. 113, § 1º: "A obrigação principal surge com a ocorrência do fato gerador, tem por objeto o pagamento do tributo ou penalidade pecuniária e extingue-se juntamente com o crédito dele decorrente". Mas é irretorquível que tem ela apenas uma relação de acessoriedade com referência ao tributo e nesse sentido deve ser interpretado o art. 113, § 1º, que só aparentemente entra em conflito com o art. 3º do CTN. O Código Tributário Alemão diz, no art. 37, que derivam da relação de crédito de imposto (*Steuerschuldverhältnis*) as pretensões ao tributo, aos incentivos fiscais, à restituição do indébito e a uma prestação fiscal acessória (*auf eine steuerlich Nebenleistung*), nesta última compreendida a penalidade pecuniária.

5.2. Há diferença entre obrigação e crédito?

Não. O CTN diz, no art. 113, § 1º, que a obrigação tributária "extingue-se juntamente com o crédito tributário". A obrigação e o crédito não só se extinguem como também nascem juntamente. Nada obstante, o Código reserva o termo "crédito" à obrigação que adquire concretitude ou visibilidade e passa por diferentes graus de exigibilidade; assim, o "crédito" se "constitui" pelo lançamento (art. 142), torna-se definitivamente constituído na esfera administrativa tanto que decorrido o prazo de 30 dias do lançamento ou da decisão irrecorrível (arts. 145, 174) e se transforma em dívida ativa, adquirindo a presunção de liquidez e certeza pela inscrição nos livros da dívida ativa (art. 204 CTN). A técnica utilizada pelo Código deve ser empregada com cautela, pois *obrigação e crédito não se distinguem em sua essência*, como declara o próprio CTN no art. 139: "O crédito tributário decorre da obrigação principal e tem a mesma natureza deste".

6. Doutrina de leitura obrigatória

CARVALHO, Paulo de Barros. "A Relação Jurídica Tributária e as Impropriamente chamadas Obrigações Acessórias". *Revista de Direito Público* 17: 381-386, 1971.

FALCÃO, Amilcar de Araújo. *Fato Gerador da Obrigação Tributária.* São Paulo: Ed. Revista dos Tribunais, 1971.

SOUZA, Rubens Gomes de. *Compêndio de Legislação Tributária.* Rio de Janeiro: Ed. Financeiras, s/d.

Fato Gerador da Obrigação Tributária

Maurício Andreiuolo

"Art. 114. Fato gerador da obrigação principal é a situação definida em lei como necessária e suficiente à sua ocorrência.

Art. 115. Fato gerador da obrigação acessória é qualquer situação que, na forma da legislação aplicável, impõe a prática ou a abstenção do ato que não configure obrigação principal.

Art. 116. Salvo disposição de lei em contrário, considera-se ocorrido o fato gerador e existentes os seus efeitos:

I – Tratando-se de situação de fato, desde o momento em que se verifiquem as circunstâncias materiais necessárias a que produza os efeitos que normalmente lhe são próprios;

II – tratando-se de situação jurídica, desde o momento em que esteja definitivamente constituída, nos termos de direito aplicável.

Art. 117. Para os efeitos do inciso II do artigo anterior salvo disposição de lei em contrário, os atos ou negócios jurídicos condicionais reputam-se perfeitos e acabados:

I – sendo suspensiva a condição, desde o momento de seu implemento;

II – sendo resolutória a condição, desde o momento da prática do ato ou da celebração do negócio.

Art. 118. A definição legal do fato gerador é interpretada abstraindo-se:

I – da validade jurídica dos atos efetivamente praticados pelos contribuintes; responsáveis, ou terceiros, bem como da natureza do seu objeto ou dos seus efeitos;

II – dos efeitos dos fatos efetivamente ocorridos."

1. Dinâmica da Tributação. Visão Geral

O exame do Direito Tributário e naturalmente de seus diversos institutos exige um trabalho de concatenação entre diversos textos legislativos. A começar pela Constituição da República, cujos dispositivos próprios amarram de certo modo o tema, passando pelas leis de instituição dos inúmeros impostos, taxas e contribuições até descer à legislação fiscal que cuida de cada um detalhadamente: regulamentos e atos normativos específicos (arts. 96 a 100, do CTN).

Portanto, o operador jurídico do direito tributário deve manter em sua mente a premissa de que o direito é uno e assim deve permanecer. Em outras palavras, a operacionalização, viabilização, praticidade bem como a dinâmica do direito fiscal deverá levar em conta uma visão panorâmica do ordenamento jurídico, tanto público como privado (v. art. 109 e 110, do CTN), sem o que faltará base a uma visualização completa do movimento fiscal. Afinal de contas, a tributação nada mais é do que a juridicização de fatos da vida. Fatos ricos, é verdade; mas fatos relevantes, de alguma forma, ao direito enquanto instrumento catalisador de regras cogentes de conduta.

O fato gerador da obrigação tributária (fato gerador integral) pode ser apontado como um divisor de águas. De um lado o Direito Tributário Estático, a formar o mosaico teórico composto pela definição do Tributo, limitações ao poder de tributar, princípios tributários, competência fiscal, fontes, conjugando, então, um manancial importantíssimo para um passeio seguro no campo dinâmico da tributação, que começa verdadeiramente com o nascimento da obrigação tributária.

A partir da materialização do fato gerador cominado na lei (·hipótese de incidência), nasce a obrigação tributária (art. 113 do CTN) inaugurando-se a dinâmica da tributação que culminará na captação de receita (derivada) a ser otimizada na consecução do bem comum.

Sabendo-se que é o fato gerador da obrigação tributária a razão dinâmica da tributação, pois é através de sua realização que o Estado obtém o vínculo jurídico apto a submeter o particular (sujeito passivo, contribuinte ou responsável) ao cumprimento de uma prestação na maioria das vezes pecuniária (pagar tributo), é dele que vamos nos utilizar para esquadrinhar, a edição da relação jurídica tributária.

2. Conceito de Fato Gerador da Obrigação Tributária

Entende-se por fato gerador da obrigação tributária aquela situação eleita pelo legislador, encetador da tributação, como suficientemente relevante para que o Fisco possa atingir uma parcela do patrimônio do contribuinte. Ou seja, o fato gerador apresenta uma situação exteriorizadora de capacidade contributiva e que, ocorrendo no mundo dos fatos, instaura a relação jurídica tributária entre o Fisco e o sujeito passivo.

É com a realização do fato gerador que nasce a obrigação tributária. A partir da sua verificação cria-se de fato e de direito o vínculo jurídico através do qual o credor (Fisco) poderá exigir do devedor (contribuinte) uma determinada prestação que venha a enquadrar-se na estrutura do tributo (art. 3º., CTN).

A lei tributária, no caso, o CTN, define dessa maneira o fato gerador da obrigação tributária: é a situação definida em lei como necessária e suficiente à sua ocorrência. (art. 114)

Vê-se que o conceito da lei tributária é bastante infeliz, na medida em que pouco socorre o leitor que pretende interpretar o sentido do comando ali consignado. Melhor seria se a lei tributária tivesse ordenado, *de lege ferenda*, que o fato gerador da obrigação tributária é uma situação eleita pela lei que, realizando-se no mundo dos fatos, cria a obrigação tributária. Nada mais.

Importantíssimo ver, desde logo, que o nascimento da obrigação tributária nada mais faz do que inaugurar um vínculo jurídico; uma relação jurídica entre duas pessoas. Não há, ainda, uma exigibilidade (que somente surgirá com a constituição do crédito tributário) e menos ainda uma exeqüibilidade (que surgirá com a lavratura do título executivo extrajudicial denominado CDA – Certidão de Dívida Ativa).

Então, e para concluir, o primeiro ponto que jamais poderemos esquecer é que o fato gerador da obrigação tributária, por conceito, faz nascer a obrigação tributária se e quando forem preenchidos todos os elementos necessários para tanto (objetivo, subjetivo, espacial, temporal e quantitativo).

2.1. Aspectos do Fato Gerador Integral (Material, Pessoal, Espacial, Temporal e Quantitativo)

Sendo assim, cabe desde já dizer quais são os pontos individualizadores do fato gerador e, por conseguinte, os elementos caracterizadores dos tributos, todos eles inseridos no fato gerador integral.[1]

[1] Os elementos do fato gerador integral se confundem com os elementos essenciais da obrigação tributária. Ruy Barbosa Nogueira bem como a maioria dos autores desenvolve o

a) Elemento Objetivo ou Material

O fato gerador[2] é o núcleo da relação jurídica tributária, uma vez que é através do fato gerador, ou melhor, através da realização da hipótese de incidência que se concretiza em fato imponível (ou fato impositivo) que nasce para o mundo dos fatos a obrigação tributária (art. 114 e 115, do CTN). E mais importante ainda, é através da concretização da hipótese de incidência – abstrata e genericamente descrita na lei – que se pode dizer com quase toda certeza qual é a natureza específica do tributo examinado (art. 4º do CTN), pouco importando ao operador do direito o nome de batismo escolhido pelo instituidor ou a destinação específica que lhe foi dada pela lei de inauguração. Daí a dupla importância do fato gerador: especifica a natureza específica do tributo entre todas aquelas passíveis de instituição no ordenamento jurídico, ao mesmo tempo em que faz nascer no mundo real o poder-dever de o Estado exigir do particular (contribuinte ou responsável) uma prestação de caráter patrimonial (obrigação tributária).

b) Elemento Pessoal

São os sujeitos da relação tributária. De um lado, o sujeito ativo, isto é, a pessoa jurídica de direito público que detém a competência constitucionalmente prevista para instituir (criar, aumentar, minorar, alterar ou suprimir) o tributo que lhe toca, se bem que lhe é verdadeiramente possível (e até comum) a delegação do poder de cobrar ou fiscalizar a arreca-

tema no interior do fato gerador; e não na obrigação tributária. A nosso ver a diferença não tem maior importância prática, tratando-se de digressão didática. A expressão "fato gerador integral" pode ser colhida em Ruy Barbosa Nogueira, Curso de Direito Tributário, 10ª. ed., 1990, p. 147

[2] Preferimos utilizar a expressão *fato gerador*, ao invés de *hipótese de incidência*. A doutrina faz distinção entre ambos, como, por exemplo, GERALDO ATALIBA, *in* Hipótese de Incidência Tributária, Malheiros, 5ª ed., 1992:"é a descrição legislativa (necessariamente hipotética) de um fato a cuja ocorrência *in concretu* a lei atribui a força jurídica de determinar o nascimento da obrigação tributária. "ALFREDO AUGUSTO BECKER é peremptório: "Escolheu-se a expressão *hipótese de incidência* para designar o mesmo que outros autores denominam de "suporte fáctico" ou "Tatbestand" ou "fattispecie" ou "hecho imponible" ou "pressupposto del tributo" ou "fato gerador". Esta última expressão é a mais utilizada pela doutrina brasileira de Direito Tributário e, de tôdas elas, a mais infeliz porque o "fato gerador" não gera coisa alguma além de confusão intelectual. Para que possa existir a relação jurídica tributária é necessário que, *antes*, tenha ocorrido a *incidência* da regra jurídica tributária sôbre o "fato gerador" e, em conseqüência, irradiado a relação jurídica tributária." Teoria Geral do Direito Tributário, Saraiva, 1972, p. 288 e segs.

dação do tributo de sua competência (v. arts. 7º, 9º, e 119, todos do CTN). Já o sujeito passivo da obrigação tributária é aquele sobre o qual haverá de incidir a carga fiscal. O sujeito passivo, como é sabido, apresenta-se de duas formas genéricas: o contribuinte e o responsável. O contribuinte é aquele sujeito que se encontra vinculado à relação jurídica tributária porque praticou *per se* a hipótese legal de incidência, personalizando então e por isso o fato gerador da obrigação tributária. Daí dizer-se usualmente que está diretamente subordinado à obrigação tributária porque praticou efetivamente e diretamente o fato gerador da obrigação. Por outro lado, tem-se a figura do responsável tributário, compreendido pela doutrina em geral como sendo o sujeito passivo indireto da relação jurídica tributária. Sujeito indireto, sim, na medida em que a sua submissão patrimonial ao poder fiscal do Estado se dá em razão de uma circunstância fictícia criada pela lei; e não em razão das circunstâncias fáticas. Em outras palavras, o responsável tributário (responsável ou substituto, conforme o caso) é eleito o sujeito passivo da obrigação tributária em razão de uma previsão expressa na lei fiscal. Não praticou o fato gerador, não desencadeou a operação exteriorizadora de capacidade econômica mas, justamente porque está ao alcance do Fisco; e porque guarda relação de pertinência com o verdadeiro contribuinte (executor do ato tributado), é escolhido para compor a equação. As razões para tanto são justificáveis e ponderadas: Primeiramente, é mais fácil detectar quem é o responsável, verdadeiro aglutinador de contribuintes. Em segundo lugar, evita-se a sonegação fiscal, já que as obrigações em princípio esparsas e desconcatenadas ficam fazendo parte concentrada de um único sujeito. Em terceiro lugar, a fiscalização fica extremamente facilitada, uma vez que caberá ao Fisco identificar em uma pessoa somente, todo um cabedal de informações e cumprimento de obrigações.[3]

[3] A regra do art. 155, § 2º, IX, a, da CF – que determina a incidência do ICMS sobre a entrada de mercadoria importada do exterior, ainda quando se tratar de bem destinado a consumo ou ativo fixo do estabelecimento – não se aplica às operações de importação de bens realizada por pessoa jurídica que não seja contribuinte do ICMS. Com base nesse entendimento, o Tribunal, por maioria, manteve decisão do Tribunal de Justiça do Estado de São Paulo que excluiu da incidência do ICMS a importação, por pessoa jurídica, de um aparelho de mamografia a ser utilizado na realização de exames radiológicos. Vencido o Ministro Ilmar Galvão, relator, que dava provimento ao recurso extraordinário, por entender que o ICMS incide na importação de qualquer bem. Precedente citado: RE 203.075 (DJU de 29.10.99). RE 185.789-SP, rel. originário Min. Ilmar Galvão, red. para o acórdão Min. Maurício Corrêa, 3.2.2000. Mais recentemente, veja-se o RE 318.719 AgR-AgR/RJ, julg. em 06.12.2005, pub. em 03.02.2006.

c) Elemento Espacial

É o local em que se dá a obrigação tributária, ou melhor dizendo, o local em que se completa a realização do fato gerador. Trata-se de elemento importante, porque é através dele que se poderá, por exemplo, identificar a alíquota cabível (ICMS), ou a razoabilidade na concessão de incentivos fiscais (Norte, Nordeste) tendo em vista os princípios constitucionais da uniformidade bem como isonomia.[4]

A confusão entre elemento espacial do fato gerador da obrigação tributária com o local do pagamento é inadmissível. Tratando-se de elemento parcial do fato gerador, o local em que se realiza o seu nascimento deverá estar tipificado na lei de incidência do tributo (art. 150, I, da Constituição c/c art. 97 e incs. do CTN). Coisa diferente ocorre com o local no qual o sujeito passivo deverá solver a obrigação (art. 159 do CTN), regido pela legislação tributária (art. 96 do CTN) e, portanto, suscetível de alteração por meio de atos normativos infralegais (art. 100 do CTN).

d) Elemento Temporal

Determina o momento em que se completa o fato gerador da obrigação tributária. A sua relevância está no fato de que em se tratando de tributos

[4] Exemplificando: A Turma concluiu julgamento de recurso extraordinário no qual se discutia a competência tributária quanto ao sujeito ativo do ICMS, na hipótese de importação de mercadoria, por estabelecimento localizado em determinado Estado, que ingressa no território nacional em outro Estado em que localizado o estabelecimento para o qual houve revenda do produto. Tratava-se, na espécie, de recurso interposto pelo Estado do Rio de Janeiro contra acórdão do tribunal de justiça local que entendera ser o Estado de Pernambuco o beneficiário do referido imposto, haja vista ser o local em que situado o estabelecimento destinatário da mercadoria importada, independentemente do desembaraço aduaneiro ter se dado no Estado recorrente. O recorrente alegava ofensa ao art. 155, §2º, IX, a, da CF, tendo em vista ser a localidade efetiva do estabelecimento destinatário da mercadoria – v. Informativo 353. A Turma negou provimento ao recurso extraordinário por entender que o sujeito ativo da relação tributária é o Estado de Pernambuco, uma vez que, em se tratando de operação iniciada no exterior, o ICMS é devido ao Estado em que está localizado o destinatário jurídico do bem, isto é, o importador. Assim, o ICMS incidente na importação de mercadoria não tem como sujeito ativo da relação jurídico-tributária o Estado onde ocorreu o desembaraço aduaneiro, mas o Estado onde situado o sujeito passivo do tributo, qual seja, aquele que promoveu juridicamente o ingresso do produto. RE 299079/RJ, rel. Min. Carlos Britto, 30.6.2004.(RE-299079)". "O fato gerador do ISS se concretiza no local onde o serviço é prestado. o municipio competente para exigir o tributo e o que recebe a prestação do serviço e, conseqüentemente, agasalha o fato gerador." (STJ. Resp 168.023/CE, Primeira Turma, Min. Rel. José Delgado, julg. em 19.05.1998, pub. no DJ em 03.08.1998).

submetidos em razão de sua natureza a fatos geradores complexivos, haverá uma série de indagações quanto à individualização da obrigação tributária. É o que poderá ocorrer, por exemplo, com o Imposto de Importação, como veremos no exemplo abaixo.

Como resolver o conflito aparente entre o art. 19 do CTN e o art. 23 do Decreto-Lei n. 37/66, uma vez que ambos tratam do fato gerador do imposto de importação? O intérprete deverá promover a harmonização entre o art. 19 do CTN e o art. 23 do Decreto-Lei n. 37/66, como o faz acertadamente Kiyoshi Harada: "O art. 23 do Decreto-Lei n. 37, de 18-11-66, considera ocorrido o fato gerador na data do registro da declaração de importação, na repartição aduaneira. Não há conflito com o art. 19 do CNT. Este define o aspecto material do fato gerador, ao passo que o art. 23 do DL n. 37/66 precisa os aspectos temporal e espacial complementando a disposição do Código Tributário nacional. Nesse sentido, a jurisprudência do STF: RE 90.114-1ª T., Rel. Min. Rafael Mayer, RTJ 91/704; RE 91.337-SP, Tribunal Pleno, Rel. Min. Rafael Mayer, RTJ 96/135." [5]

O operador do direito tributário tem o dever de esforçar-se para jamais confundir o elemento temporal do fato gerador integral com o tempo em que se realiza o pagamento da obrigação tributária. As situações são aparentemente semelhantes, é verdade. Porém, absolutamente distintas. O tempo do pagamento está consignado no art. 160 do CTN, a admitir, inclusive, manuseio por meio de normas infralegais ("legislação"), enquanto o elemento temporal, parte do fato gerador integral, deve estar configurado na lei de incidência, conforme prescrito no art. 97, inciso III, do CTN. Além de olvidar a reserva legal, o ato normativo que manusear o tempo do pagamento não estará sujeito ao princípio da anterioridade tributária, ainda que venha a onerar o sujeito passivo da relação jurídica.[6]

[5] *In* Sistema Tributário na Constituição. Atlas,2001, p. 301.

[6] Concluído o julgamento de recurso extraordinário interposto contra acórdão do Tribunal de Justiça do Estado de Minas Gerais que indeferira mandado de segurança impetrado contra os Decretos estaduais 30.087/89 e 32.535/91, do mesmo Estado, que anteciparam a data do recolhimento do ICMS e determinaram, no caso de atraso, a incidência de correção monetária – v. Informativo 134. A Turma, acompanhando o voto do Min. Ilmar Galvão, relator, confirmou o acórdão recorrido por entender não caracterizadas as alegadas ofensas aos princípios constitucionais da legalidade, da anterioridade e da não-cumulatividade, já que é legítima a alteração do prazo de vencimento de tributo por decreto estadual, pois tal hipótese não está prevista na reserva legal do art. 97 do CTN, sendo que, no caso, não foram afetados fato gerador, base de cálculo ou alíquota, mas apenas houve a mudança do dia de

e) Elemento Quantitativo

O elemento quantitativo da obrigação tributária costuma ser olvidado pelos estudiosos, o que é no final das contas um verdadeiro e enorme atentado à cientificidade do direito tributário. Conforme se pode ler nos textos em geral, o elemento quantitativo está resumido à necessidade de estabelecer a quantia devida ao Fisco pelo sujeito passivo, como se tal mister fosse a sua única razão jurídica para existir. Não é verdade. A quantificação do tributo se faz através de dois elementos bem distintos, que são a base de cálculo e a alíquota. A base de cálculo, primeiramente, é um elemento tão ou mais importante do que o fato gerador, muito embora a doutrina especializada venha dando ênfase ao estudo deste último. Ladeando o exame do fato gerador (art. 4º do CTN), a base de cálculo também serve – e como – para individualizar a natureza do tributo, servindo de verdadeira "prova dos nove" a rechaçar alguma dúvida ou ardil praticado pelo ente com poder de tributar. Vejamos um exemplo: A União Federal instituiu, através da Lei nº 9960/2000, uma taxa denominada Taxa de Fiscalização Ambiental (TFA). O fato gerador da referida taxa está caracterizado corretamente como sendo o exercício regular do poder de polícia, no caso, a fiscalização que o IBAMA (autarquia federal) pode e deve exercer sobre as empresas potencialmente poluidoras.

A base de cálculo, a seu turno, levou em conta um dado aleatório e absolutamente impertinente com o fato gerador da obrigação tributária da taxa (poder de polícia), de forma que o cotejo entre o fato gerador e a sua base de cálculo levam a um disparate. Como é sabido, a base de cálculo da taxa deverá, em razão da natureza vinculada do tributo, ao custo da prestação, ainda que tal valor seja meramente estimado à luz dos princípios constitucionais da capacidade econômica ou e principalmente da proporcionalidade. Ocorre que o legislador federal, no caso, esquivou-se da idéia de custo-benefício para aferir o valor cobrado dos sujeitos passivos. Preferiu estabelecer uma base de cálculo genérica. Aí o equívoco: valeu-se de base de cálculo de imposto; e não de taxa, o que é vedado expressamente pela Constituição da República (art. 145, § 2º), bem como pelo próprio CTN (art. 97, § 1º).[7]

recolhimento. Considerou-se, ainda, que não ofende o princípio da legalidade a determinação de incidência de correção monetária, cuja previsão legal encontra-se no Convênio CONFAZ 92/89. Precedentes citados: RREE 203.684-SP, 172.394-SP, 140.669-PE. RE 195.218-MG, rel. Min. Ilmar Galvão, 28.5.2002.

[7] O STF decidiu liminarmente a questão quando examinou a ADIN n. 2178-8, tendo concedido por unanimidade a medida cautelar suspensiva da cobrança daquele tributo. Posteriormente,

Portanto, havendo reação entre fato gerador e base de cálculo, esta haverá de prevalecer sobre aquele na identificação peremptória do tributo, incidindo, então e portanto todas as conseqüências e peculiaridades atinentes a ele. Não é à toa que se pode dizer sem receios que a base de cálculo, enquanto elemento quantitativo, confirma ou infirma o fato gerador, auxiliando o operador jurídico na identificação da natureza específica do tributo. A verdade é que o fato gerador apresenta um indício enquanto a base de cálculo realiza uma certeza.

A segunda função da base de cálculo está na delimitação do numerário a ser despendido pelo sujeito passivo da obrigação. E neste particular a base de cálculo – estabelecida previamente na lei – apresenta aos interessados os contornos da riqueza elencada pelo legislador como sendo o espectro útil à incidência do fato gerador. A base de cálculo, noutras palavras, delimita a quantidade de riqueza tributável, de forma que a alíquota, segundo elemento quantitativo, somente poderá abarcar os contornos gizados pela base de cálculo. Nada mais.

A alíquota, por fim, é o valor numeral que haverá de incidir sobre a base de cálculo. Eis o verdadeiro elemento quantitativo da obrigação tributária, que acaba se distinguindo em duas espécies: alíquota específica e *ad valorem*. Alíquotas específicas são aquelas previamente determinadas na lei de incidência, de forma que o operador fiscal sequer tem o trabalho de realizar cálculo do montante devido. Alíquota *ad valorem* é uma porcentagem devida e incidente sobre a base de cálculo, de forma que haverá a necessidade de realizar contas na finalização do *quantum debeatur*. De modo geral, as alíquotas se dividem da seguinte maneira: a) Fixas; b) Progressivas; c) Regressivas; d) zero.

As alíquotas fixas são determinadas de forma uniforme para toda e qualquer operação. As alíquotas progressivas aumentam na medida em que a base de cálculo se eleva. As alíquotas regressivas, ao contrário, reduzem-se na medida em que o fato imponível se submete aos ditames sociais da tributação. Finalmente, a alíquota zero tem uma razão eminentemente extrafiscal. Havendo necessidade de intervenção do Estado na economia, abaixa-se alíquota a zero, o que possibilita o aquecimento do fluxo interno ou externo (conforme o caso) de bens e produtos.[8]

tendo a lei sido alterada, extinguiu-se a ação direta de inconstitucionalidade em razão da perda de objeto.

[8] Para exemplificar a diferença nas alíquotas, ver art. 149, § 2º., III, da Constituição da República. A alíquota poderá denunciar algum efeito confiscatório da tributação, servindo,

Feita uma breve apresentação dos elementos necessários a um exame cabal dos tributos, isto é, apreciados os elementos contidos na idéia de fato

portanto, como instrumento de controle material da constitucionalidade em matéria tributária. Exemplificando pela constitucionalidade: O Tribunal, confirmando acórdão do TRF da 4ª Região, julgou que é constitucional a contribuição social destinada ao custeio do Seguro de Acidente do Trabalho – SAT, incidente sobre o total da remuneração, bem como sua regulamentação. Sustentava-se, na espécie, a inconstitucionalidade do art. 3º, II, da Lei 7.787/89, bem como do art. 22, II, da Lei 8.212/91, os quais, ao adotarem como base de cálculo o total das remunerações pagas aos empregados, teriam criado por lei ordinária uma nova contribuição, distinta daquela prevista no art. 195, I, da CF, o que ofenderia a reserva de lei complementar para o exercício da competência residual da União para instituir outras fontes destinadas a seguridade social (CF, art. 195, § 4º c/c art. 154, I). O Tribunal afastou o alegado vício formal tendo em conta que a Constituição exige que todos "os ganhos habituais do empregado, a qualquer título, serão incorporados ao salário para efeito de contribuição previdenciária e conseqüente repercussão em benefícios" (CF, art. 201, § 4º, antes da EC 20/98). Rejeitou-se, também, a tese no sentido de que o mencionado art. 3º, II, teria ofendido o princípio da isonomia – por ter fixado a alíquota única de 2% independentemente da atividade empresarial exercida -, uma vez que o art. 4º da Lei 7.787/89 previa que, havendo índice de acidentes de trabalho superior à média setorial, a empresa se sujeitaria a uma contribuição adicional, não havendo que se falar em tratamento igual entre contribuintes em situação desigual. Quanto ao Decreto 612/92 e posteriores alterações (Decretos 2.173/97 e 3.048/99), que, regulamentando a contribuição em causa, estabeleceram os conceitos de "atividade preponderante" e "grau de risco leve, médio ou grave", a Corte repeliu a argüição de contrariedade ao princípio da legalidade tributária (CF, art. 150, I), uma vez que a Lei fixou padrões e parâmetros, deixando para o regulamento a delimitação dos conceitos necessários à aplicação concreta da norma. A jurisprudência do STF também já se posicionou pela inconstitucionalidade da majoração das alíquotas em caso diverso: O Tribunal, por maioria, deferiu o pedido de liminar para suspender a eficácia do art. 2º e seu parágrafo único da Lei 9.783/99, que acresce à alíquota de 11%, prevista no art. 1º da citada Lei, 9% ou 14%, de acordo com a remuneração, provento ou pensão recebida. À primeira vista, o Tribunal considerou relevante a argüição de inconstitucionalidade pela descaracterização da função constitucional da contribuição de seguridade social, já que foi instituída em alíquotas progressivas com a finalidade de cobrir déficit passado e não benefício a ser pago ao contribuinte. O Tribunal também considerou relevante a tese de ofensa ao princípio que veda a utilização de qualquer tributo com efeito de confisco (CF, art. 150, IV), salientando que o exame da questão do efeito confiscatório deve ser feito em função da totalidade do sistema tributário e não em função de cada tributo isoladamente. Vencidos os Ministros Nelson Jobim e Moreira Alves que indeferiam a cautelar nesse ponto, por entenderem, num primeiro exame, inexistir plausibilidade jurídica na tese de ofensa ao princípio do não confisco, dado que a questão do efeito confiscatório deve ser analisada em relação a cada tributo isoladamente e, também, pelo fato de não estar caracterizada a ofensa ao desvirtuamento da função da contribuição, tendo em vista que, em se tratando de previdência de servidor público, não há correspondência entre a contribuição e o benefício decorrente dessa contribuição. ADInMC 2.010-DF, rel. Min. Celso de Mello, 29.9.99.

gerador integral, passemos, ao seu conceito, lembrando que o estudo da tributação em geral, e do fato gerador da obrigação tributária,em particular, exige que o estudioso não perca de vista a idéia global da tributação enquanto fenômeno jurídico e, por isso, submetido à dinâmica unitária do direito.

3. Princípio da Estrita Legalidade ou da Tipicidade Tributária

É preciso uma visão holística da Constituição da República para vislumbrar as diversas possibilidades e variações do princípio da legalidade. O princípio da legalidade aparece em três dispositivos constitucionais diferentes, sendo, portanto, necessário uma análise mais detalhada de cada uma dessas hipóteses.

O inciso II do art. 5º da CRFB/88 – "ninguém será obrigado a fazer ou deixar de fazer alguma coisa senão em virtude da lei" – apresenta o princípio da legalidade em sua vertente genérica, em que a regra é a liberdade do indivíduo. Se não há no ordenamento lei determinando um não fazer, o sujeito estará livre para fazer o que bem entender a sua consciência. É o princípio da legalidade genérica.

O caput do art. 37 da CRFB/88 – "A administração pública direta e indireta de qualquer dos Poderes da União, dos Estados, do Distrito Federal e dos Municípios obedecerá aos princípios de legalidade, impessoalidade, moralidade, publicidade e eficiência (...)" – apresenta o princípio da legalidade administrativa, em que a regra é que o agente administrativo nada pode fazer, exceto nos casos em que a lei lhe permitir agir. Em suma, o administrador somente pode atuar quando embasado em lei. Se não há permissão legal, o administrador não pode atuar.

O inciso I do art. 150 da CRFB/88 – "Sem prejuízo de outras garantias asseguradas ao contribuinte, é vedado à União, aos Estados, ao Distrito Federal e aos Municípios: I. exigir ou aumentar tributo sem lei que o estabeleça" – apresenta o princípio da legalidade tributária. Este dispositivo constitucional deve ser conjugado com os arts. 1º e 150, §6º também da CRFB/88, bem como com a LICC.

Portanto, o art. 150, I, da Constituição merece interpretação rigorosa no sentido de que "exigir, aumentar ou suprimir" tributo é um ato instrumentalizado através de lei em sentido formal. Aí, enfim, a legalidade estrita ou formal.

O art. 97 do CTN descreve a tipicidade tributária, a exteriorizar a idéia de que a lei, em sentido formal, deve promover o preenchimento de todos os elementos essenciais do fato gerador (ou da obrigação tributária).

A ausência de qualquer um dos elementos acarretará a atipicidade da norma tributária, de maneira que a cobrança do tributo não será válida.

A tipicidade tributária decorre de uma norma infraconstitucional (art. 97 do CTN) que encontra fundamento no art. 146, III da CRFB/88. Assim, o princípio da legalidade está inserido no art. 150, I da Constituição da República, enquanto a tipicidade tributária está inserida em norma infraconstitucional – art.97 do CTN.[9]

4. Terminologia

Muito se discutiu e ainda se discute a terminologia adotada pelo CTN quanto ao momento de nascimento da obrigação tributária. Uma parte da doutrina entende que a expressão fato gerador é de extrema infelicidade, como se vê, por exemplo, na obra-prima "Teoria Geral do Direito Tributário", do mestre Alfredo Augusto Becker: 'Escolheu-se a expressão *hipótese de incidência* para designar o mesmo que outros autores denominam de "suporte fáctico" ou "Tatbestand" ou "fattispecie" ou "hecho imponible" ou "pressupposto del tributo" ou "fato gerador". Esta última expressão é a mais utilizada pela doutrina brasileira de Direito Tributário e, de todas elas, a mais infeliz porque o "fato gerador" não gera coisa alguma além de confusão intelectual."[10]

Os críticos da concepção originalmente acatada pelo CTN preferem fazer uma dicotomização que não foi realizada. Classificam-no em fato gerador abstrato e fato gerador concreto, tudo a depender do momento em que é examinado.[11]

[9] Parece importante fazer uma observação acerca da correção monetária. Correção monetária possui natureza jurídica de princípio geral do direito que tem por escopo principal a vedação do enriquecimento em causa. Neste contexto, a correção monetária não está submetida ao princípio da legalidade, pois a lei não precisa fazer qualquer menção à correção monetária, já que esta produzirá mera atualização de valor, conforme o §2º do art. 97 do CTN – "Não constitui majoração de tributo, (...) a atualização do valor monetário da respectiva base de cálculo". Importante consignar que o tema é altamente controvertido, uma vez que os tribunais superiores costumam exigir lei autorizando a correção monetária de tributos.

[10] Teoria Geral do Direito Tributário, Saraiva, 2ª ed., 1972, p. 288. Becker, autor de originalidade ímpar, escreveu entre outros o Carnaval Tributário. Mas o seu Teoria Geral do Direito Tributário é insubstituível, um livro importantíssimo para o aprendizado do Direito Tributário. Na verdade, uma belíssima introdução ao estudo do Direito, rico, autêntico, imperdível.

[11] Paulo de Barros Carvalho concorda com a dicotomia, adotando, porém, outra terminologia: hipótese tributária (fato abstratamente considerado) e fato jurídico tributário (fato concreto). *In* Curso de Direito Tributário, Saraiva, 1993, p. 159.

O fato gerador abstrato surge logo que o legislador aponta uma sucessão de hipóteses que, externando capacidade contributiva, servem ao nascimento da obrigação tributária. Neste momento, a obrigação tributária sequer surgiu. Há apenas uma cominação legal que prevê uma verdadeira hipótese abstrata e genericamente elencada como necessária e suficiente para a realização da obrigação tributária. Exemplo do fato gerador abstrato está na leitura do art. 43 do CTN.

O art. 43 do CTN indica o fato gerador abstratamente consignado para o nascimento da obrigação tributária de pagar o Imposto incidente sobre a Renda ou Proventos de qualquer natureza – IR. De logo se vê que se trata simplesmente de uma hipótese; de uma mera cominação legal.

O fato gerador concreto nada mais faz do que realizar em determinado momento a hipótese abstratamente cominada na lei tributária. Daí ser correto dizer que o fato gerador concreto é a realização do fato gerador abstrato ou, melhor, que o fato gerador concreto é que faz nascer, no mundo dos fatos, o vínculo jurídico que liga o Fisco ao contribuinte (a obrigação tributária). Nada mais justo.

E tomando o exemplo do IR, vê-se que aquele sujeito que obteve, após um período qualquer estipulado na lei de tributação, a quantidade de renda mínima para ser tributado, será obrigado a dar cumprimento à lei. Pagará imposto, porque realizou, de fato e de direito, o fato gerador abstratamente tipificado na lei.

Há doutrinadores que especializaram o tema por meio de monografias. Adotaram terminologia que por um motivo ou por outro não foi avalizada pelo CTN. Tais autores, Geraldo Ataliba, por exemplo, dicotomizam o fato gerador em dois fenômenos: hipótese de incidência e fato imponível.

A hipótese de incidência seria o fato gerador abstrato, isto é, uma hipótese descrita abstratamente na lei de tributação. Já o fato imponível seria, *a fortiori*, o fato gerador concreto: a realização da hipótese de incidência numa verdadeira subsunção do fato concreto à norma abstratamente cominada, nascendo, neste momento, a obrigação tributária.

Concluindo, o CTN não foi exatamente completo na terminologia escolhida para caracterizar o nascimento da obrigação tributária, porque resumiu exageradamente o tema a uma expressão genérica (fato gerador da obrigação tributária). Melhor fez a doutrina quando afastou a hipótese cominada na lei (fato gerador abstrato ou hipótese de incidência) do fato testemunhado na realidade (fato gerador concreto ou fato imponível).

5. Quando se Considera Ocorrido o Fato Gerador

A transmutação da hipótese de incidência ou fato gerador abstrato em fato imponível ou fato gerador concreto não se dá num passe de mágica. Claro que não. Há um caminho a ser preenchido e que passa necessariamente pelo preenchimento de todos os elementos elencados na lei de incidência.

Daí a colocação um tanto quanto truista do art. 116 do CTN a cuidar do assunto, fazendo, inclusive, diferença a nosso ver irrelevante entre situação de fato e situação jurídica.

Tratando-se de situação de fato, considera-se ocorrido o fato gerador desde o momento em que se verifiquem as circunstâncias materiais necessárias a que produza os efeitos que normalmente lhe são próprios (art. 116, I, CTN).

Exemplificando, o fato gerador do IR enfatiza uma situação eminentemente fática, que é a disponibilidade de renda ou proventos, isto é, um dado fático-econômico que prescinde da caracterização de uma relação jurídica ensejadora da aquisição dos rendimentos tributáveis. Tanto é assim que situações jurídicas duvidosas acarretam, ao menos em tese, o nascimento da obrigação tributária. É o que ocorre com os rendimentos auferidos no jogo.

Tratando-se de situação jurídica, desde o momento em que esteja definitivamente constituída, nos termos de direito aplicável (art. 116, II, CTN). O fato gerador do ITBI está submetido ao tratamento do comando. Digamos que uma lei municipal determine a incidência do ITBI sobre contratos preliminares de compra e venda de imóveis. Realizado o ajuste de vontades estarão as partes obrigadas ao recolhimento do ITBI? Certamente não. Por quê? Porque o ITBI incide sobre uma situação claramente jurídica, qual seja, a transmissão da propriedade imóvel, que somente se verifica com o registro da escritura de compra e venda no órgão competente. Trata-se de situação predominantemente jurídica a exigir que esteja definitivamente constituída para que venha a ser objeto da tributação. Outro exemplo bastante elucidativo poderá levar em conta o ITCMD, da competência dos Estados. A promessa de doação não poderá acarretar a realização do fato gerador e, consequentemente, o nascimento da obrigação tributária com a cobrança do tributo.

6. Classificação do Fato Gerador

A classificação do fato gerador admite uma variação bastante elevada, a depender do grau de sofisticação do operador do direito que cuida do tema. Algumas classificações guardam enorme relevância, outras, nem tanto. Vejamos, então, as espécies de fato gerador.

a) Fato Gerador da Obrigação Principal x Fato Gerador da Obrigação Acessória

Ao cuidar da obrigação tributária o art. 113 do CTN fez distinção entre obrigação tributária principal e obrigação tributária acessória e, se a obrigação tributária decorre da realização do fato gerador, nada mais lógico do que existir fato gerador de obrigação principal e fato gerador de obrigação acessória.

Daí dizer-se que fato gerador da obrigação tributária principal é a situação definida em lei como necessária e suficiente à sua ocorrência (art.114), e que fato gerador da obrigação acessória é qualquer situação que, na forma da legislação aplicável, impõe a prática ou a abstenção de ato que não configure obrigação principal (art. 115)

Apesar da semelhança, a comparação dos dispositivos demonstra duas distinções seminais entre os institutos. Em primeiro lugar, o fato gerador da obrigação tributária principal decorre da lei, o que acarreta naturalmente a idéia de subordinação a uma lei em sentido estrito (art. 150, I, da Constituição da República), assim como subsunção a um tipo tributário (art. 97, do CTN). O fato gerador da obrigação tributária acessória, pelo contrário, contenta-se com um comando inclusive infralegal, deduzida que é da legislação tributária aplicável (art. 96 c/c art. 113, § 2º, do CTN). Em segundo lugar, o fato gerador da obrigação tributária principal externa uma prestação obrigacional de dar coisa certa (geralmente pecúnia), enquanto o fato gerador da obrigação tributária acessória, a seu turno, resume prestação obrigacional de fazer, não fazer ou tolerar.

b) Fato Gerador Simples x Fato Gerador Complexo

Outra maneira bastante utilizada para classificar o fato gerador da obrigação tributária leva em linha de consideração a quantidade de atos necessários para que ele ocorra completamente. Aí a distinção entre fato gerador simples e fato gerador complexo.

O fato gerador simples, como o nome sugere, é aquele cuja realização depende da prática de apenas um ato para que venha a ocorrer completamente e, com isso, criar a obrigação tributária. Entende-se por fato gerador simples aquele que se realiza através da prática de um único ato determinado. Exemplo de fato gerador simples é o ICMS. A saída da mercadoria do estabelecimento configura completamente o nascimento da obrigação tributária, vinculando o sujeito passivo ao Fisco. Outro exemplo de fato gerador simples é o Imposto de Importação ou o Imposto de Exportação.

O fato gerador complexo exige, logicamente, a realização de dois ou mais atos para configurar-se completamente. Entende-se por fato gerador complexo aquele cuja realização completa exige um somatório de atos agasalhados por certa unidade catalisadora. Exemplo de fato gerador complexo pode ser encontrado no IR. A captação de rendimentos tributáveis é apenas um dado a ser contablizado com outras aquisições de rendimentos, com outros fatos ensejadores de disponibilidade jurídica ou econômica, formando ao final um somatório, uma unidade jurídica denominada renda tributável, fruto da prática de diversos atos isolados.

c) Fato Gerador Instantâneo x Fato Gerador Periódico x Fato Gerador Continuado

O fato gerador da obrigação tributária poderá levar em conta o fator tempo. Ao invés de valorizar o número de atos necessários ao nascimento da obrigação tributária, isto é, à realização do fato gerador, a lei passa a enfatizar o momento temporal de sua caracterização. Neste caso o fato gerador da obrigação tributária distingue-se em fato gerador instantâneo ou fato gerador periódico.

Na hipótese do fato gerador instantâneo, a obrigação tributária nascerá em um momento singularmente detectado. Entende-se, portanto, por fato gerador instantâneo aquele cujo momento consumativo pode ser verificado dentro de uma unidade temporal determinada e bastante em si mesma na individualização do nascimento da obrigação tributária. Exemplo de fato gerador instantâneo está no ICMS. A saída da mercadoria pode ser demarcada num momento temporal preciso, específico, singularmente detectado no calendário. No dia 17 de outubro de 1998 partiu da empresa de cosméticos AFRODITE LTDA. um lote de mercadorias (shampoo) com destino ao mercado VIVANTE LTDA. Outro exemplo de fato gerador instantâneo está no Imposto de Importação ou no Imposto de Exportação.

Coisa diferente ocorre, naturalmente, com os tributos submetidos ao fato gerador periódico. Neste caso o fato gerador somente estará completo, e com ele a obrigação tributária, após o decurso do período de tempo estabelecido pela lei tributária que instituiu o tributo (art. 97 do CTN).

Entende-se por fato gerador periódico aquele cujo momento consumativo se protrai num período de tempo, realizando-se somente após o cumprimento do período temporal elencado na lei como necessário e suficiente ao nascimento da obrigação tributária. Exemplo de fato gerador periódico está no IR. O fato gerador do IR tem termo inicial no dia 01 de janeiro de cada ano e somente se completa no dia 31 de dezembro.[12] O Fisco deverá levar em conta todos os rendimentos auferidos no período contornado para fins de cálculo do IR, de modo que o contribuinte poderá ter captado renda no dia 04 de abril e 28 de novembro. Para o Fisco, pouco importará, porque deverá ser levado em conta o período anual de captação (ano-base) do IR.

O fato gerador periódico recebe alguns sinônimos na doutrina especializada. Alguns o chamam de fato gerador de trato sucessivo; outros utilizam a expressão fato gerador continuado, ou mesmo fato gerador intermitente[13] para simbolizar a mesma hipótese.

Por fim, o fato gerador periódico também é usualmente reconhecido como fato gerador complexivo, expressão que não agrada. Consagrada que foi por Amílcar de Araújo Falcão, parte dos estudiosos[14] insiste em rechaçar tal neologismo, pois que, segundo consta, é fruto de uma tradução infeliz do Direito italiano.

Outro problema que também merece destaque está num reducionismo pouco útil quanto à classificação do fato gerador da obrigação tributária. Costuma-se dizer que o fato gerador simples (quanto ao número de atos necessários a sua realização) está adstrito ao fato gerador instantâneo (quanto ao momento de detecção de sua ocorrência), ao passo que o fato gerador complexo (aquele que exige dois ou mais atos para a sua consecução) guarda paralelo com o fato gerador periódico (exigindo o decurso de um período de tempo para ocorrer).

Em nossa opinião, a idéia não parece atender aos reclamos da didática nem da ciência. Há hipóteses de tributos cuja estrutura está sujeita a um

[12] Ver art. 34, da Lei n. 4320/64. O exercício financeiro, tão importante para o Direito Tributário, coincide com o ano civil.

[13] Zelmo Denari, *in* Curso de Direito Tributário, Forense, 6ª. ed., 2000, p. 171.

[14] Paulo de Barros Carvalho, *in Curso...* e Ricardo Lobo Torres, *in* Curso..., por exemplo.

só tempo ao fato gerador simples e também periódico, deixando de valer a regra do um-a-um. Exemplificando, é o que se pode notar na hipótese de incidência do IPTU ou do IPVA. Ativando-se o número de atos necessários a sua consecução, ambos os tributos indicam um, e somente um ato comprobatório, qual seja, a propriedade do imóvel ou do veículo, respectivamente. Iluminando o fator temporal da obrigação tributária, parece claro que os dois impostos respeitam a cobrança anual, caracterizando a periodicidade. Portanto, não há motivos para comparações que não levam a qualquer lugar, podendo, inclusive, acarretar distorções sérias no tocante à responsabilidade tributária.[15]

Aí a classificação individualizada do fato gerador continuado, representado por situação que se mantém no tempo e que é mensurada em cortes temporais.[16]

Distinguir a natureza do fato gerador de um tributo agasalha resultado prático da maior relevância: a vigência da lei tributária no tempo. Sendo o tributo sujeito a um fato gerador instantâneo, aplica-se-lhe a lei vigente à época em que se realizou (arts. 101 e 144 do CTN). Sendo o tributo sujeito a um fato gerador periódico, aplica-se a lei vigente no momento em que ele se completa (arts. 105 e 116 do CTN).[17]

d) Fato Gerador Condicional x Fato Gerador Incondicional

Levando em conta a existência ou inexistência de uma condição a subordinar ou fazer cessar os efeitos da relação jurídica, diz-se que o fato gerador é condicional ou incondicional.

[15] Ver art. 130 e segs. do CTN. Sucessão imobiliária e sucessão de terceiros.

[16] Ver Luciano Amaro, Direito Tributário Brasileiro, p. 260, 9ª. ed., 2003. Discorrendo sobre o fato gerador continuado, o autor arremata: "Esse fato tem em comum com o instantâneo a circunstância de ser aferido e qualificado para fins de determinação da obrigação tributária, num determinado *momento de tempo* (p. ex., todo dia "x" de cada ano); e tem em comum com o fato gerador periódico a circunstância de incidir por *períodos de tempo.* "

[17] A relevância da questão aparece no exame da lei aplicável na incidência e cobrança do IR. A doutrina tem combatido a aplicação da Súmula n. 584 do STF, não recepcionada pela Constituição de 1988, porque estaria a ofender o princípio da anterioridade tributária (art. 150, III, b e c) ou porque estaria a ofender o princípio da irretroatividade (art. 150, III, a). Em que pese o acerto da doutrina, o STF continua a aplicar a Súmula n. 584 (Ao Imposto de Renda calculado sobre os rendimentos do ano-base, aplica-se a lei vigente no exercício financeiro em que se deve ser apresentada a declaração").

Como já tivemos a oportunidade de realçar logo na introdução do presente capítulo, o Direito Tributário deve ser examinado unitariamente com os demais ramos do Direito, inclusive do Direito Privado (art. 109 c/c 110, do CTN), pois que se trata de Direito de justaposição a tomar por empréstimo alguns institutos de outras searas jurídicas. É o que acontece, aqui, com o fenômeno da condição.[18]

Trata a condição de um evento futuro e incerto que, realizando-se no mundo dos fatos deflagra as conseqüências jurídicas originalmente desejadas pelas partes componentes do ato jurídico. A condição, ainda segundo do Direito Privado, poderá ser suspensiva ou resolutiva. Na primeira hipótese, a verificação do evento inaugurará os efeitos jurídicos do ato latentemente paralisado. Na segunda hipótese, pelo oposto, o seu surgimento fará cessar os efeitos do ato que até ali jorrava plenamente sobre todos.

Justapondo a idéia de condição ao Direito Tributário, através de exercício de migração jurídica, chega-se a um dispositivo particularmente interessante encontrado no art. 117 do CTN, e cuja leitura legitima a distinção entre fato gerador condicional e incondicional.

Fato gerador incondicional é aquele cujos efeitos não estão subordinados a nenhum evento futuro e incerto que lhes possa vir a influir no resultado desejado pela lei tributária. A lei tributária formulará um fato gerador que, realizando-se, dará fluxo a todos os efeitos pretendidos, o que não ocorrerá, conceitualmente, com o fato gerador condicional.

Fato gerador condicional é aquele cujos efeitos estão subordinados ao implemento de uma condição para que se reputem perfeitos e acabados.

O art. 117 do CTN trata do fato gerador subordinado a uma condição suspensiva (inc. I) bem como resolutiva (inc. II).

Tratando-se de condição suspensiva, o fato gerador do tributo inaugurará todos os seus efeitos desde o momento de seu implemento. Ultrapassado o evento, nascerá a obrigação tributária. Exemplificando: Eduardo pretende doar uma de suas mansões a Flávio. Exige, todavia, que o beneficiário, Flávio, seja aprovado em concurso público para que o negócio se realize. O fato gerador do ITDCM somente será percebido se e quando Flávio implementar a condição imposta pelo doador Eduardo. Antes disso, não há fato gerador. Não tendo nascido a obrigação tributária, nada será devido ao Fisco.

[18] Ver o art. 121 do Código Civil de 2002.

A peculiaridade do fato gerador condicional está na hipótese da condição resolutiva (art. 117, II do CTN). Tratando-se de condição resolutiva o fato gerador do tributo já foi detectado alhures, em momento anterior ao seu implemento, desde o momento da prática do ato ou da celebração do negócio. E sendo assim, nenhuma diferença fará para efeitos tributários o seu implemento, se bem que fará cessar os efeitos do negócio no campo do direito privado. Exemplificando: Guardando elevada consideração por Bruno, e chegando à conclusão que o amigo precisa de espaço adequado para estudar, Ângelo o agracia com a doação de sua casa, localizada à extrema direita da praia de Geribá – Armação de Búzios, doação válida até que Bruno, beneficiário, fosse aprovado em concurso público, o que aconteceu verdadeiramente 7 (sete) meses após a realização do ato, de modo que desfeito o negócio Ângelo voltou a ser o proprietário do bem. *Quid iuris*? Terá ocorrido o fato gerador do ITCMD. É o que determina o CTN.

Apesar da clareza do art. 117, inc. II do CTN, o tema vem desafiando controvérsia. Para uma parte dos estudiosos, a solução da questão está precisamente consignada na leitura do dispositivo acima mencionado, reforçado imbativelmente pelo art. 118 do CTN, ambos a ratificar que *pecúnia non olet*, vetusto princípio geral do direito tributário. Há, entretanto, especialistas que vêem na medida uma injustiça tributária a ser evitada pela lei tributária. O descompasso estaria calcado na idéia de que não poderia haver tributação sem a circulação da riqueza, de forma que o retorno ao estado original em razão do implemento da condição resolutiva deveria acarretar a devolução do tributo inicialmente devido e exigido. Na linha destes especialistas caberia à lei tipificar a hipótese de restituição, o que é permitido expressamente pela ressalva contida no art. 117, *caput*, do CTN ("salvo disposição de lei em contrário).

e) Fato Gerador Genérico x Fato Gerador Específico

Levando-se em conta o encerramento ou a abertura do fato gerador, diz-se que ele é genérico ou específico.

Entende-se por fato gerador genérico aquele cujo comando normativo é aberto, caracterizando conduta exemplificativa suscetível de interpretação por parte do Fisco. Exemplificando: ITBI.

Entende-se por fato gerador específico aquele que guarda enumeração taxativa. Exemplificando: ISS.

f) Fato Gerador Formal x Fato Gerador Causal

Levando-se em conta o fundamento econômico que pressupõe o poder de tributar e indica a capacidade contributiva, o fato gerador pode ser causal ou formal.

Entende-se por fato gerador formal, aquele cuja conduta nuclear está desapegada de qualquer fundamento econômico que possa legitimar a incidência do tributo ou o nascimento do vínculo jurídico entre o Fisco e o sujeito passivo. Trata-se de um verdadeiro movimento parnasiano, onde a forma legitima a própria forma, desapegada de algum valor economicamente relevante para a captação compulsória de recursos junto ao patrimônio do particular. Exemplificando: Imposto do selo.

Entende-se por fato gerador causal ou concreto, aquele que guarda em seu núcleo algum conteúdo econômico e de significação jurídica, relacionando-se intimamente com a capacidade contributiva do sujeito passivo. Exemplificando: IR, ICMS, IPI, ISS.

g) Fato Gerador Típico x Fato Gerador Complementar

Entende-se por fato gerador típico aquele que se desenvolve de acordo com a hipótese descrita na lei. Exemplificando: a importação de mercadoria é fato gerador típico do ICMS, porque assim o prevê a legislação competente.

Entende-se por fato gerador complementar ou acessório aquele que se agrega ao fato típico, imprimindo-lhe certas características que o tipo comum não possui. Exemplificando: Não incide ICMS nas operações destinadas ao exterior. Apesar de haver no caso a circulação de mercadoria (venda), a lei, na verdade, a Constituição (EC 42), complementou o fato gerador, delimitando a sua extensão.

h) Fato Gerador Baseado em Atos Válidos x Fato Gerador Baseado em Atos Inválidos

A autonomia do Direito Tributário em cotejo com os demais ramos do Direito leva a uma séria controvérsia quanto aos efeitos do fato gerador quando baseia-se em ato inválido, pois que não há nenhuma dificuldade em discutir a regularidade da tributação incidente sobre atos validamente considerados. A questão consiste em saber da incidência ou não do tributo quando o ato é inválido, como, por exemplo, a incidência, ou não, de Imposto de Transmissão incidente sobre testamento invalidado.

À primeira vista prevalece a tese da autonomia científica bem como institucional do Direito Tributário, uma e outra elencada no próprio CTN (art. 43, par. 1º, 118, 126), sendo indiferente ao nascimento da obrigação tributária a análise dos elementos de existência bem como de validade dos atos jurídicos. Tudo em nome da autonomia dos ramos jurídicos a englobar seus efeitos.

Entretanto, já não mais se defende nos dias atuais a autonomia absoluta do Direito Tributário, rigozijando-se tão e somente de uma certa e parcimoniosa autonomia didática a facilitar o debate das questões fiscais. Nada além disso.

A solução para a tributação dos atos sem validade para o Direito Público ou Privado gira em torno de uma singela indagação quanto à existência, ou não, de efeitos econômicos decorrentes diretamente da operação maculada. Afasta-se, de um lado, a autonomia científica das regras da tributação (havendo fato gerador haverá tributação), afastando-se, de outro, o alijamento de qualquer efeito fiscal atinente aos atos inválidos. Vale o meio-termo sopesado na teleologia do poder de tributar, sempre direcionado para a comprovação da capacidade contributiva frente às situações mais diversas.

A questão é dificílima, valendo o exemplo elucidativo de Hugo de Brito Machado: " Se alguém importa mercadoria proibida, mas a importação é consumada, constatado o fato, é devido o imposto de importação, pois na hipótese de incidência da norma tributária não está a licitude como elemento. A autoridade da Administração Tributária pode cobrar o imposto e não tomar conhecimento da ilicitude, que o importador não poderá alegar como excludente da obrigação tributária. Entretanto, se prefere fazer valer a proibição de importar aquela mercadoria e impõe ao importador a pena de perdimento do bem, o imposto não será devido, porque o fato, em sua objetividade, não subsistiu."[19]

Outro exemplo pode ser colhido na seguinte hipótese: Falecendo Sócrates herda o seu patrimônio Alcibíades, declarado indigno em sentença judicial irrecorrível. Aparentemente ocorreu o fato gerador do ITDCM, pois que a morte acarreta automaticamente a sucessão. Não ocorre aqui, entretanto, o fato gerador. A decisão judicial de indignidade acarreta uma

[19] Curso, p. 122.

sentença declaratória a afastar qualquer transferência econômica, caracterizando, portanto, a insubsistência da tributação.[20] (VER CPC ETC.)

Concluindo, regra geral o fato gerador da obrigação tributária, ainda que incidente sobre fatos inválidos, acarretará a obrigação de pagar o tributo devido. Entretanto, os atos invalidados pela autoridade competente[21] não terão efeitos tributários porque faltosos de eficácia econômica. Não produziu, na realidade econômica, o efeito que lhe é próprio. Ao fim, sequer houve fato gerador (art. 116, I, CTN).

i) Fato Gerador Baseado em Ato Lícito x Fato Gerador Baseado em Ato Ilícito

O fato gerador da obrigação tributária, enquanto situação descrita na lei como necessária e suficiente a sua ocorrência, dá causa ao nascimento do vínculo jurídico a ter por um lado o Fisco e por outro o sujeito passivo, usualmente denominado contribuinte, pouco importando se a conduta encetadora da obrigação de pagar tributo estava ou não de acordo com a lei. Noutras palavras, pouco importa a licitude ou ilicitude do ato que deu causa ao nascimento da obrigação tributária, desde que tenha sido tipificado na lei na qualidade de fato gerador.

Portanto, classificar o fato gerador da obrigação tributária enquanto baseado em ato lícito ou ilícito é um singelo exercício de didática apto

[20] Luciano Amaro acrescenta outros exemplos: 'o exercício de profissão (para a qual o indivíduo não esteja legalmente habilitado) não impede a incidência de tributo sobre a prestação do serviço ou sobre a renda auferida; (...) O advogado impedido que, não obstante, advogue, ou o indivíduo inabilitado que, apesar disso, clinique como médico, não podem invocar tais circunstâncias para furtarem-se ao pagamento dos tributos que incidam sobre suas atividades, ou sobre a renda que aufiram. (...) Se o diretor de uma instituição financeira, legalmente proibido de tomar empréstimo junto à empresa que dirige, realizar a operação vedada, o imposto sobre operações de crédito incide, não obstante a ilicitude do negócio. Também a circunstância de o autor da herança ter sido assassinado (ato ilícito) não impede a realização do fato gerador do imposto sobre a transmissão de bens (não obstante, por preceito da lei civil, se exclua da sucessão o assassino, caso tenha vocação hereditária: Código Civil de 2002, art. 1.814, I)." Neste último caso, conforme indicamos no texto, ousamos discordar.

[21] Há discussão a respeito de quem é a autoridade competente: autoridade judicial ou administrativa. Há aqueles que restringem a declaração de invalidade ao Poder Judiciário. Em nossa opinião, a autoridade administrativa também poderá desconsiderar os efeitos da tributação. Apesar do fato de que o lançamento é informado pelo princípio da vinculação (art. 142, p. ún., CTN), somos da opinião de que a autoridade administrativa deve zelar em primeiro lugar pela moralidade (art. 37, da Constituição da República).

a corroborar o brocardo *non olet* , tipificado expressamente no CTN, por exemplo, nos arts. 43, § 1º, 118 e 126.[22] Exemplificando: Um traficante internacional alcança fortuna através da bandidagem praticada anos a fio, até que um dia é flagrado. As investigações apontaram sobejamente a existência de livros contábeis com registro minucioso das operações ilegais. Preso, processado e condenado, foi autuado pela Receita e ato contínuo intimado para que pagasse os valores auferidos a título de renda e jamais declarados ou recolhidos ao Erário. *Quid iuris*? Deverá recolher o tributo devido ou sofrer execução fiscal, caso não o faça. Como ficou caracterizado o fato gerador do IR (art. 43 do CTN), não lhe resta senão arcar com o encargo financeiro agregado das penalidades cabíveis.[23]

7. Interpretação do Fato Gerador. Teorias. Interpretação Econômica

Na interpretação econômica o operador do direito deixará de levar em conta os aspectos jurídicos tipificadores da hipótese de incidência (fato gerador) para enfatizar o conteúdo meramente econômico da operação realizada para, a partir desta premissa, promover a constituição do crédito tributário.

Tratando de tema usualmente controvertido, a interpretação econômica é bastante criticada pelos autores brasileiros, sendo a sua constitucionalidade duvidosa diante da legalidade bem como tipicidade tributárias ou do princípio que veda o efeito confiscatório da tributação (art. 97 do CTN c/c arts. 150, I e 150, IV da Constituição). O entendimento francamente majoritário na doutrina vem negando efeitos ao referido método, rechaçando inclusive qualquer relação da interpretação econômica com o CTN, cujos dispositivos jamais deram espaço para alguma interpretação que não fosse feita senão através da lei (ver arts. 43, § 1º, 109, 110, 118 e 126 do CTN).[24]

[22] O Código Civil de 2002 define ato ilícito nos arts. 186 ("Aquele que, por ação ou omissão voluntária, negligência ou imprudência, violar direito ou causar dano a outrem, ainda que exclusivamente moral, comete ato ilícito") e 187 ("Também comete ato ilícito o titular de um direito que , ao exercê-lo, excede manifestamente os limites impostos pelo seu fim econômico ou social, pela boa-fé ou pelos bons costumes").

[23] Existe diferença entre o Direito Penal Tributário e o Direito Tributário Penal: Direito Penal Tributário é o ramo do Direito Penal que tipifica os crimes contra a ordem tributária (Lei n. 8137, por exemplo). Direito Tributário Penal é a parte do Direito Tributário que regula os ilícitos meramente fiscais (multa cominada ao inadimplemento de obrigação acessória, por exemplo).

[24] Entre os autores brasileiros Amílcar de Araújo Falcão defendeu abertamente o método de interpretação econômica: Identificar, na alusão feita pelo legislador fiscal a determinado

8. Doutrina De Leitura Obrigatória

FALCÃO, Amílcar, Fato Gerador da Obrigação Tributária, Forense, 6ª. edição, 2002.

ATALIBA, Geraldo, Hipótese de Incidência Tributária, Malheiros, 1990.

COELHO, Sacha Calmon Navarro, Curso de Direito Tributário, Forense, 2004.

ato, negócio ou instituto jurídico para a definição do fato gerador, o intuito de caracterizar, através de uma forma elíptica, a relação econômica subjacente – essa a tarefa da interpretação econômica da lei tributária: ao intérprete, em cada hipótese concreta, incumbirá ater-se à *intentio facti* ou intenção empírica e, assim, se for o caso, concluir pela incidência do tributo toda vez que ficar demonstrada a propositada alteração da *intentio júris* correspondente, a utilização de forma jurídica não típica ou atípica em relação ao fim visado (...) só explicáveis pelo desejo de lograr uma vantagem fiscal, a do não pagamento, a do adiamento do pagamento ou a da redução do pagamento de tributo." *In* Fato Gerador da Obrigação Tributária, Forense, 6ª. ed., 2002, p. 18.

Os Sujeitos da Obrigação Tributária

Eloá Alves Ferreira
Fernando Cesar Baptista de Mattos

1. Introdução

A obrigação tributária é a relação jurídica estabelecida entre o Estado e o particular, a qual tem por objeto o pagamento de um tributo ou o cumprimento de uma obrigação instrumental prevista na legislação tributária.

Sendo relação jurídica, a obrigação tributária possui como elementos fundamentais, os sujeitos: sujeito ativo e o sujeito passivo.

2. Sujeito Ativo

O sujeito ativo é o titular do direito de exigir o cumprimento da obrigação principal e/ou acessória.

O CTN, em seu art. 119, averba que "*sujeito ativo da obrigação é a pessoa jurídica de direito público titular da competência para exigir o seu cumprimento*". Tal dispositivo deve ser esclarecido para que se possa melhor compreender seu alcance, dentro da sistemática jurídico-positiva do vínculo obrigacional.

A primeira questão que se impõe analisar é a abrangência da expressão "*competência*" utilizada no referido dispositivo. Em verdade, o termo aqui empregado não deve ser interpretado restritivamente, ou seja, como competência tributária em seu sentido técnico, mas deve abarcar, igualmente, a capacidade tributária ativa.

Competência tributária é a aptidão para instituir tributos e legislar sobre eles, sendo atribuída exclusivamente pela Constituição Federal à União Federal, aos Estados, Municípios e Distrito Federal; difere da capacidade tributária, que é a função de arrecadar, administrar e fiscalizar o tributo, bem como executar as leis tributárias. Via de regra, o ente competente também possui a capacidade tributária ativa, mas esta última pode ser delegada para outras pessoas jurídicas (art. 7º, CTN).

A doutrina é unívoca em asseverar que para figurar no pólo ativo da obrigação tributária, basta que o sujeito possua capacidade tributária, não sendo necessário que detenha competência tributária para criar o tributo.[1] Por exemplo, no caso do Imposto de Renda, a União Federal é competente para institui-lo e para sobre ele legislar (art. 153, III, CF/88), possuindo igualmente capacidade tributária ativa para a arrecadação, administração e fiscalização da exação. Já no caso da contribuição previdenciária, é a União competente para instituir tal contribuição parafiscal (art. 195, I, *a*, da CF/88), mas delegou a capacidade tributária ao INSS – Instituto Nacional do Seguro Social, autarquia federal criada pela Lei nº 8.029, de 12/04/90. Então, o INSS figura no pólo ativo da obrigação tributária, mesmo sem ter competência para instituir o tributo, simplesmente por ter a capacidade tributária.

Questão tormentosa que provoca discussões acaloradas na doutrina e na jurisprudência é saber se no pólo ativo da obrigação pode figurar tanto uma pessoa jurídica de direito público quanto uma pessoa jurídica de direito privado. A literalidade do art. 119, do CTN, impõe ser o sujeito ativo da obrigação uma pessoa jurídica de direito público, mas não há consenso entre os juristas se este dispositivo se sustenta perante a Constituição Federal de 1988.

Em defesa da subsistência do art. 119, do CTN, Ricardo Lobo Torres afirma que:

> "(...) Mas as entidades privadas em favor das quais reverte o produto da arrecadação das contribuições sociais, econômicas e profissionais (sindicatos de trabalhadores e confederações de empresários) não se consideram sujeitos ativos da relação tributária, mas beneficiários de transferência governamental e sujeitos de relação meramente financeira".[2]

[1] Vide por todos, Sacha Calmon Navarro Coelho, *Curso de Direito Tributário Brasileiro*, 3ª ed., Rio de Janeiro: Forense, 1999, pp. 590-591.

[2] *Curso de Direito Financeiro e Tributário*, 8ª ed., Rio de Janeiro: Renovar, 2001, p. 227. No mesmo sentido, Hugo de Brito Machado, Curso de Direito Tributário, 13ª ed., São Paulo: Malheiros Editores, 1998, pp. 96-97.

Em direção diametralmente oposta, PAULO DE BARROS CARVALHO, entende que:

> "O sujeito ativo, que dissemos ser o titular do direito subjetivo de exigir a prestação pecuniária, no direito tributário brasileiro pode ser uma pessoa jurídica pública ou privada, mas não visualizamos óbices que impeçam venha a ser pessoa física.
>
> (...)
>
> Levada a sério a letra do art. 119, ruiriam todas as construções relativas à parafiscalidade, jogadas ao desconfortável reduto das normas eivadas de invalidade.
>
> Não é tarde para reconhecermos que o art. 119 do Código Tributário Nacional é **letra morta** no sistema do direito positivo brasileiro".[3]

LUCIANO AMARO, igualmente, defende a tese de que o art. 119 está superado, acrescendo que tal dispositivo está em sintonia com o art. 5º, do próprio CTN, que arrola as espécies tributárias, classificando-as em impostos, taxas e contribuição de melhoria, sem mencionar o campo da parafiscalidade, ainda muito incipiente à época em que o Código foi editado (1966) e sem definição de sua natureza jurídica, sendo certo que, no sistema atual, quando se admite constitucionalmente a figura de exações parafiscais, a noção de sujeito ativo há de ser estendida para compreender as entidades de direito privado que tenham capacidade tributária ativa.[4]

O fato é que a Constituição Federal legitima a arrecadação de algumas contribuições parafiscais por parte de pessoas jurídicas de direito privado, como por exemplo, os sindicatos (art. 8º, IV) e os serviços sociais autônomos, entre eles, o SESC, SENAC, SESI, SENAI etc (art. 240).

O SUPREMO TRIBUNAL FEDERAL, por seu turno, apesar de ainda não ter se manifestado diretamente sobre o tema, apreciando a constitucionalidade da Lei nº 9.649, de 27/05/98, a qual, em linhas gerais, transformava os Serviços de Fiscalização de Profissões Regulamentadas (CREAA, CRM, CRO etc), que até então eram autarquias, em pessoas jurídicas de direito privado, entendeu que a delegação de atividades típicas de Estado, que abrange até poder de polícia, de **tributar** e de punir, a pessoas jurí-

[3] *Curso de Direito Tributário Brasileiro*, 12ª, São Paulo: Saraiva, 199, pp. 292-294 (grifos nossos). Em sintonia com tal entendimento, Sacha Calmon Navarro Coelho, *op. cit.*, pp. 590-591.

[4] *Direito Tributário Brasileiro*, 4ª. ed., São Paulo: Saraiva, 1999, pp. 277-278.

dicas de direito privado não é possível em face do ordenamento constitucional brasileiro, mediante interpretação conjugada dos arts. 5º, XIII, 22, XVI, 21, XXIV, 70, parágrafo único, 149 e 175 da CF/88.[5]

Pode-se concluir, a guisa de consenso doutrinário sobre o tema, que, sendo o poder de tributar atividade típica e essencial do Estado, no exercício pleno de sua soberania, em princípio, não deve ser delegado a pessoas jurídicas de direito privado, salvo nos casos expressamente permitidos pela Constituição Federal (art. 8º, IV e art. 240).

Por derradeiro, no capítulo ora em estudo, o CTN trata, no art. 120, da sucessão do sujeito ativo preconizando que:

> "Salvo disposição de lei em contrário, a pessoa jurídica de direito público, que se constituir pelo desmembramento territorial de outra, sub-roga-se nos direitos desta, cuja legislação tributária aplicará até que entre em vigor a sua própria."

Portanto, havendo desmembramento territorial, a pessoa jurídica que resultar do processo sub-rogar-se-á nos direitos da pessoa originária.

A lei poderá dispor de maneira diversa do acima estatuído, entretanto, nos termos do art. 18, §3º, da Constituição Federal, esta lei, hodiernamente, é a lei complementar.[6]

O CTN não tratou de outras hipóteses de reorganização territorial das pessoas políticas, mormente a fusão, como se deu, por exemplo, entre o Estado do Rio de Janeiro e o Estado da Guanabara em 1975 (Lei Complementar nº 20, de 01/07/74), a elevação de território a Estado, no caso do Acre, entre outros, mas é entendimento pacífico que se aplica o art. 120 em tais situações por analogia (art. 108, I, do CTN).[7]

Crítica ponderável é feita por LUCIANO AMARO[8] ao apontar que o CTN só tratou da sub-rogação nos direitos, nada mencionando acerca das obrigações perante os contribuintes, como por exemplo, a restituição de tributos recolhidos indevidamente (art. 165, CTN). Nesta hipótese, o jurista sustenta que, igualmente, deve-se aplicar o art. 120, do CTN, por analogia,

[5] ADI 1717/DF, Relator: Min. SYDNEY SANCHES, Tribunal Pleno, DJ de 28.03.2003, p. 61.

[6] Cf. Paulo de Barros Carvalho, *op. cit.*, p. 295.

[7] Por todos, Aliomar Baleeiro, *Direito Tributário Brasileiro*, 11ª ed. atualizada por Misabel Derzi, Rio de Janeiro: Forense, 2000, p. 719.

[8] Op. cit., pp. 279-280.

posto que a sub-rogação deve dar-se tanto na via dos direitos quanto das dívidas, devendo o contribuinte dirigir seu pleito em face da nova pessoa política.

Por derradeiro, cumpre-se analisar hipótese na qual uma entidade é criada pelo desmembramento territorial de mais de uma outra entidade, sendo que a legislação tributária de cada um é diferente. Qual legislação será aplicada a tal situação se a lei de criação for omissa? Para HUGO DE BRITO MACHADO deve-se aplicar a legislação mais favorável aos contribuintes *"para que não haja tratamento discriminatório dentro de uma mesma unidade."*[9] Em contrapartida LUCIANO AMARO, criticando aquele autor, aduz que nesta situação deve-se continuar aplicando as leis que estavam em vigor em cada porção do território de cada entidade, enquanto não for editada nova legislação, posto que as diferentes legislações podem conter algumas vantagens e desvantagens ao mesmo tempo, o que levaria à aplicação de uma lei nova, resultante da combinação das anteriores, não sendo tal fato aceitável perante o Direito.[10] Entendemos que a razão está com este último tributarista, sendo certo que a solução deverá ser adotada apenas provisoriamente até que a nova pessoa política edite sua própria legislação tributária.

3. Sujeito Passivo

3.1. O contribuinte e o responsável

O sujeito passivo é o devedor da obrigação tributária, aquele que tem o dever de pagar o tributo e/ou de cumprir a obrigação instrumental prevista na legislação tributária.

O sujeito passivo pode ser contribuinte ou responsável (artigo 121 CTN).

O **contribuinte** é quem efetivamente realiza o fato gerador em concreto. Segundo o CTN, aquele que possui "*relação pessoal e direta com a situação que constitua o respectivo fato gerador*" (art. 121, I, CTN). Por exemplo, no IPTU, o contribuinte é o proprietário do imóvel ou o possuidor com *animus* de dono (art. 34, do CTN); no imposto de renda, contribuinte é aquele que aufere a renda, ou seja, o titular da disponibilidade jurídica ou

[9] Op. cit., pp. 97-98.

[10] Op. cit., p. 281. O autor cita o seguinte exemplo: *"imagine-se, por exemplo, a fusão de dois Municípios, um dos quais não cobrasse IPTU e outro não tivesse criado o ISS. Se, de um lado é evidente que não se poderiam somar as desvantagens relativas da legislação de cada município, é de convir-se que a soma das vantagens não faz sentido, além de deixar à míngua o novo Município"*.

econômica de renda (art. 45, do CTN); no imposto de importação, contribuinte é o importador ou quem a lei a ele equiparar ou o arrematante de produtos apreendidos ou abandonados (art. 22, do CTN).

A definição do contribuinte, no caso dos impostos, deve constar em lei complementar, ante o disposto no art. 146, III, *a*, do CTN. No caso das contribuições para Seguridade Social, o STF já definiu que, apesar de estarem submetidas às normas gerais de que trata o art. 146, III, da CF/88, a elas não se aplica a parte final do disposto na alínea *a* deste dispositivo, a qual só se refere a impostos, podendo sua instituição e disciplina dar-se por lei ordinária, que definirá seus contribuintes.[11]

Há entendimento da doutrina, entretanto, no sentido de que, como contribuinte é aquele quem pratica o fato gerador, no caso dos tributos cujos fatos geradores foram discriminados pela Constituição Federal (arts. 153, 155, 156, 195), a figura do contribuinte já está implicitamente delineada pelo Texto Maior, de sorte que pouco resta à legislação infraconstitucional definir. [12] E mais, caso a definição dada pela lei infraconstitucional do contribuinte não corresponda à pessoa que efetivamente pratica o fato

[11] RE 138.284, Rel. Min. Carlos Velloso, julg. 1º/07/92. Extrai-se da ementa do julgamento o seguinte trecho: "*Posto estarem sujeitos à lei complementar do art. 146, III, da Constituição,* ***porque não são impostos, não há necessidade de que a lei complementar defina o seu fato gerador, base de cálculo e contribuintes*** *(CF, art. 146, III, 'a')*". E bem assim no julgamento do RE nº 396266, sendo Relator o Ministro Carlos Velloso, cujo voto está reproduzido no Informativo 331 do C. STF, merecendo registro: "Realmente, posto estarem as contribuições do art. 149 da Constituição – contribuições sociais, de intervenção no domínio econômico e de interesses de categorias profissionais ou econômicas – sujeitas à lei complementar do art. 146, III, C.F., isso não quer dizer que deverão ser instituídas por lei complementar. A contribuição social, que denominamos contribuição nova, relativamente a esta, para a sua instituição é que será observada a técnica da competência residual da União: C.F., art. 154, I, ex vi do disposto no art. 195, § 4º. A sua instituição, portanto, dependerá de lei complementar. Todavia, as contribuições do art. 149 da C.F., de regra, podem ser instituídas por lei ordinária. O que acontece é que, submetidas à lei complementar do art. 146, III, C.F., são definidas como tributo. Por não serem impostos, não há necessidade de que a lei complementar defina o seu fato gerador, base de cálculo e contribuintes (C.F., art. 146, III, a). No mais, estão sujeitas às regras das alíneas b e c do inciso III do art. 146, C.F. Assim decidimos, por mais de uma vez, como, v.g., RE 138.284/CE por mim relatado (RTJ 143/313), e RE 146.733/SP, Relator o Ministro Moreira Alves (RTJ 143/684)".

[12] Sobre o tema, Renato Lopes Becho elabora valiosa síntese das correntes doutrinárias, destacando sua posição a favor da existência de um critério constitucional para eleição do sujeito passivo imposto pela Constituição quando define a materialidade do fato gerador (*in Sujeição Passiva e Responsabilidade Tributária*, São Paulo: 2000, pp. 68-78 e 85-90).

gerador discriminado pela Constituição, o diploma restará eivado de vício de inconstitucionalidade.

Podemos concluir, portanto, que a identificação do sujeito passivo é um mero desdobramento das normas constitucionais que veiculam competências tributárias. Se, contudo, a Carta Magna não discrimina o fato gerador, como por exemplo, nos impostos da competência residual da União Federal (art. 154, I), o legislador, também, não será de todo livre para eleger o contribuinte que bem lhe aprouver, posto que deverá se ater a materialidade do fato gerador previamente estabelecida.

Antes da EC nº 33/01, o SUPREMO TRIBUNAL FEDERAL julgou inconstitucional a exigência do ICMS sobre operações de importação de bens por pessoas físicas, tendo em vista que estas, como não realizam operações mercantis, não podem ser consideradas contribuintes do imposto, o que afronta, por outro lado, o Princípio da Não-Cumulatividade. Vide a ementa do *leading case*:

> "(...)RECURSO EXTRAORDINÁRIO. CONSTITUCIONAL. TRIBUTÁRIO. PESSOA FÍSICA. IMPORTAÇÃO DE BEM. EXIGÊNCIA DE PAGAMENTO DO ICMS POR OCASIÃO DO DESEMBARAÇO ADUANEIRO. IMPOSSIBILIDADE.
>
> 1. A incidência do ICMS na importação de mercadoria tem como fato gerador operação de natureza mercantil ou assemelhada, sendo exigível o imposto quando se tratar de bem importado por pessoa física.
>
> 2. Princípio da não-cumulatividade do ICMS. Pessoa física. Importação de bem. Impossibilidade de se compensar o que devido em cada operação com o montante cobrado nas anteriores pelo mesmo ou outro Estado ou pelo Distrito Federal. Não sendo comerciante e como tal não estabelecida, a pessoa física não pratica atos que envolvam circulação de mercadoria".[13]

[13] RE 203.075-9, Pleno, Red. P/ acórdão Min. Maurício Corrêa, julg. 05/08/98, DJ 29/10/99. Sob o mesmo fundamento, o STF tem aplicado o entendimento esposado neste caso às importações realizadas por sociedades civis de prestação de serviços, consoante RE 185.789, Pleno, Red. p/acórdão Min. Maurício Corrêa, julg. 03/03/2000, DJ 19/05/2000. Atente-se que sobre o tema foi editada a EC nº 33/01, a qual alterou a redação do art. 155, IX, a, CF/88, permitindo expressamente a incidência de ICMS na importação de bens ou mercadorias, ainda que efetuada por pessoa física ou jurídica que não sejam contribuintes habituais do tributo, bem como foi promulgada a LC 114/02, estabelecendo as normas gerais relativas à incidência do imposto.

O **responsável** é aquele que, apesar de não realizar o fato gerador, está obrigado por lei a pagar o tributo (art. 121, II, do CTN). O responsável tem uma relação indireta, ou com o fato gerador ou com o contribuinte.

Segundo RICARDO LOBO TORRES, "as diferenças fundamentais entre o contribuinte e o responsável são as seguintes: a) o contribuinte tem o débito (*debitum, Schuld*), que é o dever prestação e a responsabilidade (*Haftung*), isto é, a sujeição de seu patrimônio ao credor (*obligatio*), enquanto o responsável tem a responsabilidade (*Haftung*) sem ter o débito (*Schuld*), pois ele paga o tributo por conta do contribuinte; b) a posição do contribuinte surge com a realização do fato gerador da obrigação tributária; a do responsável, com a realização do pressuposto previsto na lei que regula a responsabilidade, que os alemães chamam de fato gerador da responsabilidade (*Haftungstatbestand*)". [14]

A figura do contribuinte surge no mundo jurídico, tão-somente, com a ocorrência do fato gerador. Por exemplo, o fato gerador do IPVA é a propriedade veículo automotor (art. 155, III, CF/88) e o contribuinte é o seu proprietário.

De outro modo, a responsabilidade tem que estar sempre expressa na lei, ou seja, ela não se presume, não decorre da analogia ou eqüidade, tampouco de interpretação extensiva.

Sobre responsabilidade voltaremos mais adiante.

3.2. Convenções Particulares

O art. 123, do CTN reza que "*Salvo disposições de lei em contrário, as convenções particulares, relativas à responsabilidade pelo pagamento de tributos, não podem ser opostas à Fazenda Pública, para modificar a definição legal do sujeito passivo das obrigações tributárias correspondentes*".

Significa dizer que os contratos que modificam ou alteram a responsabilidade tributária não podem ser opostos ao Fisco. Não significa que tais contratos são ineficazes ou nulos, uma vez que a validade de um contrato entre particulares é matéria estranha ao Direito Tributário, pertencendo ao Direito Civil; entretanto, tais vínculos de vontade serão irrelevantes perante a Fazenda Pública que irá proceder ao lançamento e à cobrança do crédito, perante o contribuinte e o responsável previsto na legislação vigente. A lei de locações nº 8.245/91 preceitua, em seu art. 22, VIII, que

[14] Op. cit., pp. 227-228.

"o locador é obrigado a: (...) pagar os impostos (...) que incidam ou venham a incidir sobre o imóvel, salvo disposição expressa em contrário no contrato". É comum, portanto, vermos contratos de locação onde consta cláusula expressa no sentido de que o inquilino é quem deve arcar com o IPTU, mas o proprietário que continua sendo contribuinte e responsável pelo imposto não pode alegar ao fisco que a responsabilidade pelo pagamento do tributo é do inquilino, visto que a responsabilidade não pode ser instituída por convenção particular, e sim, em função da lei. Então, se necessário, o fisco irá executar o proprietário do imóvel, cabendo a este, querendo, exercer direito de regresso contra o inquilino, ante o descumprimento de cláusula contratual.

Ressalte-se, inclusive, que a jurisprudência pátria é cediça em reconhecer a ilegitimidade passiva do locatário em ação que tem por objeto discussões sobre o IPTU, a saber:

> "TRIBUTÁRIO. RECURSO ESPECIAL. IPTU. LOCATÁRIO. ILEGITIMIDADE ATIVA *AD CAUSAM*. ARTS. 34, 121 E 123 DO CTN. PRECEDENTES.
>
> 1. Recurso especial contra acórdão que decidiu pela legitimidade do recorrido, locatário, e condenou o recorrente à restituição dos valores pagos a título de IPTU, em face da ilegalidade da cobrança.
>
> 2. O Superior Tribunal de Justiça possui vastidão de precedentes no sentido de que o locatário é parte ativa ilegítima para impugnar lançamento de IPTU, pois não se enquadra na sujeição passiva como contribuinte e nem como responsável tributário (arts. 121 e 123 do CTN).
>
> 3. "Contribuinte do imposto é o proprietário do imóvel, o titular d seu domínio útil, ou o seu possuidor a qualquer título" (art. 34 do CTN). O "possuidor a qualquer título" refere-se, tão-somente, para situações em que ocorre posse *ad usucapionem*, não inserida nesta seara a posse indireta exercida pelo locatário.
>
> 4. Os documentos de quitação do tributo discutido estão em nome do proprietário.
>
> 5. O contrato de locação, com cláusula determinando a responsabilidade do inquilino pela liquidação do IPTU, não pode ser oponível à certidão de pagamento de imposto.
>
> 6. Recurso provido."
>
> (RESP 818618/RJ; DJ 02/05/2006 P. 273 Relator Min. José Delgado – Primeira Turma) [15]. (na)

[15] No mesmo sentido, o julgamento da 2ª Turma do STJ, *ex vi*, RESP 883.724, Rel. Min. Castro Meira, DJ 29/03/2007 p. 250. (na)

3.3. Solidariedade Tributária

O artigo 124, do CTN, trata da solidariedade na obrigação tributária. O conceito de solidariedade está definido no Código Civil de 2002 (art. 264) e Código Civil de 1916 (art. 896, parágrafo único):

> "Há solidariedade, quando na mesma obrigação concorrem mais de um credor, ou mais de um devedor, cada um com direito, ou obrigado à dívida toda."

A solidariedade tratada no art. 124 é a solidariedade **passiva**, uma vez que a solidariedade ativa é de difícil ocorrência no Direito Tributário em face da rígida discriminação de competência tributária entre os entes da Federação estabelecida pela Constituição Federal. Mesmo nas taxas, onde se diz que a competência é comum, não há hipótese em que duas pessoas políticas exigem o mesmo tributo, sendo que cada ente deve cobrar a taxa referente ao serviço público de sua competência administrativa, na forma do previsto no art. 80 do CTN.

A solidariedade pode ser:

a) **Natural** (art. 124, I, CTN): decorre da própria situação de fato, sem necessitar de previsão legal. Ex.: Caio e Tício são co-proprietários de um mesmo imóvel, ambos são solidários no pagamento do IPTU.

b) **Legal** (art. 124, II, CTN): decorre de uma previsão expressa na lei. O art. 30, VI, da Lei nº 8.212/91 previa[16] a responsabilidade solidária entre o dono-da-obra, o incorporador ou o condômino da unidade imobiliária e construtor e entre este e o subempreiteiro pelo cumprimento das obrigações para a Seguridade Social, ressalvado o direito de regresso.

O art. 124, parágrafo único, do CTN, estabelece que a solidariedade tributária não comporta **benefício de ordem**. O benefício de ordem está instituído no art. 827 do CC/2002 e no art. 1.491 do CC/1916:

> "O fiador demandado pelo pagamento da dívida tem direito a exigir, até à contestação da lide, que sejam primeiro executados os bens do devedor."

[16] Regime parcialmente alterado pela Lei nº. 9.711/98, ao dar nova redação ao art. 31, Lei nº 8212/91, estipulando retenção de 11% pelo tomador de serviços. Este dispositivo, igualmente, teve sua constitucionalidade declarada pelo C. STF no RE nº 393946, DJ 01.04.2005, p. 07.

O benefício de ordem representa, portanto, o direito à observância de uma ordem, de uma seqüência, quanto à execução, operando-se primeiramente esta contra o devedor.[17]

Não há benefício de ordem no direito tributário, ou seja, o Fisco pode escolher, discricionariamente, quem irá executar primeiro. Normalmente, executam-se ambos ao mesmo tempo ou apenas o devedor que o Fisco considera com maiores possibilidades financeiras de adimplir o débito.

Saliente-se que, no exemplo de solidariedade legal referida na Lei nº 8.212/91, em seu art. 30, inciso VI, expressamente prevê que naquele caso não se aplica o benefício de ordem. Todavia, tal preceito normativo é desnecessário em face da norma expressa do CTN.

Os efeitos da solidariedade estão arrolados no art. 125, do CTN, os quais se aproximam em alguns pontos dos efeitos da solidariedade no Direito Civil.

O primeiro é o pagamento (inciso I) que efetuado por um dos obrigados aproveita aos demais. Esta regra é lógica e decorre do princípio da vedação ao enriquecimento sem causa.

O segundo diz respeito à isenção ou remissão de créditos (inciso II). A isenção beneficia a todos, salvo se for concedida a um dos devedores em virtude de sua qualidade pessoal. Entretanto, os demais devedores só responderão pelo saldo, ou seja, pela diferença entre o total do crédito e a quota-parte do devedor isento ou remido. Por exemplo, suponhamos que lei municipal conceda isenção do IPTU para proprietários maiores de 70 anos; um casal é co-proprietário de um imóvel, sendo que o cônjuge varão possui 71 anos e sua esposa, apenas, 65 anos. Nessa hipótese, a isenção não se estenderá à esposa, que, todavia, só responderá por 50% da dívida.

E, por fim, o inciso III trata da interrupção do prazo prescricional tanto a favor como contra os devedores solidários. A regra é simples, o prazo prescricional, uma vez interrompido, prejudica ou beneficia a todos os devedores solidários.

3.4. Capacidade Passiva Tributária

A capacidade tributária passiva é disciplinada pelo artigo 126, do Código Tributário Nacional. A capacidade tributária passiva é a aptidão para exercer direitos e assumir obrigações relativas a tributos.

[17] Cf. Hugo de Brito Machado, op. cit., p. 102.

No direito civil uma relação jurídica válida carece de três elementos: agente capaz, objeto lícito e forma prescrita ou não defesa em lei. No que concerne, entretanto, ao agente capaz, as regras no direito tributário não são as mesmas que no direito civil. E isso se explica pelo fato de que a obrigação tributária é *ex lege*, ou seja, seu nascimento decorre da lei, sem a interveniência da vontade das partes na formação do vínculo obrigacional, de sorte que não há que se perquirir se a vontade foi livremente manifestada ou não, mas tão-somente, se o fato gerador ocorreu e se a pessoa que o praticou é a indicada na lei para pagar o tributo. [18]

Daí o CTN preconizar que a capacidade tributária independe: no inciso I da capacidade civil das pessoas naturais, ou seja, se criança de 8 anos recebe como herança um imóvel; ela será contribuinte do IPTU, mesmo sem ter capacidade civil; no inciso II de achar-se a pessoa natural sujeita a medidas que importem privação ou limitação do exercício de atividades civis, comerciais ou profissionais, ou da administração direta de seus bens ou negócios, ou seja, se o médico tem seu registro profissional cassado e continua a exercer a medicina, pratica o fato gerador do ISS e estará sujeito ao recolhimento do tributo. De igual modo, o falido, que, mesmo proibido de comerciar, continua exercendo atos de comércio, será responsável pelo pagamento do ICMS; e, por derradeiro, no inciso III de estar a pessoa jurídica regularmente constituída, bastando que configure uma unidade econômica ou profissional. Possuem capacidade tributária as sociedades irregulares ou de fato, que também são sujeitos passivos da obrigação tributária. Assim, por exemplo, o art. 146, §1º, do Regulamento do Imposto de Renda (RIR/99 – Decreto nº 3.000, de 26/03/99), com fundamento no Decreto-lei nº 5.844/43, art. 27, §2º, estabelece que são contribuintes do imposto "*todas as firmas e sociedades, registradas ou não*". E mais adiante, o mesmo diploma, no art. 150, §1º, II (com fundamento na Lei nº 4.506/64, art. 41, §1º, *b*) caracteriza como empresas individuais, "*as pessoas físicas, que em nome individual, explorem, habitualmente e profissionalmente, qualquer atividade econômica de natureza civil ou comercial, com o fim especulativo de lucro, mediante a venda a terceiros de bens ou serviços*". Podemos citar, também, a Lei nº 8.212/91, que institui o plano de custeio da previdência social, a qual, em seu 15, I, equipara à empresa, "*a firma individual ou sociedade que assume*

[18] Ricardo Lobo Torres assevera que "toda pessoa natural ou jurídica tem capacidade tributária, desde que tenha a capacidade contributiva e seja indicada na lei" (Op. cit., p.329).

o risco de atividade econômica urbana e rural, com fins lucrativos ou não, bem como os órgãos e entidades da administração pública direta, indireta e fundacional".

O disposto nos incisos do art. 126 deve ser entendido em conjunto com o art. 118 do mesmo Código. Não se trata como querem alguns, de permissão do direito tributário positivo para aplicação da chamada "interpretação econômica" [19], mas sim, da observância de princípios de praticidade fiscal, bem como, do *non olet*, previsto no art. 118, do CTN, que regula a tributação de atos ilícitos. No exemplo referente ao art. 126, inciso II, do CTN, citado acima, de o falido que continua a comerciar, ilícito terá sido o exercício do comércio, não os fatos geradores de obrigações tributárias[20], do que decorre a legitimidade da tributação sobre tais fatos.

Como bem salienta HUGO DE BRITO MACHADO, se não se permitisse a tributação dos fatos geradores praticados por pessoas, quer físicas ou jurídicas, consideradas incapazes perante o Direito Civil, multiplicar-se-iam as situações onde menores ou loucos de todo gênero se esquivariam da obrigação de pagar tributos, alegando sua própria incapacidade ou mesmo, as pessoas jurídicas, que alegando simplesmente que não arquivaram seus atos constitutivos no registro comercial competente, estariam dispensadas do pagamento de tributos.[21]

[19] A "interpretação econômica" foi difundida, entre nós, pelo saudoso Amílcar de Araújo Falcão, em sua célebre obra *Fato Gerador da Obrigação Tributária*, 6ª ed., atualizada por Flávio Bauer Novelli, Rio de Janeiro: Forense, 1999, pp. 32-36.

[20] Cf. Sacha Calmon Navarro Coelho, *Manual de Direito Tributário*, Rio de Janeiro: Forense, 2000. pp. 378-379. O Autor cita o interessante exemplo: "Cabe exemplificar com o caso real de Ramon Delgado, argentino de nascimento e de cartório, guapo senhor que se dizia psicanalista (e o era, por autodidatismo). Nesta condição montou o consultório, atendeu por anos a uma seleta clientela, principalmente de mulheres. Descoberto o fato de que não era formado aqui ou alhures e que, pois, exercia ilegalmente a clínica, sobre ele desabou a repressão penal. Mas o ISS pelo exercício de serviço tributado e o IR pela receita auferida tiveram de ser pagos". E continua o Autor, ressaltando o caráter excepcional das regras do art. 126, do CTN: "Para casos como tais é que serve o art. 126 ora em comentário. Seria justo que os psicanalistas de ofício e diploma pagassem os tributos, e o exercente ilegal da profissão deles escapasse, argüindo as suas irregularidade? Evidentemente não se trata da tributação dos atos ilícitos tipificados como delituosos, já que o fato gerador dos tributos é sempre um fato lícito. A questão se resolve da seguinte maneira: A) são tributáveis os fatos lícitos embora realizados ilicitamente; B) não podem ser tributados os fatos ilícitos, como por exemplo o rufianismo, o jogo do bicho ou o tráfico de drogas." (Idem, p. 379)

[21] *Curso de Direito Tributário*, op. cit., p. 103.

3. 5. Domicílio Tributário

O domicílio tributário é o local onde o sujeito passivo responderá pelas suas relações tributárias perante a Fazenda Pública está disciplinado no art. 127, do Código Tributário Nacional. Da análise de tal dispositivo, extraem-se as seguintes diretrizes básicas:

a) a regra geral é a liberdade de eleição do domicílio tributário pelo sujeito passivo (art. 127, *caput*);

b) se não houver opção pelo sujeito passivo, considera-se domicílio tributário (I) das pessoas físicas, a sua residência habitual, ou, sendo esta incerta ou desconhecida, o centro habitual de sua atividade; (II) das pessoas jurídicas de direito privado ou das firmas individuais, o lugar da sua sede, ou em relação aos atos ou fatos que derem origem à obrigação, o de cada estabelecimento; (III) das pessoas jurídicas de direito público, qualquer de suas repartições no território da entidade tributante;

c) a lei específica do tributo pode excluir ou restringir a eleição do domicílio pelo contribuinte, por razões de praticidade fiscal. Ex.: art. 11, da LC 87/96, que trata do estabelecimento para efeitos da cobrança do ICMS;

d) na impossibilidade de aplicação das regras anteriores, considera-se domicílio tributário, o lugar da situação dos bens ou da ocorrência do fato gerador;

e) a eleição do domicílio pelo sujeito passivo não pode ser utilizada para dificultar a arrecadação e a fiscalização do tributo. Ocorrendo essa situação, o fisco pode recusar o domicílio escolhido, aplicando-se a regra descrita no item **d** acima. Desse modo, empresa com sede localizada no Estado do Rio de Janeiro, de sorte que, esta elege o Rio como seu domicílio fiscal, inclusive para pagamento do INSS relativo aos empregados de duas fábricas que ela possui, uma no Estado do Rio Grande do Sul, outra no Estado da Bahia, cada uma com mais de mil empregados. Pode, porém, o INSS recusar o domicílio eleito com relação aos empregados das fábricas, sob fundamento de que é deveras mais fácil fiscalizar e arrecadar a contribuição previdenciária na Bahia e no Rio Grande do Sul.

Por fim, salienta-se que a jurisprudência vem aceitando que as pessoas jurídicas possuam mais de um domicílio tributário. [22]

3.6. A Responsabilidade Tributária

Assunto por demais relevante no Direito Tributário é o da Responsabilidade Tributária. Relembrando o que foi esposado alhures, o responsável é aquele que, apesar de não ter realizado no mundo fenomênico o fato gerador, tem o dever de cumprir a obrigação tributária, quer principal quer acessória.

A responsabilidade tributária encontra fundamento de legitimidade no art. 128, do CTN, o qual averba:

> "Sem prejuízo do disposto neste Capítulo, a lei pode atribuir de modo expresso a responsabilidade pelo crédito tributário a terceira pessoa, vinculada ao fato gerador da respectiva obrigação, excluindo a responsabilidade do contribuinte ou atribuindo-a a este em caráter supletivo do cumprimento total ou parcial da referida obrigação."

O Artigo 128, do CTN trata de pessoa que não realizou o fato gerador, ou seja, do responsável – **sujeito passivo indireto** – e não, do contribuinte – **sujeito passivo direto** –, abrangendo as duas modalidades de responsabilidade tributária: por substituição e por transferência. [23]

Deflui-se da análise do art. 128, do CTN, que a responsabilidade tributária não pode ser atribuída a qualquer terceiro, aleatoriamente, mas sim, a pessoa que seja vinculada indiretamente ao fato gerador da obrigação tributária, ou porque participa da própria operação mediante a qual o fato gerador é realizado, como por exemplo, o fabricante de cigarros pelo tributo devido pelos estabelecimentos comerciais varejistas (substituição tributária); ou porque o responsável tem um vínculo de ligação, não com o fato gerador, mas com o contribuinte que o realiza, como por exemplo,

[22] RESP 302330, 1ª T., Rel. Min. Milton Luiz Pereira, DJ 22/10/01. (na)

[23] Sacha Calmon Navarro Coelho entende, em sentido contrário, preconizando que o substituto tributário é **sujeito passivo direto**, e não indireto, como se leva a crer da redação do art. 128, do CTN, posto que ele "*é na realidade o único contribuinte do tributo (o fenômeno da 'substituição' começa em momento pré-jurídico, o da escolha pelo legislador do obrigado legal, em substituição ao que demonstra capacidade contributiva, por razões de eficácia e comodidade)*", *in* Manual de Direito Tributário, op. cit., 385. Pactua com este entendimento Zelmo Denari, *Curso de Direito Tributário*, 6ª ed., Rio de Janeiro: Forense, 2000, pp. 211-212.

o pai que é responsável (solidariamente ou subsidiariamente – veremos a questão mais adiante) pelos tributos devidos pelos filhos menores. Essa norma visa permitir que o responsável – que paga tributo cujo fato gerador foi praticado por outrem – possa de alguma maneira se ressarcir financeiramente, ou pelo menos, fiscalizar o contribuinte para que o tributo seja pago, o que não seria possível se entre responsável e contribuinte não mantivessem nenhuma relação jurídica.

É sempre salutar ter em mente que o Direito Tributário é informado pelo Princípio da Capacidade Contributiva, o qual possui guarida constitucional (art. 145, §1º, CF/88), de sorte que a manifestação de riqueza a ser atingida é a do contribuinte, quem praticou o fato gerador e não de terceiro. O instituto da responsabilidade tributária é necessário por razões de praticidade fiscal, ou seja, para facilitar a arrecadação e fiscalização tributárias, não podendo, entretanto, afrontar os princípios vinculados à idéia de justiça fiscal. Portanto, a garantia do ressarcimento financeiro por parte do responsável tributário deve sempre ser admitida, de fato ou de direito, o que só é viável se a eleição do responsável pela lei recair em pessoa que possua relação contratual ou jurídica com o contribuinte. [24]

Como já dissemos anteriormente, a responsabilidade não se presume deve sempre estar prevista em lei, que poderá manter o contribuinte como sujeito passivo da obrigação tributária, em solidariedade com o responsável, ou exclui-lo do pólo passivo da obrigação, deixando só o responsável. Pode ainda, estabelecer responsabilidade subsidiária do responsável, como, por exemplo, o faz o art. 133, II, do CTN.

É de salientar, finalmente, que o Código Tributário Nacional não esgotou, nos artigos 129 a 138, as possibilidades de responsabilidade tributária que podem ser admitidas pela lei. Ele, como *lex legum* que é, tratou dos casos principais e da disciplina de cada um deles, dando o direcionamento básico para que o legislador ordinário as institua segundo critério de política fiscal.

[24] Nesse sentido, por todos, Sacha Calmon Navarro Coelho, *Manual de Direito Tributário*, op. cit., pp. 383-384.

Os diversos desdobramentos da responsabilidade tributária podem ser resumidos no quadro abaixo, elaborado, tão-somente, com o intuito de, didaticamente, facilitar o estudo de tema por demais complexo [25]:

RESPONSABILIDADE TRIBUTÁRIA	
1. POR SUBSTITUIÇÃO:	1.1. "Para frente" - art. 128, CTN e art. 150, §7º, CF/88
	1.2. "Para trás" - art. 128, CTN
2. POR TRANSFERÊNCIA:	2.1. Por Sucessão: *a) inter vivos* - art.130, 130, I, do CTN *b) mortis causa* - art. 131, II e III, do CTN. *c)* societária - art. 132, do CTN. d) comercial - art. 133, do CTN.
	2.2. Por Imputação Legal ("responsabilidade de terceiros"): *a)* solidária - art. 134, do CTN *b)* pessoal - art. 135, do CTN (transferência por substituição)

3.6.1. Responsabilidade por Transferência e por Substituição

A **responsabilidade por transferência** se dá depois de ocorrido o fato gerador tendo em vista circunstâncias posteriores previstas na lei. Na responsabilidade por transferência, a obrigação tributária surge contra o próprio contribuinte, que realizou o fato gerador, mas, em virtude de circunstâncias ocorridas posteriormente ao fato gerador, a responsabilidade se transfere para o responsável, podendo manter-se ou não a figura do contribuinte no pólo passivo da obrigação. Na verdade, o responsável sub-roga-se na dívida originariamente contraída pelo contribuinte.

[25] Nem todos os doutrinadores compactuam com a divisão abaixo estabelecida, a qual toma por base o próprio CTN. Zelmo Denari, por exemplo, entende que o sucessor e o substituto não são considerados responsáveis no sentido estrito do termo. Para ele, há quatro figuras de sujeitos passivos, quais sejam, o contribuinte, o responsável, o sucessor e o substituto (*in Curso de Direito Tributário*, op. cit., pp. 211-212).

Por exemplo, na sucessão *causa mortis*: João comprou um carro e neste momento ocorreu o fato gerador do pagamento do IPVA (propriedade de veículo automotor), mas, um dia depois de comprar o carro, João morre e, então, a dívida irá passar para o espólio (art. 131, III, do CTN). Tendo em vista uma circunstância que ocorreu depois do fato gerador (a morte), o contribuinte (João) é excluído do pólo passivo da relação tributária e a responsabilidade é transferida para o espólio, que irá responder pela dívida até as forças da herança.

Como o próprio nome diz, na responsabilidade por transferência, o dever jurídico se transfere, migra, total ou parcialmente, da pessoa do contribuinte para o responsável. Há, em verdade, uma sub-rogação.

Na **responsabilidade por substituição**, aquele que, na prática, realiza o fato gerador, nunca chega a ser o sujeito passivo da obrigação. Mesmo antes da ocorrência, no mundo fático, do fato gerador, a lei prevê que a obrigação tributária deverá ser cumprida pelo responsável, e não, pelo contribuinte. A própria lei substitui o contribuinte pelo responsável, em momento prévio à ocorrência do fato gerador.

O fenômeno da substituição tributária se dá no plano da norma, visto que a lei já prevê que, quando o fato gerador ocorrer, a obrigação tributária surgirá contra terceiro, o responsável. Aqui, em geral, não há sequer solidariedade entre o contribuinte e o responsável. Não há que se falar, outrossim, em sub-rogação, posto que o responsável não paga dívida de terceiros, mas sim, dívida própria; apenas, ele não realizou o fato gerador [26].

Vale transcrever esquema desenvolvido por SACHA CALMON NAVARRO COELHO[27], para explicitar a diferença entre substituição e transferência tributária:

"Casos de transferência de responsabilidade:

I – 'A' pratica o fato gerador e deve pagar o imposto;

II – em virtude de fato posterior (morte, negócio jurídico, falência, inadimplemento ou insolvência etc.), a lei determina que a um terceiro seja transferido o dever do pagar. Este terceiro, que podemos chamar de 'B', torna-se *ex lege* responsável pelo tributo, originariamente devido por 'A'. Dá-se uma alteração na conseqüência da norma jurídica, no plano do sujeito passivo. O responsável sub-roga-se na obrigação.

[26] Cf. Sacha Calmon Navarro Coelho, Manual de Direito Tributário, op. cit., p. 381-382.
[27] Idem.

Casos de substituição:

I – 'A' pratica o fato gerador, e 'B', por isso, deve pagar o tributo;

II – inexiste sub-rogação. A norma não é alterada. A lei prevê desde logo que, se 'A' pratica um fato jurígeno, 'B' deve pagar. Em termos jurídicos, não há transferência de dever entre sujeitos passivos."

3.6.1.1. Responsabilidade por Substituição

O substituto tributário é responsável por dívida tributária própria, e não por dívida alheia, como se fosse o contribuinte; ele só não é considerado contribuinte porque não realizou o fato gerador. Já na transferência, o responsável paga dívida alheia.

As razões de o legislador instituir a figura da substituição tributária são inerentes à praticidade na cobrança e fiscalização do tributo.

Na substituição tributária, tem-se a figura do **substituído** (contribuinte, quem praticou ou praticará o fato gerador) e do **substituto** (o responsável, que irá recolher o tributo e cumprir as obrigações acessórias daí decorrentes).

São três os requisitos necessários para a instituição da substituição tributária:

1. deve decorrer de previsão expressa de lei (quem é o substituto e quem é o substituído);
2. deve haver liame jurídico, contratual ou econômico entre o substituto e o substituído (visto que o substituído está pagando uma dívida que não é sua, por isso ele tem o direito de ser ressarcido);
3. deve ser garantido ao substituto o imediato direito de regresso pelo tributo que o mesmo está arcando. Esse regresso deve dar-se, economicamente e de forma imediata, sem necessidade de que o substituto tenha que se dirigir à administração pública ou ao Poder Judiciário.

O princípio da capacidade contributiva é aferido em relação ao substituído, que é quem pratica o fato gerador, ou seja, o ônus financeiro decorrente da exação será suportado pelo mesmo, sendo que o substituto apenas terá o dever legal de recolher o tributo aos cofres públicos.

A responsabilidade tributária por substituição não encontra disciplinamento minucioso no CTN, ao contrário da responsabilidade por transferência, de modo que suas regras são extraídas do artigo 128, desse Código, do art. 150, §7º, da CF/88 (que trata da substituição tributária "para frente"), e das legislações específicas de cada tributo, cuja sistemática de arrecadação contempla a substituição tributária.

Dos diplomas acima citados, podemos vislumbrar a existência de duas espécies de substituição tributária: a substituição tributária "para frente", ou substituição tributária progressiva e a substituição tributária "para trás" ou substituição tributária regressiva.

a) Substituição tributária "para frente" ou progressiva

A substituição tributária "para frente", hodiernamente, encontra seu fundamento no Texto Constitucional, art. 150, § 7º, inserido pela E.C. 3/93, o qual dispõe:

> "A lei poderá atribuir a sujeito passivo de obrigação tributária a condição de responsável pelo pagamento de imposto ou contribuição, cujo fato gerador deva ocorrer posteriormente, assegurada a imediata e preferencial restituição da quantia paga, caso não se realize o fato gerador presumido."

A substituição tributária "para frente", em regra, envolve impostos sobre a produção e a circulação, ou seja, impostos plurifásicos que incidem sobre várias operações dentro de uma cadeia econômica. Mas pode, também, ser aplicada em outras espécies de tributos.

O mecanismo da substituição tributária pode ser assim descrito: o elemento anterior da cadeia (substituto) paga o seu próprio tributo e, também, o tributo correspondente ao elemento posterior (substituído), antes mesmo do fato gerador ocorrer. Retira-se do comerciante/varejista a responsabilidade pelo recolhimento do tributo, passando-a para o industrial/atacadista. Em outras palavras, o contribuinte (substituído), por força de lei, é obrigado a entregar antecipadamente ao seu fornecedor (substituto), o pagamento do imposto referente a fato gerador ainda não ocorrido, mas que se presume, irá ocorrer.

Ocorre, portanto, uma operação conjunta, qual seja, "*no mesmo período em que o contribuinte substituído recebe os bens ou serviços de seu fornecedor, já entrega para o Estado, através do contribuinte substituto (o próprio fornecedor), parte do imposto que incidirá sobre as suas posteriores e eventuais saídas.*"[28]

[28] José Eduardo Soares de Melo e Luiz Francisco Lippo, *in A Não-Cumulatividade Tributária*, São Paulo: 1998, Dialética, pp. 150-151.

A lei, com aval constitucional, estabelece uma ficção de que fatos geradores futuros irão ocorrer, ficção esta que terá o condão de provocar o nascimento de obrigação tributária, sendo certo que não há certeza quanto a data de ocorrência do fato gerador, quanto ao valor de sua base de cálculo, tampouco quem será o destinatário da operação, mas desde logo, o tributo incidente sobre a mesma já terá sido pago.

O regresso do substituto se dá através da própria nota fiscal, através da qual este repassa para o substituído todo o ônus financeiro da tributação. O substituto mesmo não tem seu patrimônio financeiro onerado com o valor do tributo pago, pois se ressarce na nota fiscal imediatamente.

Ex.1: ICMS[29]: *A* é uma grande fabricante de cigarros, *B* é um estabelecimento comercial que vende cigarros a consumidores em geral. O fato gerador do ICMS, circulação de mercadoria, ocorrerá na operação de venda do cigarro de *A* para *B* e de *B* para o consumidor, quem, ao final, assumirá o ônus financeiro do imposto, posto estar este embutido no preço. Porém, antes do cigarro ser vendido por *B* ao consumidor, *A* já recolheu o ICMS inerente às duas operações referidas, com base na presunção de que todos os cigarros, futuramente, serão vendidos. A nota fiscal emitida na operação já contempla o valor do tributo descontado de *B* e recolhido por *A*.

Ex. 2: IPI. A empresa fabricante ou montadora de automóveis recolhe o tributo devido pela concessionária ao vender-lhe os carros que posteriormente serão revendidos [30].

É comum a instituição de substituição tributária, tanto em relação ao ICMS quanto IPI em determinados produtos, tais como, cigarros, bebidas, carros, remédios, tintas, combustíveis etc.

Podemos citar exemplos de substituição tributária "para frente" em outras espécies de tributos, como por exemplo, na contribuição previdenciária, instituída pelo art. 31, da Lei nº 8.212/91 (na redação da Lei nº 9.711/98), mediante a qual a empresa contratante de serviços executados mediante terceirização de mão-de-obra recolhe a contribuição devida

[29] No ICMS, a substituição tributária está prevista no art. 6º, da LC 87/96, cabendo à lei estadual específica do imposto, expressamente, estabelecer o instituto.

[30] No IPI, a substituição tributária está prevista no art. 25 do RIPI (Decreto 2.637/98), que tem fundamento na Lei nº 4.502/64, art. 35, II, *c* e Lei nº 9.430/96, art. 31). O RIPI estabelece obrigação solidária entre o contribuinte substituto e o substituído, *ex vi* do art. 26.

pela empresa prestadora de serviços, descontando 11% do valor bruto da nota fiscal e repassando-o ao INSS [31].

A opção política pela instituição de regime de substituição tributária é movida, como já foi dito, por razões de praticabilidade e comodidade fiscal. Nos exemplos acima, tais motivos restam clarividentes, posto que é mais fácil fiscalizar as poucas indústrias de cigarros e montadoras de carros existentes do que os sem-número de estabelecimentos comerciais que vendem cigarros e de concessionárias; assim como é mais vantajoso para o Fisco arrecadar das empresas tomadoras de mão-de-obra do que das pequenas e numerosas empresas prestadoras de serviços, e assim por diante. Acresça-se, outrossim, que os substitutos tributários são eleitos com o fito de evitar a sonegação e fraude fiscal, que se torna mais incontrolável à medida em que se aumenta o número de pequenos contribuintes de um determinado tributo. Pesam também fatores inerentes à capacidade financeira dos substitutos, sempre mais atraente para a Fazenda Pública, que terá a certeza de que o crédito será recolhido tempestivamente, mesmo porque não há interesse daqueles em deixar de recolhê-lo.

Alguns doutrinadores[32] entendem que a substituição tributária "para frente" ou "progressiva" é inconstitucional, posto que fere vários princípios, entre eles, o princípio da capacidade contributiva, a qual é auferida no momento da ocorrência do fato gerador, da segurança jurídica e, também, o princípio da anterioridade porque se está cobrando um tributo antes da ocorrência do fato gerador.

Estas questões foram apreciadas pelo SUPREMO TRIBUNAL FEDERAL que, mesmo antes da introdução do art. 150, §7º, pela E.C. nº 3/93,

[31] Na redação anterior à Lei 9.711/98, este dispositivo previa responsabilidade solidária entre as empresas tomadora e prestadora de serviços. Vale salientar, a título de informação, que muitos contribuintes discutiram a constitucionalidade dessa sistemática junto ao Judiciário, alegando que houve alteração na base de contribuição, que, segundo a Constituição Federal é sobre a folha de salários e não, sobre o faturamento como, atualmente, prevê o art. 31, da Lei nº 8.212/91, sendo que a questão já está pacificada no STJ e no STF pela legalidade e constitucionalidade do novo regime. Nesse sentido, a transcrição do voto do Ministro Carlos Velloso proferido no RE 393946, que pode ser obtida no Informativo 368 do C. STF.

[32] Por todos, Roque Antônio Carrazza, Curso de direito constitucional Tributário, 11ª ed., São Paulo: Malheiros, 1998, pp. 290-294. Sustenta o Autor, inclusive, a inconstitucionalidade do art. 150, §7º, da Cf/88, introduzido pela EC 3/93. Vide, também, José Eduardo Soares de Melo e Luiz Francisco Lippo, op. cit., pp. 152-153 e Sacha Calmon Navarro Coelho, *in Manual* ..., op. cit., pp. 394-395.

julgou o regime de substituição tributária "para frente" constitucional, ao apreciar o RE 213.396[33], assim ementado:

> "O regime de substituição tributária, referente ao ICM, já se achava previsto no Decreto-lei nº 406/68 (art. 128 do CTN e art. 6º, §§ 3º e 4º, do mencionado decreto-lei), normas recebidas pela Carta de 1988, não se podendo falar, nesse ponto, em omissão legislativa capaz de autorizar o exercício, pelos Estados, por meio do Convênio ICM nº 66/88, da competência prevista no art. 34, §8º, do ADCT/88.
>
> Essa circunstância, entretanto, não inviabiliza o instituto que, relativamente a veículos novos, foi instituído pela Lei paulista nº 6.374/89 (dispositivos indicados) e pelo Convênio ICMS nº 107/89, destinado não a suprir omissão legislativa, mas a atender à exigência prevista no art. 6º, §4º, do referido Decreto-lei nº 406/68, em face da diversidade dos estados aos quais o referido regime foi estendido, no que concerne aos mencionados bens.
>
> A responsabilidade, como substituto, no caso, foi imposta, por lei, como medida de política fiscal, autorizada pela Constituição, não havendo que se falar em exigência tributária despida de fato gerador."

Outros julgamentos mantiveram o entendimento manifestado pelo referido precedente, como no RE (AGRG) nº 237.881-4, relatado pelo Min. Maurício Corrêa, de cujo voto extrai-se o seguinte trecho:

> "De outra parte, assentou esta Corte que, na substituição tributária, cumpridos se acham os princípios da legalidade e da tipicidade, porquanto o regime foi instituído por lei, com observância das normas ditadas pela Constituição e pela lei complementar que o regulamentou. Entendeu, ainda, que não há falar em confisco, tendo em vista que o substituído, na revenda, reembolsa-se do imposto pago antecipadamente, ao receber o preço final das mãos do consumidor.
>
> Em conclusão, firmou exegese segundo a qual a saída da mercadoria para o estabelecimento do varejista não constitui óbice à exigência antecipada do tributo, visto que essa operação configura etapa preliminar do fato tributável – a revenda ao consumidor final."

Destarte, se a Egrégia Corte julgou constitucional o regime de substituição tributária "para frente", mesmo antes da EC nº 3/93, não há que se

[33] 1ª Turma, Rel. Ilmar Galvão, DJ 01/12/2000. Notícia divulgada no Informativo do STF nº 156.

falar em inconstitucionalidade no período a ela posterior, posto que agora, há dispositivo expresso legitimando-a. O Supremo Tribunal Federal entendeu que, na verdade, não se está antecipando a ocorrência do fato gerador, e sim, está havendo antecipação do pagamento do tributo referente a fato gerador que irá ocorrer no futuro.

Não ocorrendo o fato gerador deve haver o ressarcimento imediato e preferencial do contribuinte substituído, consoante expresso na parte final, do art. 150, §7º, da CF/88. Como deve ser feito este ressarcimento? Para os doutrinadores em geral, o ressarcimento deve dar-se na própria escrita fiscal do contribuinte, computando-se a correção monetária correspondente, sem necessidade de o contribuinte dirigir-se à administração pública para pleitear a restituição. Assim sendo, "*para que a recuperação se faça da maneira menos onerosa para o contribuinte substituído, deverá ele imediatamente levar a crédito em seus registros as importâncias antecipadas, sem qualquer intervenção da Autoridade Fiscalizadora.*[34]"

Entretanto, a Lei Complementar nº 87/96, que trata do ICMS, em seu artigo 10, prevê que o ressarcimento se dará através de pedido escrito do contribuinte, tendo o Estado o prazo de noventa dias para deferi-lo. Se expressamente não houver o deferimento dentro dos 90 dias, o contribuinte poderá creditar, em sua escrita fiscal, o valor objeto do pedido, corrigido monetariamente segundo os mesmos critérios aplicáveis ao tributo. Vê-se, pois, que o juízo de "imediata e preferencial restituição" interpretado pelo legislador infraconstitucional satisfaz-se com um prazo de noventa dias. Muitos tributaristas[35] alegam que essa disposição é inconstitucional, porque a CRFB/88 fala em imediata e preferencial restituição, e não em 90 dias. Para a Fazenda Pública essa disposição não seria inconstitucional porque o artigo constitucional fala em "lei", então a imediata e preferencial restituição seria nos termos da lei, que no caso do ICMS, é lei complementar.

Mister ressaltar que quem terá o direito de pedir a devolução do tributo a maior é o substituído, posto que é ele quem sofreu o ônus financeiro. O substituto não poderá pedir a restituição porque ele é um agente neutro na cadeia, visto que ele não sofre nenhum ônus financeiro, mas sim-

[34] José Eduardo Soares de Melo e Luiz Francisco Lippo, op. cit., p. 152.

[35] Entre eles, Sacha Calmon Navarro Coelho *in Manual...*, op. cit., 395-398).

plesmente faz o recolhimento[36]. Assim, inclusive, estabelece o art. 10, da Lei Complementar 87/96.[37]

Última questão a ser analisada na substituição tributária "para frente" é saber se o valor pago antecipadamente, igualmente, deverá ser restituído, caso a base de cálculo presumida seja menor do que a realizada quando o fato gerador ocorrer no futuro. A nosso ver, sem a menor sombra de dúvidas, aplicar-se-ia o mesmo dispositivo constitucional (art. 150, §7º, da CF/88), mesmo que não houvesse previsão legal nesse sentido, pois, onde há a mesma razão deverá ser dispensado o mesmo tratamento legal. Entendimento contrário levaria ao enriquecimento ilícito por parte do Estado, de todo impugnado pelo sistema jurídico pátrio. Segundo SACHA CALMON, o "*recebimento pelo Estado de valores a título de ICMS, acima das bases de cálculo reais, i. é, não correspondentes aos preços reais praticados pelos contribuintes, caracteriza confisco tributário e enseja sua imediata restituição, por força da própria Constituição (...)* [38]".

Todavia, o SUPREMO TRIBUNAL FEDERAL, em julgamento realizado em 2000 pela 2ª Turma, no qual se analisava a constitucionalidade de lei estadual reguladora do ICMS, que não previu a hipótese de restituição do tributo pago a maior caso a base de cálculo real fosse menor do que a presumida, entendeu que a parte final do art. 150, §7º, da CF/88, trata somente da hipótese em que o fato gerador presumido não se realiza, não abrangendo as situações nas quais a base de cálculo presumida é maior do que o valor real da operação. Veja-se trecho do voto condutor do acórdão proferido pelo Relator Min. Maurício Corrêa, no RE (AGRG) nº 266.523[39]:

> "O artigo 150, §7º, da Constituição Federal, em sua parte final, assegura a 'imediata e preferencial restituição da quantia paga, caso não se realize o fato gerador presumido', nada dispondo quanto ao fato de o valor real da operação final efetivada pela substituída ser inferior à base de cálculo presumida. Daí concluir pela inexistência de violação ao mencionado preceito constitucional.

[36] Não estamos falando aqui de repetição de indébito (arts. 165 e 166, do CN), a qual será estudada em momento oportuno, mas sim, da restituição do valor pago a maior quando o fato gerador presumido não ocorrer.

[37] "*É assegurado ao contribuinte substituído o direito à restituição do valor do imposto pago por força da substituição tributária, correspondente ao fato gerador presumido que não se realizar.*"

[38] *In Manual...*, op. cit., p. 395.

[39] 2ª Turma, DJ 17/11/2000.

Releva notar que esta Corte, na Sessão Plenária do dia 02.08.99, ao apreciar o RE nº 213.396-5/SP, Ilmar Galvão, DJ de 13.08.99, que cuidava de matéria similar a destes autos, proferiu decisão na qual refutou a alegação de ofensa aos princípios da capacidade contributiva e da não-cumulatividade, por entender que o contribuinte de fato é o consumidor final e que o preço sugerido ao vendedor está embutido unicamente no tributo devido na saída da mercadoria do seu estabelecimento e na parcela incidente sobre o valor estimado, conforme se verifica nas operações regulares."

Entendimento ratificado pelo Plenário da Corte Suprema, ao examinar a ADIN 1851 (Relator (a): Min. ILMAR GALVÃO, Tribunal Pleno, DJ de 22.11.2002, p. 55)[40].

O Superior Tribunal de Justiça vinha reconhecendo o direito à restituição, na hipótese da base de cálculo real ser menor do que a presumida. No entanto, sua jurisprudência foi revista após a decisão proferida na ADIN 1851 em sentido contrário[41].

[40] Não se desconhece que o C. Supremo Tribunal Federal está reapreciando o tema, ao examinar a ADIN 2777 e o RE 593849, ao qual foi atribuída a repercussão geral.

[41] **RMS 21881 / GO, DJe 17/12/2008, Ministra DENISE ARRUDA, 1ª Turma.** Ementa: REGIME DE SUBSTITUIÇÃO TRIBUTÁRIA. FATO GERADOR PRESUMIDO. RECOLHIMENTO A MAIOR DO TRIBUTO. VALOR DE VENDA MENOR. IMPOSSIBILIDADE DE RESTITUIÇÃO. ENTENDIMENTO FIRMADO PELO STF. ADI 1.851/AL. NÃO-APLICAÇÃO DO ART. 165, II, DO CTN. RECURSO DESPROVIDO. 1. O Supremo Tribunal Federal, no julgamento da Ação Direta de Inconstitucionalidade 1.851/AL (Pleno, Rel. Min. Ilmar Galvão, DJ de 22.11.2002), entendeu que o contribuinte somente teria direito à restituição do imposto pago no caso de a venda presumida não se realizar, atribuindo ao fato gerador presumido a característica de definitivo, e não de provisório. 2. Adotando essa orientação, o Superior Tribunal de Justiça alterou o entendimento anteriormente firmado, para declarar a impossibilidade de restituição de eventuais excessos decorrentes da venda realizada por preço inferior ao da base de cálculo presumida. 3. Na hipótese dos autos, trata-se de recolhimento a maior de ICMS no regime de substituição tributária, e não de erro na base de cálculo do tributo, inexistindo, assim, o direito à restituição. Com efeito, o fato gerador presumido é definitivo, não havendo falar, portanto, em erro na base de cálculo a legitimar a repetição nos termos do art. 165, II, do Código Tributário Nacional. 4. Recurso ordinário desprovido. (na) **RMS 22136 / RJ, DJe 13/11/2008, Ministro LUIZ FUX, 1ª Turma**. Ementa: CONSTITUCIONAL E TRIBUTÁRIO. MANDADO DE SEGURANÇA. DECLARAÇÃO DO DIREITO DE COMPENSAÇÃO. ICMS. RECOLHIMENTO ANTECIPADO. SUBSTITUIÇÃO TRIBUTÁRIA PARA FRENTE. BASE DE CÁLCULO PRESUMIDA MAIOR QUE O VALOR DA OPERAÇÃO TRIBUTADA. REVISÃO DO ENTENDIMENTO POR FORÇA DA NOVEL ORIENTAÇÃO DO STF (ADIN 1.851/AL). 1. O mandado de segurança é meio próprio para se

pleitear a declaração do direito à compensação tributária. Ratio essendi da Súmula nº 213 do STJ. 2. "No regime de substituição tributária progressiva, autorizado pelo artigo 150, § 7º, da CF, não se tem, no momento da apuração do tributo, o valor real de saída da mercadoria, o que torna inevitável a adoção de base de cálculo presumida" (RMS 23.142/MA, Rel. Ministro Teori Albino Zavascki, Primeira Turma, julgado em 06.12.2007, DJ 17.12.2007). 3. Deveras, revela-se despiciendo o questionamento acerca de suposta diferença entre a restituição (imediata e preferencial) prevista no § 7º, do artigo 150, da Constituição Federal de 1988, e a repetição de indébito, nos moldes do artigo 165, II, do CTN, uma vez que a questão de fundo versa sobre matéria pacificada no STJ e no STF, no sentido de que, somente nos casos de não realização do fato imponível presumido, é que se permite a repetição dos valores recolhidos, sem relevância do fato de ter sido o tributo pago a maior ou a menor por parte do contribuinte substituído, não se configurando o alegado erro no cálculo do montante do débito. 4. A alegação de venda por preço inferior ao presumido, mas nos estritos termos da previsão constitucional, não gera direito à compensação, uma vez que este direito somente seria admitido no caso de inocorrência do fato gerador, situação que não se amolda à hipótese sub examine, o que afasta a liquidez e a certeza do direito alegado. 5. Esta Corte mantinha entendimento no sentido de que a partir da vigência da Lei Complementar nº 87/96, o contribuinte substituído, no regime de substituição tributária do ICMS, ostentava legitimidade para pleitear a restituição dos valores recolhidos indevidamente. 6. O egrégio STJ vinha admitindo que o contribuinte do ICMS, sujeito ao regime de substituição tributária para frente, se compensasse, em sua escrita fiscal, dos valores pagos a maior, nas hipóteses em que a base de cálculo real tivesse sido inferior àquela arbitrada. 7. Entrementes, em 08 de maio de 2002, o Plenário do Pretório Excelso, ao julgar a Ação Direta de Inconstitucionalidade nº 1.851, decidiu pela constitucionalidade da Cláusula Segunda do Convênio ICMS 13/97, em virtude do disposto no § 7º do art. 150 da CF, e considerando ainda a finalidade do instituto da substituição tributária, que, mediante a presunção dos valores, torna viável o sistema de arrecadação do ICMS. Em conseqüência, ficou estabelecido, no âmbito daquela egrégia Corte, que somente nos casos de não realização do fato imponível presumido é que se permite a repetição dos valores recolhidos, sem relevância o fato de ter sido o tributo pago a maior ou a menor por parte do contribuinte substituído. 8. Submissão ao julgado da Excelsa Corte. A força da jurisprudência foi erigida como técnica de sumarização dos julgamentos dos Tribunais, de tal sorte que os Relatores dos apelos extremos, como soem ser o recurso extraordinário e o recurso especial, têm o poder de substituir o colegiado e negar seguimento às impugnações por motivo de mérito. 9. Deveras, a estratégia política-jurisdicional do precedente, mercê de timbrar a interpenetração dos sistemas do civil law e do common law, consubstancia técnica de aprimoramento da aplicação isonômica do Direito, por isso que para "casos iguais", "soluções iguais". 10. A real ideologia do sistema processual, à luz do princípio da efetividade processual, do qual emerge o reclamo da celeridade em todos os graus de Jurisdição, impõe que o STJ decida consoante o STF acerca da mesma questão, porquanto, do contrário, em razão de a Corte Suprema emitir a última palavra sobre o tema, decisão desconforme do STJ implicará o ônus de a parte novamente recorrer para obter o resultado que se conhece e que na sua natureza tem função uniformizadora e, a *fortiori*, *erga omnes*. 11. Recurso ordinário desprovido. (na) **REsp 786482 / SP; Ministro CASTRO MEIRA; DJe 04/09/2008; 2ª Turma.** Ementa: TRIBUTÁRIO E PROCESSUAL CIVIL. ICMS. SUBSTITUIÇÃO TRIBUTÁRIA PARA

b) Substituição tributária "para trás" ou regressiva

Não há previsão constitucional para substituição tributária "para trás" ou regressiva. Seu regramento é extraído do art. 128, do CTN. Aqui, o fato gerador já ocorreu quando se dá a substituição tributária. O elemento posterior da cadeia econômica é responsável por recolher seu próprio tributo e, também, o tributo devido pelo elemento anterior. Neste caso, ocorre o contrário do que ocorre na substituição tributária "para frente", ou seja, tem-se, como primeiros elementos da cadeia econômica, pequenos devedores difíceis de serem alcançados e fiscalizados pela Administração, e mais a frente é que se encontra o "bom devedor" para fiscalizar e arrecadar o tributo.

Registram José Eduardo Soares de Melo e Luiz Francisco Lippo:

> *"Na substituição regressiva a lei atribui a responsabilidade ao adquirente de uma determinada mercadoria, por razões de comodidade, praticidade ou pela circunstância de o real contribuinte não manter organização adequada de seus negócios. Em tal hipótese, é perfeitamente aceitável a substituição tributária, posto que encontram-se presentes todos os elementos deflagradores da exigência tributária."*[42]

O ressarcimento financeiro do substituto se dá imediatamente na nota fiscal, descontando-se do valor da mercadoria a ser paga ao substituído, a quantia referente ao tributo recolhido ao Fisco.

É freqüente esta modalidade de substituição tributária, nos frigoríficos pelos fazendeiros vendedores de bois, aves, porcos, etc; e, nos laticínios e cooperativas pelos fazendeiros vendedores de leite. Por exemplo, o

FRENTE. FATO GERADOR PRESUMIDO. VENDA REALIZADA A PREÇO MENOR DO QUE O UTILIZADO COMO BASE DE CÁLCULO. MANDADO DE SEGURANÇA. ADEQUAÇÃO. SÚMULA 213/STJ. MÉRITO. DEFICIÊNCIA DE FUNDAMENTAÇÃO. SÚMULA 284/STF. DIREITO LOCAL. SÚMULA 280/STF. 1. Precedentes das duas Turmas de Direito Público, que reconhecem a adequação da via mandamental para a declaração do direito à restituição do que foi pago a maior no regime de substituição tributária para frente do ICMS. Incidência da Súmula 213/STJ. 2. Não se conhece do recurso especial, nos termos da Súmula 284/STF, se a parte não indica com precisão o dispositivo de lei que reputa malferido. 3. É inadmissível o apelo se o aresto recorrido decide com base na legislação estadual, especificamente no art. 66-B da Lei Estadual Paulista 6.347/89, que autoriza a devolução do que foi pago a maior no regime de substituição tributária, quando o fato gerador ocorre com base de cálculo inferior à que foi estimada para a substituição. 4. Recurso especial conhecido em parte e não provido. (na)

[42] José Eduardo Soares de Melo e Luiz Francisco Lippo, *op. cit.*, p. 147.

laticínio, para fabricar doce-de-leite, manteiga, lei em pó etc, compra leite de pequenos produtores. Como é muito mais difícil para o Fisco cobrar desses pequenos produtores de leite, os quais sequer possuem estrutura contábil-organizacional para procederem ao recolhimento do tributo, a lei estabelece regime de substituição tributária, no qual o laticínio será responsável pelo tributo devido pelos produtores rurais. O fato gerador ocorre no momento em que o produtor vende o leite e o dono do laticínio irá recolher o tributo, cujo fato gerador já ocorreu, se ressarcindo do respectivo valor na emissão da nota fiscal, no momento que comprar o leite do pequeno fazendeiro.

Nessa modalidade de substituição tributária, não há inconstitucionalidade porque o fato gerador já ocorreu.

c) A Retenção na Fonte

Os agentes retentores são aquelas pessoas que, por terem à disposição dinheiro do contribuinte, tem o ônus de reter o imposto e recolhê-lo ao Fisco. Assim o empregador que desconta o IR do empregado na fonte e recolhe ao Fisco (art. 624, do RIR/99, Decreto nº 3.000/99, com fundamento no CTN, art. 45, parágrafo único e na Lei nº 7.713/88, art. 7º, § 1º) e o mesmo empregador que retém a contribuição previdenciária e repassa ao INSS (art. 30, I, *a* e *b*, da Lei nº 8.212/91).

Diverge a doutrina quanto à natureza jurídica desta retenção. RICARDO LOBO TORRES[43], afirma que a retenção na fonte é uma das formas de substituição tributária, na qual o empregador seria o substituto e o empregado, o substituído. Neste caso, tem-se substituição tributária "para trás", porque quando o empregador retém o imposto e o recolhe, a operação que o originou naquele mês (receber renda) já ocorreu[44].

Outros autores[45] entendem que essa retenção na fonte é, tão-somente, um dever instrumental imposto a terceiro, o qual tem a sua disposição dinheiro pertencente ao contribuinte, em razão de relação extratributária.

[43] *Curso de Direito Financeiro e Tributário*, op. cit., pp. 233-24.

[44] Não adentramos aqui na controvérsia doutrinária e jurisprudencial sobre o momento em que ocorre o fato gerador periódico, irrelevante para retratarmos a situação jurídica de retenção.

[45] Cf., e por todos, Sacha Calmon Navarro Coelho, *Curso de Direito Tributário Brasileiro, op. cit.*, pp. 613-614.

Destarte, para esses últimos, os agentes retentores não são sujeitos passivos da relação tributária, ou seja, não são contribuintes e nem responsáveis, mas apenas agentes arrecadadores, por isso, nunca vão figurar no pólo passivo da obrigação tributária. Em decorrência disto eles não podem discutir o tributo ou repetir o indébito.

O agente retentor estaria obrigado a uma obrigação instrumental perante a Administração, mas não seria o sujeito passivo da obrigação tributária. É uma obrigação de fazer (reter o dinheiro do contribuinte e recolher ao erário). Para SACHA CALMON[46], não seria o caso de substituição tributária porque ela só é cabível em casos de tributos que seguem uma cadeia econômica, que é o caso do IPI e do ICMS e onde haja a possibilidade de ressarcimento perante a Administração caso o fato gerador presumido não ocorra.

Ocorre que a jurisprudência do C. Superior Tribunal de Justiça é uníssona ao se filiar à corrente defendida por Ricardo Lobo Torres, reconhecendo na retenção na fonte verdadeira substituição tributária, segundo a qual o pólo passivo da obrigação tributária é ocupado pelo agente retentor[47].

[46] Idem.

[47] **RESP 374694 / SC; DJ 12/05/2003 p. 264; Ministra ELIANA CALMON; 2ª Turma.** Ementa TRIBUTÁRIO – IMPOSTO DE RENDA RETIDO NA FONTE – BINGO – DISTRIBUIÇÃO DE PRÊMIOS – SUBSTITUIÇÃO TRIBUTÁRIA – ART. 63 DA LEI 8.981/95 – LEGITIMIDADE ATIVA – PRINCÍPIO DA ANTERIORIDADE. 1. Descabe figurar no pólo ativo da demanda aquele que não tem relação com o Fisco, já que não podem ser a ele impostos ajustes particulares relativos à responsabilidade pelo pagamento de tributos (art. 123 do CTN) – inexistência de violação aos arts. 46 e 54 do CPC. 2. É maciça jurisprudência no sentido de que a MP 812/94, convertida na Lei 8.981/95, não violou o princípio da anterioridade (art. 9º, II do CTN). 3. A substituição tributária decorre de disposição expressa de lei, devendo haver vinculação entre o substituto e o fato gerador. Condições atendidas pelo art. 63 da Lei 8.981/95, ao eleger como responsável tributário o distribuidor de prêmios de bingo, ainda que estes constituam em bens ou serviços, determinando a tributação na fonte. Precedente da Corte (REsp 208.094/SC). 4. Recurso especial improvido – (na). **RESP 398232/RS, DJ de 02/09/2002, p. 178, Relator Min. ELIANA CALMON, 2ª Turma.** Ementa TRIBUTÁRIO – IMPOSTO DE RENDA RETIDO NA FONTE – SUBSTITUIÇÃO TRIBUTÁRIA – RETENÇÃO INDEVIDA. 1. O INSS, ao recolher o Imposto de Renda incidente sobre os valores por ele pagos, age como substituto tributário. 2. Tendo efetivado o recolhimento, possível reclamação pelo equívoco da retenção deve ser dirigida ao sujeito que detém a disponibilidade econômica, a UNIÃO. 3. Recurso provido. **RESP 309913/SC, DJ de 01/07/2002, p. 296, Relator Min. PAULO MEDINA, 2ª Turma.** Ementa TRIBUTÁRIO – IMPOSTO DE RENDA – AUSÊNCIA DE RETENÇÃO NA FONTE – SUBSTITUIÇÃO LEGAL – TRIBUTÁRIA – FONTE PAGADORA. A obrigação tributária nasce, por efeito

3.6.1.2. A Responsabilidade por Transferência

Como já mencionamos alhures, na responsabilidade por transferência, nasce a obrigação tributária em face do contribuinte que pratica o fato gerador, entretanto, por circunstâncias posteriores ao fato gerador a responsabilidade de pagar o tributo migra do contribuinte para o responsável.

a) Responsabilidade por Sucessão

A sucessão pode ser:

a.1) Por ato *inter vivos*: artigos 130 e 131, I, CTN

O art. 130, do CTN, trata da sucessão por ato *inter vivos* em relação a bens imóveis e assim dispõe:

da incidência da norma jurídica, originária e diretamente, contra o contribuinte ou contra o substituto legal tributário; a sujeição passiva é de um ou de outro, e, quando escolhido o substituto legal tributário, só ele, ninguém mais, está obrigado a pagar o tributo. O substituto tributário do imposto de renda de pessoa física responde pelo pagamento do tributo, caso não tenha feito a retenção na fonte e o recolhimento devido. Recurso especial de Antônio Boabaid provido e recurso da Fazenda Nacional que se julgou prejudicado. **RESP 153664/ES, DJ de 11/09/2000, p. 238, Relator Min. FRANCISCO PEÇANHA MARTINS, 2ª Turma.** Ementa TRIBUTÁRIO. IMPOSTO DE RENDA. RETENÇÃO NA FONTE. SUBSTITUIÇÃO TRIBUTÁRIA. RESPONSABILIDADE PELO PAGAMENTO. ARTS. 45, § ÚNICO DO CTN, 103 DO D.L. 5.844/43 E 576 DO DEC. 85.450/80. 1. O substituto tributário do imposto de renda de pessoa física responde pelo pagamento do tributo, caso não tenha feito a retenção na fonte e o recolhimento devido. 2. Recurso especial conhecido e provido. **RESP 208094/SC, DJ de 06/09/1999, p. 56, Relator Min. JOSÉ DELGADO, 1ª Turma.** Ementa TRIBUTÁRIO. IMPOSTO DE RENDA RETIDO NA FONTE. INCIDÊNCIA SOBRE A DISTRIBUIÇÃO DE PRÊMIOS. RESPONSABILIDADE (SUBSTITUIÇÃO) TRIBUTÁRIA. OBRIGAÇÃO DECORRENTE DE LEI. INTELIGÊNCIA DOS ARTS. 63, DA LEI 8.981/95; 45, PARÁGRAFO ÚNICO, E 121, INCISO II, AMBOS DO CTN. 1 – O fenômeno da responsabilidade ("substituição") tributária encontra-se inserto no parágrafo único, do art. 45, do CTN, o qual prevê a possibilidade de a lei atribuir à fonte pagadora da renda ou dos proventos tributáveis a condição de responder pelo imposto cuja retenção e recolhimento lhe caibam, em combinação com o disposto no inciso II, do parágrafo único, do art. 121, segundo o qual 'responsável' é aquele que, sem revestir a condição de contribuinte, tenha obrigação decorrente de disposição expressa de lei. 2 – No caso em apreço, o art. 63, da Lei 8.981/95 (com redação dada pela Lei 9.065, de 20/06/95) conferiu expressamente à pessoa jurídica que proceder a distribuição de prêmios a retenção do imposto de renda, fato que a transforma em responsável pelo seu pagamento. 3 – "A obrigação tributária nasce por efeito da incidência da norma jurídica originária e diretamente contra o contribuinte ou contra o substituto legal tributário; a sujeição passiva é de um ou de outro, e, quando escolhido o substituto legal tributário, só ele, ninguém mais, está obrigado a pagar o tributo" (Ministro Ari Pargendler, REsp 86.465/RJ, DJU 07/10/96). 4 – Recurso especial improvido.

"Os créditos tributários relativos a impostos cujo fato gerador seja a propriedade, o domínio útil ou a posse de bens imóveis, e bem assim os relativos a taxas pela prestação de serviços referentes a tais bens, ou a contribuições de melhoria, sub-rogam-se na pessoa dos respectivos adquirentes, salvo quando conste do título a prova de sua quitação.

Parágrafo único – No preço de arrematação em hasta pública, a sub-rogação ocorre sobre o respectivo preço."

Então, o primeiro caso de sucessão por ato *inter vivos* é para o caso de bens imóveis. O adquirente de um imóvel se torna responsável pelos tributos devidos até aquela data, salvo se constar no título de propriedade a quitação dos tributos.

Assim sendo, se João tem um imóvel que está com débito de IPTU de 1995 a 1999; que é vendido para Pedro. Então, por circunstância posterior ao fato gerador (o fato gerador ocorreu em face de João), o débito vai se transferir para Pedro. Pedro vai sub-rogar-se naquele débito, salvo se na transcrição do título constar a inexistência do débito.

Como bem disse o grande tributarista brasileiro, ALIOMAR BALEEIRO[48], a regra acima não importa em reconhecer-se caráter real às obrigações tributárias, visto que essas têm sempre caráter pessoal, por serem relações jurídicas estabelecidas entre pessoas (o Estado e o particular), e por estarem obrigatoriamente subordinadas ao Princípio da Capacidade Contributiva (art. 145, §1º, CF/88).

O parágrafo único do art. 130, do CTN, estabelece outra exceção à sucessão na transmissão *inter vivos*: No caso de imóvel adquirido em hasta pública, a sucessão não ocorre, pois o valor do tributo sub-rogar-se-á no preço de venda. Isso porque a aquisição em hasta pública é aquisição originária, onde não se estabelece relação jurídica entre o alienante e o adquirente, de modo que a parte adquire o imóvel sem qualquer ônus. Mesmo se o preço alcançado com o leilão for insuficiente para pagar o crédito fiscal, o adquirente/arrematante não será responsável pelo mesmo, vez que "*a arrematação em hasta pública tem, pois, o efeito de extinguir os ônus do bem imóvel arrematado, passando este ao arrematante livre e desembaraçado de qualquer encargo tributário ou responsabilidade tributária* [49]".

[48] *In Direito Tributário Brasileiro, op. cit.*, p. 747.

[49] Bernardo Ribeiro de Moraes, *Compêndio de Direito Tributário*, Segundo Volume, 3ª. ed., Rio de Janeiro: Forense, 1997, 513.

O inciso I, do art. 131, do CTN cuida da responsabilidade por transferência, na sucessão de **bens móveis**, que se assemelha à disciplina dos bens imóveis. Quando alguém adquire um bem móvel, responde pelos os ônus tributários do seu anterior titular. Destarte, se João adquire um carro que está com o IPVA atrasado, o débito passa para João.

Ressalte-se que, na sucessão inter vivos de bem móvel não há exceção à regra da transferência, nem se houver prova da quitação, nem se a alienação se der em hasta pública.

a.2) Sucessão *causa mortis*

Abrange as duas situações que estão dispostas no art. 131, incisos II e III.

> "Art. 131. São pessoalmente responsáveis:
>
> II – o sucessor a qualquer título e o cônjuge meeiro, pelos tributos devidos pelo *de cujus* até a data da partilha ou adjudicação, limitada esta responsabilidade ao montante do quinhão, do legado ou da meação;
>
> III – o espólio, pelos tributos devidos pelo *de cujus* até a data da abertura da sucessão."

O CTN não pode ser elogiado pelo primor na redação dos incisos que tratam das relações hereditárias, tendo, inclusive, invertido a ordem cronológica dos fatos. Para facilitar o entendimento, podemos desenvolver as duas situações da seguinte forma:

- Primeira situação (art. 131, III): fatos geradores ocorridos quando o *de cujus* era vivo, ou seja, até a data da abertura da sucessão, a qual pelo princípio de *saisine* (art. 1784 do CC/2002 e art. 1572 do CC/1916) se dá com a morte. Nesta situação, o contribuinte era o *de cujus*; no entanto, o responsável pelos pagamentos devidos será o espólio. Ex. O contribuinte morre deixando dívidas tributárias; o espólio vai ser por elas responsável, **na medida das forças da herança.**
- Segunda situação (art. 131, II): fatos geradores ocorridos após a morte, mas antes da partilha (entre a morte e a partilha). Nesse caso, o contribuinte é o espólio (posto que, com a morte já se transmitiram os direitos); os responsáveis serão os herdeiros e o cônjuge meeiro, também no limite das forças da herança.

Até este momento, não se fala em responsabilidade do inventariante que terá responsabilidade tributária pelos atos praticados no inventário, conforme art. 134, IV, do CTN, o qual estudaremos logo a seguir.

Consoante nos informa ALIOMAR BALEEIRO, na prática, "*iniciado o inventário dos bens deixados pelo de cujus, o juiz oficia às repartições interessadas da União, Estado ou Município e, em certos casos, às autarquias e empresas públicas, para que comuniquem os débitos do inventariado. Isso assegura o pagamento antes ou até a partilha. Se não forem liquidados, os débitos serão reclamáveis dos sucessores – herdeiros ou legatários – e do cônjuge meeiro.*[50]"

a.3) Sucessão societária

Está prevista no art. 132, do CTN:

> "A pessoa jurídica de direito privado que resultar de fusão, transformação ou incorporação de outra ou em outra é responsável pelos tributos devidos até a data do ato pelas pessoas jurídicas de direito privado fusionadas, transformadas ou incorporadas.
>
> Parágrafo único – O disposto neste artigo aplica-se aos casos de extinção de pessoas jurídicas de direito privado, quando a exploração da respectiva atividade seja continuada por qualquer sócio remanescente, ou seu espólio, sob a mesma forma ou outra razão social, ou sob firma individual."

A sucessão societária tem como objetivo evitar a elisão fiscal, ou seja, evitar que, através da mudança na roupagem societária da empresa, haja uma situação que caracterizaria o não-pagamento de tributos por meio da utilização de formas jurídicas lícitas, isto é, admitidas em direito.

Assim, o CTN estabelece que, havendo mudança societária da empresa, a nova empresa resultante desse processo será responsável pelos tributos da empresa anterior.

O CTN arrola três casos de mudança empresarial. A primeira é a fusão, que se dá quando duas ou mais empresas se juntam formando uma nova. Nesse caso, os tributos devidos pelas duas empresas anteriores serão suportados pela empresa nova; se assim não fosse, permitir-se-ia que os débitos tributários das empresas desaparecessem juntamente com a fusão.

[50] *Direito Tributário Brasileiro, op. cit.*, p. 748.

Outro caso de mudança societária de que trata o CTN é a transformação. Essa transformação refere-se à "mudança de roupagem jurídica" da sociedade; por exemplo, a sociedade passa de S/A para LTDA ou vice-versa.

O último caso referido pelo CTN é o da incorporação, que ocorre quando uma empresa absorve outra, sendo que esta última desaparece, permanecendo a primeira.

Em todos esse casos, as empresas resultantes da sucessão societária será responsável pelos tributos devidos pelas empresas que existiam anteriormente.

O CTN só fala nesses três fenômenos, mas entende-se que esse rol não é exaustivo, abrangendo todas as figuras previstas na Lei das S/A (Lei 6.404/76), principalmente a **cisão**, que ocorre quando a empresa se desmembra, formando duas outras diferentes.

Tal entendimento se embasa no fato de que, quando o CTN foi editado, não existia a Lei das S/A, e, portanto, ainda não havia previsão do instituto da cisão no ordenamento jurídico. Assim, para se evitar o abuso de forma jurídica por parte do contribuinte, na tentativa de recolher menos imposto possível, não se pode ficar preso às figuras do CTN, devendo-se também considerar as outras figuras comerciais existentes na Lei das S/A. Entende-se, portanto, que, em caso de fusão, há a responsabilidade solidária das empresas que se originaram da cisão.

Na prática a Junta Comercial, via de regra, exige para registrar o ato societário (incorporação, cisão), a prova de quitação dos tributos. Mas perante a Fazenda Pública, as empresas novas continuam sendo responsáveis.

a.4) Sucessão comercial

Está prevista no art. 133, do CTN:

> "A pessoa natural ou jurídica de direito privado que adquirir de outra, por qualquer título, fundo de comércio ou estabelecimento comercial, industrial ou profissional, e continuar a respectiva exploração, sob a mesma ou outra razão social ou sob firma ou nome individual, responde pelos tributos, relativos ao fundo ou estabelecimento adquirido, devidos até a data do ato:
>
> I – integralmente, se o alienante cessar a exploração do comércio, indústria ou atividade;
>
> II – subsidiariamente com o alienante, se este prosseguir na exploração ou iniciar dentro 6 (seis) meses, a contar da data da alienação, nova atividade no mesmo ou em outro ramo de comércio, indústria ou profissão."

A sucessão comercial ocorre quando se dá a cessão do fundo de comércio, do estabelecimento comercial, industrial ou profissional, com a continuação da exploração da respectiva atividade.

Temos duas situações distintas nesse caso:

1ª quando o alienante cessa a exploração; a responsabilidade, no caso, vai ser exclusiva e integral do adquirente;

2ª quando a alienante continua exercendo a atividade (não cessou a sua exploração) ou iniciou uma nova atividade, qualquer que seja o ramo, dentro de 6 meses, a responsabilidade do adquirente será apenas subsidiária.

A interpretação dada pela doutrina majoritária, seguindo entendimento esposado por ALIOMAR BALEEIRO[51], a este dispositivo é que no primeiro caso, o alienante não responde "exclusivamente", mas sim, "preferencialmente", ou seja, há solidariedade entre alienante e adquirente pelos tributos devidos, mas não há benefício de ordem. Já no segundo caso, o adquirente continua responsável pelo débito, mas deverá o Fisco executar o alienante em primeiro lugar, uma vez que a responsabilidade do adquirente será subsidiária.

A responsabilidade por sucessão comercial dar-se-á mesmo se a sucessão for apenas de fato, isto é, sem estar legalizada.

A recente Lei Complementar nº 118, de 09 de fevereiro de 2005, trouxe significativa alteração na sistemática da responsabilidade por sucessão comercial, adaptando as disposições do Código Tributário Nacional a nova Lei de Falências (Lei nº 11.101, de 09 de fevereiro de 2005). Assim sendo, a responsabilidade prevista no *caput* do art. 133 do CTN é excluída nos casos de alienação judicial: (a) em processo de falência, (b) de filial ou unidade produtiva isolada, em processo de recuperação judicial (§ 1º), salvo se o adquirente for (a) sócio da sociedade falida ou em recuperação judicial, ou sociedade controlada pelo devedor falido ou em recuperação judicial; ou (b) parente, em linha reta ou colateral até o 4o (quarto) grau, consangüíneo ou afim, do devedor falido ou em recuperação judicial ou de qualquer de seus sócios; ou (c) identificado como agente do falido ou do devedor em recuperação judicial com o objetivo de fraudar a sucessão tributária (§ 2º).

[51] *In Direito Tributário Brasileiro, op. cit.*, p. 751.

Deveras, pretendeu o legislador incentivar a alienação de ativos da sociedade com o intuito de facilitar sua recuperação ou de satisfazer os credores do falido. O adquirente, portanto, está eximido da responsabilidade tributária por sucessão, nas hipóteses do art. 133, § 1º do CTN, com redação dada pela Lei Complementar nº 118/05 [52]. A exceção não se aplica quando houver a prática de conduta do falido ou daquele em recuperação judicial, ou de terceiro em benefício daqueles, com o objetivo de frustrar o pagamento dos tributos.

Por fim, também introduzido, pela LC nº 118/05, o § 3º no art. 133, que cuida de mais uma garantia do crédito tributário, uma vez que, na falência, o produto da alienação judicial permanecerá depositado à disposição do juízo pelo prazo de 1 (um) ano somente podendo ser utilizado, nesse período, no pagamento de crédito extraconcursal (art. 84 da Lei nº 11.101/05) ou de crédito com preferência sobre o crédito tributário (art. 83 da Lei nº 11.101/05).

a.5) As multas no caso de sucessão

No tocante à responsabilidade pelas penalidades pecuniárias em caso de sucessão, o CTN calou-se. Não há dispositivo no CTN, nessa parte, sobre as multas. Entende a doutrina que esse silêncio do CTN é um silêncio elo-

[52] Tratando-se da arrematação de bem imóvel na falência, a LC nº 118/05 não trouxe inovação, uma vez que na espécie seria aplicável a regra do art. 130, parágrafo único do CTN, ou seja, a sub-rogação da dívida tributária se daria no preço pago, estando desonerado o adquirente. Sobre o tema, há precedente, inclusive, do C. STJ: RESP 166975/SP, Relator Ministro SÁLVIO DE FIGUEIREDO TEIXEIRA, 4ª Turma, DJ de 04.10.1999, p. 60. Ementa: PROCESSO CIVIL. ARREMATAÇÃO. FALÊNCIA. TRIBUTO PREDIAL INCIDENTE SOBRE O IMÓVEL ARREMATADO. MATÉRIA CONCERNENTE AO PROCESSO FALIMENTAR. NEGATIVA DE VIGÊNCIA AO ART. 130 PARÁGRAFO ÚNICO, CTN. PRECEDENTES DOUTRINA. RECURSO ESPECIAL PROVIDO.
I – Na hipótese de arrematação em hasta pública, dispõe o parágrafo único do art.130 do Código Tributário Nacional que a sub-rogação do crédito tributário, decorrente de impostos cujo fato gerador seja a propriedade do imóvel, ocorre sobre o respectivo preço, que por eles responde. Esses créditos, até então assegurados pelo bem, passam a ser garantidos pelo referido preço da arrematação, recebendo o adquirente o imóvel desonerado dos ônus tributários devidos até a data da realização da hasta.
II – Se o preço alcançado na arrematação em hasta pública não for suficiente para cobrir o débito tributário, não fica o arrematante responsável pelo eventual saldo devedor. A arrematação tem o efeito de extinguir os ônus que incidem sobre o bem imóvel arrematado, passando este ao arrematante livre e desembaraçado dos encargos tributários.

qüente, ou seja, esse silêncio tem um fundamento, significa alguma coisa; quer dizer algo. Desse modo, como o legislador não falou nada sobre as multas, em princípio (regra geral) a multa não se transfere, pois é de se aplicar a máxima "a pena não pode passar da pessoa do infrator".

É preciso, porém, fazer uma distinção entre a multa que tenha caráter de penalidade, chamada multa punitiva a qual, portanto, não se transfere com base no princípio de que a pena não pode passar da pessoa do infrator e a multa meramente moratória, qual seja, aquela devida pelo atraso no pagamento do tributo que se transferirá ao sucessor. A multa punitiva não pode, portanto, ser cobrada na sucessão. Na mesma esteira de entendimento, o SUPREMO TRIBUNAL FEDERAL, em julgamento anterior à CF/88, quando a Corte apreciava matéria referente à lei federal[53] (RE 90.8134), assim se manifestou:

> "Multa. Tributo e multa não se confundem, eis que esta tem o caráter de sanção, inexistente naquele. Na responsabilidade tributária do sucessor não se inclui a multa punitiva aplica à empresa objeto de incorporação. Inteligência dos arts. 3º e 132 do CTN. Recurso extraordinário conhecido e provido, para restabelecer a decisão de primeiro grau."[54]

O STF, em outras ocasiões, tem reiteradamente manifestado entendimento no sentido de que, no pagamento em atraso, uma vez garantidos os juros e a correção moratória, a multa moratória ali prevista tem caráter de penalidade (RE 106.061 – RTJ 115/452).

No mesmo sentido, o julgamento do RE 85511- embargos, Relator: Min. MOREIRA ALVES, Tribunal Pleno, DJ de 28.04.78, assim ementado:

> A EXPRESSAO "TRIBUTOS" QUE SE ENCONTRA NO ARTIGO 133 DO CTN NAO DEVE SER INTERPRETADA EXTENSIVAMENTE PARA ABARCAR AS MULTAS FISCAIS PUNITIVAS. EMBARGOS DE DIVERGENCIA CONHECIDOS, MAS REJEITADOS.

Do voto do Ministro MOREIRA ALVES merece registro a seguinte passagem:

> "O problema, portanto, consiste em saber se se deve, ou não interpretar extensivamente a expressão tributo consignada nesse artigo, para declarar que

[53] Art. 119, III, *a*, da CF 67, na redação da EC 1/69.

[54] RE 90.834, 2ª Turma, Re. Min. Djaci Falcão, julg. 06/06/79, DJ 08/06/79.

ela, aí, tem a mesma extensão da expressão obrigação principal (que abarca o tributo e as penalidades pecuniárias).

Somente se se chegar à conclusão de que tributo, no artigo 133, deve ser entendido – pelo emprego da impropriamente denominada interpretação extensiva – como significando obrigação principal, é que se poderá discutir a aplicação do brocardo *exceptio firmat regulam in casibus non exceptis.*

A meu ver, não cabe, no caso a impropriamente dita interpretação extensiva.

Com efeito, embora as penalidades tributárias não se confundam com as de direito criminal, o que é certo é que o próprio Código Tributário Nacional lhes dá tratamento que se inspira nesse ramo do direito. É o que se vê dos disposto no artigo 112, relativo à interpretação de lei tributária que define infrações, ou lhes comina penalidades.

Por outro lado, a exceção contida no § único do artigo 134 (e exceção relativa às penalidades de caráter não moratório) está a mostrar que, ainda quando se estabelece a responsabilidade pela obrigação principal, é infenso nosso ordenamento jurídico a excluir dela penalidades que não sejam moratórias.

A interpretação sistemática do Código Tributário Nacional me leva, pois – e o mesmo sucedeu com o Sr. Ministro ALIOMAR BALEEIRO (com a autoridade, que não tenho, de exímio tributarista), ao julgar o RE 76.153 (referido, e endossado, pelo Sr. Ministro RODRIGUES ALCKMIN, no RE 77.571, RTJ 74/445 e segs.) -, a considerar que a expressão tributo contida no artigo 133 do CTN não deve ser compreendida em sentido capaz de abarcar as multas fiscais punitivas."

Então, a decorrência lógica do raciocínio supra exposto é a seguinte: dos acréscimos exigidos pelo pagamento do tributo em atraso, o que remunera a mora são os juros; a correção monetária é a recomposição do valor da moeda; portanto, a multa moratória é sempre penalidade. Como penalidade que é, nenhum tipo de multa pode ser transferida aos sucessores, quer punitiva, quer moratória.

Vale ressaltar, entretanto, que em julgamentos recentes sobre a matéria, o SUPERIOR TRIBUNAL DE JUSTIÇA vem entendendo de maneira contrária, no sentido de transferir as multas moratórias para os sucessores[55].

[55] **REsp 1017186 / SC, Ministro Castro Meira, DJe 27/03/2008, 2ª Turma.** Ementa: RECURSO ESPECIAL. MULTA TRIBUTÁRIA. SUCESSÃO DE EMPRESAS. RESPONSA-

Em outra decisão, aquela Corte, em voto proferido pela Min. Eliana Calmon, apesar de estar apreciando a transferência de multa moratória, fez a seguinte observação:

"Contudo, mesmo doutrinariamente, na atualidade sinaliza-se para prevalência da tese de que a responsabilidade dos sucessores estende-se às mul-

BILIDADE. OCORRÊNCIA. DECADÊNCIA. TEMA NÃO ANALISADO. RETORNO DO AUTOS. 1. A empresa recorrida interpôs agravo de instrumento com a finalidade de suspender a exigibilidade dos autos de infração lavrados contra a empresa a qual sucedeu. Alegou a ausência responsabilidade pelo pagamento das multas e, também, decadência dos referidos créditos. O Tribunal a quo acolheu o primeiro argumento, julgando prejudicado o segundo. 2. A responsabilidade tributária não está limitada aos tributos devidos pelos sucedidos, mas também se refere às multas, moratórias ou de outra espécie, que, por representarem dívida de valor, acompanham o passivo do patrimônio adquirido pelo sucessor. 3. Nada obstante os art. 132 e 133 apenas refiram-se aos tributos devidos pelo sucedido, o art. 129 dispõe que o disposto na Seção II do Código Tributário Nacional aplica-se por igual aos créditos tributários definitivamente constituídos ou em curso de constituição, compreendendo o crédito tributário não apenas as dívidas decorrentes de tributos, mas também de penalidades pecuniárias (art. 139 c/c § 1º do art. 113 do CTN). 4. Tendo em vista que a alegação de decadência não foi analisada em razão do acolhimento da não-responsabilidade tributária da empresa recorrida, determina-se o retorno dos autos para que seja analisado o fundamento tido por prejudicado. 5. Recurso especial provido em parte. (na)
REsp 554377 / SC, Ministro Francisco Falcão, DJ 19/12/2005 p. 215, 1ª Turma. Ementa: TRIBUTÁRIO E PROCESSUAL CIVIL. RESPONSABILIDADE DO SUCESSOR. AÇÃO ANULATÓRIA. OBRIGAÇÃO ACESSÓRIA. DECRETO. PRINCÍPIO DA LEGALIDADE. PODER REGULAMENTAR. POSSIBILIDADE. I – "Os arts. 132 e 133, do CTN, impõem ao sucessor a responsabilidade integral, tanto pelos eventuais tributos devidos quanto pela multa decorrente, seja ela de caráter moratório ou punitivo. A multa aplicada antes da sucessão se incorpora ao patrimônio do contribuinte, podendo ser exigida do sucessor, sendo que, em qualquer hipótese, o sucedido permanece como responsável. É devida, pois, a multa, sem se fazer distinção se é de caráter moratório ou punitivo; é ela imposição decorrente do não-pagamento do tributo na época do vencimento" (REsp nº 592.007/RS, Rel. Min. JOSÉ DELGADO, DJ de 22/03/2004). II – A disposição contida no art. 173 do Decreto 87.981/82, que impõe ao contribuinte examinar a adequada classificação fiscal dos produtos adquiridos, bem como o lançamento do imposto, não constitui penalidade nem infringe o princípio da reserva legal, porquanto tal regulamentação decorre do contido no artigo 62 da Lei nº 4.502/64, que dispõe acerca das obrigações dos adquirentes dos produtos sujeitos à tributação do IPI. III – Recurso especial da União provido. Recurso especial adesivo Improvido. (na)
REsp 544265 / CE, Ministro TEORI Albino Zavascki, DJ 21/02/2005 p. 110, 1ª Turma. Ementa: TRIBUTÁRIO. RESPONSABILIDADE TRIBUTÁRIA. SUCESSÃO. AQUISIÇÃO DE FUNDO DE COMÉRCIO OU DE ESTABELECIMENTO COMERCIAL. ART. 133 CTN. TRANSFERÊNCIA DE MULTA. 1. A responsabilidade tributária dos sucessores de pessoa natural ou jurídica (CTN, art. 133) estende-se às multas devidas pelo sucedido, sejam elas de caráter moratório ou punitivo. Precedentes. 2. Recurso especial provido. (na)

tas, sejam elas moratórias ou punitivas, pelo fato de integrarem elas o passivo da empresa sucedida, conforme entendimento do Dr. Luiz Alberto Gurgel de Faria, em 'Código Tributário Nacional Comentado', Editora Revista dos Tribunais:

'A não ser assim, muitas fraudes poderiam existir simplesmente para alterar a estrutura jurídica das empresas, fundindo-as, transformando-as ou realizando incorporações para afastar aplicação de penalidades (...) a posição mais moderna se inclina pela continuidade das multas (já aplicadas) por ocasião da sucessão de empresas.'"[56]

Há uma observação a ser feita, no caso de **sucessão societária e comercial**. Para SACHA CALMON apenas as multas não formalizadas não são transferidas aos sucessores. Ele admite a transferência, desde que a multa já tenha sido cobrada, estando, portanto, já constante do passivo da empresa, ou seja, a multa já formalizada é transferida na sucessão, porque quem está sucedendo dela tem conhecimento, pois constante no balanço, se assim não fosse, entende o doutrinador que "*seria muito fácil apagar multas pelo simples subterfúgio da alteração do tipo societário*". Mas nesse caso, "*a multa transferível é aquela que integra o passivo da pessoas jurídica no momento da sucessão empresarial ou está em discussão (suspensa)*"[57]

b) A Responsabilidade por Imputação Legal

É a chamada **responsabilidade de terceiros**.

b.1) A Responsabilidade Solidária (art. 134, do CTN)

"Art. 134 – Nos casos de impossibilidade de exigência do cumprimento da obrigação principal pelo contribuinte, respondem solidariamente com estes nos atos em que intervierem ou pelas omissões de que forem responsáveis:

I – os pais, pelos tributos devidos pelos seus filhos menores;

II – os tutores e curadores, pelos tributos devidos por seus tutelados ou curatelados;

III – os administradores de bens de terceiros, pelos tributos devidos por estes;

IV – o inventariante, pelos tributos devidos pelo espólio;

[56] REsp 32.967 / RS.

[57] *Curso de Direito Tributário Brasileiro, op. cit.*, pp. 608-609.

V – o síndico e o comissário, pelos tributos devidos pela massa falida ou pelo concordatário;

VI – os tabeliães, escrivães e demais serventuários de ofício, pelos tributos devidos sobre os atos praticados por eles, ou perante eles, em razão do seu ofício;

VII – os sócios, no caso de liquidação de sociedade de pessoas;

Parágrafo único. O disposto neste artigo só se aplica, em matéria de penalidade, às de caráter moratório."

A doutrina entende que esta responsabilidade é subsidiária apesar de constar no art. 134 do CTN, como solidária, pois este dispositivo dispõe que "*nos casos de impossibilidade de exigência do cumprimento da obrigação principal pelo contribuinte*". Assim, os devedores "solidários" só serão executados depois que se comprovar a impossibilidade de se exigir a obrigação dos devedores principais.

Além disso, entende-se que os terceiros só responderão pelos tributos devidos pelos contribuintes nos casos em que intervierem ou pelas omissões de que forem responsáveis, de sorte que "*é preciso que exista uma relação entre a obrigação tributária e o comportamento daquele a quem a lei atribui a responsabilidade.*"[58]

O fundamento da responsabilidade nos casos expressos nos vários incisos do art. 134, do CTN, é a culpa *in vigilando*.

O disposto no parágrafo único encerra, no tocante a esta modalidade de responsabilidade, a controvérsia sobre a transferência das multas aos terceiros, posto que, distinguindo entre as espécies de multas (punitiva e moratória), preconiza que somente a multa moratória será transferida.

Note-se que o parágrafo único do artigo 134 é expresso no sentido de que os terceiros vão responder pelas multas moratórias em virtude do não-pagamento do tributo no prazo, mas não respondem pela multa meramente punitiva ou isolada.

Multa isolada é aquela não relacionada ao pagamento do tributo, mas sim ao descumprimento de uma obrigação de fazer. No direito tributário, há duas espécies de multas; as duas têm caráter de penalidade, sendo que uma é penalidade pelo não pagamento do tributo em dia – é essa que o CTN chamou, no art. 134, parágrafo único, de multa moratória; a outra

[58] Hugo de Brito Machado, *Curso...*, *op. cit.*, p. 111.

é quando o sujeito passivo não cumpre determinada obrigação de fazer, desvinculada da exigência de pagamento tributo, como por exemplo, a multa pela não elaboração da declaração do imposto de renda, no caso das pessoas físicas.

A situação é diferente da sucessão, estudada no item anterior. Na sucessão, o CTN manteve-se silente, entendendo a doutrina que trata-se de silêncio eloqüente, e assim o é por causa do dispositivo do art. 134, parágrafo único. Numa interpretação sistemática, como aqui se falou em multa e na sucessão não, entende-se que na sucessão não há multa qualquer a ser transferida; já na responsabilidade solidária, transfere-se a multa pelo inadimplemento do tributo, que é chamada multa moratória, mas não a multa isolada, que é pelo descumprimento de obrigação de fazer.

b.2) Responsabilidade pessoal

> "Art. 135 – São pessoalmente responsáveis pelos créditos correspondentes a obrigações tributárias resultantes de atos praticados com excesso de poderes ou infração de lei, contrato social ou estatutos:
>
> I – as pessoas referidas no artigo anterior;
>
> II – os mandatários, prepostos e empregados;
>
> III – os diretores, gerentes ou representantes de pessoas jurídicas de direito privado."

Esse dispositivo artigo gera muita controvérsia. A responsabilidade pessoal é vulgarmente conhecida por "transferência por substituição" ou "responsabilidade substitutiva".

Para alguns[59], aqui não há nem solidariedade, nem subsidiariedade; a responsabilidade é pessoal e exclusiva do terceiro. Desse modo, é chamada transferência por substituição: terceiro substitui o contribuinte.

Para outros, na responsabilidade pessoal do art. 135, do CTN, há solidariedade entre responsável e contribuinte, podendo o Fisco exigir o dirigir a execução contra ambos ou contra apenas um deles.[60]

Podem ser responsabilizados pessoalmente as pessoas referidas no art. 134. Também os mandatários, prepostos e empregados. De registrar será responsável o empregado com algum poder de decisão e não qualquer

[59] Entre eles, Bernardo Ribeiro de Moraes, *Compêndio...*, *op. cit.*, p. 522.

[60] Ricardo Lobo Torres, *Curso...*, *op. cit.*, p. 238.

funcionário, totalmente subordinado e que cumpre ordens diretas. Normalmente, se incluem aqui, contadores, advogados, entre outros. E, por fim, os diretores, gerentes ou representantes de pessoas jurídicas de direito privado.

A responsabilidade é pessoal quando age o terceiro com **infração à lei, contrato social ou estatutos, ou com excesso de poder.** A questão mais palpitante sobre este dispositivo é se o mero inadimplemento do tributo pode ser enquadrado como "fraude a lei" ou seria necessário que houvesse dolo, culpa ou má-fé por parte do terceiro em não pagar o tributo.

Após intensa controvérsia entre a 1ª e 2ª Turmas, a 1ª Seção do Superior Tribunal de Justiça consolidou o entendimento que não configura ato contrário à lei o não pagamento do tributo na data de vencimento, como se observa da ementa do acórdão do julgamento proferido no ERESP 206107/RS (DJ de 19.04.2004, p. 149, Relator Min. José Delgado):

> TRIBUTÁRIO. EMBARGOS DE DIVERGÊNCIA. EXECUÇÃO FISCAL. RESPONSABILIDADE DE SÓCIO-GERENTE. LIMITES. ART. 135, III, DO CTN. PRECEDENTES.
>
> 1. Os bens do sócio de uma pessoa jurídica comercial não respondem, em caráter solidário, por dívidas fiscais assumidas pela sociedade. A responsabilidade tributária imposta por sócio-gerente, administrador, diretor ou equivalente só se caracteriza quando há dissolução irregular da sociedade ou se comprova infração à lei praticada pelo dirigente.
>
> 2. Em qualquer espécie de sociedade comercial é o patrimônio social que responde sempre e integralmente pelas dívidas sociais. Os diretores não respondem pessoalmente pelas obrigações contraídas em nome da sociedade, mas respondem para com esta e para com terceiros, solidária e ilimitadamente, pelo excesso de mandato e pelos atos praticados com violação do estatuto ou da lei (art. 158, I e II, da Lei nº. 6.404/76).
>
> 3. De acordo com o nosso ordenamento jurídico-tributário, os sócios (diretores, gerentes ou representantes da pessoa jurídica) são responsáveis, por substituição, pelos créditos correspondentes a obrigações tributárias resultantes da prática de ato ou fato eivado de excesso de poderes ou com infração de lei, contrato social ou estatutos, nos termos do art. 135, III, do CTN.
>
> 4. O simples inadimplemento não caracteriza infração legal. Inexistindo prova de que se tenha agido com excesso de poderes, ou infração de contrato social ou estatutos, não há falar-se em responsabilidade tributária do ex-sócio a esse título ou a título de infração legal. Inexistência de responsabilidade tributária do ex-sócio.

5. Precedentes desta Corte Superior.
6. Embargos de divergência rejeitados. (na)

Um dos casos mais comuns de infração à lei é a dissolução irregular da sociedade. Segundo o STJ, *"em se tratando de sociedade que se extingue irregularmente, impõe-se a responsabilidade tributária do sócio-gerente, autorizando-se o redirecionamento, cabendo ao sócio-gerente provar não ter agido com dolo, culpa, fraude ou excesso de poder"*.[61](na)

A tese desenvolvida pelo STJ baseia-se na distinção entre a pessoa jurídica e a pessoa dos sócios. Entender a questão de modo diverso implica em acabar com a autonomia patrimonial da pessoa jurídica, instituindo-se, como regra, a desconsideração da personalidade jurídica, quando esta deve ser exceção, só sendo possível casos de fraude, dolo, má-fé.

A responsabilidade do art. 135 alcança tão-somente o período em que o sócio exerceu a gerência da sociedade. Vale ressaltar que o STJ entende que para configurar a responsabilidade substitutiva, o sócio gerente deve estar no exercício das atividades de administração e gerência da sociedade no período de apuração do débito, de modo que dívidas referentes a período anterior à permanência do sócio na empresa, ou período em que ele não se encontrava investido de funções diretivas da sociedade, não têm o condão de responsabilizá-lo, mesmo porque não há ligação entre a pessoa do sócio e os fatos geradores respectivos.[62]

Por derradeiro, a Fazenda Pública deve indicar na certidão de dívida ativa todos os devedores, entre eles os contribuintes e os eventuais responsáveis, em especial os sócios, que em sede de embargos à execução poderão afastar sua responsabilidade, ante a presunção relativa de certeza e liquidez de que goza a dívida fiscal regularmente inscrita em dívida ativa (art. 204 do CTN). No entanto, no curso da ação de execução fiscal também é possível à Fazenda proceder ao seu redirecionamento para alcançar algum dos responsáveis indicados no art. 135 do CTN, hipótese em que, no entanto, será lícito ao juiz exigir a demonstração da prática de atos contra a lei, contrato ou estatuto social, ou ainda realizados com excesso de poder.[63]

[61] EDcl no REsp 897798 / SC, 2ª Turma, Rel. Min. Eliana Calmon, DJe 24/11/2008.

[62] AERESP 109639/RS, DJ de 28.02.2000, p. 32, Relator Min. JOSÉ DELGADO, 1ª Seção.

[63] Nesse sentido, a firme jurisprudência do Superior Tribunal de Justiça: **RESP 545080/MG, Relator(a) Ministro Teori Albino Zavascki, 1ª Turma, DJ de 06.09.2004 p.00169.** Ementa TRIBUTÁRIO. EXECUÇÃO FISCAL. REDIRECIONAMENTO CONTRA SÓCIO-GERENTE QUE FIGURA NA CERTIDÃO DE DÍVIDA ATIVA COMO CO-RESPONSÁ-

VEL. POSSIBILIDADE. DISTINÇÃO ENTRE A RELAÇÃO DE DIREITO PROCESSUAL (PRESSUPOSTO PARA AJUIZAR A EXECUÇÃO) E A RELAÇÃO DE DIREITO MATERIAL (PRESSUPOSTO PARA A CONFIGURAÇÃO DA RESPONSABILIDADE TRIBUTÁRIA). 1. Não se pode confundir a relação processual com a relação de direito material objeto da ação executiva. Os requisitos para instalar a relação processual executiva são os previstos na lei processual, a saber, o inadimplemento e o título executivo (CPC, artigos 580 e 583). Os pressupostos para configuração da responsabilidade tributária são os estabelecidos pelo direito material, nomeadamente pelo art. 135 do CTN. 2. A indicação, na Certidão de Dívida Ativa, do nome do responsável ou do co-responsável (Lei 6.830/80, art. 2º, § 5º, I; CTN, art. 202, I), confere ao indicado a condição de legitimado passivo para a relação processual executiva (CPC, art. 568, I), mas não confirma, a não ser por presunção relativa (CTN, art. 204), a existência da responsabilidade tributária, matéria que, se for o caso, será decidida pelas vias cognitivas próprias, especialmente a dos embargos à execução. 3. É diferente a situação quando o nome do responsável tributário não figura na certidão de dívida ativa. Nesses casos, embora configurada a legitimidade passiva (CPC, art. 586, VI), caberá à Fazenda exeqüente, ao promover a ação ou ao requerer o seu redirecionamento, indicar a causa do pedido, que há de ser uma das situações, previstas no direito material, como configuradoras da responsabilidade subsidiária. 4. No caso, havendo indicação do co-devedor no título executivo (Certidão de Dívida Ativa), é viável, contra ele, o pedido de redirecionamento da execução. Precedentes (REsp 272.236-SC, 1ª Turma, Min. Gomes de Barros; REsp 278.741, 2ª Turma, Min. Franciulli Netto). 5. Recurso especial provido. **RESP 627326/RS, Relator(a) Ministra Eliana Calmon, 2ª Turma, DJ 23.08.2004, p. 00221.** Ementa: PROCESSO CIVIL - EXECUÇÃO FISCAL - CERTIDÃO DE DÍVIDA ATIVA - RESPONSABILIZAÇÃO PESSOAL DO SÓCIO-GERENTE DA EMPRESA. HIPÓTESE QUE SE DIFERE DO REDIRECIONAMENTO DA EXECUÇÃO. 1. Pacífica a jurisprudência desta Corte no sentido de que o sócio somente pode ser pessoalmente responsabilizado pelo inadimplemento da obrigação tributária da sociedade se agiu dolosamente, com fraude ou excesso de poderes. 2. A CDA é documento que goza da presunção de certeza e liquidez de todos os seus elementos: sujeitos, objeto devido, e quantitativo. Não pode o Judiciário limitar o alcance dessa presunção. 3. Decisão que vulnera o art. 3º da LEF, ao excluir da relação processual o sócio que figura na CDA, a quem incumbe provar que não agiu com dolo, má-fé ou excesso de poderes nos embargos à execução. 4. Hipótese que difere da situação em que o exeqüente litiga contra a pessoa jurídica e no curso da execução requer o seu redirecionamento ao sócio-gerente. Nesta circunstância, cabe ao exeqüente provar que o sócio-gerente agiu com dolo, má-fé ou excesso de poderes. 5. Recurso especial conhecido e provido. **RESP 278741/SC, Relator Ministro Franciulli Netto, 2ª Turma, DJ 16.09.2002, p. 00163.** Ementa: EXECUÇÃO FISCAL - CO-RESPONSABILIDADE DOS SÓCIOS INDICADOS NA CDA - PROVA DA QUALIDADE DE SÓCIOS-GERENTES, DIRETORES OU ADMINISTRADORES PELO EXEQÜENTE - DESNECESSIDADE - PRESUNÇÃO DE CERTEZA DA CDA FORMULADA COM BASE NOS DADOS CONSTANTES DO ATO CONSTITUTIVO DA EMPRESA. É consabido que os representantes legais da empresa são apontados no respectivo contrato ou estatuto pelos próprios sócios da pessoa jurídica e, se a eles se deve a assunção da responsabilidade, é exigir-se em demasia que haja inversão do ônus probatório, pois, basta ao INSS indicar na CDA as pessoas físicas constantes do ato constitutivo da empresa, cabendo-lhes a

No tocante à meação da esposa, o extinto TRIBUNAL FEDERAL DE RECURSOS havia pacificado a questão, editando a Súmula 112 de seguinte teor:

> "Em execução fiscal, a responsabilidade pessoal do sócio-gerente de sociedade por quotas, decorrente de violação da lei ou excesso de mandato, não atinge a meação de sua mulher."

A orientação contida na Súmula acima mencionada tem sido confirmada pelo Superior Tribunal de Justiça que reconhece o ônus da Fazenda em demonstrar o benefício auferido pela esposa, de modo que a cobrança da dívida possa alcançar a sua meação.[64]

demonstração de dirimentes ou excludentes das hipóteses previstas no artigo referenciado, especialmente do inciso III. A certidão da dívida ativa, sabem-no todos, goza de presunção juris tantum de liqüidez e certeza. "A certeza diz com os sujeitos da relação jurídica (credor e devedor), bem como com a natureza do direito (direito de crédito) e o objeto devido (pecúnia)" (in Código Tributário Nacional comentado. São Paulo: RT, 1999, p. 786), podendo ser ilidida por prova inequívoca, a cargo do sujeito passivo ou de terceiro a que aproveite, nos termos do parágrafo único do artigo 204 do CTN, reproduzido no artigo 3º da Lei 6.830/80, e não deve o magistrado impor ao exeqüente gravame não contemplado pela legislação de regência. No tocante à alínea c, tem-se que merece ser provido o recurso, pois a solução jurídica apontada no aresto paradigma está em nítido confronto com o entendimento exarado no v. acórdão recorrido. Recuso especial provido. **EDRESP 272236/SC, Relator Ministro HUMBERTO Gomes de Barros, 1ª Turma, DJ 08.04.2002 p.00133.** Ementa: PROCESSUAL - EXECUÇÃO FISCAL - CO-OBRIGADOS - CERTIDÃO OMISSA - PROVA DA CO-RESPONSABILIDADE - EXIGÊNCIA - LICITUDE. I - A Lei 6.830/80 determina que o termo de inscrição da dívida explicite "a origem, a natureza e o fundamento legal ou contratual da dívida" (Art. 2º, § 5º, III). De sua parte, a certidão deverá conter os mesmos elementos do Termo de inscrição (§ 6º). Se assim ocorre, em havendo co-responsáveis, é necessário que a certidão esclareça qual o fundamento de tal solidariedade passiva. II - Se a certidão é obscura, o Juiz deve requisitar a demonstração do título em que funda a alegada co-responsabilidade. Semelhante providência homenageia a economia processual, evitando que a máquina judiciária, já tão sobrecarregada, se movimente em vão. Atende-se, também, ao interesse do credor, livrando-o de eventual condenação por sucumbência. **RESP 272236/SC, Relator(a) Ministro Humberto Gomes de Barros, 1ª Turma, DJ 25.06.2001 p.00120.** Ementa: PROCESSUAL - EXECUÇÃO FISCAL - CITAÇÃO DE TERCEIRO - PROVA DA RESPONSABILIDADE TRIBUTÁRIA - CERTIDÃO DE INSCRIÇÃO DA DÍVIDA - PRESUNÇÃO DE CERTEZA - ALCANCE (L. 6.830/80, ART. 3º) I - A presunção de liquidez da certidão de dívida ativa só alcança as pessoas nela referidas. II - Para admitir que a execução fiscal atinja terceiros, não referidos na CDA, é lícito ao juiz exigir a demonstração de que estes são responsáveis tributários, nos termos do CTN (Art. 135).

[64] **AgRg no REsp 118288 / SP, DJ 03/04/2000 p. 133, Relatora Min. Eliana Calmon, 2ª Turma.** Ementa: PROCESSO CIVIL. AGRAVO REGIMENTAL. EXECUÇÃO. MEAÇÃO DA

3.7. A Responsabilidade por infrações

3.7.1. Responsabilidade objetiva

"Art. 136 – Salvo disposição de lei em contrário, a responsabilidade por infração da legislação tributária independe da intenção do agente ou do responsável e da efetividade, natureza e extensão dos efeitos do ato."

O artigo 136 institui a responsabilidade **objetiva**, ou seja, independentemente de dolo ou culpa, e alcança a infração de natureza administrativa e não penal. São as sanções fiscais pelo não cumprimento da obrigação principal ou acessória, quais sejam, a multa moratória e multa isolada (punitiva).

MULHER. EXCLUSÃO. RESPONSABILIDADE DE SÓCIO-GERENTE. DISSÍDIO NÃO DEMONSTRADO. 1. Jurisprudência que se firmou no sentido de que, se a dívida decorreu de ato ilícito praticado pelo marido, exclui-se a meação da esposa, cabendo ao credor o ônus da prova de que esta se beneficiou e, se as dívidas são de outra natureza, não se exclui a meação, a não ser que o cônjuge comprove que a família não se beneficiou com as importâncias. 2. Hipótese em que a Fazenda Estadual não demonstrou que o sócio-gerente agiu com excesso de poderem ou infringindo a lei, afastando o acórdão sua responsabilidade e de sua esposa, inclusive porque não se demonstrou que as dívidas foram contraídas em benefício da embargante. 3. Dissídio jurisprudencial não demonstrado. 4. Agravo regimental improvido. (na). **RESP 141432/SP, DJ de 22/11/1999, p. 154, Relator Min. FRANCISCO PEÇANHA MARTINS, 2ª Turma.** Ementa: PROCESSUAL CIVIL E TRIBUTÁRIO – RECURSO ESPECIAL – SOCIEDADE POR QUOTAS DE RESPONSABILIDADE LIMITADA – SÓCIOS – DÍVIDA FISCAL POR ATO ILÍCITO – EXCLUSÃO DA MEAÇÃO – ÔNUS DA PROVA – IMPENHORABILIDADE – DIVERGÊNCIA JURISPRUDENCIAL NÃO CONFIGURADA – SÚMULA 83/STJ. – A meação da mulher só responde pelos atos ilícitos praticados pelo marido, quando ficar provado que ela foi beneficiada com o produto da infração, cabendo o ônus da prova ao credor. (...) – Recurso não conhecido. **RESP 123446/SP, DJ de 17/11/1997, p. 59440, Relator Min. JOSÉ DELGADO, 1ª Turma.** Ementa: EXECUTIVO FISCAL. RESPONSABILIDADE PESSOAL DO SOCIO. CONJUGE. MEAÇÃO. EXCLUSÃO. 1. A MEAÇÃO DA ESPOSA SO RESPONDE PELOS ATOS ILICITOS REALIZADOS PELO CONJUGE MEDIANTE PROVA DE QUE SE BENEFICIOU COM O PRODUTO ORIUNDO DA INFRAÇÃO, CABENDO AO CREDOR O ONUS DA PROVA DE QUE ISTO OCORREU. 2. RECURSO NÃO CONHECIDO. **RESP 44399/SP, DJ de 19/12/1994, p. 35269, Relator Min. HUMBERTO GOMES DE BARROS, 1ª Turma.** Ementa: EXECUTIVO FISCAL – RESPONSABILIDADE – SOCIO – GERENTE . CONJUGE – MEAÇÃO – PRESUNÇÃO. A RESPONSABILIDADE DO SOCIO – GERENTE, POR DIVIDA FISCAL DA PESSOA JURIDICA, DECORRENTE DE ATO ILICITO (CTN, ART. 135), NÃO ALCANÇA, EM REGRA, O PATRIMONIO DE SEU CONJUGE. SE, DO ATO ILICITO HOUVER RESULTADO ENRIQUECIMENTO DO PATRIMONIO FAMILIAR, IMPÕE -SE AO ESTADO – CREDOR O ENCARGO DE PROVAR O LOCUPLETAMENTO, PARA SE BENEFICIAR DA EXCEÇÃO CONSAGRADA NO ART. 246, PARAGRAFO UNICO DO CODIGO CIVIL.

De registrar que o CTN se utiliza dos termos "agente" ou "responsável". Deve-se se entender o responsável não como a responsabilidade vista anteriormente, mas como responsável aquele que tem o dever legal de proceder ao recolhimento do tributo, ou seja, o sujeito passivo e sendo assim, tanto o contribuinte como o responsável tributário e também como aquele que tem o dever de cumprir a obrigação acessória (art. 122 do CTN). O agente, por sua vez, é aquele que atua em nome do responsável, que podem ser os administradores, mandatários, gerentes, prepostos, em relação ao administrado, mandante, gerido e proponente.

A infração fiscal, portanto, é de natureza formal e a conseqüência é a imposição da penalidade. Daí porque, a autoridade administrativa não indaga sobre a intenção ou os motivos do agente ou responsável. Ocorre que em casos especiais pode ter lugar a aplicação da eqüidade com cancelamento da multa quando caracterizada a boa-fé do contribuinte [65].

3.7.2. Responsabilidade subjetiva do agente

O art. 137 do CTN, a seu turno, trata da responsabilidade pessoal do agente pelo ilícito fiscal, quando a responsabilidade será subjetiva. Como distingue Aliomar Baleeiro[66]:

> "Em certos casos especiais, a responsabilidade será de quem cometeu a infração – o agente – sem que nela se envolva o contribuinte ou sujeito passivo da obrigação tributária. Isso acontece, em princípio, quando o ato do agente também se dirige contra o representado ou quando se reveste de dolo específico."

As hipóteses tratadas levam em conta a intenção do agente, estabelecendo exceção ao artigo anterior, com o fito de evitar aplicações excessivas do princípio geral da responsabilidade objetiva. O inciso I trata de infração administrativa que de tão grave também é enquadrada como infração penal e, sendo assim, a responsabilidade pelo ilícito administrativo também é pessoal. O exercício regular está relacionado com o elemento subjetivo e com a consciência de antijuridicidade do ato. O inciso II cuida também de infrações administrativas cuja definição tenha por elementar a vontade livre e consciente de atingir determinado resultado. E, por fim,

[65] Aliomar Baleeiro, *Direito Tributário...*, ob. cit., p. 758.
[66] Idem, p. 762.

o inciso III cuida do exercício de atividade em proveito próprio do agente, que dão causa as infrações fiscais, pelas quais, de outro modo, responderiam as vítimas da conduta (responsáveis) e não seus autores intelectuais. Pretende-se, assim, afastar o princípio geral do art. 136 do CTN.

Da leitura do artigo 137, BERNARDO RIBEIRO DE MORAES[67] extrai as seguintes conclusões:

a) o ato regular de gestão não comina penalidade, desde que praticado legitimamente pelo agente, a mando de quem de direito (inciso I);

b) o elemento subjetivo a examinar para a responsabilidade do agente é a presença do dolo na realização do evento (inciso II);

c) as infrações são decorrentes direta e exclusivamente de dolo específico (inciso III), para os casos que enumera, no resguardo de pessoas dependentes de terceiros, com a conseqüente punição da pessoa que praticou dolosamente determinados atos.

3.7.3. Denúncia Espontânea

A denúncia espontânea é tratada no art. 138, do CTN, que preceitua:

> "A responsabilidade é excluída pela denúncia espontânea da infração, acompanhada, se for o caso, do pagamento do tributo devido e dos juros de mora, ou do depósito da importância arbitrada pela autoridade administrativa, quando o montante do tributo dependa de apuração.
>
> Parágrafo único. Não se considera espontânea a denúncia apresentada após o início de qualquer procedimento administrativo ou medida de fiscalização, relacionados com a infração."

É a exclusão da responsabilidade do sujeito passivo pelo simples fato de o mesmo denunciar ao Fisco que cometeu a infração.

Os requisitos para ter-se configurada a denúncia espontânea são a tempestividade e a espontaneidade. A denúncia tem que ser feita **antes** de qualquer procedimento fiscalizatório ou de cobrança do tributo pelo Fisco. Se o contribuinte sofreu uma ação fiscal, recebeu uma carta avisando que vai ser fiscalizado, convidando-o para comparecer a receita, levando livros fiscais, isso já desnatura a espontaneidade. É norma constante no parágrafo único, do art. 138, do CTN.

[67] *Compêndio..., op. cit.*, pp. 524-525.

A denúncia pode ser originária do simples temor de ser multado. Por exemplo, se contribuinte tem uma empresa e tem contatos com donos de outras empresas, que o avisam que os fiscais da receita estão realizando operação naquele segmento mercadológico; ou, por exemplo, o Governo anuncia a abertura de concurso público para fiscais; tais temores, sem que haja um procedimento com o mínimo de formalidade presente, não importa em desnaturação da denúncia espontânea.

No Direito Tributário tem aplicação o art. 196 do CTN que consagra o princípio documental da fiscalização tributária, nos seguintes termos:

> "Art. 196. A autoridade administrativa, que proceder ou presidir a quaisquer diligências de fiscalização, lavrará os termos necessários para que se documente o início do procedimento, na forma da legislação aplicável, que fixará prazo máximo para a conclusão daquelas.
>
> Parágrafo único. Os termos a que se refere este artigo serão lavrados, sempre que possível, em um dos livros fiscais exibidos; quando lavrados em separado, deles se entregará à pessoa sujeita à fiscalização cópia autenticada pela autoridade a que se refere este artigo."

Assim sendo, até que lavrado o termo de início de fiscalização, o contribuinte pode realizar denúncia espontânea da infração, como decorre, aliás, da simples leitura do art. 7º, § 1º do Decreto 70.235/72. Por exemplo, se a fiscal visita a empresa, abre o Termo de Ação Fiscal e dá um prazo ao contribuinte para a apresentação dos documentos solicitados, a partir daí se dará início ao procedimento. Nesse intervalo de tempo, se houver denúncia, esta não será considerada espontânea, pois fundada em temor real, sabendo o contribuinte que a infração possivelmente seria descoberta.

O tema comporta várias as controvérsias.

a) Denúncia Espontânea e a obrigação acessória

O dispositivo diz que a denúncia espontânea exclui a responsabilidade, se for acompanhada do pagamento do tributo e dos juros de mora. A correção monetária está implícita. Então, é correto concluir que está excluída multa (penalidade pecuniária) imposta à infração. Entretanto, que espécie de multa é excluída? A multa moratória, a multa isolada, ou ambas[68]?

[68] É bom esclarecermos que ambas as espécies tem a mesma natureza jurídica, qual seja, penalidade, sanção; entretanto, os doutrinadores diferem, conforme já dito, a multa

Interpretando o dispositivo, os doutrinadores[69] entendem que a denúncia espontânea exclui as duas espécies de multa. A uma, porque o artigo 138, do CTN, não distinguiu entre as espécies de multas e onde a lei não distinguiu, não cabe ao intérprete distinguir; a duas, tendo em vista a expressão. "*...acompanhada, **se for o caso**, do pagamento do tributo devido...*". Há casos, portanto, em que a denúncia pode não ser acompanhada do pagamento do tributo devido, porque não há tributo a pagar. É o caso das infrações à obrigação de fazer, punidas com a multa dita isolada.

Daí que, para a doutrina, a denúncia espontânea exclui as duas modalidades de multas, a multa isolada e a multa moratória.

Segundo o Superior Tribunal de Justiça a multa isolada é uma multa autônoma, aplicada em razão do poder de polícia exercido pela administração pelo não cumprimento de determinada regra de conduta, não se lhe aplicando o art. 138. Para aquela Corte, a responsabilidade pela multa isolada, sem qualquer vínculo direto com o fato gerador, como no caso da não entrega da declaração do imposto de renda, não está excluída pelo art. 138. Em conclusão, a jurisprudência da Corte consagra a não aplicação do instituto da denúncia espontânea para afastar a penalidade imposta pelo não cumprimento de obrigação acessória[70].

moratória, em virtude do atraso no pagamento do tributo, da multa isolada, em virtude de descumprimento de obrigação acessória.

[69] Por todos, vide Sacha Calmon Navarro Coelho, *Curso...*, *op. cit.* Pp. 641-646.

[70] **AGRG nos EDCL no RESP 885259 / MG, DJ 12/04/2007 p. 246, Relator Min. FRANCISCO FALCÃO, 1ª Turma.** Ementa: TRIBUTÁRIO. PRÁTICA DE ATO MERAMENTE FORMAL. OBRIGAÇÃO ACESSÓRIA. DCTF. MULTA MORATÓRIA. CABIMENTO. I – A inobservância da prática de ato formal não pode ser considerada como infração de natureza tributária. De acordo com a moldura fática delineada no acórdão recorrido, deixou a agravante de cumprir obrigação acessória, razão pela qual não se aplica o benefício da denúncia espontânea e não se exclui a multa moratória. "As responsabilidades acessórias autônomas, sem qualquer vínculo direto com a existência do fato gerador do tributo, não estão alcançadas pelo art. 138, do CTN" (AgRg no AG nº. 490.441/PR, Relator Ministro LUIZ FUX, DJ de 21/06/2004, p. 164). II – Agravo regimental improvido. **AGA 462655/PR, DJ de 24/02/2003, p. 206, Relator Min. Luiz Fux, 1ª Turma.** Ementa TRIBUTÁRIO. IMPOSTO DE RENDA. ATRASO NA ENTREGA DA DECLARAÇÃO. MULTA MORATÓRIA. CABIMENTO. DENÚNCIA ESPONTÂNEA NÃO CONFIGURADA. 1 – A entrega do imposto de renda fora do prazo previsto em lei constitui infração formal, não podendo ser considerada como infração de natureza tributária, apta a atrair o instituto da denúncia espontânea previsto no art. 138 do Código Tributário Nacional. Do contrário, estar-se-ia admitindo e incentivando o não-pagamento de tributos no prazo determinado, já que ausente qualquer punição pecuniária para o contribuinte faltoso. 2 – O atraso na entrega da declaração do imposto de renda é ato

b) Denúncia Espontânea e o parcelamento de débito

A denúncia espontânea acompanhada de pedido de parcelamento exclui a responsabilidade pelas infrações à legislação tributária? O que se discute é se o sujeito passivo que não tenha meios financeiros de arcar com o valor do tributo integral pode recorrer ao parcelamento, sem abdicar do benefício traduzido pelo art. 138, do CTN. Analisando o dispositivo, tem-se a expressão "...*acompanhado, se for o caso, do pagamento do tributo devido...*", não se exige expressamente pagamento integral, imediato; portanto, em princípio, não se está vedando o parcelamento.

A jurisprudência passada firmou o entendimento em sentido contrário, admitindo a exclusão da multa, tão-somente, na hipótese de denúncia espontânea acompanhada do pagamento integral do tributo devido, consoante cristalizado na súmula 208 do extinto TFR (Tribunal Federal de Recursos), que averba: "*A simples confissão de dívida acompanhada de pedido de parcelamento não configura denúncia espontânea.*"

O SUPERIOR TRIBUNAL DE JUSTIÇA havia pacificado sua jurisprudência, através da Seção que julga Direito Público (1ª Seção), segundo o qual "*não havendo procedimento administrativo contra o contribuinte pelo não-recolhimento do tributo, deferido pedido de parcelamento, fica configurada a denúncia espontânea e afastada a imposição da multa.*"[71]:

No entanto, essa orientação foi modificada para restabelecer a orientação da Súmula 208 do TFR. A caracterização da denúncia espontânea exige a extinção do crédito tributário através do pagamento, que não se

puramente formal, sem qualquer vínculo com o fato gerador do tributo, e como obrigação acessória autônoma não é alcançada pelo art. 138 do CTN, estando o contribuinte sujeito ao pagamento da multa moratória prevista no art. 88 da Lei nº 8.981/95. 3 – Precedentes. 4 – Agravo Regimental improvido. **RESP 246963/PR, DJ de 05/06/2000, p. 130, Relator Min. José Delgado, 1ª Turma.** Ementa TRIBUTÁRIO. DENÚNCIA ESPONTÂNEA. ENTREGA COM ATRASO DE DECLARAÇÃO DE CONTRIBUIÇÕES E TRIBUTOS FEDERAIS – DCTF. 1. A entidade "denúncia espontânea" não alberga a prática de ato puramente formal do contribuinte de entregar, com atraso, a Declaração de Contribuições e Tributos Federais – DCTF. 2. As responsabilidades acessórias autônomas, sem qualquer vínculo direto com a existência do fato gerador do tributo, não estão alcançadas pelo art. 138, do CTN. 3. Recurso especial provido.

[71] EDIV em RESP nº 193.530, 1ª Seção, Rel. Min. Garcia Vieira, DJ 28/02/2000. Vide, no mesmo sentido, AGRG em RESP nº 227.869, 1ª Seção, Rel. Min. Humberto Gomes de Barros, DJ 05/02/2000; EDIV em RESP nº 183.313, 1ª Seção, Rel. Min. Humberto Gomes de Barros, DJ 19/03/2001; EDIV em RESP nº 190.669, Rel. Min. Humberto Gomes de Barros, DJ 04/06/2001.

confunde com o parcelamento, modalidade de suspensão da exigibilidade do crédito. Observe-se o seguinte julgado:

RESP 284189/SP, 1ª Seção, DJ de 26/05/2003, p. 254, Relator Min. FRANCIULLI NETTO.

Ementa

(...)

O instituto da denúncia espontânea da infração constitui-se num favor legal, uma forma de estímulo ao contribuinte, para que regularize sua situação perante o fisco, procedendo, quando for o caso, ao pagamento do tributo, antes do procedimento administrativo ou medida de fiscalização relacionados com a infração.

Nos casos em que há parcelamento do débito tributário, não deve ser aplicado o benefício da denúncia espontânea da infração, visto que o cumprimento da obrigação foi desmembrado, e só será quitada quando satisfeito integralmente o crédito. O parcelamento, pois, não é pagamento, e a este não substitui, mesmo porque não há a presunção de que, pagas algumas parcelas, as demais igualmente serão adimplidas, nos termos do artigo art. 158, I, do mencionado Codex.

Esse parece o entendimento mais consentâneo com a sistemática do Código Tributário Nacional, que determina, para afastar a responsabilidade do contribuinte, que haja o pagamento do devido, apto a reparar a delonga do contribuinte.

Nesse sentido o enunciado da Súmula n. 208 do extinto Tribunal Federal de Recursos: "a simples confissão de dívida, acompanhada do seu pedido de parcelamento, não configura denúncia espontânea".

A Lei Complementar n. 104, de 10 de janeiro de 2001, que acresceu ao Código Tributário Nacional, dentre outras disposições, o artigo 155-A, veio em reforço ao entendimento ora esposado, ao estabelecer, em seu § 1º, que "salvo disposição de lei contrário, o parcelamento do crédito tributário não exclui a incidência de juros e multas".

Recurso especial não conhecido pela alínea "a" e conhecido, mas, não provido pela alínea "c".

Construção Pretoriana reforçada com a introdução do art. 155- A, no Código Tributário Nacional, pela Lei Complementar nº 104, de 10/01/2001, que reza:

"Salvo disposição de lei em contrário, o parcelamento de crédito tributário não exclui a incidência de juros e multas."

Vale dizer que a lei específica que conceder o parcelamento de débito disporá sobre a exclusão ou não da multa e dos juros, prevalecendo, no silêncio da lei, a regra do art. 155-A do CTN.

Atualmente, não mais se observa divergência de julgados no Superior Tribunal de Justiça, que mantém firme o prestígio à Súmula 208 do e. TFR.[72]

c) Denúncia Espontânea e Lançamento por Homologação

O art. 138, do CTN, não faz distinção quanto a sua aplicação às diversas modalidades de lançamentos (de ofício, por declaração e por homologação), de modo que, interpretação do dispositivo leva a crer que se aplicam a todas elas.

[72] **AgRg na Pet 6231 / SP, DJe 01/09/2008, Ministro CASTRO MEIRA, Ministro CASTRO MEIRA.** Ementa: TRIBUTÁRIO. EMBARGOS DE DIVERGÊNCIA. DENÚNCIA ESPONTÂNEA. ART. 138 DO CTN. PARCELAMENTO DE DÉBITO. IMPOSSIBILIDADE. 1. Inexiste divergência entre os arestos confrontados quanto à suposta ofensa ao art. 128 do CPC, uma vez que o acórdão embargado não examinou sequer tal alegação, pois a agravante não teria demonstrado no especial em que consistiria tal transgressão. 2. A hipótese de parcelamento de débito deferido pela Fazenda Pública não configura denúncia espontânea. Precedentes. Fundamento do acórdão embargado que restou incólume. 3. Agravo regimental não provido. (na). **AgRg nos EREsp 685750 / SC, 1ª Seção, DJ de 15/05/2006, p. 154, Relator Min. CASTRO MEIRA.** Ementa (...) 1. Incide multa moratória na hipótese de parcelamento de débito deferido pela Fazenda Pública. "A simples confissão de dívida, acompanhada do seu pedido de parcelamento, não configura denúncia espontânea" (Súmula 208/TFR). (...) 5. Agravo regimental improvido. (na). **AERESP 180985/SC, 1ª Seção, DJ de 29/09/2003, p. 140, Relatora Min. ELIANA CALMON.** Ementa: (...) 4. A Primeira Seção desta Corte, revendo a jurisprudência em torno do parcelamento do débito, concluiu que este não equivale a pagamento e, portanto, não se trata de denúncia espontânea, capaz de ensejar o afastamento da multa moratória. 5. Agravo regimental improvido. **ERESP 207663/RS, 1ª Seção, DJ de 28/10/2002, p. 214, Relatora Min. LAURITA VAZ.** Ementa: EMBARGOS DE DIVERGÊNCIA. TRIBUTÁRIO. DENÚNCIA ESPONTÂNEA. PARCELAMENTO. EXCLUSÃO DA MULTA MORATÓRIA. IMPOSSIBILIDADE. SÚMULA Nº 208 DO TFR. 1. O benefício da denúncia espontânea da infração, previsto no art. 138 do Código Tributário Nacional, não é aplicável em caso de parcelamento do débito, porquanto a exclusão da responsabilidade do contribuinte pelo referido dispositivo legal tem como condição *sine qua non* o adimplemento integral da obrigação tributária. 2. Embargos acolhidos, para que prevaleça o entendimento firmado no acórdão paradigma.

Contudo, após alguns anos de divergência entre as Turmas que julgam Direito Público, enfim foi firmado um entendimento sólido quanto a aplicação do dispositivo acima no que tange aos tributos sujeitos ao lançamento por homologação.

A 1ª Turma *foi a pioneira a afirmar a tese atual*, entendendo que no caso de tributos sujeitos a lançamento por homologação, não há que se falar em denúncia espontânea, posto que se o contribuinte deve antecipar, sponte propria, o pagamento do tributo (art. 150, §§, do CTN), ele deverá fazê-lo conforme a legislação tributária que rege as obrigações acessórias, não podendo, posteriormente, denunciar sua infração e elidir o pagamento da penalidade.[73]

A 2ª Turma, em sentido contrário, reconhecia a aplicação do instituto da denúncia espontânea mesmo na hipótese de lançamento por homolo-

[73] **EDAG 418460/SP, DJ de 09/06/2003, p. 177, 1ª Turma, Relator Min. José Delgado.** Ementa (...) 7. O ICMS constitui tributo sujeito a lançamento por homologação, ou autolançamento, que ocorre na forma do art. 150, do CTN. Dessa forma, a inscrição do crédito em dívida ativa, em face da inadimplência da obrigação no tempo devido, não compromete a liquidez e exigibilidade do título executivo, pois dispensável a homologação formal, sendo o tributo exigível independentemente de procedimento administrativo fiscal. 8. Apenas se configura a denúncia espontânea quando, confessado o débito, o contribuinte efetiva, incontinente, o seu pagamento ou deposita o valor referente ou arbitrado pelo juiz, o que inocorreu no caso dos autos, impondo-se, assim, a aplicação da multa. Precedentes. 9. Embargos rejeitados. **AGRESP 463050/RS, DJ de 05/05/2003, p. 230, 1ª Turma, Relator Min. Francisco Falcão.** Ementa: TRIBUTÁRIO. TRIBUTO SUJEITO A LANÇAMENTO POR HOMOLOGAÇÃO. PAGAMENTO COM ATRASO. DENÚNCIA ESPONTÂNEA. INEXISTÊNCIA. MULTA MORATÓRIA. INCIDÊNCIA. Nega-se provimento ao agravo regimental, em face das razões que sustentam a decisão recorrida, sendo certo que, em se tratando de tributo sujeito a lançamento por homologação, não há configuração de denúncia espontânea quando o contribuinte declara e recolhe com atraso o seu débito perante a Administração Pública. Precedentes. **RESP 180918/SP, DJ de 14/02/2000, p. 21, 1ª Turma, Relator Min. Humberto Gomes de Barros.** Ementa: TRIBUTÁRIO – AUTO LANÇAMENTO – TRIBUTO SERODIAMENTE RECOLHIDO – MULTA – DISPENSA DE MULTA (CTN/ART.138) – IMPOSSIBILIDADE. – Contribuinte em mora com tributo por ele mesmo declarado não pode invocar o Art. 138 do CTN, para se livrar da multa relativa ao atraso. **Notícia veiculada no Informativo nº 194 do STJ.** DENÚNCIA ESPONTÂNEA. LANÇAMENTO. HOMOLOGAÇÃO. RECOLHIMENTO EXTEMPORÂNEO. Prosseguindo o julgamento, a Turma entendeu, por maioria, que, no caso de tributo declarado pelo contribuinte sujeito a lançamento por homologação, não caracteriza denúncia espontânea o recolhimento fora do prazo de vencimento. Precedentes citados: AgRg no REsp 463.050-RS, DJ 5/5/2003, e REsp 402.706-SP, DJ 10/12/2003. EDcl no REsp 462.584-RS, Rel. originário Min. Humberto Gomes de Barros, Rel. para acórdão Min. José Delgado, julgado em 4/12/2003.

gação, bastando para tanto que o pagamento do tributo em atraso fosse integral, acrescido dos juros e antes que qualquer procedimento para a sua exigência[74]. *De maneira gradativa, a Segunda Turma começou a acompanhar o entendimento da Primeira, sendo certo que hoje, diante do tempo em que perdurou a incongruência, a matéria está sumulada:*

O benefício da denúncia espontânea não se aplica aos tributos sujeitos a lançamento por homologação regularmente declarados, mas pagos a destempo (Súmula nº. 360, em 27/08/2008, Primeira Seção).

A justificativa que se coloca é que, se a declaração do contribuinte elide a necessidade de formal constituição do crédito tributário, tanto assim que a Fazenda, após o vencimento, já pode inscrever o crédito em dívida ativa e iniciar o processo de cobrança judicial em caso de inadimplemento, não é razoável admitir que o benefício da denúncia espontânea seja aplicado em situações como esta, em que já constituído o crédito fiscal.

A premissa contrária também vem sendo aplicada. Não havendo comprovação da ocorrência de parcelamento ou prévia declaração dos tributos pelo contribuinte, configura-se neste caso a denúncia espontânea, mesmo em se tratando de tributo sujeito a lançamento por homologação pago a destempo. E para tal ocorrência, deve-se verificar se a confissão da dívida

[74] **AGA 200028/SP, 2ª Turma, DJ de 14/12/1998, p. 225, Relator Min. Ari Pargendler.** Ementa: TRIBUTÁRIO. DENÚNCIA ESPONTÂNEA. EXCLUSÃO DA MULTA NOS TRIBUTOS SUJEITOS AO LANÇAMENTO POR HOMOLOGAÇÃO. Nada importa que o contribuinte tenha cumprido a obrigação acessória de declarar mensalmente o tributo devido, nem que esta circunstância dispense o Fisco de formalizar o lançamento tributário; a exclusão da multa moratória só é possível se reunidos os seguintes elementos: denúncia espontânea, pagamento do tributo, ausência de procedimento administrativo de cobrança. Agravo regimental não provido. **Notícia veiculada no Informativo 202 do STJ**. TRIBUTO. ATRASO. DENÚNCIA ESPONTÂNEA. MULTA MORATÓRIA. A jurisprudência já se havia firmado no sentido de que ocorre a denúncia espontânea quando se dá o recolhimento do tributo, acrescido do valor principal de correção monetária e juros de mora, antes de qualquer procedimento administrativo fiscal. Nesses casos, seria afastada a imposição da multa moratória. Entretanto há algumas decisões atuais da Primeira Turma no sentido de descaracterizar a denúncia espontânea nas hipóteses de tributo sujeito a lançamento por homologação, exigindo a multa só pelo atraso. A Turma, por unanimidade, proveu o REsp e se posicionou neste julgamento pela jurisprudência dominante citada, considerando a multa moratória indevida, como na espécie, de tributo sujeito a lançamento. Precedentes citados: REsp 241.114-RN, DJ 4/6/2001; AgRg no REsp 245.165-RS, DJ 11/6/2001; REsp 228.751-RS, DJ 2/5/2000; Ag 246.952-RS, DJ 29/11/1999; REsp 140.247-SP, DJ 16/11/1999, e REsp 169.738-PR, DJ 16/11/1998. REsp 607.114-PR, Rel. Min. Eliana Calmon, julgado em 9/3/2004.

veio acompanhada de seu pagamento integral e foi em momento anterior a qualquer ação fiscalizatória ou processo administrativo[75].

Doutrina de Leitura Obrigatória

BALEEIRO, Aliomar. *Direito Tributário Brasileiro.* 11ª edição, atualizada por Misabel Abreu Machado Derzi, Rio de Janeiro: Forense, 1999.

BECHO, Renato Lopes. *Sujeição Passiva e Responsabilidade Tributária.* São Paulo: Dialética, 2000.

PAULSEN, Leandro. *Direito Tributário: Constituição e Código Tributário à luz da doutrina e da jurisprudência.* 3ª edição, Porto Alegre: Livraria do Advogado: ESMAFE, 2001.

[75] REsp. 1062139 / PR, Min. Benedito Gonçalves, Primeira Turma, DJe 19/11/2008. (na)

Crédito Tributário

Petrúcio Malafaia Vicente

Previsão. No direito positivo encontramos o tema em diversas normas, tais como: a) na Constituição Federal - CF, art. 146, III, 'b'; b) no Código Tributário Nacional - CTN, Livro II, Título III, arts. 139 - 193, dividido em 6 capítulos, a saber: I - Disposições Gerais, arts. 139-141; II - Constituição do Crédito Tributário, arts. 142-150; III - Suspensão do Crédito Tributário, arts. 151-155-A; IV - Extinção do Crédito Tributário, arts. 156-174; V - Exclusão do Crédito Tributário, arts. 175-182; VI - Garantias e Privilégios do Crédito Tributário, arts. 183-193; c) no Código Tributário do Estado do Rio de Janeiro - CTE-RJ, Livro II, Título I, capítulo III, arts. 157-192; d) no Código Tributário do Município do Rio de Janeiro - CTM -RJ, no Livro II, Título I, capítulo III, arts. 165-211.

Em que pese o termo 'crédito tributário' tenha o mesmo significado em toda a ordem jurídica, nos interessa, por oportuno, apenas as regras da CF e do CTN nos arts. 139-150, sendo elas examinadas adiante.

Reserva de lei complementar. Pela previsão constitucional (art. 146[1]) o crédito tributário está sujeito ao princípio da reserva de lei complementar, por conseqüência, medida provisória não poderá dispor sobre o assunto, em face da expressa vedação, prevista art. 62, § 1º, III da CF, com redação dada pela Emenda Constitucional - EC 32/2001.[2]

[1] CF art. 146. Cabe à lei complementar: III - estabelecer normas gerais em matéria de legislação tributária, especialmente sobre: b) obrigação, lançamento, crédito, prescrição e decadência tributários;

[2] CF art. 62. Em caso de relevância e urgência, o Presidente da República poderá adotar medidas provisórias, com força de lei, devendo submetê-las de imediato ao Congresso Nacional. § 1º É vedada a edição de medidas provisórias sobre matéria: III - reservada a lei complementar

Natureza do CTN de lei complementar. O Código Tributário que é a Lei 5.172, de 25 de outubro de 1966, nasceu formalmente como lei ordinária, porém a partir da Constituição Federal de 1967[3], bem como com o advento da CF de 88, foi recepcionado com status de lei complementar, conforme se constata com o exame do arts. 146 e 34, § 5º do Ato das Disposições Constitucionais Transitórias – ADCT, ambos da CF. [4]

Aplicação do CTN – lei nacional e não federal. As leis nacionais e federais, geralmente são confundidas, pois guardam semelhança, uma vez que emanam da mesma casa legislativa, que é o Congresso Nacional. Contudo, é importante estabelecer a distinção, quanto à aplicação dessas normas. A lei nacional, a exemplo do CTN[5], aplica-se a União, aos Estados, ao Distrito Federal e aos Municípios, diferentemente da lei federal, que só se aplica a União, como é o caso, por exemplo, da Lei 8.112/90, que instituiu o Estatuto dos Servidores Públicos Civis da União. Esta só se aplica aos servidores federais, não abrangendo os estaduais, distritais ou municipais. Então, o CTN, como o próprio nome indica, é uma lei nacional aplicando-se a todos os integrantes da República Federativa do Brasil.

Alteração. O CTN, por força do art. 146, III, 'b' da CF, ao tratar do crédito tributário e do lançamento, possui natureza de lei complementar, só podendo, portanto, ser alterado por outra norma de igual hierarquia, ou seja, lei complementar e não por lei ordinária, decreto, medida provisória etc. A última alteração do CTN envolvendo crédito tributário se deu com a Lei Complementar 104, de 10 de janeiro de 2001, que ampliou a redação dos arts. 151 e 156.

[3] CF de 1967, art 19, § 1º – Lei complementar estabelecerá normas gerais de direito tributário, disporá sobre os conflitos de competência tributária entre a União, os Estados, o Distrito Federal e os Municípios, e regulará as limitações constitucionais do poder tributário.

[4] Neste sentido é também a jurisprudência do STF.

[5] O CTN na ementa estabelece "dispõe sobre o Sistema Tributário Nacional e institui normas gerais de direito tributário **aplicáveis à União, Estados e Municípios**", e no seu primeiro dispositivo fixa "Art. 1º Esta Lei regula, com fundamento na Emenda Constitucional 18, de 1º de dezembro de 1965, o sistema tributário nacional e estabelece, com fundamento no artigo 5º, inciso XV, alínea *b*, da Constituição Federal, **as normas gerais de direito tributário aplicáveis à União, aos Estados, ao Distrito Federal e aos Municípios**, sem prejuízo da respectiva legislação complementar, supletiva ou regulamentar." Grifamos.

1. Crédito Tributário – conceito

'Crédito', juridicamente significa o direito que tem uma pessoa de exigir de outra o cumprimento da obrigação. Esta por sua vez pode ser de dar, fazer ou não fazer.

'Tributário' emana da palavra tributo[6], que é uma expressão genérica alcançando diversas espécies. O Supremo Tribunal Federal – STF [7] consagrou o entendimento que tributo é gênero compreendendo 5 (cinco) espécies, que são as seguintes:

a) impostos[8] (CF arts. 145, I e 153-156 c/c CTN arts. 16-76);
b) taxas[9] (CF art. 145, II e CTN arts. 77-80);
c) contribuição de melhoria[10] (CF art. 145, III e CTN arts. 81-82);

[6] Tributo 'é toda prestação pecuniária compulsória, em moeda ou cujo valor nela se possa exprimir, que não constitua sanção de ato ilícito, instituída em lei e cobrada mediante atividade administrativa plenamente vinculada', conforme CTN art. 3º.

[7] Recurso Extraordinário – RE 138.284 e 146.733, relator Min. Carlos Veloso.

[8] Imposto 'é o tributo cuja obrigação tem por fato gerador uma situação independente de qualquer atividade estatal específica, relativa ao contribuinte', de acordo com o art. 16 do CTN. Os impostos são: **federais** (que são os incidentes sobre: a) a importação de produtos estrangeiros – II; b) a exportação, para o exterior, de produtos nacionais ou nacionalizados – IE; c) a renda e proventos de qualquer natureza -IR; d) os produtos industrializados – IPI; e) as operações de crédito, câmbio e seguro, ou relativas a títulos ou valores mobiliários – IOF; f) a propriedade territorial rural – ITR; g) as grandes fortunas – IGF, previstos no art. 153, incisos, I, II, III, IV, V, VI, VII, respectivamente, além dos impostos residuais, bem como os extraordinários em casos de iminência ou guerra externa, conforme o art. 154, I e II); os **estaduais** e distritais (que são os incidentes sobre: a) a transmissão causa mortis e doação, de quaisquer bens ou direitos – ITCM ou ITD; b) as operações relativas à circulação de mercadorias e sobre prestações de serviços de transporte interestadual e intermunicipal e de comunicação, ainda que as operações e as prestações se iniciem no exterior – ICMS; c) a propriedade de veículos automotores – IPVA, de acordo com o art. 155 da CF); e os **municipais** (que são os incidentes sobre: a) a propriedade predial e territorial urbana – IPTU; b) transmissão "inter vivos", a qualquer título, por ato oneroso, de bens imóveis, por natureza ou acessão física, e de direitos reais sobre imóveis, exceto os de garantia, bem como cessão de direitos a sua aquisição – ITIV ou ITBI; c) os serviços de qualquer natureza – ISS, nos termos da CF no art. 156).

[9] Taxa é uma modalidade de tributo "cobrada pela União, pelos Estados, pelo Distrito Federal ou pelos Municípios, no âmbito de suas respectivas atribuições, têm como fato gerador o exercício regular do poder de polícia, ou a utilização, efetiva ou potencial, de serviço público específico e divisível, prestado ao contribuinte ou posto à sua disposição", nos termos do art. 77 do CTN.

[10] Contribuição de Melhoria é a espécie de tributo 'cobrada pela União, pelos Estados, pelo Distrito Federal ou pelos Municípios, no âmbito de suas respectivas atribuições, é instituída

d) empréstimos compulsórios[11] (CF art. 148 e CTN art. 15);
e) contribuições parafiscais ou especiais[12] (CF arts. 149, 195 e CTN art. 217).

Assim, podemos definir crédito tributário como o direito da Fazenda Pública[13] de exigir do sujeito passivo[14] o cumprimento da obrigação tributária.

O crédito tributário se insere no rol das normas gerais de direito tributário, aplicáveis, portanto a todos entes dotados de competência tributária[15], assim como também a todos os tributos.

para fazer face ao custo de obras Taxa é uma modalidade de tributo "cobrada pela União, pelos Estados, pelo Distrito Federal ou pelos Municípios, no âmbito de suas respectivas atribuições, têm como fato gerador o exercício regular do poder de polícia, ou a utilização, efetiva ou potencial, de serviço público específico e divisível, prestado ao contribuinte ou posto à sua disposição", nos termos do art. 77 do CTN.

Contribuição de Melhoria é a espécie de tributo 'cobrada pela União, pelos Estados, pelo Distrito Federal ou pelos Municípios, no âmbito de suas respectivas atribuições, é instituída para fazer face ao custo de obras públicas de que decorra valorização imobiliária, tendo como limite total a despesa realizada e como limite individual o acréscimo de valor que da obra resultar para cada imóvel beneficiado', consoante CTN art. 81.

[11] Empréstimo compulsório consiste num tributo de competência da União, instituído mediante lei complementar, para atender a despesas extraordinárias, decorrentes de calamidade pública, de guerra externa ou sua iminência, ou no caso de investimento público de caráter urgente e de relevante interesse nacional, tendo a aplicação dos recursos vinculada à despesa que fundamentou sua instituição, de acordo com a CF no art. 148. O STF, com a súmula 418, entendia que o empréstimo compulsório não era tributo, contudo com o advento do art. 148 da CF 88, o STF mudou seu entendimento (RE 148.956, Rel. Min. Celso Melo).

[12] As contribuições parafiscais ou especiais por sua vez se dividem em: a) sociais; b) de intervenção no domínio econômico; c) de interesse das categorias profissionais ou econômicas. As contribuições sociais se subdividem em: I – do empregador, da empresa e da entidade a ela equiparada na forma da lei, incidentes sobre: a) a folha de salários e demais rendimentos do trabalho pagos ou creditados, a qualquer título, à pessoa física que lhe preste serviço, mesmo sem vínculo empregatício; b) a receita ou o faturamento; c) o lucro; II – do trabalhador e dos demais segurados da previdência social, não incidindo contribuição sobre aposentadoria e pensão concedidas pelo regime geral de previdência social; III – sobre a receita de concursos de prognósticos; IV – do importador de bens ou serviços do exterior, ou de quem a lei a ele equiparar. (Conforme art. 195 da CF, com redação dada pela EC 20/98 e EC 42/2003).

[13] CTN art. 209.

[14] CTN art. 121.

[15] União, Estados, Distrito Federal e Municípios, conforme CF nos arts. 145, 147, 148, 148, 149, 149-A, 153, 154, 155, 156.

CTN traz uma definição de crédito tributário no art. 139. "O crédito tributário decorre da obrigação principal e tem a mesma natureza desta". A obrigação principal abrange o dever de pagar tributo ou penalidade pecuniária.

Tributo e crédito são expressões distintas, esta com alcance mais amplo do que aquela, pois o tributo atinge apenas os impostos, taxas, contribuições de melhoria, empréstimos compulsórios e contribuições parafiscais, enquanto o crédito tributário compreende além dos tributos, as penalidades (multas), isto é, a obrigação tributária principal[16].

Logo, a expressão "crédito tributário" é mais abrangente do que "tributo". Tanto a CF como o CTN, ora fazem referência a crédito tributário[17], ora a tributo[18], com significados diversos.

2. Crédito Fiscal e crédito físico

O termo crédito 'fiscal', que provém de fisco, significa Erário, Tesouro, Fazenda Pública.

Numa acepção ampla, a expressão crédito fiscal pode estar ligada à execução fiscal, aos casos de tributos pagos indevidamente (CTN arts. 165-169) e aos impostos indiretos, tais como IPI e ICMS, dentre outros.

Nas execuções fiscais[19], o crédito fiscal deve ser entendido, na ótica do credor da obrigação tributária, como aquilo que é devido a Fazenda Pública, compreendendo os créditos de natureza tributária[20] e os de natureza não-tributária.[21]

[16] CTN art. 113, § 1º. Art. 113. A obrigação tributária é principal ou acessória. § 1º A obrigação principal surge com a ocorrência do fato gerador, tem por objeto o pagamento de tributo ou penalidade pecuniária e extingue-se juntamente com o crédito dela decorrente.

[17] Crédito tributário – definição legal – é definido no art. 139 c/c arts. 113, § 1º e 3º, todos do CTN; previsão: CF art. 146, III,'b'; CTN arts. 128, 129, 130, 134, 135, 139; 140; 141; 142; 151; 154; 156; 158; 160; 161; 168, I; 170; 171; 172; 173; 174; 175; 183; 184; 186; 187; 188; 189; 190; 201; 201, III; 206; 208; CPC art. 585, São títulos executivos extrajudiciais: VI - a certidão de dívida ativa da Fazenda Pública da União, Estado, Distrito Federal, Território e Município, correspondente aos créditos inscritos na forma da lei;

[18] Tributo – definição legal – art. 3º do CTN; previsão: CF arts. 145, 146, III, 'a', 150, I, III, IV, V, 151, I e III; CTN arts. 3º, 4º, 5º, 7º, 9º, 16, 131, 132, 133, 150, 152, 153, 165, 166, 167, 191, 192, 193, 199, 205, 207.

[19] Regulada pela Lei 6.830/80. Dispõe sobre a cobrança judicial da Divida Ativa da Fazenda Pública.

[20] Tributos e multas.

[21] Ver a Lei 4.320/64, que ao estatuir normas gerais de direito financeiro, no seu art. 39, § 2º, apresenta diversos exemplos: foros, laudêmios, aluguéis, taxas de ocupação, indenizações etc.

Para falarmos em crédito físico, merece estudo o exemplo do ICMS, que é imposto de competência dos Estados, onde a CF fixa o princípio da não-cumulatividade,[22] estabelecendo que haverá compensação com o que for devido em cada operação relativa à circulação de mercadorias ou prestação de serviços com o montante cobrado nas anteriores pelo mesmo ou outro Estado ou pelo Distrito Federal. A não-cumulatividade funciona com compensação entre débitos e créditos do imposto. Contudo, a isenção ou não-incidência, de regra, não implicará **crédito** para compensação com o montante devido nas operações ou prestações seguintes e acarretará a anulação do crédito relativo às operações anteriores[23]. Nestes casos

[22] CF art. 155, II e § 2º, inciso I. Art. 155. Compete aos Estados e ao Distrito Federal instituir impostos sobre: II – operações relativas à circulação de mercadorias e sobre prestações de serviços de transporte interestadual e intermunicipal e de comunicação, ainda que as operações e as prestações se iniciem no exterior; § 2º. O imposto previsto no inciso II, atenderá ao seguinte:I – será não-cumulativo, compensando-se o que for devido em cada operação relativa à circulação de mercadorias ou prestação de serviços com o montante cobrado nas anteriores pelo mesmo ou outro Estado ou pelo Distrito Federal.
Lei Complementar 87/96, art. 19. O imposto é não-cumulativo, compensando-se o que for devido em cada operação relativa à circulação de mercadorias ou prestação de serviços de transporte interestadual e intermunicipal e de comunicação com o montante cobrado nas anteriores pelo mesmo ou por outro Estado.

[23] CF art. 155, § 2º, II, alíneas 'a' e 'b'. Art. 155. Compete aos Estados e ao Distrito Federal instituir impostos sobre: II – operações relativas à circulação de mercadorias e sobre prestações de serviços de transporte interestadual e intermunicipal e de comunicação, ainda que as operações e as prestações se iniciem no exterior; § 2º. O imposto previsto no inciso II, atenderá ao seguinte:II – a isenção ou não-incidência, salvo determinação em contrário da legislação: a) não implicará crédito para compensação com o montante devido nas operações ou prestações seguintes; b) acarretará a anulação do crédito relativo às operações anteriores.
Lei Complementar 87/96, art. 20. Para a compensação a que se refere o artigo anterior, é assegurado ao sujeito passivo o direito de creditar-se do imposto anteriormente cobrado em operações de que tenha resultado a entrada de mercadoria, real ou simbólica, no estabelecimento, inclusive a destinada ao seu uso ou consumo ou ao ativo permanente, ou o recebimento de serviços de transporte interestadual e intermunicipal ou de comunicação. § 1º Não dão direito a crédito as entradas de mercadorias ou utilização de serviços resultantes de operações ou prestações isentas ou não tributadas, ou que se refiram a mercadorias ou serviços alheios à atividade do estabelecimento. § 2º Salvo prova em contrário, presumem-se alheios à atividade do estabelecimento os veículos de transporte pessoal. § 3º É vedado o crédito relativo a mercadoria entrada no estabelecimento ou a prestação de serviços a ele feita: I – para integração ou consumo em processo de industrialização ou produção rural, quando a saída do produto resultante não for tributada ou estiver isenta do imposto, exceto se tratar-se de saída para o exterior; II – para comercialização ou prestação de serviço, quando

diz-se que a isenção ou não incidência não acarreta em crédito fiscal para fins de compensação do ICMS.

Neste caso encontramos a palavra crédito, que é o crédito fiscal, na ótica do devedor da obrigação tributária, como um direito assegurado ao sujeito passivo de creditar-se do imposto anteriormente cobrado em operações de que tenha resultado à entrada de mercadoria. Essa entrada de mercadoria no estabelecimento poderá ser real ou simbólica, inclusive a destinada ao seu uso ou consumo ou ao ativo permanente, ou o recebimento de serviços de transporte interestadual e intermunicipal ou de comunicação.

Esse crédito do ICMS é também chamado de *crédito físico*, uma vez que se refere ao imposto incidente nas operações anteriores sobre mercadorias empregadas fisicamente na industrialização, comercialização ou prestação de serviços, assim como também nas operações que culmine no recebimento de serviços de transporte ou de comunicação.

3. Vínculo entre obrigação tributária e crédito tributário

Existe vínculo entre obrigação tributária e crédito tributário, pois o crédito decorre da obrigação principal e tem a mesma natureza, conforme nos mostra o CTN no art. 139, o CTE-RJ no art. 157 e o CTM-RJ no art. 165, o que significa dizer que o crédito nasce da obrigação e é conseqüência dela.

Sobre o vínculo entre obrigação e crédito vale a pena destacar o direito positivo, assim como ensinamentos doutrinários.

De um lado, o CTN no Livro II, nos Títulos II e III, consagrou a estrutura dualista[24] da relação obrigacional, ao fazer a distinção entre obrigação tributária (Título II, arts. 113-138) e crédito tributário (Título III,

a saída ou a prestação subseqüente não forem tributadas ou estiverem isentas do imposto, exceto as destinadas ao exterior.

[24] Américo Masset Lacombe, ao falar do Lançamento, no Curso de Direito Tributário, Volume I, Edições Cejup, 2ª edição, página 257 e seguintes, citando ... 'Essa teoria remonta ao direto antigo romano, que estabelecia como elementos da obrigação, ales das partes, o *debitum* e a *obligatio*. O *debitum* era conceituado como o objeto da prestação, o que era devido, podendo ser um *dare*, um *facere*, ou um *nom facere*. A *obligatio* constrange o devedor a pagar. Enquanto o *debitum* é um elemento não coativo, a *obligatio* é um elemento coativo. Esta distinção desaparece no Direito pós-clássico. Modernarmente, a teoria dualista reaparece, em primeiro lugar, no Direito germânico, que fez a distinção entre *shuld (debitum)* e *haftung (obligatio)*... Não é esta a oportunidade de considerarmos o acerto ou não da tese dualista. Certa ou errada, necessária ou não ao perfeito entendimento da relação obrigacional o fato é que o Código Tributário Nacional consagra a teoria apesar de não utilizar a necessária precisão terminológica. Utiliza

art. 139-193). Neste mesmo sentido, foi também o CTE-RJ[25] e o CTM-RJ, (Capítulo II, no art. 164 dispõe sobre obrigação tributária e Capítulo III, nos arts. 165-211, versando sobre o crédito tributário). Com fundamento na competência legislativa concorrente em matéria tributária[26], da União e dos Estados, assim como também na competência dos Municípios[27], o CTN[28], o CTE-RJ[29], o CTM-RJ[30], em uniformidade, com idêntica redação, estabelecem a autonomia do crédito tributário com relação à obrigação principal. Daí se dizer que os Códigos Tributários (Nacional, Estadual e Municipal), adotaram a teoria dualista da obrigação, ao contrário do direito (Código) civil, que adotou a teoria monista da obrigação. No direito civil crédito e obrigação representam a mesma coisa, quer pela ótica do credor é um crédito, quer pela ótica do devedor, é uma obrigação, mas sendo que a toda obrigação corresponde a um crédito, como se fosse duas faces de uma mesma moeda. No direito tributário isso é diferente, pois só haverá a obrigação com a ocorrência do fato gerador e só encontraremos o crédito a partir do lançamento. Com o fato gerador nasce a obrigação tributária, assim como, com o lançamento surge o crédito tributário, o que significa dizer que obrigação e crédito surgem em momentos diferentes. Pelo disposto no art. 140 do CTN, os erros, defeitos, nulidades, ou seja, as vicissitudes do crédito tributário não afetam a obrigação tributária.

o termo obrigação no sentido de *debitum* (o *shuld* germânico), e o termo crédito no sentido de *obligatio* (o *haftung* germânico).

[25] CTE-RJ, Livro II, Capítulo II, que trata da obrigação tributária nos arts. 153-156, e Capítulo III, nos arts. 157-195, que cuida do crédito tributário.

[26] CF art. 24. Compete à União, aos Estados e ao Distrito Federal legislar concorrentemente sobre: I – direto tributário.

[27] CF art. 30. Compete aos Municípios: I – legislar sobre assuntos de interesse local; II – suplementar a legislação federal e a estadual no que couber; III – instituir e arrecadar os tributos de sua competência, ...;

[28] CTN art. 140. As circunstâncias que modificam o crédito tributário, sua extensão ou seus efeitos, ou as garantias ou os privilégios a ele atribuídos, ou que excluem sua exigibilidade não afetam a obrigação tributária que lhe deu origem.

[29] CTE-RJ art. 158. As circunstâncias que modificam o crédito tributário, sua extensão ou seus efeitos, ou as garantias ou os privilégios a ele atribuídos, ou que excluem sua exigibilidade não afetam a obrigação tributária que lhe deu origem.

[30] CTM-RJ art. 166. As circunstâncias que modificam o crédito tributário, sua extensão ou seus efeitos, ou as garantias ou os privilégios a ele atribuídos, ou que excluem sua exigibilidade não afetam a obrigação tributária que lhe deu origem.

Por outro lado, o Prof. Ricardo Lobo Torres, ao falar do crédito tributário, ensina que:

"... a rigor, inexiste diferença entre crédito e obrigação tributária. Da obrigação tributária exsurgem um direto subjetivo de crédito para o sujeito ativo e uma dívida para o sujeito passivo. O próprio art. 139 do CTN diz que "o crédito tributário decorre da obrigação principal e tem a mesma natureza desta". Se a obrigação tributária tem conteúdo patrimonial não pode se distinguir do crédito tributário."

" A distinção que por vezes faz o CTN deve ser entendida no sentido didático. Embora o crédito se constitua juntamente com a obrigação pela ocorrência do fato gerador, recebe ele graus diversos de transparência e concretitude na medida em que seja objeto de lançamento, de decisão administrativa definitiva ou de inscrição nos livros da dívida ativa. O crédito tributário passa por diferentes momentos de eficácia: crédito simplesmente constituído (pela ocorrência do fato gerador) torna-se crédito exigível (pelo lançamento notificado ou pela decisão administrativa definitiva) e finalmente crédito exeqüível (pela inscrição nos livros da dívida ativa), dotado de liquidez e certeza."

4. Teorias sobre o crédito tributário

A importância do assunto está ligada à natureza do lançamento, tema que trataremos adiante, mas de início lembramos a diferença entre ato constitutivo e ato declaratório.

4.1. Ato constitutivo – é o que altera relação jurídica, instituindo, modificando ou extinguindo, semelhante ao art. 81 do antigo Código Civil 'é todo ato lícito que tem por fim imediato a adquirir, resguardar, transferir, modificar ou extinguir direitos'. A relação jurídica nova constituída se projeta do presente para o futuro, daí se dizer com efeitos *ex nunc.*

4.2. Ato declaratório – é o que apenas reconhece um direito preexistente, daí se dizer que seus efeitos recuam até a data do ato que o declara, sendo seus efeitos *ex tunc.*

4.3. Doutrina de leitura obrigatória

Além da doutrina abaixo, destacamos que é fundamental para boa compreensão deste texto o paralelo exame do direito positivo, notadamente o CTN nos arts. 139-150:

- Torres, Ricardo Lobo. Curso de Direito Financeiro e Tributário, editora Renovar, 1997, 4ª edição, páginas 233 a 242;
- Amaro, Luciano. Direito Tributário Brasileiro, editora Saraiva, 2003, 9ª edição, páginas 323 a 361;
- Rosa Júnior, Luiz Emygdio F. da. Manual de Direito Financeiro e de Direito Tributário, editora Renovar, 2003, 17ª edição, páginas 603 a 631;

LANÇAMENTO I

1. Lançamento Tributário

Previsão. Encontramos o tema na CF art. 146, III, 'b' e no CTN arts. 142-150. Lançamento, assim como crédito tributário é assunto reservado a lei complementar, sendo que está é o Código Tributário Nacional, que ao dispor sobre o lançamento nos oferece: o conceito, a natureza, os efeitos, os princípios, as modalidades etc.

1.1. Conceito

O CTN, numa interpretação legal, conceitua o lançamento dizendo que compete privativamente à autoridade administrativa constituir o crédito tributário, consistindo no "procedimento administrativo tendente a verificar a ocorrência do fato gerador da obrigação correspondente, determinar a matéria tributável, calcular o montante do tributo devido, identificar o sujeito passivo e, sendo caso, propor a aplicação da penalidade cabível' (art.142).

Encontramos no conceito legal nove pontos que examinaremos separadamente.

Primeiro. 'Compete privativamente[31] a autoridade administrativa'.

A competência se caracteriza nos casos em que o ato se inclui nas atribuições legais do agente que o praticou, conforme interpretação inversa

[31] COMPETÊNCIA – CRÉDITO TRIBUTÁRIO – CONSTITUIÇÃO. Compete privativamente à autoridade administrativa constituir o crédito tributário pelo lançamento (art. 142, do CTN). O agente público investido de tal atividade o faz em nome da Administração Pública e no exercício de cargo para o qual foi investido por meio de concurso público, após o preenchimento dos requisitos delimitados nas normas legais balizadoras de tal investidura, obedecidos os mandamentos do art. 37 da Constituição Federal (Conselho de Contribuintes, Ac. 201-72.679, Relª Consª Ana Neyle Olímpio Holanda DOU de 16-11-1999, p.7,).

da Lei 4.717/65[32]. A outorga legal de certa quantidade de poder a determinado agente[33], denomina-se, em termos jurídicos, competência. Um ato administrativo somente é válido quando praticado por quem tenha competência para tanto e nos exatos limites que a regra fixadora de competência o permite. O conteúdo do ato expedido precisa estar incluído no rol de atribuições conferidas, por lei, ao agente que o tiver praticado.

A lei que regula o processo administrativo federal[34] define como autoridade o servidor ou agente público dotado de poder de decisão. Autoridade administrativa, para fins de lançamento, é o fiscal de tributos, chamado de Auditor Fiscal ou fiscal de rendas.

Como o lançamento é privativo do fiscal de tributos, se porventura for praticado por qualquer outra pessoa diversa, o ato será nulo[35].

LANÇAMENTO – COMPETÊNCIA – REVISÃO. Não há que se cogitar de promoção de novo lançamento, em decorrência de declaração de nulidade de decisão de autoridade de primeira instância pelo Conselho de Contribuintes, até porque não possui esse Colegiado competência para promover lançamentos, que é atividade privativa da autoridade administrativa fiscal, face ao expressamente disposto no Código Tributário Nacional, arts. 142 e 149 (Conselho de Contribuintes, Ac. 105-9.1186, Rel. Cons. Hissao Arita, DOU de 3-12-1996, p. 25.611).

[32] Lei 4.717/65, art. 2º, parágrafo único, letra "a" a incompetência fica caracterizada quando o ato não se incluir nas atribuições legais do agente que o praticou".

[33] DECADÊNCIA – LANÇAMENTO POR QUALQUER MODALIDADE. O lançamento é de competência privativa da autoridade administrativa (art. 142 do Código Tributário Nacional). Assim, qualquer que seja a modalidade (direto, por declaração ou por homologação), ele só se completa com a manifestação da autoridade. Até aí, corre prazo de decadência; depois, começa o de prescrição (Conselho de Contribuintes, AI 40.981, Rel. Justino Ribeiro, Ac. de 30-3-81, 5ª T. do TFR, Rio de Janeiro, DJU de 20-8-1981, p. 7.930).

[34] Lei 9.784/99. Regula o processo administrativo no âmbito da Administração Pública Federal. Art. 1º. Esta Lei estabelece normas básicas sobre o processo administrativo no âmbito da Administração Federal direta e indireta, visando, em especial, à proteção dos direitos dos administrados e ao melhor cumprimento dos fins da Administração. § 2º Para os fins desta Lei, consideram-se: III – autoridade – o servidor ou agente público dotado de poder de decisão.

[35] Decreto Federal 70.235/72. Art. 59. São nulos: I – os atos e termos lavrados por pessoa incompetente; II – os despachos e decisões proferidos por autoridade incompetente ou com preterição do direito de defesa. § 1º. A nulidade de qualquer ato só prejudica os posteriores que dele diretamente dependam ou sejam conseqüência. § 2º. Na declaração de nulidade, a autoridade dirá os atos alcançados e determinará as providências.

• INSTRUÇÃO NORMATIVA 94/1997 – Dispõe sobre as regras a serem observadas, no procedimento de revisão sumária de declarações de rendimentos (malha), para o lançamento suplementar de tributos e contribuições, a ser efetuado por meio de auto de infração com atenção aos requisitos constantes do art. 142 da Lei 5.172/1966 – CTN, sob pena de nulidade. De se ver os artigos abaixo transcritos.

A aferição da competência do agente se realiza com base em três situações, em razão da matéria, lugar, e tempo. Primeiro observamos se a matéria versada no ato administrativo se inclui no rol de "atribuições" do agente. Aqui importa considerar o nível hierárquico do agente e a possibilidade de delegação de poderes, destacando que o lançamento é privativo, portanto indelegável, conforme inclusive previsão no art. 7 do CTN[36]. Em segundo plano, cabe apreciar os limites territoriais, ou seja, o lugar do ato, fixados, explícita ou implicitamente, na regra de competência. Por fim cabe checar o lapso temporal dentro do qual podem ser exercitados os poderes atribuídos à competência da autoridade. É importante examinar o início da investidura em cargo, a data de demissão, exoneração, a concessão de licenças, férias, aposentadorias e demais interrupções no desempenho de cargos e funções públicas.

Segundo. 'Constituir o crédito tributário pelo lançamento'.

Neste trecho o CTN demonstrou que diante da controvérsia sobre a natureza jurídica do lançamento, acolheu a teoria segundo o qual lançamento é constitutivo do crédito tributário.

Destacamos esta parte porque no passado tivemos enorme controvérsia a respeito da natureza do lançamento (se constitutivo ou declaratório), contudo pode-se perceber que ele se filiou a corrente que defende a natureza constitutiva do crédito.

• ATO DECLARATÓRIO NORMATIVO COSIT 02/1999. Dispõe sobre a nulidade de lançamentos que contiverem vício formal e sobre o prazo decadencial para a Fazenda Nacional constituir o crédito tributário objeto de lançamento declarado nulo por essa razão. O COORDENADOR-GERAL DO SISTEMA DE TRIBUTAÇÃO, no uso das atribuições que lhe confere o art. 199, inciso IV, do Regimento Interno da Secretaria da Receita Federal, aprovado pela Portaria MF 227/98, e tendo em vista o disposto nos arts. 142 e 173, inciso II, da Lei 5172/66 (Código Tributário Nacional), nos arts. 10 e 11 do Decreto 70.235/72, e no art. 6º da IN SRF 94/97, declara, em caráter normativo, às Superintendências Regionais da Receita Federal, às Delegacias da Receita Federal de Julgamento e aos demais interessados que: a) os lançamentos que contiverem vício de forma – incluídos aqueles constituídos em desacordo com o disposto no art. 5º da IN SRF 94/97 – devem ser declarados nulos, de ofício pela autoridade competente; b) declarada a nulidade do lançamento por vício formal, dispõe a Fazenda Nacional do prazo de 5 (cinco) anos para efetuar novo lançamento, contado da data em que a decisão declaratória da nulidade se tornar definitiva na esfera administrativa.

[36] CTN art. 7º. A competência tributária é indelegável, salvo atribuição das funções de arrecadar ou fiscalizar tributos ou de executar leis, serviços, atos ou decisões administrativas em matéria tributária, conferida por uma pessoa jurídica de direito público a outra, nos termos do § 3º do art. 18 da Constituição.

Terceiro. 'Procedimento administrativo'.

O professor Hely Lopes Meirelles define o procedimento administrativo como sendo "a sucessão ordenada de operações que propiciam a formação de um ato final objetivado pela Administração. É o iter legal a ser percorrido pelos agentes públicos para a obtenção dos efeitos regulares de um ato administrativo principal." (Direito Administrativo Brasileiro, RT, 16ª edição atualizada pela Constituição de 1988, 2ª tiragem, página 133).

A sucessão ordenada de operações consiste em: 1) determinar matéria tributável (dizer qual é o tributo devido, informando se é imposto, taxa ou contribuição); 2º) identificar quem terá o dever jurídico de pagar, se o contribuinte ou responsável; 3º) calcular o montante, que consiste em fixar o valor a ser pago; 4º) notificar[37] o devedor para que cumpra a obrigação. O ato final objetivado pela Administração é a constituição do crédito tributário.

Em que pese a afirmação do CTN, acompanhada por parte da doutrina[38], que se trata de um procedimento administrativo, alguns autores sustentam que o lançamento é um ato administrativo.[39]

[37] A notificação de lançamento será expedida pelo órgão que administra o tributo e conterá obrigatoriamente: I – a qualificação do notificado; II – o valor do crédito tributário e o prazo para recolhimento ou impugnação; III – a disposição legal infringida, se for o caso; IV – a assinatura do chefe do órgão expedidor ou de outro servidor autorizado e a indicação de seu cargo ou função e o número de matrícula, sendo que prescinde de assinatura a notificação emitida por processo eletrônico, de acordo com o art. 11 do Decreto Federal 70.235/72, que dispõe sobre o processo administrativo fiscal. A notificação é pressuposto de eficácia do lançamento, conforme STJ, Recurso Especial 73.594.

[38] É um procedimento, pois se trata de uma série de atos. Nesse sentido: Hugo de Brito Machado (Curso de Direito Tributário, 24ª edição, 2004, editora Malheiros, pagina 169); Luiz Emygdio F. da Rosa Júnior (Manual de Direito Financeiro e de Direito Tributário, editora Renovar, 2003, 17ª edição, página 606); Aliomar Baleeiro (Direito Tributário Brasileiro, editora Forense, 1987, 10ª edição, página 502); Ruy Barbosa Nogueira (Curso de Direito Tributário, editora Saraiva, 9ª edição atualizada, 1989, página 222).

[39] É um ato, ainda que praticado após um procedimento. Nesse sentido: Paulo Barros de Carvalho (Curso de Direito Tributário, 8ª edição, editora Saraiva, 1996, páginas 263 e 264); Sacha Calmon Navarro Coelho (Liminares e Depósitos antes do Lançamento por Homologação; Decadência e Prescrição, 2ª edição, editora Dialética, 2002, páginas 18-19 e páginas 68-69); Luciano Amaro (Direito Tributário Brasileiro, editora Saraiva, 2003, 9ª edição, página 334); Alberto Xavier (Do Lançamento, Teoria Geral do ato, do procedimento e do processo tributário, São Paulo, Forense, 1997).

Quarto. 'Verificar a ocorrência do fato gerador da obrigação'.

O fato gerador da obrigação principal é a situação definida em lei como necessária e suficiente à sua ocorrência[40]. A obrigação tributária é principal ou acessória, sendo que a principal surge com a ocorrência do fato gerador, tem por objeto o pagamento de tributo ou penalidade pecuniária e extingue-se juntamente com o crédito dela decorrente[41].

Nesta parte o CTN demonstrou que o lançamento possui natureza declaratória da obrigação, pois reconhece a existência de uma situação já ocorrida que é o fato gerador.

Quinto. 'Determinar a matéria tributável'.

É dizer qual é o tributo devido. E isso se faz com a constatação da conduta à norma, isto é, a adequação do fato ocorrido, com a hipótese de incidência prevista em lei. É verificar a realização, em concreto, com o que está previsto, em abstrato, na norma. Temos aqui então a tipicidade.

Sexto. 'Calcular o montante[42] do tributo devido'.

Consiste em transformar a obrigação de ilíquida para líquida, tornando-a exeqüível[43]. Neste instante o lançamento vai dizer o que é devido a título de tributo, fixando, portanto, o *quantum debeatur* (quantia devida).

Quando o valor tributário esteja expresso em moeda estrangeira, no lançamento far-se-á sua conversão em moeda nacional ao câmbio do dia da ocorrência do fato gerador da obrigação[44]. Exemplificando, no imposto de

[40] CTN art. 114.

[41] CTN art. 113, § 1º.

[42] CONTRIBUIÇÃO DE MELHORIA. LANÇAMENTO. A Turma, de acordo com a jurisprudência deste Tribunal e do STF, decidiu que a base de cálculo da contribuição de melhoria é a diferença entre o valor da propriedade antes e depois de realizada a obra. O ente público, além de provar a realização da obra, terá que demonstrar a valorização da propriedade privada. Portanto, é ilegal o lançamento do tributo pela municipalidade baseado apenas no custo da obra. Precedentes citados – no STJ: REsp 169.131-SP, DJ 3/8/1998; REsp 35.133-SC, DJ 17/4/1995, REsp 634-SP, DJ 18/4/1994, e EDcl no AgRg no REsp 1.037.444/RS, DJe 03.12.2009; e no STF: RE 116.148-SP, DJ 21/5/1993, RE 116.147-SP, DJ 8/5/1992, REsp. 200.283-SP, Rel. Min. Garcia Vieira, julgado em 4/5/1999. Boletim Informativo do STJ 17/99.

[43] TRIBUTO. LANÇAMENTO. CERTIDÃO NEGATIVA. Tratando-se de tributo sujeito a lançamento, enquanto este não se verificar, o contribuinte tem direito à certidão negativa de débito fiscal, pois não existe, ainda, crédito tributário exeqüível. Precedentes citados: STJ, REsp 98.353-RS, DJ 16/12/1996, e STJ, REsp 89.936-RS, DJ 28/4/1997. STJ, REsp 193.509-SC, Rel. Min. Demócrito Reinaldo, julgado em 18/3/1999. Boletim Informativo do STJ 11/99.

[44] CTN art. 143.

importação, os valores expressos em moeda estrangeira deverão ser convertidos em moeda nacional à taxa de câmbio vigente na data em que se considerar ocorrido o fato gerador. Este é a entrada de mercadoria estrangeira no território aduaneiro. Considera-se entrada no território aduaneiro a mercadoria que conste como tendo sido importada. Para efeito de cálculo do imposto, considera-se ocorrido o fato gerador: na data do registro da declaração de importação de mercadoria submetida a despacho para consumo.[45]

Sétimo. 'Identificar o sujeito passivo.'[46]

Sujeito passivo da obrigação principal é a pessoa obrigada ao pagamento de tributo ou penalidade pecuniária. O sujeito passivo da obrigação principal diz-se: contribuinte, quando tenha relação pessoal e direta com a situação que constitua o respectivo fato gerador; responsável, quando, sem revestir a condição de contribuinte, sua obrigação decorra de disposição expressa de lei.[47]

Identificar o sujeito passivo é personalizar o devedor. O lançamento vai dizer quem terá o dever jurídico de pagar o tributo.

Oitavo. 'Propor a aplicação da penalidade cabível'.

Não se trata de proposta, mas sim de imposição, aplicação de pena, que é sanção pelo descumprimento da lei tributária.

Quando há imposição de pena, teremos a lavratura do auto de infração[48], que será efetuado por servidor competente[49], no local da verifica-

[45] Regulamento Aduaneiro (Decreto Federal 4.543/2002), arts. 72, 73 e 97.

[46] ERRO IDENTIFICAÇÃO SUJEITO PASSIVO. O lançamento viciado de erro na identificação do sujeito passivo e nulo e, por isso, não se convalida. Máxime quando a alteração saneadora não se enquadra em hipótese alguma do art. 145 do CTN e, ademais, é praticada por autoridade incompetente, ao arrepio das normas processuais em vigor. (Conselho de Contribuintes, Ac. 106-3.427, Rel. Cons. Adelmo Martins Silva, DOU de 16-3-1992, p. 3.349.).

[47] CTN art. 121.

[48] Em alguns concursos de ingresso na carreira da Magistratura no Estado do Rio de Janeiro, já se perguntou: qual a natureza jurídica do auto de infração? (XXXI, em 30.05.99 e XXXII, em 22.03.2000).

Como sugestão de resposta podemos aduzir que o auto de infração é por natureza um ato constitutivo do crédito tributário, nos termos do CTN art. 142, parte final, c/c art. 11 do Decreto Federal 70.235/72. Neste sentido é também a orientação do STF, 'Com a lavratura do auto de infração consuma-se o lançamento do crédito tributário. '(RE 91.019, Rel. Min. Moreira Alves).

[49] AUTO DE INFRAÇÃO – LANÇAMENTO. Lavrado pela autoridade fiscal competente e regularmente notificado o contribuinte, está consumado o lançamento definitivo no art.

ção[50] da falta, e conterá obrigatoriamente: I – a qualificação do autuado; II – o local[51], a data e a hora da lavratura; III – a descrição do fato[52]; IV – a

142 do CTN (TFR, Ac. A.M.S. 86.242-SP, Rel. Min. Armando Rolemberg, DJ de 19-3-1980).

[50] PROCESSO ADMINISTRATIVO FISCAL – NULIDADE – Não é nulo o auto de infração lavrado na Sede da Delegacia da Receita Federal, se a repartição dispunha dos elementos necessários e suficientes para a caracterização da infração e formalização do lançamento tributário. (1º Conselho de Contribuintes, Acórdão 105-10.335, de 16/04/1996,).

[51] AUTO DE INFRAÇÃO – LANÇAMENTO FORA DO ESTABELECIMENTO. IPI. Lançamento de ofício efetuado por auto de infração instaurado na repartição fiscal, fora do estabelecimento, sem que tivesse sido verificada a ocorrência do fato gerador: falta de elemento essencial, nulidade do lançamento, *ex vi* do disposto no art. 142 do CTN (2º Conselho de Contribuintes, Ac. 60.102, de 19-12-81, Rel. Osvaldo Tancredo de Oliveira, DOU de 24-3-1982, p. 5.102).

[52] AUTO DE INFRAÇÃO – DESCRIÇÃO DO FATO. Sendo dever de ofício da autoridade administrativa fiscal, a teor do que dispõe o art. 142 do CTN acerca da atividade do lançamento, a prática de todos os atos necessários à cobrança do tributo, inclui-se dentre os seus de mais deveres, o de colher os elementos de fato, imprescindíveis a instruir o feito fiscal, a fim de evitar sua sucumbência perante outras instâncias. Recurso provido (Conselho de Contribuintes, Ac. 107-0.746, Rel. Cons. Mariângela Reis Varisco, DOU de 2-1-1997, p. 45,).
AUTO DE INFRAÇÃO – DESCRIÇÃO DO FATO. O lançamento, como atividade vinculada e regrada, deve ser celebrado com observância dos pressupostos estatuídos no art. 142 do Código Tributário Nacional, cuja motivação deve estar apoiada em elementos materiais de prova veementes, consubstanciados através de instrumentos capazes de demonstrar, com segurança e seriedade, os fundamentos reveladores de ilicitude tributária. A inobservância destes requisitos desnatura o lançamento e desautoriza sua celebração (Conselho de Contribuintes, Ac. 107-1.700, Rel. Cons. Jonas Francisco de Oliveira, DOU de 7-1-1997, p. 310,).
'A importância da descrição dos fatos deve-se à circunstância de que é por meio dela que o autuante demonstra a consonância da matéria de fato constatada na ação fiscal e a hipótese abstrata constante da norma jurídica. É, assim, elemento fundamental do material probatório coletado pela autoridade lançadora, posto que uma minudente descrição dos fatos pode suprir até eventuais incorreções no enquadramento legal adotado no auto de infração (ver jurisprudência administrativa nas notas ao inciso seguinte deste artigo); o contrário é que, via de regra, não se admite, até porque, no mais das vezes, não há como aferir a correção do fundamento legal, se não se puder saber, com precisão, quais os fatos que deram margem à tipificação legal e à autuação. Por meio da descrição dos fatos é que fica estabelecida a conexão entre todos os meios de prova coletados e/ou produzidos (documentos fiscais, relatórios, termos de intimação e declaração, demonstrativos, etc.) e explicitada a linha de encadeamento lógico destes elementos, com vistas à demonstração da plausibilidade legal da autuação. Especialmente depois da eliminação da oitiva do autuante, a importância da descrição dos fatos ampliou-se muito; é que o auto de infração, no mais das vezes, passou a ser a última oportunidade de o autuante falar nos autos. De se lembrar, ainda, que o auto de infração, depois de lavrado, passa a ser, antes de qualquer outra coisa, uma peça jurídica, e como tal, deve seu objeto estar juridicamente traduzido, independentemente de seus funda-

disposição legal[53] infringida[54] e a penalidade aplicável; V – a determinação da exigência e a intimação para cumpri-la ou impugná-la no prazo de trinta dias[55]; VI – a assinatura do autuante[56] e a indicação de seu cargo ou função e o número de matrícula, conforme art. 10 do Decreto Federal 70.235/72, que dispõe sobre o Processo Administrativo Fiscal.

mentos de fato terem sido aferidos a partir de uma auditoria contábil ou de uma apreensão de mercadorias; seja qual for o método investigativo, ao final suas conclusões devem estar juridicamente validadas', conforme consta nas notas ao art. 10, III, do Decreto 70.235/72, elaborado pela Receita Federal.

53 AUTO DE INFRAÇÃO – DESCRIÇÃO LEGAL. Deve ser declarado nulo o lançamento de ofício cuja matéria tributável não se subsume ao enquadramento legal que o fulcrou, por obstar, destarte, o estabelecimento da relação jurídica e o nascimento da obrigação tributária nos termos do disposto no art. 142 do Código Tributário Nacional. (Conselho de Contribuintes, Ac. 107-03.295, Rel. Cons. Jonas Francisco de Oliveira, DOU de 13-3-1997, p. 4.998,).

54 AUTO DE INFRAÇÃO – DISPOSIÇÃO LEGAL INFRINGIDA – O erro no enquadramento legal da infração cometida não acarreta a nulidade do auto de infração, quando comprovado, pela judiciosa descrição dos fatos nele contida e a alentada impugnação apresentada pelo contribuinte contra as imputações que lhe foram feitas, que inocorreu preterição do direito de defesa. (Conselho de Contribuintes, Acórdão 103-13.567, DOU de 28/05/1995).

55 Redução de multas: a) Lei 9.430/1996 – Art. 44, § 3º – Aplicam-se às multas de que trata este artigo as reduções previstas no art. 6º da Lei nº 8.218, de 29 de agosto de 1991, e no art. 60 da Lei nº 8.383, de 30 de dezembro de 1991; b) Lei 8.218/1991, art. 6º – Art. 961 do RIR/1999 (Art. 996 do RIR/1994) – Será concedida a redução de cinqüenta por cento da multa de lançamento de ofício ao contribuinte que, notificado, efetuar o pagamento do débito no prazo legal de impugnação; c) Lei 8.218/1991, art. 6º, parágrafo único – Art. 962 do RIR/1999 (Art. 997 do RIR/1994) – Se houver impugnação tempestiva, a redução será de trinta por cento se o pagamento do débito for efetuado dentro de trinta dias da ciência da decisão de primeira instância; d) Lei 8.383/1991, art. 60 – Art. 963 do RIR/1999 (Art. 998 do RIR/1994) – Será concedida redução de quarenta por cento da multa de lançamento de ofício ao contribuinte que, notificado, requerer o parcelamento do débito no prazo legal de impugnação. § 1º – Havendo impugnação tempestiva, a redução será de vinte por cento, se o parcelamento for requerido dentro de trinta dias da ciência da decisão de primeira instância. § 2º – A rescisão do parcelamento, motivada pelo descumprimento das normas que o regulam, implicará restabelecimento do montante da multa, proporcionalmente ao valor da receita não satisfeita.

56 NOTIFICAÇÃO – NULIDADE. É de ser decretada a nulidade de lançamento efetuado através de meios informatizados eletrônicos que não preencha os requisitos previstos em lei, tais como, falta de nome e da assinatura do funcionário. – Art. 142 do Código Tributário Nacional; art. 11 do Decreto n. 70.235/72 (Conselho de Contribuintes, Ac. 107-04.743, DOU de 22-6-1998, p. 34). No mesmo sentido, Conselho de Contribuintes, Ac. 107-04.754/62/76/92/93, DOU de 23-6-1998, p. 34.

O auto de infração, assim como o lançamento, ambos constituem o crédito tributário[57].

Nono. Atividade vinculada[58].

A Administração Pública exerce sua função praticando atos administrativos que podem ser vinculados ou discricionários. Celso Antônio Bandeira de Mello (Curso de Direito Administrativo, Malheiros, 7ª edição, página 245) ensina que a diferença nuclear entre ambos reside em que, nos atos **vinculados**, a Administração não dispõe de liberdade nenhuma, vez que a lei já regulou antecipadamente em todos os aspectos o comportamento a ser adotado, enquanto nos atos **discricionários** a disciplina legal deixa ao administrador certa margem de liberdade para decidir-se em face das circunstâncias concretas do caso, impondo-lhe e simultaneamente facultando-lhe a utilização de critérios próprios para avaliar ou decidir quanto ao que lhe pareça ser o melhor meio de satisfazer o interesse público que a norma legal vise realizar.

O parágrafo único do art. 142, não deixa nenhuma dúvida que o lançamento é vinculado, não dispondo, portanto, o fiscal de tributos de faculdade de agir, mas sim de dever jurídico[59] de constituir o crédito tributário. Este dever é corolário do princípio da estrita legalidade.

A Fazenda Pública orienta os fiscais no sentido da constituição do crédito tributário de ofício, com o intuito de evitar a decadência[60]. Mesmo

[57] Súmula 153 do TFR. Constituído, no qüinqüênio, através de auto de infração ou notificação de lançamento, o crédito tributário, não há falar em decadência, fluindo, a partir daí, em princípio, o prazo prescricional, todavia, fica em suspenso, até que sejam decididos os recursos administrativos.

[58] LANÇAMENTO. O lançamento do tributo é obrigatório e ato administrativo vinculado, razão por que uma vez configurada a situação fática subsumível ao fato gerador, impõe-se a sua realização, sob pena de responsabilização do agente administrativo (Código Tributário Nacional, art. 142, parágrafo único) (Conselho de Contribuintes, Ac. 101-80.681, Rel. Cons. José Eduardo Rangel de Alckmin, DOU de 5-6-1991, p. 10.686).

[59] Em outros concursos de ingresso na carreira da Magistratura no Estado do Rio de Janeiro, já se perguntou: 'proposta ação declaratória de inexistência de relação jurídico-tributária em face do Fisco, com depósito integral do tributo que a Administração entende devido, está ela inibida de promover o lançamento?' (XXIII, em 30.04.95 e XXXVIII, em 16.11.2003). Em síntese e como sugestão de elementos para fundamentar a resposta podemos dizer que não, conforme parágrafo único do art. 142 do CTN, assim como a jurisprudência do STJ transcrita adiante.

[60] Parecer da Procuradoria Geral da Fazenda Nacional – PGFN 743/88, que recomenda a constituição do crédito tributário, de ofício, pela fiscalização com o intuito de evitar a decadência, ficando sobrestadas as ações de cobrança.

durante a vigência de medida suspensiva[61] da exigibilidade do crédito tributário, em que pese a controvérsia, a orientação majoritária é no sentido de que não se deve impedir a Fazenda Pública efetuar o lançamento.[62]

O Código fala apenas na responsabilidade funcional, pela não realização do lançamento nos casos onde ele deva ser efetuado. Contudo, a omissão em lançar pode, na verdade, ocasionar responsabilidade em três esferas diferentes: penal, civil e administrativa.

Tributário – Crédito ainda não constituído – Depósito judicial. Deferido antes da constituição do crédito tributário, o depósito judicial não tem o efeito de impedir o lançamento fiscal, e sim o servir de garantia para a Fazenda Pública na hipótese de o contribuinte ser malsucedido na demanda; funciona, portanto, como uma penhora antecipada, evitando as despesas próprias de uma execução fiscal. A Fazenda Pública não tem qualquer prejuízo com esse procedimento; sem ele teria, igualmente, de constituir o crédito tributário, com o custo adicional de uma execução fiscal, no mais das vezes garantia por penhora de bens, sem a facilidade que o depósito tem de ser convertido em renda (CTN, artigo 156, VI). Recurso Especial não conhecido. Decisão: Por unanimidade, não conhecer do recurso. STJ – Acórdão 20981, Recurso Especial, Relator: Ministro Ari Pargendler, Segunda Turma, Decisão: 23.05.96, DJ 17.06.96, pág. 21471.

[61] CTN art. 151.

[62] LANÇAMENTO DURANTE A VIGÊNCIA DE MEDIDA SUSPENSIVA DA EXIGIBILIDADE DO CRÉDITO TRIBUTÁRIO – Orientação Jurisprudencial – Muito embora o Tribunal Regional Federal da 4ª Região já tenha, por sua 1ª Turma, se manifestado no sentido de que a liminar em mandado de segurança pode ser concedida também para impedir a própria constituição do crédito tributário (TRF – 4ª Região, MS 91.0406966/SC, DJ 11/12/1991, p. 31.794), a orientação predominante do Superior Tribunal de Justiça é a de que tal não é possível. Exemplifica-se com os acórdãos abaixo.

MANDADO DE SEGURANÇA – LIMINAR – COMPENSAÇÃO – PROIBIÇÃO AO ESTADO PARA LANÇAR AUTUAÇÕES – PRETENSÃO SATISFATIVA – Não é possível, em mandado de segurança, conceder liminar para vedar ao Fisco, o exercício do dever de autuar o contribuinte, em eventuais irregularidades. (STJ, DROMS 94.0004448/SP, 1ª Turma, DJ de 24/10/1994, p. 28.699).

TRIBUTÁRIO. LANÇAMENTO POR HOMOLOGAÇÃO. MEDIDA LIMINAR INIBITÓRIA DA ATIVIDADE DE FISCALIZAÇÃO. INVIABILIDADE – No lançamento por homologação, o contribuinte verifica a ocorrência do fato gerador, apura o tributo devido e recolhe o montante correspondente sem qualquer interferência da Fazenda Pública. A medida liminar que impede o Fisco, ainda que no prazo assinado para a constituição do crédito tributário, de revisar essa modalidade de lançamento, sobre contrariar o sistema do Código Tributário Nacional, é desnecessária, porque no processo fiscal nada se exige do contribuinte até se esgotar administrativamente o exercício do seu direito de defesa. Recurso Ordinário improvido. (STJ, ROMS 95.0006096/RN, 2ª Turma, DJ de 26/02/1996, p. 3.979).

LANÇAMENTO. ACÓRDÃO 301-28652. Deve ser mantido o lançamento preventivo de decadência, excluía a multa de ofício por força do artigo 63 da Lei 9.430/96.

A penal[63] se dá em razão da prática de crimes e contravenções penais, imputadas ao servidor público (fiscal de tributos) em razão de suas atividades.

A civil ou patrimonial[64], consiste no dever que se impõe ao servido de indenizar os prejuízos resultantes de sua atuação, causados a terceiros ou à própria Administração Pública. Ela é subjetiva, sujeita, portanto à demonstração de culpa ou dolo.

A administrativa ou funcional advém da prática de infrações disciplinares, apurada via processo administrativo disciplinar, sendo assegurado ao acusado os princípios constitucionais do contraditório, ampla defesa, devido processo legal, autoridade competente e outros.

São distintos os processos onde se apuram as diversas responsabilidades, entretanto a penal pode influenciar nas demais, porque: a) a sentença criminal condenatória que fixa a obrigação de reparar danos decorrentes do crime, estabelecendo também a responsabilidade administrativa; b) a sentença criminal absolutória em razão da inexistência do fato ou negativa de autoria exclui as responsabilidades civil e administrativa.

Em âmbito federal, as responsabilidades civil, penal e administrativa, estão previstas na Lei 8.112/90[65]. Na esfera estadual elas estão previstas

[63] Exemplo – Código Penal, art. 319. *Prevaricação.* Art. 319 – Retardar ou deixar de praticar, indevidamente, ato de ofício, ou praticá-lo contra disposição expressa de lei, para satisfazer interesse ou sentimento pessoal: Pena – detenção, de 3 (três) meses a 1 (um) ano, e multa.

[64] Constituição Federal, art 37, § 6º. As pessoas jurídicas de direito público e as de direito privado prestadoras de serviços públicos responderão pelos danos que seus agentes, nessa qualidade, causarem a terceiros, assegurado o direito de regresso contra o responsável nos casos de dolo ou culpa.

[65] Lei 8.112/90. Dispõe sobre o Regime Jurídico dos Servidores Públicos Civis da União, das Autarquias e das Fundações Públicas Federais, arts. 121-126. Das Responsabilidades. Art. 121. O servidor responde civil, penal e administrativamente pelo exercício irregular de suas atribuições. Art. 122. A responsabilidade civil decorre de ato omissivo ou comissivo, doloso ou culposo, que resulte em prejuízo ao erário ou a terceiros. § 1º A indenização de prejuízo dolosamente causado ao erário somente será liquidada na forma prevista no art. 46, na falta de outros bens que assegurem a execução do débito pela via judicial. § 2º Tratando-se de dano causado a terceiros, responderá o servidor perante a Fazenda Pública, em ação regressiva. § 3º A obrigação de reparar o dano estende-se aos sucessores e contra eles será executada, até o limite do valor da herança recebida. Art. 123. A responsabilidade penal abrange os crimes e contravenções imputadas ao servidor, nessa qualidade. Art. 124. A responsabilidade civil-administrativa resulta de ato omissivo ou comissivo praticado no desempenho do cargo ou função. Art. 125. As sanções civis, penais e administrativas poderão cumular-se, sendo

no Decreto-lei 220/75, que é o Estatuto dos Servidores do Estado do Rio de Janeiro.[66]

Por fim destacamos que na legislação tributária[67], quando encontramos a palavra lançamento, o significado do termo deve ser o previsto no art. 142.

1.2. Natureza do lançamento

Quando se pergunta qual a natureza jurídica do lançamento, na verdade, o que se quer saber, é se estamos diante de ato constitutivo ou declaratório. Ato constitutivo é o que cria, modifica ou extingue direitos, com eficácia *ex nunc*, ou seja, de agora em diante, alcançando situação do presente para o futuro, sem efeito retroativo. O ato declaratório é o que reconhece situação preexistente, com eficácia *ex tunc*, isto é, com efeito retroativo, atingindo situações pretéritas.

Em âmbito doutrinário, constatamos que o tema é controvertido, com duas correntes, conforme ensina o eminente Professor Bernardo Ribeiro de Moraes, nos seguintes termos:

> "Alguns autores (Gaston Jèze, Gustavo Ingrossso, Aster Rotondi, Eurico Allorio, Benvenuto Griziotti, Gaetano Liccardo, F. D'Alessio, Von Myrbach--Rheinfeld e outros) afirmam que a obrigação tributária nasce do ato administrativo do lançamento, sendo este, pois um ato constitutivo dessa obrigação. O ato constitutivo é o ato que uma vez consumado, gera efeitos daí por diante (*ex tunc*). Sendo o lançamento, ato constitutivo, com ele nasce a obrigação tributária."
>
> ....
>
> "A corrente oposta (Carlos da Rocha Guimarães, Gilberto de Ulhôa Canto, Rubens Gomes de Sousa, Ruy Barbosa Nogueira, Mário Pugliese, Dino Jarach, Achille Donato Giannini, Albert Hensel, Antônio Braz Teixeira, Amílcar de Araújo Falcão, Giorgio Tesoro, Vito Bompani. Aliomar Baleeiro, Zelmo Denari, Fábio Fanucchi, Pasquale Russo, Héctor B. Villegas, Enio Vanoni, Enzo Capaccioli, Alessi-stammati e outros) atesta a natureza declaratória do

independentes entre si. Art. 126. A responsabilidade administrativa do servidor será afastada no caso de absolvição criminal que negue a existência do fato ou sua autoria.

[66] Decreto-lei 220, de 18 de junho de 1975. Dispõe sobre o Estatuto dos Funcionários Públicos Civis do Poder Executivo do Estado do Rio de Janeiro, versa sobre as responsabilidades nos arts. 41-45. O Decreto Estadual 2.479/79, que é o Regulamento do referido Estatuto, dispõe nos arts. 287-291.

[67] CF art. 146, III, 'b'; CTN arts. 143, 144, 145, 146, 147, 149, 150 etc.

lançamento tributário. O ato declarativo não cria, não extingue e nem altera um direito, mas apenas aclara ou reconhece um direito já existente. A obrigação tributária nasce no momento em que se concretiza o fato gerador da respectiva obrigação, mas, para ser exigível, há a necessidade da realização do lançamento, como condição de exigibilidade da obrigação." (Compêndio de Direito Tributário, Forense, 1ª edição, 1984, páginas 584 e 585).

Não obstante a importância dos ensinamentos doutrinários, o direito positivo, notadamente o CTN no art. 142 diz 'compete à autoridade administrativa constituir o crédito tributário', demonstrando a natureza constitutiva do lançamento.

Por outro lado, também não há dúvidas que o lançamento possui natureza declaratória da obrigação tributária, nos termos dos arts. 113, § 1º e 144 do CTN.

Então com o advento do CTN, hoje é pacífico que o lançamento, dependendo do ângulo em que é visto, tem natureza constitutiva (do crédito tributário), assim como natureza declaratória (da obrigação tributária).

O lançamento é o 'divisor das águas', pois com ele temos o crédito tributário, porém antecedendo estamos diante da obrigação tributária. A obrigação tributária principal surge com o fato gerador, contudo ilíquida, mas é com o lançamento que a obrigação se transforma em crédito, uma vez que é calculado o montante do tributo devido.

Por fim, o fato de o lançamento ser excepcionalmente reversível através do Processo Administrativo Fiscal (PAF) não lhe retira o caráter de ato administrativo formal e definitivo. Contudo, existem entendimentos minoritários na doutrina no sentido de que o lançamento é provisório até o término do PAF, quando este ocorrer[68].

Em síntese, podemos afirmar que o lançamento, quanto ao crédito tributário tem natureza constitutiva, e quanto à obrigação tributária natureza declaratória.

1.3. Efeitos do lançamento

São diversas as conseqüências do lançamento, sendo que dentre outras, destacamos as seguintes:

[68] Nota da Coordenação da obra.

- constituir[69] o crédito tributário;
- conferir exigibilidade a obrigação tributária principal;
- fixação da quantia devida;
- personalizar o sujeito passivo;
- impedir que ocorra a decadência[70], que é a perda do direito de constituir o crédito tributário tendo em vista o seu não exercício no prazo legal.

[69] Por fim, registramos a diferença entre constituição definitiva e a provisória. A constituição definitiva, ensina o Prof. Luiz Emygdio F. da Rosa Júnior: "O crédito tributário só se considera definitivamente com a notificação regular do lançamento ao sujeito passivo e o decurso do prazo legal sem sua impugnação, ou no caso do sujeito passivo impugnar o lançamento, após o decurso do prazo legal a contar da notificação, dando ciência ao sujeito passivo da decisão definitiva (CTN art. 201). Constituído definitivamente o crédito tributário, o lançamento torna-se imutável, salvo nos casos previsto no art. 145 do CTN. Assim, o crédito tributário só se torna exigível com a sua constituição definitiva, mas a sua exeqüibilidade depende do ato da inscrição, transformando-o em dívida ativa tributária e fazendo nascer a certidão da dívida ativa." (Manual de Direito Financeiro e de Direito Tributário, editora Renovar, 2003, 17ª edição, páginas 609). A constituição provisória é aquela que antecede a notificação (do lançamento ou da decisão definitiva proferida em processo administrativo ou judicial).

[70] DECADÊNCIA – AUTO DE INFRAÇÃO. Consuma-se o lançamento fiscal, o qual, ainda que provisório, impede a decadência. E, por sua clareza merece transcrita parte da ementa do RE 91.019, da mesma Turma, julgado em 22 de maio de 1979, Relator Ministro Moreira Alves, *verbis*: ... Com a lavratura do auto de infração consuma-se o lançamento do crédito tributário (art. 142 do CTN). Por outro lado, a decadência só é admissível no período anterior a essa lavratura; depois, entre a ocorrência dela e até que flua o prazo para a interposição do recurso administrativo, ou enquanto não for decidido o recurso dessa natureza de que se tenha valido o contribuinte, não mais corre prazo para decadência, e ainda não se iniciou a fluência do prazo de prescrição; decorrido o prazo para a interposição do recurso administrativo, sem que ela tenha ocorrido, ou decidido o recurso administrativo interposto pelo contribuinte, há a constituição definitiva do crédito tributário, a que alude o art. 174, começando a fluir, daí, o prazo de prescrição da pretensão do Fisco (STF, RE 90.926-5, São Paulo, Pres. e Rel. Carlos Thompson Flores, 1ª T, Ac. de 6-5-1980).

DECADÊNCIA – RECURSO ADMINISTRATIVO. Prazos de prescrição e de decadência em direito tributário. Com a lavratura do auto de infração, consuma-se o lançamento do crédito tributário (art. 142 do Código Tributário Nacional). Por outro lado, a decadência só é admissível no período anterior a essa lavratura, depois, entre a ocorrência dela e até que flua o prazo para a interposição do recurso administrativo, ou enquanto não for decidido o recurso dessa natureza de que se tenha valido o contribuinte, não mais corre prazo para decadência, e ainda não se iniciou a fluência de prazo para prescrição; decorrido o prazo para interposição do recurso administrativo, sem que ela tenha ocorrido, ou decidido o recurso administrativo interposto pelo contribuinte, há a constituição definitiva do crédito tributário, a que alude o art. 174, começando a fluir, daí, o prazo de prescrição da pretensão do Fisco. É esse o enten-

Rubens Gomes de Sousa, que foi um dos autores do projeto que originou o CTN, nos diz que os efeitos do lançamento são os seguintes:

a) "a valoração qualitativa, isto é, a verificação da natureza do fato gerador deve procurar por todos os meios apurar as circunstâncias e condições exatas em que ele efetivamente ocorreu;

b) a valoração quantitativa, isto é, a avaliação do fato gerador deve fazer-se na base do valor à data da sua ocorrência, e não na base do valor (ainda que maior) à data do lançamento;

c) o montante do tributo deve ser calculado de acordo com a lei vigente ao tempo do fato gerador, e não ao tempo do lançamento, quer a alíquota seja maior ou menor;

d) as condições pessoais do contribuinte, que possam afetar a tributação(p. ex., o fator de ser ou não ser casado, o número de filhos etc), dever der consideradas à data do fato gerador e não à data do lançamento;

e) o falecimento do contribuinte depois de ocorrido o fator gerador, mas antes do lançamento, não impede que este seja feito: responderão pelo imposto os herdeiros ou sucessores, mediante sujeição passiva indireta por sucessão;

f) a revogação da lei que institui ou tributo não impede que seja feito o seu lançamento quanto aos fatos geradores ocorridos antes da revogação;" (Compêndio de Legislação Tributária, editora Resenha Tributária, São Paulo,páginas 105 a 107).

Podemos resumir, assim, de forma objetiva, todas as possíveis situações concretas[71]:

a) Efeitos do início do procedimento: ilide a denúncia espontânea (art. 138 CTN)

b) Efeitos do término do procedimento: não se fala mais em decadência (artigos 173 c/c 150, CTN)

c) Havendo o pagamento do crédito tributário cobrado – Extinção (art. 156, I, CTN)

dimento atual de ambas as Turmas do Supremo Tribunal Federal (STF, ERE 94.462-1, sessão plena, São Paulo, Rel. Moreira Alves , Ac. de 6-10-82, DJU de 17-12-82, p. 13.209).

71 Nota da coordenação da obra.

d) Havendo o Parcelamento crédito tributário cobrado – Suspensão (prazo prescricional ainda não se iniciou)(art. 151, VI)
e) Inércia – perda do prazo do PAF (Ainda resta ao contribuinte a impugnação judicial ou sofre a execução fiscal – inicia-se prazo prescricional)(art. 174, CTN)
f) Impugnação Administrativa – instaura o PAF (prazo prescricional ainda não se iniciou)(art. 151, III, CTN)
g) Impugnação Judical – instaura o Processo Judicial Tributário – PJT, renúncia tácita ao PAF ou desistência de recurso interposto no PAF (suspensa a exigibilidade por alguma tutela de urgência – liminar em mandado de segurança ou processo cautelar, bem como antecipação de tutela em processo ordinário – o prazo prescricional não se inicia) (art. 151, IV e V, CTN).

1.4. Ato e procedimento administrativo do lançamento

Fazendo a distinção entre ato e procedimento, recorremos aos ensinamentos do professor José dos Santos Carvalho Filho, esclarecendo que o ato administrativo consiste na "exteriorização da vontade da Administração Pública ou de seus delegatários, que, sob regime de direito público, tenha por fim adquirir, resguardar, modificar, transferir, extinguir e declarar situações jurídicas, com o fim de atender ao interesse público" e o "procedimento administrativo é a seqüência de atividades da Administração, interligadas entre si, que visa a alcançar determinado efeito final previsto em lei. Trata-se, pois, de atividade contínua, não instantânea, em que os atos e operações se colocam em ordenada sucessão coma proposta de chegar-se a um fim predeterminado." (Manual de Direito Administrativo, Lumen Juris, 10ª edição, revista, ampliada e atualizada, páginas 85 e 124).

No conceito de lançamento, fixado no art. 142 do CTN, que examinamos notadamente no item terceiro, destacamos que a constituição do crédito se dá por um procedimento administrativo e não por um ato administrativo.

No passado existiu controvérsia a respeito da natureza do lançamento, pois uns entendiam que era um ato administrativo e outros sustentavam que era procedimento administrativo, conforme vimos no exame da natureza do lançamento.

Diante da antiga controvérsia o CTN (art. 142) acolheu a corrente que entende que o lançamento é por natureza um procedimento administrativo. Neste sentido é também a legislação tributária consoante previsão

Regulamento do Imposto de Renda, [72] no Regulamento do Imposto sobre Produtos Industrializados[73]. Contudo, quando examinamos o conceito de lançamento, no item terceiro, em nota de rodapé registramos a controvérsia doutrinária.

1.5. Legislação aplicável

Para se saber qual a legislação a ser aplicada ao lançamento temos que examinar o art. 144 do CTN[74]. Nele encontramos uma regra com exceções.

Pela regra aplica-se a lei vigente à época do fato gerador[75], (caput do art. 144), sendo que pela exceção, aplica-se a lei vigente à época do próprio lançamento, (parágrafos 1º e 2º do mesmo artigo).

A regra geral é que o lançamento reporta-se à data da ocorrência do fato gerador e rege-se pela lei então vigente. Aplica-se ao lançamento a lei vigente a data do fato gerador, é o que se denomina princípio do *tempus regit actum.*[76] Imaginemos a hipótese de se fazer o lançamento atrasado do

[72] Decreto 3000/99. Regulamento do IR. Art. 836. Compete privativamente à autoridade administrativa constituir o crédito tributário pelo lançamento, assim entendido o procedimento administrativo tendente a verificar a ocorrência do fato gerador da obrigação correspondente, determinar a matéria tributável, calcular o montante do tributo devido, identificar a sujeito passivo e, sendo caso, propor a aplicação da penalidade cabível (Lei 5 172/66, art. 142).

[73] Decreto 4.544/2002. Regulamento do IPI. Art. 122. Lançamento é o procedimento destinado à constituição do crédito tributário, que se opera de ofício, ou por homologação mediante atos de iniciativa do sujeito passivo da obrigação tributária, com o pagamento antecipado do imposto e a devida comunicação à repartição da SRF, observando-se que tais atos (Lei 4.502/64, arts. 19 e 20, e Lei 5.172/66, arts. 142, 144 e 150).

[74] CTN art. 144. O lançamento reporta-se à data da ocorrência do fato gerador da obrigação e rege-se pela lei então vigente, ainda que posteriormente modificada ou revogada.

§ 1º Aplica-se ao lançamento a legislação que, posteriormente à ocorrência do fato gerador da obrigação, tenha instituído novos critérios de apuração ou processos de fiscalização, ampliado os poderes de investigação das autoridades administrativas, ou outorgado ao crédito maiores garantias ou privilégios, exceto, neste último caso, para o efeito de atribuir responsabilidade tributária a terceiros.

§ 2º O disposto neste artigo não se aplica aos impostos lançados por períodos certos de tempo, desde que a respectiva lei fixe expressamente a data em que o fato gerador se considera ocorrido.

[75] LEGISLAÇÃO APLICÁVEL – VIGENTE NA OCORRÊNCIA DO FATO GERADOR. ACÓRDÃO 303-28988. REDUÇÃO TRIBUTÁRIA – A lei aplicável é a vigente no momento em que se contempla a fato gerador da obrigação tributária, materializado na data do registro da declaração de importação. RECURSO VOLUNTÁRIO DESPROVIDO.

[76] FATO GERADOR DO I.I. A data do registro da DI é momento de ocorrência do fato gerador do I.I. (art. 23 do Decreto-lei 37/66 e art. 87/I do RA). O lançamento determina o montante do tributo devido e reporta-se à data de ocorrência do fato gerador (arts. 142 e 144 do

IPTU ou ITR, o lançador terá que tomar como base o valor venal do respectivo exercício financeiro e não o da data do lançamento.

Nas exceções, aplica-se ao lançamento a legislação que, posteriormente à ocorrência do fato gerador tenha: a) instituído novos critérios de apuração ou processos de fiscalização; b) ampliado os poderes de investigação das autoridade administrativas[77]; c) outorgado ao crédito maiores garantias ou privilégios, exceto para o efeito de atribuir responsabilidade tributária a terceiros; d) trate de impostos lançados por períodos certos de tempo, desde que a respectiva lei fixe expressamente a data em que o fato gerador se considera ocorrido.[78]

Código Tributário Nacional) sendo irrelevante, neste caso, a data do desembaraço aduaneiro (Conselho de Contribuintes, Ac. 301-26.489, DOU de 8-1-1993, p. 198).
ALTERAÇÃO DE ALÍQUOTA. Ocorrendo alteração da alíquota do tributo entre a data do lançamento antecipado e a data da ocorrência do fato gerador, é de se aplicar a alíquota vigente na data deste, em atendimento ao estabelecido no art. 144 do CTN (Conselho de Contribuintes, Ac. 201-69.315, Rel. Cons. Rogério Gustavo Dreyer, DOU de 6-4-1995, p. 4.870).
AUTO DE INFRAÇÃO. PENALIDADE APLICÁVEL. A legislação aplicável é a vigente à ocorrência do fato gerador, mesmo que posteriormente modificada ou revogada. (CTN art. 144), não procedendo a alegação de aplicação retroativa da lei tributária. (Conselho de Contribuintes, Ac. 101-80.604, Rel. Cons. Carlos Alberto Gonçalves Nunes, DOU de 28-2-1991, p. 3.731).
FATO GERADOR IR. O artigo do Código Tributário Nacional definiu o fato gerador do imposto de renda como aquisição de disponibilidade econômica ou jurídica de renda ou de proventos de qualquer natureza, sendo que essa disponibilidade ocorre para as empresas de maneira continuada, aperfeiçoando-se no final do período-base, não no dia 1º de janeiro do exercício financeiro em que o imposto deva ser pago, por outro lado, considerando-se que o art. 144 do Código Tributário Nacional determina que o lançamento deve reportar-se à legislação vigente à data da ocorrência do fato gerador, não é possível a aplicação de lei nova a período-base já encerrado (Conselho de Contribuintes, Ac. CSRF/01-0.920, Rel. Cons. Antonio da Silva Cabral, DOU de 13-9-1996, p. 18.122).

[77] Como exemplo temos a Lei Complementar 105/2001, prevendo a quebra do sigilo bancário pela autoridade administrativa, instituindo novos critérios de apuração, ampliando os poderes de investigação. Ver também a Lei 9.311/96, com redação dada pela Lei 10.174/2001, que instituiu a CPMF – Contribuição Provisória sobre Movimentação Financeira, ampliando os poderes da fiscalização no art. 11.

[78] Exemplos: ITR e IPTU. Lei 9.393/1996. Dispõe sobre o Imposto sobre a Propriedade Territorial Rural. Art. 1º O Imposto sobre a Propriedade Territorial Rural – ITR, de apuração anual, tem como fato gerador a propriedade, o domínio útil ou a posse de imóvel por natureza, localizado fora da zona urbana do município, em 1º de janeiro de cada **ano.** Lei 691/84 (CTM-RJ) art. 52. O Imposto sobre a Propriedade Predial e Territorial Urbana tem como fato gerador a propriedade, o domínio útil ou a posse do bem imóvel, por natureza ou por acessão física, como

1.6. Doutrina de leitura obrigatória

SOUSA, Rubens Gomes. Compêndio de Legislação Tributária, editora Resenha Tributária, Coordenação IBET – Instituto Brasileiro de Estudos Tributários; obra póstuma, São Paulo, 1975;

BALEEIRO, Aliomar. Direito Tributário Brasileiro, 10ª edição, revista e atualizada por Flávio Bauer Novelli, Rio de Janeiro, Forense, 1987;

PAULSEN, Leandro. Direito Tributário: Constituição e Código Tributário à luz da doutrina e da jurisprudência. 3ª edição, Porto Alegre: Livraria do Advogado: ESMAFE, 2001.

LANÇAMENTO II

1. Modalidades de lançamento

O CTN trata das espécies de lançamentos nos arts. 147 (por declaração), 148 (por arbitramento), 149 (de ofício), 150 (por homologação), dando a entender que são 4 (quatro) as modalidades. A doutrina afirma que são 3 (três) apenas, pois o lançamento por arbitramento (CTN art. 148) é feito de ofício (CTN art. 149).

Nas modalidades de lançamentos encontramos uma regra, com exceção.

Pela regra, primeiro a Fazenda Pública faz o lançamento, depois o sujeito passivo efetua o pagamento, situação que ocorre nos casos dos arts. 147, 148, 149, todos do CTN. Na exceção, surge o inverso, pois primeiro deve haver o pagamento para depois vir o lançamento, que é a hipótese do art. 150 do CTN.

Vejamos cada uma delas.

1.1. Lançamento por declaração

Está previsto no art. 147 do CTN, dizendo que:

> "Art. 147. O lançamento é efetuado com base na declaração do sujeito passivo ou de terceiro, quando um ou outro, na forma da legislação tributária, presta à autoridade administrativa informações sobre matéria de fato, indispensáveis à sua efetivação.

definido na lei civil, localizado na zona urbana do Município. Parágrafo único. Considera-se ocorrido o fato gerador no primeiro dia do exercício a que corresponder o imposto.

§ 1º A **retificação** da declaração por iniciativa do próprio declarante, quando vise a reduzir ou a excluir tributo, só é admissível mediante comprovação do erro em que se funde, e antes de notificado o lançamento.

§ 2º Os **erros** contidos na declaração e apuráveis pelo seu exame serão retificados de ofício pela autoridade administrativa a que competir a revisão daquela". Grifamos.

Dá-se nos casos onde o sujeito passivo (devedor - CTN art. 121) declara ao sujeito ativo (credor - CTN art. 119) a ocorrência de fato gerador da obrigação tributária, apresentando informações para a constituição do crédito tributário.

Diz-se lançamento por declaração, pois a constituição do crédito tributário se dá à partir das informações dadas pelo devedor quanto ao fato gerador. Fala-se também em lançamento misto, porque o devedor e credor participam do lançamento, um fornecendo dados e o outro constituindo o crédito, havendo a intervenção do sujeito passivo ou colaboração de terceiro junto à autoridade administrativa.

O exemplo é o imposto de importação, conforme ensina o Mestre Adilson Rodrigues Pires "na chegada de mercadoria estrangeira trazida na bagagem de passageiro procedente do exterior, quando sujeita à incidência do imposto de importação. O passageiro apresenta sua bagagem ao agente do Fisco (informação). Este calcula o imposto e emite a papeleta de lançamento e notificação. O passageiro, então efetua o pagamento do tributo, liberando, assim. os bens." (Manual de Direito Tributário, editora Forense, 8ª edição, 1995, página 63).

Nos termos do parágrafo primeiro, cabe retificação[79] com o intuito de reduzir ou excluir o tributo, devendo haver iniciativa do próprio declarante, desde que comprovado erro, desde que antes da notificação do lançamento.

[79] RETIFICAÇÃO. EFEITOS. Consoante prescreve o art. 147 do Código Tributário Nacional, a solicitação de retificação de declaração que vise a reduzir ou excluir o tributo, só é permitida mediante comprovação do erro em que se funde, e antes da notificação do lançamento. Em razão do que, só após o lançamento, mesmo que esteja satisfeita a condição relativa à comprovação do erro, a retificação somente produzirá efeitos a partir do exercício subseqüente (Conselho de Contribuintes, Ac. 202-06.999, Rel. Cons. José de Almeida Coelho, DOU de 6-4-1995, p. 4.878).
IMPUGNAÇÃO A LANÇAMENTO. O contribuinte não pode ser obrigado a pagar o imposto indevido. O dispositivo legal constante do § 1º do art. 147 da Lei n. 5.172/66 não impede o contribuinte de demonstrar a improcedência do crédito tributário exigido. A impugnação

Os erros[80] não retificados, por iniciativa do declarante, são passíveis de correção de ofício pela autoridade administrativa, conforme parágrafo segundo.

1.2. Lançamento de ofício[81]

Previsto no art. 149 do CTN que diz:

> "Art. 149. O lançamento é efetuado e revisto de ofício pela autoridade administrativa nos seguintes casos:

é fase própria para a demonstração do erro. Base de cálculo. A autoridade administrativa competente poderá rever, com base em Laudo Técnico emitido por entidades de reconhecida capacitação técnica, ou profissional devidamente habilitado, o Valor da Terra Nua mínimo – VTNm que vier a ser questionado pelo contribuinte. Recurso provido em parte (ITR) (Conselho de Contribuintes, Ac. 201-72.878, Rel. Cons. Sérgio Gomes Velloso, DOU de 16-11-1999, p. 5). No mesmo sentido Ac. 201-72.905, DOU de 16-11-1999, p. 5.
RETIFICAÇÃO. Quando feito com base em declaração de responsabilidade do contribuinte o crédito lançado somente poderá ser reduzido se a retificação da declaração foi apresentada antes notificação impugnada (art. 147, § 1º, do Código Tributário Nacional) (ITR) (Conselho de Contribuintes, Ac. 202-05.282, Rel. Cons. Antonio Carlos Bueno Ribeiro, DOU de 16-7-1993, p. 9.946). No mesmo sentido, Acs. 202-05.407/19/41/2, DOU de 16-7-1993, pp. 9.947/8/9.
RETIFICAÇÃO DE DECLARAÇÃO. Quando feito com base em declaração de responsabilidade do contribuinte, o crédito lançado somente poderá ser reduzido se a retificação da declaração for apresentada antes da notificação impugnada (art. 147, § 1º, do Código Tributário Nacional) (ITR) (Conselho de Contribuintes, Ac. 201-68.666, Rel. Cons. Sérgio Gomes Velloso, DOU de 11-11-1993, p. 16.949). No mesmo sentido, Acs. 202-05.644/55/716; 203-00180, DOU de 11-11-1993, pp. 16.956/9/68.

[80] ERRO DO CONTRIBUINTE. Se limita ao preenchimento do formulário de declaração do imposto de renda, sem prejudicar a verdade dos fatos, cumpre à autoridade fiscal corrigi-lo de ofício – art. 147, § 2º, do Código Tributário Nacional. Quando assim não fosse, o desatendimento do contribuinte a intimação para fazê-lo não justificaria lançamento contrário aquela verdade e criador de imposto indevido (TFR, Ac. da 5ª T. Ap. Civ. 68.978-PR, Rel. Min. Justino Ribeiro, DJ de 22-4-1982).

[81] INOVAÇÃO – MUDANÇA. O lançamento regularmente notificado ao sujeito passivo só pode ser alterado de ofício pela autoridade administrativa, nos casos previstos no art. 149 do Código Tributário Nacional, sendo nulo o segundo lançamento quando já se encontra instaurada a fase litigiosa do processo com a apresentação da impugnação. (Lei n. 5.172/66, art. 145, IUII – Decreto n. 70.235 /72, art. 14) (Conselho de Contribuintes, Ac. 102-30.494, Rel. Cons. José Clóvis Alves, DOU de 31-1-1996, p. 1.516).
LANÇAMENTO – COMPETÊNCIA – INDELEGÁVEL – REVISÃO. A revisão de ofício do lançamento é de competência da autoridade administrativa (art. 149 do Código Tributário Nacional). Por se tratar de competência tributária, é indelegável, na forma prevista no art. 7º do Código Tributário Nacional (Conselho de Contribuintes, Ac.101-89.306, Rel. Cons. Francisco de Assis Miranda, DOU de 19-7-1996, p. 13.385). No mesmo sentido, Ac. 101-89.593, DOU de 19-7-1996, p. 13.388.

> I – quando a lei assim o determine;
>
> II – quando a declaração não seja prestada, por quem de direito, no prazo e na forma da legislação tributária;
>
> III – quando a pessoa legalmente obrigada, embora tenha prestado declaração nos termos do inciso anterior, deixe de atender, no prazo e na forma da legislação tributária, a pedido de esclarecimento formulado pela autoridade administrativa, recuse-se a prestá-lo ou não o preste satisfatoriamente, a juízo daquela autoridade;
>
> IV – quando se comprove falsidade, erro ou omissão quanto a qualquer elemento definido na legislação tributária como sendo de declaração obrigatória;
>
> V – quando se comprove omissão ou inexatidão, por parte da pessoa legalmente obrigada, no exercício da atividade a que se refere o artigo seguinte;
>
> VI – quando se comprove ação ou omissão do sujeito passivo, ou de terceiro legalmente obrigado, que dê lugar à aplicação de penalidade pecuniária;
>
> VII – quando se comprove que o sujeito passivo, ou terceiro em benefício daquele, agiu com dolo, fraude ou simulação;
>
> VIII – quando deva ser apreciado fato não conhecido ou não provado por ocasião do lançamento anterior;
>
> IX – quando se comprove que, no lançamento anterior, ocorreu fraude ou falta funcional da autoridade que o efetuou, ou omissão, pela mesma autoridade, de ato ou formalidade especial.
>
> Parágrafo único. A revisão do lançamento só pode ser iniciada enquanto não existindo o direito da Fazenda Pública." Grifamos.

Este é o lançamento realizado pela Fazenda Pública (sujeito ativo – credor), independentemente de informações prestadas pelo contribuinte ou responsável (sujeito passivo – devedor).

É de ofício ou direto em razão do fato da autoridade administrativa agir independentemente de provocação. É conhecido também como unilateral, pois não há intervenção do sujeito passivo.

No imposto de renda o lançamento normalmente é feito por homologação, porém será efetuado de ofício quando o sujeito passivo (pessoa física ou jurídica): a - não apresentar declaração de rendimentos; b - deixar de atender ao pedido de esclarecimentos que lhe for dirigido, recusar-se a prestá-los ou não os prestar satisfatoriamente; c - fizer declaração inexata, considerando-se como tal a que contiver ou omitir, inclusive em relação a incentivos fiscais, qualquer elemento que implique redução do imposto a pagar ou restituição indevida; d – não efetuar ou efetuar com inexatidão o pagamento ou recolhimento do imposto devido, inclusive na fonte; e – estiver sujeito, por ação ou omissão, a aplicação de penalidade pecuniária; f – omitir receitas ou rendimentos.[82]

O parágrafo único nos mostra que a cabe a revisão do lançamento, desde que seja antes da extinção do crédito tributário, cujas hipóteses estão previstas no art. 156 do CTN. [83]

1.3. Lançamento por homologação

O Código Tributário trata desta modalidade de lançamento no art. 150, estatuindo que:

> "Art. 150. O lançamento por **homologação**, que ocorre quanto aos tributos cuja legislação atribua ao sujeito passivo o dever de antecipar o pagamento sem prévio exame da autoridade administrativa, opera-se pelo ato em que a referida autoridade, tomando conhecimento da atividade assim exercida pelo obrigado, expressamente a homologa.
>
> § 1º O pagamento antecipado pelo obrigado nos termos deste artigo extingue o crédito, sob condição resolutória da ulterior homologação ao lançamento.
>
> § 2º Não influem sobre a obrigação tributária quaisquer atos anteriores à homologação, praticados pelo sujeito passivo ou por terceiro, visando à extinção total ou parcial do crédito.
>
> § 3º Os atos a que se refere o parágrafo anterior serão, porém, considerados na apuração do saldo porventura devido e, sendo o caso, na imposição de penalidade, ou sua graduação.
>
> § 4º Se a lei não fixar prazo a homologação, será ele de cinco anos, a contar da ocorrência do fato gerador; expirado esse prazo sem que a Fazenda Pública se tenha pronunciado, considera-se homologado o lançamento e definitivamente extinto o crédito, salvo se comprovada a ocorrência de dolo, fraude ou simulação." Grifamos.

[82] Regulamento do Imposto de Renda – RIR, Decreto Federal 3.000/1999, art. 841.

[83] CTN art. 156. Extinguem o crédito tributário: I – o pagamento; II – a compensação; III – a transação; IV – remissão; V – a prescrição e a decadência; VI – a conversão de depósito em renda; VII – o pagamento antecipado e a homologação do lançamento nos termos do disposto no artigo 150 e seus §§ 1º e 4º; VIII – a consignação em pagamento, nos termos do disposto no § 2º do artigo 164; IX – a decisão administrativa irreformável, assim entendida a definitiva na órbita administrativa, que não mais possa ser objeto de ação anulatória; X – a decisão judicial passada em julgado; XI – a dação em pagamento em bens imóveis, na forma e condições estabelecidas em lei. Parágrafo único. A lei disporá quanto aos efeitos da extinção total ou parcial do crédito sobre a ulterior verificação da irregularidade da sua constituição, observado o disposto nos artigos 144 e 149.

Aqui o contribuinte não só presta informações, como também calcula o montante do tributo devido e antecipa o pagamento.

Diz-se por homologação, porque o pagamento do sujeito passivo fica sujeito ao '*referendum*' da Fazenda Pública. Fala-se também em autolançamento, pois ele é de fato realizado pelo contribuinte, uma vez que este é que ao realizar o fato gerador, calcula o montante devido, tomando todas medidas necessárias para o pagamento do tributo, sendo apenas de direito, elaborado pela autoridade administrativa, pois é privativo desta.

Esta difere das outras modalidades, porque o sujeito passivo deve antecipar o pagamento, isto é, a obrigação deve cumprida antes do lançamento.

A legislação atribui ao sujeito passivo o dever de antecipar o pagamento do tributo, sem prévio exame da autoridade administrativa, nos seguintes casos, dentre outros, IPI[84], IR[85] e ICMS.[86]

O pagamento por si só não extingue o crédito, sendo imprescindível a condição resolutória[87] da posterior homologação,[88] conforme o § 1º do art. 150 e o inciso VII do art. 156, ambos do CTN.

Os atos anteriores à homologação praticados pelo sujeito passivo visando à extinção do crédito, não influem sobre a obrigação tributária, de acordo

[84] Decreto Federal 4.544/2002. Regulamenta a tributação, fiscalização, arrecadação e administração do Imposto sobre Produtos Industrializados – IPI. Lançamento por Homologação. Art. 123. Os atos de iniciativa do sujeito passivo, de que trata o art. 122, serão efetuados, sob a sua exclusiva responsabilidade (Lei 4.502/64, art. 20).

[85] Decreto Federal 3.000/99 (Regulamento do Imposto de Renda), arts. 889 e 902. Art. 899. Nos casos de lançamento do imposto por homologação, o disposto no artigo anterior extingue-se após cinco anos, contados da ocorrência do fato gerador, se a lei não fixar prazo para homologação, observado o disposto no art. 902. Art. 902. O disposto nos art. 899 não se aplica aos casos em que, no lançamento por homologação, o sujeito passivo, ou terceiro em benefício daquele, tenha agido com dolo, fraude ou simulação.

[86] Decreto Estadual –RJ 27.427/2000 (Regulamento do ICMS), Livro I – Da Obrigação Principal, Título VI – do Lançamento e da Apuração, arts. 27 e 28.

[87] Código Civil art. 121. Considera-se condição a cláusula que, derivando exclusivamente da vontade das partes, subordina o efeito do negócio jurídico a evento futuro e incerto. Art. 127. Se for resolutiva a condição, enquanto esta se não realizar, vigorará o negócio jurídico, podendo exercer-se desde a conclusão deste o direito por ele estabelecido. Art. 128. Sobrevindo a condição resolutiva, extingue-se, para todos os efeitos, o direito a que ela se opõe; mas, se aposta a um negócio de execução continuada ou periódica, a sua realização, salvo disposição em contrário, não tem eficácia quanto aos atos já praticados, desde que compatíveis com a natureza da condição pendente e conforme aos ditames de boa-fé.

[88] CTN art. 156. Extinguem o crédito tributário: VII – o pagamento antecipado e a homologação do lançamento nos termos do disposto no artigo 150 e seus §§ 1º e 4º.

com o § 2º do art. 150. Significa dizer que quando o pagamento for menor que o devido, a diferença deve ser cobrada pela Fazenda através de lançamento de ofício, sendo a conduta do sujeito passivo considerada para fins de imposição e graduação de penalidade, com lavratura de auto de infração, conforme o § 3º do mesmo artigo.

O exame do parágrafo quarto, para facilitar o estudo, deve ser dividido em 3 (três) partes, conforme veremos abaixo.

A primeira parte, diz "Se a lei não fixar prazo à homologação, será ele de cinco anos a contar da ocorrência do fato gerador". A norma mencionada é a lei ordinária, sendo que os diplomas que falam de cada um dos tributos, ao estabelecerem o prazo para homologação repetem a redação do CTN, dizendo que este será de cinco anos. Mas é importante destacar que a lei não poderia fixar prazo acima de cinco anos. O prazo é de natureza decadencial, pois se refere ao direito potestativo de a Fazenda Pública constituir o crédito tributário, não sujeito, portanto a suspensão ou interrupção, devendo ser declarado de ofício pelo julgador. O início da contagem se dá partir da ocorrência do fato gerador.

A segunda parte estabelece que "expirado este prazo sem que a Fazenda Pública se tenha pronunciado, considera-se homologado o lançamento e definitivamente extinto o crédito". Encontramos 2 (duas) modalidades de homologação, que é a expressa e a tácita (ficta). Na primeira, a autoridade administrativa, ao tomar conhecimento do cumprimento da obrigação, expressamente homologa. Na tácita, teremos a extinção do crédito tributário pelo decurso do prazo de 5 (cinco) anos.

Nos casos de homologação tácita, em que pese o CTN dizer que o prazo é de 5 (cinco) anos a contar do fato gerador, a jurisprudência do STJ tem decidido que o prazo decadencial só vai se iniciar após 5 (cinco) anos do fato gerador, acrescidos de mais cinco anos, a partir da homologação tácita do lançamento, o que significa na prática um prazo de 10 (dez) anos.[89]

[89] Está uniforme na 1ª Seção do STJ que, no caso de lançamento tributário por homologação e havendo silêncio do Fisco, o prazo decadencial só se inicia após decorridos 5 (cinco) anos da ocorrência do fato gerador, acrescidos de mais um qüinqüênio, a partir da homologação tácita do lançamento. Estando o tributo em tela sujeito a lançamento por homologação, aplicam-se a decadência e a prescrição nos moldes acima delineados. 2. Não há que se falar em prazo prescricional a contar da declaração de inconstitucionalidade pelo STF ou da Resolução do Senado. A pretensão foi formulada no prazo concebido pela jurisprudência desta Casa Julgadora como admissível, visto que a ação não está alcançada pela prescrição, nem o direito

Na terceira parte, "salvo se comprovada a ocorrência de dolo, fraude ou simulação". O prazo de 5 anos se aplica na hipótese de boa fé, contudo na

pela decadência. Aplica-se, assim, o prazo prescricional nos moldes em que pacificado pelo STJ, id est, a corrente dos cinco mais cinco. 3. A ação foi ajuizada em 27/09/2000. Valores recolhidos, a título da exação discutida, entre 09/90 e 04/95. Não transcorreu, entre o prazo do recolhimento (contado a partir de 09/1990) e o do ingresso da ação em juízo, o prazo de 10 (dez) anos. Inexiste prescrição sem que tenha havido homologação expressa da Fazenda, atinente ao prazo de 10 (dez) anos (5 + 5), a partir de cada fato gerador da exação tributária, contados para trás, a partir do ajuizamento da ação. 4. Precedentes desta Corte Superior. 5. Embargos de divergência acolhidos. (STJ, ERESP 503332/PR; EMBARGOS DE DIVERGENCIA NO RECURSO ESPECIAL, 2004/0059938-5 Relator Ministro JOSÉ DELGADO (1105) Órgão Julgador S1 - PRIMEIRA SEÇÃO Data do Julgamento 25/08/2004 Data da Publicação/Fonte DJ 04.10.2004 p.00202).

O STJ tem entendimento firmado que o prazo decadencial para a constituição do crédito tributária não tem início com a ocorrência do fato gerador, mas, sim, depois de cinco anos contados do exercício seguinte àquele em que foi extinto o direito postestativo da Administração de rever e homologar o lançamento. Não configurada a decadência no caso em exame - cobrança de diferença de ICMS em lançamento por homologação -, porquanto o fato gerador ocorreu em junho de 1990, e a inscrição da dívida foi realizada em 15 de agosto de 1995, portanto, anos do prazo decadencial, que só se verificará em 1 de janeiro de 2001 (6/90 - fato gerador + 5 anos = 6/95 - extinção do direito potestativo da Administração/ 1/01/96 - primeiro dia do exercício seguinte à extinção do direito potestativo da Administração/ + 5 anos = prazo de decadência da dívida/ 15/08/95 - data em que ocorreu a inscrição da dívida/ 1/01/2001 - limite do prazo decadencial). Recurso Especial 198.631/SP, Rel. Min. Franciulli Netto, 2 turma, v. u., 25/04/00, DJU de 22/05/00, p. 100/101. (Conforme citação em nota de rodapé feita pelo eminente Professor Luiz Emydio F. da Rosa Júnior, Manual de Direito Financeiro & Direito Tributário, 17 edição, 2003, páginas 629 e 630).

TRIBUTOS SUJEITOS A LANÇAMENTO POR HOMOLOGAÇÃO. PRESCRIÇÃO. A Primeira Seção do STJ, no julgamento dos Embargos de Divergência no Recurso Especial n. 435.835-SC (relator para o acórdão Ministro José Delgado), firmou o entendimento de que, na hipótese de tributo sujeito a lançamento por homologação, o prazo para a propositura da ação de repetição de indébito é de 10 (dez) anos a contar do fato gerador, se a homologação for tácita (tese dos "cinco mais cinco"), e, de 5 (cinco) anos a contar da homologação, se esta for expressa. (STJ, RESP 445297/MG; RECURSO ESPECIAL 2002/0082532-2 Relator Ministro JOÃO OTÁVIO DE NORONHA (1123) Órgão Julgador T2 - SEGUNDA TURMA, Data do Julgamento 06/05/2004, Data da Publicação/Fonte DJ 07.06.2004, p.00184).

Consoante restou consignado no v. acórdão recorrido, "sendo os tributos em questão sujeitos ao lançamento por homologação, o dispositivo de regência é o art. 168 do Código Tributário Nacional (CTN). Ou seja, a Fazenda Pública dispõe de 05 anos para constituir seu direito de crédito, findos os quais mais cinco anos para realizá-lo". Recurso especial conhecido em parte e improvido. (STJ, RESP 496388/RS; RECURSO ESPECIAL, 2003/0015103-0 Relator Ministro FRANCIULLI NETTO (1117) Órgão Julgador T2 - SEGUNDA TURMA, Data do Julgamento 22/06/2004, Data da Publicação/Fonte DJ 18.10.2004, p.00219).

situação inversa, ou seja, estando presente a má-fé, que se caracteriza nos casos de dolo, fraude[90] ou simulação[91] o CTN é omisso quanto ao lapso temporal, surgindo a partir daí diversas interpretações. Numa primeira exegese, inspirada no princípio geral de direito, segundo o qual a ninguém é dado beneficiar-se da própria torpeza, a Fazenda Pública poderá a qualquer momento cobrar o tributo, não havendo a decadência (minoria)[92]; numa segunda interpretação, por força do princípio da segurança das relações jurídicas haveria forçosamente a decadência (maioria).

Prestigiando o princípio constitucional da segurança, em razão da omissão do CTN, surge outra controvérsia no que tange ao prazo, podendo ser de: a) 10 anos por força da aplicação do art. 205 do Código Civil (corrente minoritária); b) 5 anos aplicando por analogia o próprio CTN (corrente majoritária).[93]

[90] Decreto 4.544/2002. Regulamento do IPI. Art. 481. Fraude é toda ação ou omissão dolosa tendente a impedir ou retardar, total ou parcialmente, a ocorrência do fato gerador da obrigação tributária principal, ou a excluir ou modificar as suas características essenciais, de modo a reduzir o montante do imposto devido, ou a evitar ou diferir o seu pagamento (Lei 4.502/64, art. 72).

[91] Código Civil. Da Invalidade do Negócio Jurídico. Art. 166. É nulo o negócio jurídico quando: I – celebrado por pessoa absolutamente incapaz; II – for ilícito, impossível ou indeterminável o seu objeto; III – o motivo determinante, comum a ambas as partes, for ilícito; IV – não revestir a forma prescrita em lei; V – for preterida alguma solenidade que a lei considere essencial para a sua validade; VI – tiver por objetivo fraudar lei imperativa; VII – a lei taxativamente o declarar nulo, ou proibir-lhe a prática, sem cominar sanção. Art. 167. É nulo o negócio jurídico **simulado**, mas subsistirá o que se dissimulou, se válido for na substância e na forma. § 1º.**Haverá simulação nos negócios jurídicos quando**: I – aparentarem conferir ou transmitir direitos a pessoas diversas daquelas às quais realmente se conferem, ou transmitem; II – contiverem declaração, confissão, condição ou cláusula não verdadeira; III – os instrumentos particulares forem antedatados, ou pós-datados. § 2º. Ressalvam-se os direitos de terceiros de boa-fé em face dos contraentes do negócio jurídico simulado.

[92] IMPOSTO DEVIDO NA FONTE (FRAUDE). Comprovada a ocorrência de dolo, em virtude de contabilização de despesa com base em nota fiscal de serviço "fria", não pode o contribuinte querer o abrigo no instituto da decadência (1º Conselho de Contribuintes, Ac. 105-4.452/90, DOU 07.11.90).

[93] IMPOSTO RETIDO NA FONTE. Nos tributos sujeitos a lançamento por homologação, quando ocorrer dolo, simulação ou fraude, os termos iniciais da decadência serão os previstos no art. 173 do CTN (1º Conselho de Contribuintes, Ac. 103-8.656/88, DOU 31.08.89). No mesmo sentido Ac. 1º CC 101-90.128, 90.129, 90.140, 90.524/96, DOU 10.06.97.

1.4. Lançamento por arbitramento

O CTN cuida do lançamento por **arbitramento**, no art. 148, fixando estatuindo que "Quando o cálculo do tributo tenha por base, ou tem em consideração, o valor ou o preço de bens, direitos, serviços ou atos jurídicos, a autoridade lançadora, mediante processo regular, arbitrará aquele valor ou preço, sempre que sejam omissos ou não mereçam fé as declarações ou os esclarecimentos prestados, ou os documentos expedidos pelo sujeito passivo ou pelo terceiro legalmente obrigado, ressalvada, em caso de contestação, avaliação contraditória, administrativa ou judicial."

Este lançamento que é feito por arbitramento é na verdade um lançamento de ofício, sendo por isso que se diz existirem 3 (três) e não 4 (quatro) modalidades de lançamento.

Pode ocorrer no ICMS,[94] no ITIV (imposto sobre a transmissão inter vivos),[95] no IR[96].

É ilegítimo o lançamento do Imposto de Renda arbitrado com base apenas em extratos ou depósitos bancários.[97]

[94] LC 87/96. Dispõe sobre o imposto dos Estados e do Distrito Federal sobre operações relativas à circulação de mercadorias e sobre prestações de serviços de transporte interestadual e intermunicipal e de comunicação. (LEI KANDIR). Art. 18. Quando o cálculo do tributo tenha por base, ou tome em consideração, o valor ou o preço de mercadorias, bens, serviços ou direitos, a autoridade lançadora, mediante processo regular, arbitrará aquele valor ou preço, sempre que sejam omissos ou não mereçam fé as declarações ou os esclarecimentos prestados, ou os documentos expedidos pelo sujeito passivo ou pelo terceiro legalmente obrigado, ressalvada, em caso de contestação, avaliação contraditória, administrativa ou judicial.

[95] Lei 1.364/88. Art. 17. O lançamento do imposto será efetuado na repartição fazendária competente. Parágrafo único. Na hipótese de o móvel ocupar área pertencente a mais de um Município, o lançamento far-se-á por arbitramento, considerando-se o valor da parte do imóvel localizada no Município do Rio de Janeiro. Art. 18. A autoridade fazendária poderá lança o imposto, mediante arbitramento da base de cálculo, sempre que não concordar com o valor declarado pelo contribuinte.

[96] ARBITRAMENTO. A contestação dos valores estimados pelo Fisco sem fundamentação demonstrada regularmente, obriga o Fisco à instauração da avaliação contraditória do valor ou preço dos bens, direitos, serviços ou atos jurídicos que integram a base-de-cálculo do tributo (art. 148 do Código Tributário Nacional) (Conselho de Contribuintes, Ac. 103-10.066, Rel. Cons. Braz Januário Pinto, DOU de 2-8-1991, p. 16.953).

ARBITRAMENTO – CRITÉRIOS. Incabível a avaliação contraditória a que se refere o art. 148, do Código Tributário Nacional, quando na apuração da receita omitida, inexiste arbitramento de valor ou de preço de bens, direitos, serviços ou atos jurídicos (Conselho de Contribuintes, Ac. 73.440, Rel. Cons. Martins de Souza, de 19-6-1972).

[97] Súmula 182 do TFR. É ilegítimo o lançamento do Imposto de Renda arbitrado com base apenas em extratos ou depósitos bancários.

Para fins de exame mais minucioso sobre o tema recomendamos o estudo realizado pelo Ministro do Supremo Tribunal Federal, Carlos Mário Velloso, intitulado "O Arbitramento em Matéria Tributária", publicado na Revista de Direito Tributário, editado pela Malheiros, volume 63, nas páginas 177 até 186.

2. Critérios jurídicos referentes ao lançamento

2.1. Inalterabilidade do lançamento

O procedimento administrativo do lançamento termina com a notificação do sujeito passivo da obrigação tributária. A notificação é o último ato do procedimento de constituição formal do crédito.

A notificação do lançamento[98] será expedida pelo órgão que administra o tributo e tendo como requisitos; a qualificação do notificado; o valor do crédito tributário e o prazo para recolhimento ou impugnação; a disposição legal infringida se for o caso; a assinatura do chefe do órgão expedidor ou de outro servidor autorizado e a indicação de seu cargo ou função e o número de matrícula etc. [99]

Com a notificação do lançamento fica marcado o prazo para pagamento do tributo, assim como também o lapso de tempo para eventuais impugnações na via administrativa ou judicial. A notificação é pressuposto de eficácia do lançamento, conforme orientação jurisprudencial do STJ.[100]

[98] Tribunal Federal de Recursos – TFR, súmula 59. A autoridade fiscal de primeiro grau que expede a notificação para pagamento do tributo está legitimada passivamente para a ação de segurança, ainda que sobre a controvérsia haja decisão, em grau de recurso, de Conselho de Contribuintes.

[99] Decreto Federal 70.235/72. Dispõe sobre o processo administrativo fiscal. Art. 11. A notificação de lançamento será expedida pelo órgão que administra o tributo e conterá obrigatoriamente: I – a qualificação do notificado; II – o valor do crédito tributário e o prazo para recolhimento ou impugnação; III – a disposição legal infringida, se for o caso; IV – a assinatura do chefe do órgão expedidor ou de outro servidor autorizado e a indicação de seu cargo ou função e o número de matrícula. Parágrafo único. Prescinde de assinatura a notificação emitida por processo eletrônico.

[100] TRIBUTÁRIO – DECADÊNCIA – INTERRUPÇÃO – AUTO DE INFRAÇÃO – INTIMAÇÃO DO SUJEITO PASSIVO. Até que o sujeito passivo seja notificado, o auto de infração carece de eficácia, como título áabil para afastar a decadência do direito de constituir crédito tributário. POR UNANIMIDADE, NEGAR PROVIMENTO AO RECURSO. (STJ – RESP 73594/PR; RECURSO ESPECIAL, 1995/0044422-4, Relator Ministro HUMBERTO GOMES DE BARROS (1096), Órgão Julgador T1 1ª TURMA. Data do Julgamento 23/11/1995.

O CTN no art. 145 estatui que "O lançamento regularmente notificado ao sujeito passivo só pode ser alterado em virtude de: I – impugnação do sujeito passivo; II – recurso de ofício; III – iniciativa de ofício da autoridade administrativa, nos casos previstos no art. 149."

Estamos diante de uma regra com 3 (três) taxativas exceções.

A regra é que uma vez notificado o sujeito passivo do lançamento, este não pode mais sofrer alterações, tendo assim um caráter definitivo. A doutrina[101] ao falar dos princípios do lançamento atribui aqui o nome de irrevisibilidade.

A primeira exceção, que é a impugnação[102] do sujeito passivo[103] a exigência. Ela pode ser na via judicial[104] ou na via administrativa. A impugnação na via administrativa instaura a fase litigiosa do procedimento, devendo ser formalizada por escrito[105] e instruída com os documentos em que se

Data da Publicação/Fonte DJ 04.03.1996, p.05374. LEXSTJ VOL.:00083, p.00235, RSTJ VOL.:00082, p.00078).

[101] São princípios do lançamento: 1º) vinculação à lei (art. 142, parágrafo único); 2º) irretroatividade (art. 144); 3º) irevisibilidade (art. 145); 4º) inalterabilidade (art. 146). Ricardo Lobo Torres, Curso de Direito Financeiro e Tributário, 11ª edição atualizada até a EC 42, Editora Renovar, páginas 275 a 278).

[102] CTN art. 151 – Suspendem a exigibilidade do crédito tributário: III – as reclamações e os recursos, nos termos das leis reguladoras do processo tributário administrativo. Art. 156. Extinguem o crédito tributário: IX – a decisão administrativa irreformável, assim entendida a definitiva na órbita administrativa, que não mais possa ser objeto de ação anulatória;

[103] LANÇAMENTO – COMPETÊNCIA – REVISÃO. A notificação regular de lançamento, decorrente da constatação de erros ou omissões contidas na Declaração, pode ser alterada em razão de impugnação do sujeito passivo ou por iniciativa de ofício da autoridade administrativa. Inteligência do art. 145, I e III, c/c o art. 149, do Código Tributário Nacional (Conselho de Contribuintes, Ac. 102-28.972, Rel. Cons. Francisco de Paulo Correa Giffoni, DOU de 14-3-1995, p. 3.406).

REVELIA – EXTINÇÃO DO DIREITO. A revelia ou a perda do prazo à impugnação do lançamento inicial implica a extinção ao direito de recurso, em vista do disposto no art. 145, do Código Tributário Nacional (3º Conselho de Contribuintes, Ac. 23.730, Rel. Cons. Fernando de Almeida Vasconcellos, de 22-4-1974).

IMPUGNAÇÃO. Uma vez comprovado o erro cometido no preenchimento da declaração, pela indevida inclusão de rendimentos pode o lançamento ser alterado mediante impugnação apresentada nos termos do art. 145, I, do Código Tributário Nacional (Conselho de Contribuintes, Ac. 104-7.596, Rel. Cons. Luiz Miranda, DOU de 11-7-1991, p. 13.724).

[104] CF art. 5º, XXXV – a lei não excluirá da apreciação do Poder Judiciário lesão ou ameaça a direito;

[105] CF art. 5º, incisos: XXXIV – são a todos assegurados, independentemente do pagamento de taxas: a) direito de petição aos Poderes Públicos em defesa de seus direitos ou contra

fundamentar, apresentada ao órgão preparador no prazo de trinta dias, contados da data em que for feita a intimação da exigência. A impugnação mencionará: a autoridade julgadora a quem é dirigida; a qualificação do impugnante; os motivos de fato e de direito em que se fundamenta, os pontos de discordância e as razões e provas que possuir; as diligências, ou perícias que o impugnante pretenda sejam efetuadas, expostos os motivos que as justifiquem, com a formulação de quesitos referentes aos exames desejados, assim como, no caso de perícia, o nome, o endereço e a qualificação profissional de seu perito[106].

ilegalidade ou abuso de poder; LIV – ninguém será privado da liberdade ou de seus bens sem o devido processo legal; LVI – aos litigantes, em processo judicial ou administrativo, e aos acusados em geral são assegurados o contraditório e ampla defesa, com os meios e recursos a ela inerentes;

[106] Decreto Federal 70.235/72. Dispõe sobre o processo administrativo fiscal. Art. 14. A impugnação da exigência instaura a fase litigiosa do procedimento. Art. 15. A impugnação, formalizada por escrito e instruída com os documentos em que se fundamentar, será apresentada ao órgão preparador no prazo de 30 (trinta) dias, contados da data em que for feita a intimação da exigência. Parágrafo único. Na hipótese de devolução do prazo para impugnação do agravamento da exigência inicial, decorrente de decisão de primeira instância, o prazo para apresentação de nova impugnação, começará a fluir a partir da ciência dessa decisão. Art. 16. A impugnação mencionará: I – a autoridade julgadora a quem é dirigida; II – a qualificação do impugnante; III – os motivos de fato e de direito em que se fundamenta, os pontos de discordância e as razões e provas que possuir; IV – as diligências, ou perícias que o impugnante pretenda sejam efetuadas, expostos os motivos que as justifiquem, com a formulação de quesitos referentes aos exames desejados, assim como, no caso de perícia, o nome, o endereço e a qualificação profissional de seu perito; § 1º. Considerar-se-á não formulado o pedido de diligência ou perícia que deixar de atender aos requisitos previstos no inciso IV do art. 16. § 2º. É defeso ao impugnante, ou a seu representante legal, empregar expressões injuriosas nos escritos apresentados no processo, cabendo ao julgador, de ofício ou a requerimento do ofendido, mandar riscá-las. § 3º. Quando o impugnante alegar direito municipal, estadual ou estrangeiro, provar-lhe-á o teor e a vigência, se assim o determinar o julgador. § 4º. A prova documental será apresentada na impugnação, precluindo o direito de o impugnante fazê-lo em outro momento processual, a menos que: a) fique demonstrada a impossibilidade de sua apresentação oportuna, por motivo de força maior; b) refira-se a fato ou a direito superveniente; c) destine-se a contrapor fatos ou razões posteriormente trazidos aos autos. § 5º. A juntada de documentos após a impugnação deverá ser requerida à autoridade julgadora, mediante petição em que se demonstre, com fundamentos, a ocorrência de uma das condições previstas nas alíneas do parágrafo anterior. § 6º. Caso já tenha sido proferida a decisão, os documentos apresentados permanecerão nos autos para, se for interposto recurso, serem apreciados pela autoridade julgadora de segunda instância.

A segunda exceção é o recurso de ofício, previsto no CPC[107], assim como também nas normas que regulam os procedimentos administrativos fiscais em âmbito federal[108], estadual[109] e municipal.

A terceira exceção que é a iniciativa de ofício[110] da autoridade administrativa está prevista no art. 149 do CTN.

2.2. Modificação do lançamento

Pelo princípio geral de direito, inclusive com fundamento na Constituição Federal[111], que é a segurança das relações jurídicas os critérios jurídicos usados para o lançamento são inalteráveis.

[107] CPC art. 475. Está sujeita ao duplo grau de jurisdição, não produzindo efeito senão depois de confirmada pelo tribunal, a sentença: I - proferida contra a União, o Estado, o Distrito Federal, o Município, e as respectivas autarquias e fundações de direito público; II - que julgar improcedente a execução de dívida ativa da Fazenda Pública (art. 585, VI).

[108] Decreto Federal 70.235/72. Dispõe sobre o processo administrativo fiscal. Art. 34. A autoridade de primeira instância recorrerá de ofício sempre que a decisão: I – exonerar o sujeito passivo do pagamento de tributo e encargos de multa de valor total (lançamento principal e decorrentes) a ser fixado em ato do Ministro de Estado da Fazenda; II – deixar de aplicar pena de perda de mercadorias ou outros bens cominada à infração denunciada na formalização da exigência. § 1º O recurso será interposto mediante declaração na própria decisão. § 2º Não sendo interposto o recurso, o servidor que verificar o fato representará à autoridade julgadora, por intermédio de seu chefe imediato, no sentido de que seja observada aquela formalidade.

[109] CTE-RJ art. 251. Poderá a autoridade julgadora acolher a defesa do sujeito passivo, no todo ou em parte, sendo, todavia, obrigatório o recurso de ofício à autoridade designada pelo Secretário de Estado de Economia e Finanças. Parágrafo único – O Secretário de Estado de Economia e Finanças, mediante Resolução, poderá dispensar o recurso de ofício, quando: 1 – a importância em litígio for inferior a 10 (dez) UFERJs; 2 – a decisão for fundada exclusivamente em erro de fato, devido a inexatidões materiais resultantes de lapso manifesto e a erros de cálculo.

[110] ERRO MATERIAL. Comprovado ter a autoridade lançadora incorrido erro material, exigindo tributo a menor, nos termos dos arts. 145, III e 149, V, ambos do Código Tributário Nacional, é devido o novo lançamento, com reabertura do prazo ao sujeito passivo (IPI). (Conselho de Contribuintes, Ac. 202-05.432, Rel. Cons. José Cabral Garófano, DOU de 16-7-1993, p. 9.948); LANÇAMENTO – MODIFICAÇÃO/EXTINÇÃO. Realizada em face de erro verificado na avaliação do bem, decorrente da omissão, na escritura, de grande quantidade de madeira de lei e pinheiros, nele existente. Legitimidade da ação fiscal, diante da norma do art. 145, III, c/c. art. 149, VIII, do Código Tributário Nacional (ISTBI). (STJ – Ac. Resp. 19-PR, Rel. Min. Ilmar Galvão, DJ de 14-8-1989).

[111] CF art. 5º, XXXVI – a lei não prejudicará o direito adquirido, o ato jurídico perfeito e a coisa julgada;

O CTN dispõe sobre o assunto no art. 146, estatuindo que: "A modificação introduzida, de ofício ou em conseqüência de decisão administrativa ou judicial, nos critérios[112] jurídicos adotados pela autoridade administrativa no exercício do lançamento somente pode ser efetivada, em relação a um mesmo sujeito passivo, quanto a fato gerador ocorrido posteriormente à sua introdução."

Ocorrido o fato gerador e efetuado o lançamento a eventual mudança de critério jurídico por parte da Fazenda Pública, não enseja possibilidade de revisão do ato constitutivo do crédito tributário.[113]

Assim, os novos critérios jurídicos usados para fins de lançamento, só se aplicarão a fatos geradores ocorridos posteriormente a sua introdução.

Exemplificando, destacamos que na legislação do Imposto de Importação, existem critérios para classificação dos bens importados para efeitos de apuração de similaridade no que tange a isenção.[114]

[112] INOVAÇÃO – MUDANÇA. Tendo o julgador reconhecido razão ao contribuinte notificado, lhe é defeso manter a exigência sob critério jurídico diverso do que motivou o lançamento, posto que tal procedimento se contrapõe ao disposto no art. 146 do Código Tributário Nacional, devendo-se considerar extinta a relação jurídica processual com o fim da relação jurídica material (Conselho de Contribuintes, Ac. 107-08.73, Rel. Cons. Jonas Francisco de Oliveira, DOU de 2-1-1997, página 42).
Imposto de transmissão inter vivos. Revisão de cálculo após quitação do contribuinte, que adquira lotes de terreno da NOVACAP. O código tributário do distrito federal e lei de caráter local e a revisão do cálculo do imposto, nele baseada, e decidida soberanamente pela justiça local, não comportando recurso extraordinário. A modificação de critérios no lançamento dos tributos só é permitida, atualmente, de acordo com o cód. tributário nacional, quando o fato gerador tenha ocorrido posteriormente a sua introdução. Recurso Extraordinário não conhecido. (STF, RE 61.642, relator: Evandro Lins, segunda turma, DJ 08-03-68).

[113] Tribunal Federal de Recursos – TFR, súmula 227. A mudança de critério jurídico adotado pelo fisco não autoriza a revisão do lançamento.

[114] Decreto-lei 37/66. Dispõe sobre o imposto de importação, reorganiza os serviços aduaneiros. Art. 17 – A isenção do imposto de importação somente beneficia produto sem similar nacional, em condições de substituir o importado. Art. 18 – O Conselho de Política Aduaneira formulará critérios, gerais ou específicos, para julgamento da similaridade, à vista das condições de oferta do produto nacional, e observadas as seguintes normas básicas: I – preço não superior ao custo de importação em cruzeiros do similar estrangeiro, calculado com base no preço normal, acrescido dos tributos que incidem sobre a importação, e de outros encargos de efetivo equivalente; II – prazo de entrega normal ou corrente para o mesmo tipo de mercadoria; III – qualidade equivalente e especificações adequadas. § 1º Ao formular critérios de similaridade, o Conselho de Política Aduaneira considerará a orientação de órgãos governamentais incumbidos da política relativa a produtos ou a setores de produção. § 2º Quando se tratar de projeto de interesse econômico fundamental, financiado por entidade internacional de crédito, poderão

3. Vício formal

A forma, em sentido amplo, significa o modo de exteriorização do conteúdo das deliberações administrativas. É o revestimento exterior do ato. É a maneira como ele se apresenta, palpável e visualmente, no mundo jurídico. O ato administrativo, por exemplo, pode se revelar ao mundo exterior revestindo diversas formas. Terá sempre forma escrita, em razão do princípio da publicidade e do formalismo das relações públicas. Poderá ser exteriorizado mediante decreto, portaria, resolução ou despacho.

No direito privado, face ao princípio da livre disposição dos bens e interesses, vigora também o princípio do informalismo, pois para validade dos atos ou negócios jurídicos não dependerá, a princípio, de forma especial, exceto quando a lei expressamente prevê[115].

No direito público, notadamente no âmbito do Direito Administrativo e do Direito Tributário, é princípio básico da Administração Pública a indisponibilidade.[116] Por este motivo os atos da Fazenda, por lidarem com

ser consideradas, para efeito de aplicação do disposto neste artigo, as condições especiais que regularem a participação da indústria nacional no fornecimento de bens. § 3º Não será aplicável o conceito de similaridade quando importar em fracionamento de peça ou máquina, com prejuízo da garantia de bom funcionamento ou com retardamento substancial no prazo de entrega ou montagem. Art.19 – A apuração da similaridade deverá ser feita pelo Conselho de Política Aduaneira, diretamente ou em colaboração com outros órgãos governamentais ou entidades de classe, antes da importação. Parágrafo único. Os critérios de similaridade fixados na forma estabelecida neste Decreto-Lei e seu regulamento serão observados pela Carteira de Comércio Exterior, quando do exame dos pedidos de importação.

[115] Código Civil (Lei 10.406/2002) Art. 104. A validade do negócio jurídico requer: I – agente capaz; II – objeto lícito, possível, determinado ou determinável; III – forma prescrita ou não defesa em lei. Art. 105. A incapacidade relativa de uma das partes não pode ser invocada pela outra em benefício próprio, nem aproveita aos co-interessados capazes, salvo se, neste caso, for indivisível o objeto do direito ou da obrigação comum. Art. 106. A impossibilidade inicial do objeto não invalida o negócio jurídico se for relativa, ou se cessar antes de realizada a condição a que ele estiver subordinado. Art. 107. A validade da declaração de vontade não dependerá de forma especial, senão quando a lei expressamente a exigir. Art. 108. Não dispondo a lei em contrário, a escritura pública é essencial à validade dos negócios jurídicos que visem à constituição, transferência, modificação ou renúncia de direitos reais sobre imóveis de valor superior a trinta vezes o maior salário mínimo vigente no País.

[116] "Princípio da indisponibilidade, pela Administração, dos interesses públicos. A disponibilidade impera no campo do Direito Privado, visto que os interesses particulares encontram-se submetidos à vontade do seu titular, observadas as regras de ordem pública. Em direção oposta, a indisponibilidade vigora no âmbito do Direito Público, em especial do Direito Administrativo. De fato, o interesse público apresenta-se como interesse indisponível por parte do gestor da coisa pública. Tal se dá em razão do próprio caráter dos

interesses indisponíveis, importam num formalismo, portanto bem documentados, de modo a viabilizar o controle da conduta do administrador no manuseio da coisa pública, essencial no Estado Democrático de Direito.[117]

A Administração deve anular seus próprios atos, quando eivados de vício de legalidade, e pode revogá-los por motivo de conveniência ou oportunidade, respeitados os direitos adquiridos. Neste sentido é a doutrina, o direito constitucional positivo[118] e a jurisprudência do STF.[119]

O art. 173, II do CTN estabelece que o prazo decadencial de cinco anos para a Fazenda Pública constituir o crédito tributário constar-se-á "da data em que se tornar definitiva a decisão que houver anulado, por vício formal, o lançamento anteriormente efetuado."

O vício de forma consiste na omissão ou na observância incompleta ou irregular de formalidades indispensáveis à existência ou seriedade do ato, trazendo como consequência a nulidade do ato. [120]

interesses públicos, ou seja, de não serem suscetíveis de apropriação por particular quando no exercício de função pública. O administrador, assim, não é dono dos bens, valores, recursos e demais interesses públicos que lhe cumpre gerir." (Robertônio Pessoa, Curso de Direito Administrativo Moderno, Editora Consulex, Brasília 2000, páginas 75 e 76).

[117] CF art. 1º. ' A República Federativa do Brasil, formada pela união indissolúvel dos Estados e Municípios e do Distrito Federal, constitui-se em Estado Democrático de Direito ...'

[118] CE-RJ art. 80. A administração pública tem o dever de anular os próprios atos, quando eivados de vícios que os tornem ilegais, bem como a faculdade de revogá-los, por motivo de conveniência ou oportunidade, respeitados neste caso os direitos adquiridos, além de observado, em qualquer circunstância, o devido processo legal.

[119] STF – súmula 473. A administração pode anular seus próprios atos, quando eivados de vícios que os tornam ilegais, porque deles não se originam direitos; ou revogá-los, por motivo de conveniência ou oportunidade, respeitados os direitos adquiridos, e ressalvada, em todos os casos, a apreciação judicial.

[120] Lei 4.717/65. Lei de Ação Popular, art. 2º. 'São nulos os atos lesivos ao patrimônio das entidades mencionadas no artigo anterior, nos casos de: a) incompetência; b) vício de forma; c) ilegalidade do objeto; d) inexistência dos motivos; e) desvio de finalidade. Parágrafo único. Para a conceituação dos casos de nulidade observar-se-ão as seguintes normas: a) a ***incompetência*** fica caracterizada quando o ato não se incluir nas atribuições legais do agente que o praticou; b) o ***vício de forma*** consiste na omissão ou na observância incompleta ou irregular de formalidades indispensáveis à existência ou seriedade do ato; c) a ***ilegalidade do objeto*** ocorre quando o resultado do ato importa em violação de lei, regulamento ou outro ato normativo; d) **a inexistência dos motivos** se verifica quando a matéria de fato ou de direito, em que se fundamenta o ato, é materialmente inexistente ou juridicamente inadequada ao resultado obtido; e) o **desvio de finalidade** se verifica quando o agente pratica o ato visando a fim diverso daquele previsto, explícita ou implicitamente, na regra de competência.'

A jurisprudência, tanto na esfera administrativa[121] como na órbita judicial122, em inúmeros casos, tem anulado o lançamento por vício formal.

[121] NULIDADE DO LANÇAMENTO. A notificação de lançamento como ato constitutivo do crédito tributário deverá conter os requisitos previstos no art. 142 da Lei 5.142/66 (Código Tributário Nacional) e art. 11 do Decreto 70.235/72 (Processo Administrativo Fiscal). A ausência de qualquer deles implica em nulidade do ato (Conselho de Contribuintes, Ac. CSRF/01-2.594/99, DOU de 11.08.99).
NOTIFICAÇÃO. É nula a notificação de lançamento expedida sem observância dos requisitos obrigatórios definidos no artigo 11 do Decreto 70.235/72, ao deixar de explicitar a disposição legal infringida e o cargo ou função e o número de matrícula da autoridade lançadora (1º Conselho de Contribuintes, Ac. 103-17.480, 17.481, 17492, 17493, 17.494, 17.506 E 17.508/96, DOU de 18.11.96). No mesmo sentido, Ac. 1º CC 101-90.037 e 90.038/97 (DOU de 10.06.97), Ac. 106-8.485/96 (DOU de 04.07.97) e Ac. 101-91.204/97 (DOU de 05.08.97).
NULIDADE - AUTO DE INFRAÇÃO - FALTAS. ACÓRDÃO 301-28351. Auto de Infração Nulidade.É nulo o Auto de Infração lavrado sem cumprimento de requisito exigido pelo artigo 10, inciso II., do Decreto 70235/72. Recurso provido.
NULIDADE - AUTO DE INFRAÇÃO - LAVRATURA. ACÓRDÃO 302-32541. Processo Administrativo Fiscal. Auto de Infração. Nulidade. Auto lavrado em desacordo com o artigo 10 do Decreto 70235, de 06 de março de 1972. Acolhida a preliminar de nulidade do auto de infração. Recurso provido.
NULIDADE - AUTO DE INFRAÇÃO - PENALIDADE INADEQUADA. ACÓRDÃO 302-32661. Processo Administrativo Fiscal. Anula-se o Auto de Infração na inexistência de nexo entre a infração apontada e a penalidade aplicada.
NULIDADE - AUTO DE INFRAÇÃO SEM DESCRIÇÃO DO FATO. ACÓRDÃO 302-33258. Classificação.É nulo o Auto de Infração que deixa de atender aos requisitos estabelecidos no Decreto 70235/72, sendo fundamental a perfeita descrição do fato infracionário.
NULIDADE - AUTORIDADE INCOMPETENTE. ACÓRDÃO 303-27876. A notificação de lançamento será expedida pelo órgão que administra o tributo e conterá obrigatoriamente: a assinatura do chefe do órgão expedidor ou de outro servidor autorizado... (artigo 11, IV do Decreto 70235/72). Nulidade São nulos os atos lavrados por pessoa incompetente. (artigo 59, item I do Decreto 70235/72
NULIDADE - AUTORIDADE INCOMPETENTE. ACÓRDÃO 303-27875. Nulidade - São nulos os despachos e decisões proferidas por autoridade incompetente ou com preterição do direito de defesa. (artigo 59, item II., do RA. Decreto 70235/72).
NULIDADE - AUTORIDADE INCOMPETENTE. ACÓRDÃO 302-33613. Nulidade Processual A decisão proferida por autoridade incompetente configura nulidade processual, conforme estabelecido no artigo 59, inciso II., do Decreto º 70235/72.
NULIDADE - AUTORIDADE INCOMPETENTE. ACÓRDÃO 302-33012. Nulidade Processual É nula a Decisão proferida por autoridade incompetente, de conformidade com as disposições do artigo 9., § 2. c/c o artigo 59, inciso I, todos do Decreto 70235/72. Acolhida preliminar de nulidade levantada pela Recorrente.
NULIDADE - AUTORIDADE INCOMPETENTE. ACÓRDÃO 303-28739. Processo Administrativo Fiscal - NulidadeDecisão proferida por autoridade incompetente, em processo de vistoria aduaneira. Processo anulado a partir da impugnação de lançamento, inclusive.

Como leitura complementar indicamos o livro "Lançamento Tributário & sua Invalidação", da Professora Cláudia Magalhães Guerra, editora Juruá, publicado em 2003.

4. Doutrina de leitura obrigatória

BALEEIRO, Aliomar. Direito Tributário Brasileiro, editora Forense;

XAVIER, Alberto. Do Lançamento: Teoria Geral do Ato, do Procedimento e do Processo Tributário. 2ª edição, Rio de Janeiro, Companhia Editora Forense, 2001;

PAULSEN, Leandro. Direito Tributário: Constituição e Código Tributário à luz da Doutrina e da Jurisprudência. 6ª edição revista e atualizada conforme EC 42/03 – Porto Alegre, Livraria do Advogado, ESMAFE, 2004,

NULIDADE – AUTUAÇÃO – EMPRESA SOB CONSULTA. ACÓRDÃO 301-27340. Processo Administrativo Fiscal. 1 A empresa formulou consulta à Receita Federal, sobre o produto importado, em 21/05/91 e obteve resposta em 04/07/92. 2 A importação se deu em 06/08/91 enquanto tramitava, ainda o processo de consulta (artigo 48 do Decreto 70235/72 e IN SRF 59/85). 3. Acatada a preliminar de anulação do processo.
NULIDADE – CAPITULAÇÃO ERRÔNEA. ACÓRDÃO 302-33349. DRAWBACK Suspensão. A destinação para consumo no mercado interno de mercadorias importadas sob o regime de DRAWBACK, na modalidade suspensão, somente implica na aplicação de multas nos casos em que a providência for tomada após o prazo previsto no artigo 36 da Portaria DECEX 024/92. Declarado nulo o processo a partir do Auto de Infração, inclusive, por capitulação errônea da disposição legal infringida.
NULIDADE – CERCEAMENTO DO DIREITO DE DEFESA. ACÓRDÃO 303-28167. Cerceamento do Direito de Defesa Decisão de primeira instância que não enfrenta todos os elementos de defesa suscitados na impugnação, o que acarreta sua nulidade, conforme o artigo 59, inciso II do Decreto 70235/72.
[122] A notificação do lançamento ao contribuinte é indispensável a que se produzam os seus efeitos jurídicos, entre os quais o de emprestar exigibilidade ao crédito tributário respectivo. Procedência dos embargos. Nulidade do lançamento por vício formal. Possibilidade de outro lançamento. (TRF 5ª Região, AC 13.878, Processo 92.05.07457-8, 1ª turma, 15.10.92).
O contribuinte, mesmo no caso de opção pela tributação com base no lucro presumido, tem direito à realização de perícia contábil, para esclarecimento da alegada omissão de receita, envolvendo notas fiscais de fornecedores, sob pena de desrespeito aos princípios do contraditório e da ampla defesa, assegurados também no processo administrativo (CF art. 5º, LV). Nulidade do lançamento por vício formal, porque caracterizado o cerceamento de defesa. Apelação provida. (TRF 1ª Região, AMS 01000435814, processo 1999.010.00.43581-4, DF, 2ª turma, 18.09.2001).
Súmula 25 do I Tribunal de Alçada Civil do Estado de São Paulo. CRÉDITO TRIBUTÁRIO – LANÇAMENTO PARCIALMENTE NULO. "Extinto o crédito tributário pelo pagamento, é possível anular o lançamento; nulo parcialmente o lançamento, cabe a restituição parcial do valor pago, correspondente à extensão do anulado".

SOBRE OS AUTORES

Alceu Maurício Júnior

Juiz Federal. Professor de Direito Tributário dos cursos de graduação e pós-graduação da Universidade Vila Velha-ES. Doutor em Direito Constitucional e Teoria do Estado pela PUC-Rio. Mestre em Direito Público pela UERJ. Foi bolsista da Comissão Fulbright e do Departamento de Estado dos EUA (H. Humphrey Program). Autor de livros e artigos na área de Direito Financeiro e Tributário.

Eloá Alves Ferreira de Mattos

Juíza Federal no Espírito Santo.

Frana Elizabeth

Juíza Federal na Seção Judiciária do Rio Janeiro, mestra em Direito do Estado/Direito Tributário pela PUC/SP, doutora em Direito do Estado/Direito Tributário pela PUC/SP. Professora dos cursos de pós graduação MBA da Fundação Getúlio Vargas, professora-palestrante da EMERJ, professora dos cursos CEPAD e Praetorium e Coordenadora do Instituto Brasileiro de Estudos Tributários - IBET do Rio de Janeiro.

Fernando César Baptista de Mattos

Juiz Federal no Espírito Santo e Mestre em Direito Público pela Faculdade de Direito da UERJ.

Heleno Taveira Tôrres

Professor Titular de Direito Financeiro da Faculdade de Direito da Universidade de São Paulo (USP). Livre-Docente (USP), Doutor (PUC/SP) e Mestre em

Direito Tributário (UFPE). Foi Vice-Presidente e membro do Comitê Executivo da International Fiscal Association – IFA. Advogado e Parecerista.

Maurício Andreiuolo Rodrigues

Procurador da República

Pedro Menezes Trindade Barrêtto

Advogado. Mestre em Direito das Relações Econômicas (UGF), especialista em Direito Tributário (FGV). Professor dos cursos de pós-graduação em Direito Tributário da Estácio de Sá –UNESA –, e da Universidade Gama Filho – UGF. Fundador e professor exclusivo no Portal F3.

Petrúcio Malafaia Vicente

Possui graduação em Direito pela Universidade Cândido Mendes (1990). Atualmente é Coordenador Geral Regional e Defensor Público Titular da Defensoria Publica Geral do Estado do Rio de Janeiro, Professor e Sub-Coordenador de Direito Tributário da Escola da Magistratura do Estado do Rio de Janeiro, Vice-Presidente do Fórum Permanente de Direito Tributário da Escola da Magistratura do Estado do Rio de Janeiro, Professor da Fundação Getulio Vargas - RJ, do Centro de Estudos, Pesquisa e Atualização em Direito, do Curso Praetorium, da Rede de Ensino Luiz Flávio Gomes, do Curso de Pós-Graduação da Universidade Estácio de Sá e da Fundação Escola Superior da Defensoria Pública do Estado do Rio de Janeiro. Tem experiência na área de Direito, com ênfase em Direito Tributário.

Ricardo Lobo Torres

Professor Titular de Direito Financeiro na Faculdade de Direito da Universidade do Estado do Rio de Janeiro – UERJ (aposentado). Professor de Direito Tributário nos Cursos de Mestrado e Doutorado das Faculdades de Direito da Universidade Gama Filho e PUC-Rio (aposentado).

Procurador do Estado do Rio de Janeiro (aposentado). Ex-Presidente da Associação Brasileira de Direito Financeiro – ABDF

ÍNDICE